中国第一本全面译评世界各国媒体伦理规范的著作

涵盖全球五大洲 100 余篇不同类型媒体的伦理规范

牛静／编著　杜俊伟／校 译

全球媒体伦理规范译评

GLOBAL MEDIA CODES
OF
ETHICS

TRANSLATION AND REVIEW

社会科学文献出版社
SOCIAL SCIENCES ACADEMIC PRESS (CHINA)

牛静

　　华中科技大学新闻与信息传播学院副教授，博士生导师，中国新闻史学会媒介法规与伦理研究委员会常务理事，武汉大学媒体发展研究中心研究员。研究方向为媒体伦理、传媒法、新媒体传播等。至 2017 年，在《新闻与传播研究》、《国际新闻界》、《现代传播》等期刊上发表学术论文 50 余篇，主持国家社科基金项目 2 项，教育部人文社科项目、湖北省社科项目和其他项目 10 余项；著有《网络传播法制与伦理》、《新闻传播伦理与法规：理论及案例评析》、《媒体权利的保障与约束研究》、《视频网站著作权纠纷及其防范管理机制研究》、《传播法》等。

牛静主持的 2015 年国家社会科学基金项目"新媒体环境下中国参与建构全球媒介伦理的路径研究"（项目编号：15BXW070）的阶段性成果。

牛静作为华中科技大学媒介与文明学术前沿创新团队成员的研究成果。

目　录

欧　洲

非　洲

美　洲

亚　洲

大洋洲

前　言

作为我国第一本全面、详细地呈现全世界五大洲近 80 个国家和地区、100 余篇媒体伦理规范的译作《全球媒体伦理规范译评》，自初步构思到最终出版，共花了近三年的时间，其间遇到诸多困难并逐一解决，现将编译过程以及本书特点向各位读者汇报，以便后来的研究者可以汲取经验、规避误区。

其一，编译缘由与研究价值。

我自 2005 年始讲授新闻传播伦理方面的课程，至今（2017 年）已有 10 余年，其中一个章节是新闻传播伦理规范。国内的教材或研究，多是介绍美国、英国、瑞典等几个国家的媒体伦理规范内容，进而归纳出世界各国媒体伦理规范的相通之处。然而，世界各国的传媒文化、政治环境、经济发展等均有不同，其他国家的媒体伦理规范具体是怎样的内容，需要我们去探索。带着这个问题，我于三年前开始动手，在各方的帮助下，搜集世界范围内各个国家、地区的伦理规范，进行翻译与整理，希望可以帮助本学科的研究者、学生、业界人士等全面地了解全球各国的媒体伦理规范。这也是本书的编译缘由。

对世界各国媒体伦理规范进行全面的翻译和梳理，对于全球媒体伦理的研究与探索具有一定的现实价值。目前新媒体技术所带来的信息全球化可以使一个国家的报道通过互联网迅速纳入全球政治文化交往的复杂网络中来，这对传统的区域性媒体伦理提出了挑战。媒体伦理需要从之前基于印刷和广播技术的区域性媒体伦理转变为基于网络新技术的全球媒体伦理。全球媒体伦理是一个新的、国际社会广泛关注的热点问题。对全球媒体伦理的关注与探讨，前提是需要了解世界各国的伦理规范，本书也正是以此为初衷而进行编译的。本书为本领域的研究者提供全面、重要的材料，也使新闻从业者借鉴其他国家媒体伦理规范有了可能。

其二，资料来源与编译说明。

本书共收录了 79 个国家和地区、共计 110 篇媒体伦理规范，在整个编译过程中找寻欧洲、非洲、美洲、亚洲、大洋洲等全世界范围内的媒体伦理规范这一工作是极为烦琐的。好在我们有效地利用了几个主要的专业网站、Google搜索和 Google 翻译，从而使找寻到这些资料成为可能。

网站一：http：//ethicnet. uta. fi/；该网站主要收集了欧洲国家的媒体伦理规范，在 1995 年网站建立时，共收集了欧洲 30 个国家的 31 篇媒体伦理规范；在 2008 年更新时，收集了欧洲 46 个国家的 50 篇媒体伦理规范，这些媒体伦理规范都是英语版本，将其他语言翻译成英语的工作由坦佩雷大学（University of Tampere）完成。

网站二：https：//www. rjionline. org/；该网站由美国密苏里大学唐纳德·W. 雷诺兹新闻组织创办，在网站中设有伦理规范专栏（http：//ethics. rjionline. net/），其中有亚洲、非洲、中东、美洲各国以及国际性的媒体伦理规范。

网站三：http：//al－bab. com/；该网站建立于 1998 年 2 月，开始时主要介绍也门的政治、文化、媒体情况，目前网站提供的信息已扩展至阿拉伯世界的许多国家，在该网站上，可以找到阿尔及利亚、埃及、沙特阿拉伯、突尼斯等国的媒体伦理规范。

网站四：http：//www. columbia. edu/itc/；该网站是哥伦比亚大学课程指导库（Course Web Space Directories），在网站新闻伦理栏目（http：//www. columbia. edu/itc/journalism/j6075/edit/ethiccodes/）下，有世界上主要国家的媒体伦理规范，该栏目中媒体伦理规范的上传时间为 2000 年 10 月 18 日。

网站五：https：//accountablejournalism. org/；该网站是 2002 年由克劳德－让贝特朗（Claude－Jean Bertrand）建立的新闻伦理网站，目标是成为全世界最大的媒体伦理规范和新闻组织汇集网站，主要介绍世界各国的媒体伦理规范和各国的新闻评议会组织。

网站六：新闻评议会或新闻自律组织的网站。对于有新闻评议会或新闻自律组织的国家，一般具有影响力的媒体伦理规范都是由这些机构发布的，所以直接查询这些网站便可以获得该国的媒体伦理规范文本。

由于以上网站是对各国媒体伦理规范进行汇总的网站，而非媒体伦理规范发布的原始网站，故在准确性、及时性方面有所欠缺。我们的做法是，先在这些网站上查询，并进行交互印证，继而将查询所得的伦理规范的名字，利用 Google 搜索和 Google 翻译，查找原始网站，尽可能地查找到发布媒体伦理规范的原始网站，进行核对。

其三，本书特点与相关解释。

本书尝试比较全面地对全球诸多国家的媒体伦理准则进行扫描，从最终成品来看，也确实达到了这一效果，其主要特点为全面性和准确性。

本译著最为显著的特点为全面性。一般介绍媒体伦理规范的书，主要集中介绍世界上媒体业发达的几个国家，数量比较少。本译著不仅涉及发达国家，而且涉及发展中国家，还有一些领土面积较小、但国际影响力较强的国家。可以说，既有经济发达国家的，也有经济发展国家的，同时也有经济落后地区的媒体伦理规范。从地域上讲，本译作中包括欧洲37篇伦理规范，美洲12篇伦理规范，非洲32篇伦理规范，亚洲24篇伦理规范，大洋洲5篇伦理规范，以上基本已经涵盖了世界上主要国家的伦理规范。此外，书中的伦理规范涉及的媒体，既有报纸、广播，也有电视、网络等，即有各类媒体的伦理规范。该译作系统地对全球近百个国家、不同类型媒体的伦理规范进行编译，具有首创性，填补了国内此方面的研究空白。

本译著的第二个特点为准确性。在翻译初始，我们对各类英文名词进行了确认与核对，力求每一则媒体伦理规范中对关键词的翻译具有统一性。在伦理规范中较多使用的 Publication 一词，统一译作"发布、发表、公布"等，而较少译为"出版"。因为根据荷兰、保加利亚和挪威等国家的媒体伦理规范说明可以发现，Publication 的主体并非仅指报纸，而是扩展至广播、电视和网络，如 Net Publication（网络发布）。其他的类如 Journalism（新闻工作者或记者）、Public Interest（公共利益）、Code（准则或规范）、Integrity（正直性或诚信度）、Editor（编辑或采编人员）、Principle（原则或准则）、Freedom of speech（言论自由）、Sources of confidential information（秘密消息来源或匿名消息来源）等都进行了相对统一的翻译。

本译著的第三个特点为译评兼顾。对每一个洲的媒体伦理规范进行了统计与分析，梳理媒体伦理规范中的相通准则，提炼出特色性准则，并结合各洲的特点进行评析，以方便读者理解与查看。

另外，需要解释说明的是：（1）本译作为了语句通顺，便于读者理解，有时会增加主语或短语，一般显示在括号内；（2）部分国家是从当国的官方语言翻译成英语，继而从英语翻译成中文，在此过程中，个别语句是"意译"，但不会影响读者理解；（3）作者对所有英文版的媒体伦理规范进行了全面的校译，并在校译过程中向专家咨询，力求所译的专有用词比较准确；（4）作者访问以上网站时间为 2015 年 1 月至 2016 年 9 月，由于一些国家的规范和网站会有更改，可能会出现部分网站在 2016 年 9 月后无法打开的情况，或者出现打开之后的外文版本和我们翻译的版本不一致的情况，如果读者需要查阅相关外文，可以直接与我们联系。

其四，编译人员与所获帮助。

我作为本书的译著者以及组织者，于 2015 年年初邀请具有扎实英语翻译经验的杜俊伟老师参与该项目，杜俊伟老师欣然答应，这使得我们翻译的准确性有了保障。由于所涉及的国家比较多，所以在找寻各国媒体伦理规范时，难免遇到"遍寻不得"的情况。在此我们会联系有相关知识背景的老师帮助。如新加坡南洋理工大学的郝晓明教授通过微信向作者介绍新加坡报业控股，解释其雇员守则涉及了媒体的道德操守问题；北京大学新闻与传播学院副教授许静联系韩国的朋友，帮助找到韩语版的媒体伦理规范；美国迈阿密大学的甘加业博士利用各种搜索途径帮助寻找到阿尔及利亚等小语种国家的媒体伦理规范。

我们尽可能地收集英文版本的媒体伦理规范，但也有一些国家公布的版本不是英文，而是其国家的官方语言。在这种情况下，我们需要了解该国语言的同学或朋友帮助，将该国语言翻译成英文，继而我们再将英文翻译成汉语。如华为公司驻阿联酋代表处的翁林博士（Diakite Kaba Malik Assemien Wognin，科特迪瓦籍）将尼日尔、法国、尼日利亚等国的媒体伦理规范从法语翻译成英语；巴西塞阿拉州大学（Federal University of Ceará）的博士生西蒙娜（Simone Lima da Costa Preuss，巴西籍）将巴西媒体伦理规范从葡萄牙语翻译成英语；美国迈阿密戴德学院的本科生加布里埃尔（Gabriel Fernando Lopez Pacheco，哥伦比亚籍）将哥伦比亚媒体伦理规范从西班牙语翻译成英语；美国佛罗里达国际大学的本科生乔丹（Jordan lawrence baldi，美国籍）将阿根廷的媒体伦理规范从西班牙语翻译成英语；美国霍尼韦尔（Honeywell）公司的弘植博士

（Hong – sik IM，韩国籍）将韩国媒体伦理规范从韩语翻译成英语；上海外国
语大学新闻传播学院研究生王佳慧帮助校对葡萄牙语的条文；华中科技大学新
闻与信息传播学院研究生向小薇帮助校对西班牙语的条文。

　　由于涉及的国家近 80 个，伦理规范的语言种类多样，搜集、翻译与整理
各国媒体伦理规范的任务繁重，我们组织了"媒体伦理研究团队"，团体成员
达 40 余人。可以说，在整个找寻、整理、翻译过程中，离开研究团队各位同
学的帮助，就不会有本译著的面世，在此，特别向以下同学表示深深的感谢。
他们是华中科技大学新闻与信息传播学院研究生刘丹、施婷婷、何亚玲、黄彩
莉、常明芝、张宇、赵玥、赵一菲、赵兴华、何金穗、曾心一、刘文燕、徐天
宜、张小玲；美国康涅狄格大学本科生刘奇梅；贵州民族大学传媒学院本科生
任怡林；华中科技大学新闻与信息传播学院本科生杨佩君、古玲俐、李淑娴、
曹聪颖、李雨欣、陶蕾、倪姝雯、邓妍方、杨萌、肖雨涵、李蓓、漆秋豆、岳
红豆、符晓、陈卓雨、万禹杉、胡艺文、曹楚、孙兆伟、张可睿、陈慧妍、赵
佩瑶、胡辰星、甘芯宁、黄晴、苏彦臣、龚奕、李芸珂、易若彤、程雅骞、李
昱典等（以上排名不分先后）。是这些同学查询到诸多英文版的媒体伦理规
范，是他们帮助联系会其他语言的同学解决困难，是他们对收集到的媒体伦理
规范进行整理和初步编译，也正是在与他们交流的过程中，我更深刻地体会到
了教学相长的快乐。

　　文华学院人文社会科学学部的杜俊伟副教授作为本著作的合作者，承担着
诸多国家伦理规范的校对工作，他具有英语专业和新闻专业的双学科背景，多
年来一直承担新闻英语课程的教学工作，并撰写了《新闻英语实用教程》等
专著，有着扎实的英语功底和踏实认真的科研态度，正是他的参与，使本著作
可以顺利进行。另外，华中科技大学新闻与信息传播学院硕士研究生刘丹参与
了本著作的编辑工作，帮助我很多。

　　特别感谢我的海外指导老师洪浚浩教授和李聪副教授。近年来，华中科技
大学实行了"人文社科学科青年教师学术导师制度"，使我有机会在近三年到
美国纽约州立大学（布法罗）进行访学，并接受洪俊浩教授的指导，这促成
了本书的顺利完成。在过去三年，美国迈阿密大学传播学院李聪副教授为我提
供了数次访学机会，并多次细心指导，这为本书的撰写提供了极大的帮助。

　　我的导师孙旭培先生对世界各国媒体法进行的汇编与研究给我诸多启发，

他多次建议我规范翻译与理论研究两方面并进，十多年来一直关心着我的工作与生活。所以唯有努力做事，才不辜负师恩。

作为华中科技大学媒介与文明学术前沿创新团队的成员，我一直致力于媒介伦理与法的研究。该书的出版得到了华中科技大学新闻与信息传播学院、媒介与文明学术前沿创新团队的资助，感谢张昆教授和唐海江教授的支持。

最后，特别感谢华中科技大学新闻与信息传播学院。就职于此已近10年，学院有着自由、宽容的学术氛围，使我可以灵活安排时间，做自己感兴趣的研究。学院的张昆教授、詹健书记、赵振宇教授、钟瑛教授、陈先红教授、何志武教授、唐海江教授、张明新教授听闻我最初的翻译设想时，都给予了极大的肯定，使我有信心完成该译著。在工作生活中，吴廷俊教授、申凡教授、石长顺教授、舒咏平教授、刘洁教授、孙发友教授、欧阳明教授、余红教授、王溥教授、郭小平教授、袁艳教授等都时时给予帮助；学院的王维真老师、杨秀清老师、熊利萍老师、李磊副书记，也一直关切着我。在步履匆匆的这些年，同学院的中青年老师互帮互助，其乐融融，能和勤奋、善良、可爱的他们共事，是人生的一大幸事。

整理译评百余篇伦理规范的过程有些艰辛，但最终在师友、学生的帮助下完成了。虽然费时近三年，且反复校对，仍难免有所疏漏，敬请读者指正。期待收到您的意见和建议（niujing2005@ qq. com），一起探讨。

牛　静

2016 年 6 月于美国佛罗里达州迈阿密大学初撰

2017 年 3 月于美国纽约州布法罗市修订

拓展媒体伦理研究的新空间

（代序一）

狄更斯在《双城记》中说："这是最好的时代，这是最坏的时代；这是智慧的时代，这是愚蠢的时代；这是信仰的时期，这是怀疑的时期；这是光明的季节，这是黑暗的季节；这是希望之春，这是失望之冬；人们面前有着各样事物，人们面前一无所有；人们正在直登天堂，人们正在直下地狱。"这句话用在当下，可能是再合适不过了。我们今天生活在一个充满着不确定性的转型时代，其中最为重要的转型便是媒介变革及其伴随而来的信息冲击。信息弥漫于人类全部的生活空间，如水银泻地，无孔不入，无处不在。它像空气、水分和阳光，带给我们愉悦；在相当的程度上，它也影响着我们生与死、幸福与苦难、快乐与忧伤。我们离不开信息，无法想象一个没有信息的时代该有多糟糕。而信息是借助于媒体传播的，媒体是我们推送和分享信息的基本渠道。没有媒体及其从业者，我们将会与信息绝缘，直至回到心灵上的蛮荒时代。

我们今天的信息环境正在经历着颠覆性的改变。以报纸、广播、电视等为代表的传统媒体正在走向历史舞台的边缘，以新传播技术为支撑的移动媒体、社交媒体已经逐步占据了民众的日常生活。这种变革是令人鼓舞的，同时也引发了人们的忧思。海量内容的提供、及时的个性化信息推送极大地满足了民众的信息需求，但剽窃内容、追求噱头、低俗淫秽、散布虚假信息、发布软文、揭发他人隐私等不当的传播行为，正在不断冲击着各类媒体所应当坚守的伦理准则，也正在将各类媒体变为一个个"不负责任的传播平台"。在现代社会，传播媒体不仅是大众获知新闻的主渠道，更是传承文明、社会教化、秩序维护的重要工具，媒体的表达关系公众利益、族群和谐、社会延续。所以，在这个转型时代，研究者所要做的，不仅仅是展望与描绘媒体的灿烂未来，也需要重拾、重返、重思专业媒体应当遵守的伦理准则。

华中科技大学新闻与信息传播学院副教授牛静博士长期以来一直致力于传播伦理与法制的研究，其研究成果已经获得学界、业界的普遍认可。我在这里要给大家隆重推荐她的新著《全球媒体伦理规范译评》。该书将全球近 80 个国家、地区的 100 余篇媒体伦理规范进行了集中的呈现。它使我们可以基于比较的视野，对不同国家、地区，不同性质的媒体及传媒人所坚持的真相、事实、客观、公正、关爱、平衡等伦理准则进行深入的思考。他们的职业理想和专业操守，他们的良心信念和道德底线，时刻提醒着处在"后真相时代"和"新媒体时代"中的我们——无论是何种传播媒体、传播平台，无论是职业的传媒人还是所谓的公民记者，都应当坚持的传播伦理准则的应然模样。在这个意义上，这本由牛静博士完成的《全球媒体伦理规范译评》具有鲜明的时代意义和实践价值。

后真相时代：专业伦理准则更显重要

我们人类曾经自诩为理性的动物，凭借着高贵的理性，我们能够在这个纷繁复杂的世界里透过重重迷雾，判断正确与错误、真实与虚伪，做出正确的选择。然而，随着后真相时代的来临，我们的这份自信受到了沉重的打击。在这个信息弥漫的环境中，理性的价值被大大地削弱了。惊悚煽情的噱头、虚假片面的信息、似是而非的断言充斥公共话语空间，而真相则被排挤出来。如此形容诸多媒体平台的现状，似乎并不为过。2016 年"后真相"（post-truth）被定为年度词汇，其意指"相比于客观事实，情绪和个人信仰更能影响舆论"。[①]该词随之成为各界关注的热词，因为它直接切中了媒体变革过程中的要害。在各类媒体平台上，情感、情绪、观点汇集，汹涌而来，公众理智退居其次，事情本来的面貌变得无关紧要，每个人总是看见自己想看的东西、跟随自己赞同的观点，即使它是片面的、浅薄的、虚假的。受众可以用几秒钟的时间在社交媒体中获取数百万真实或者不真实的信息，以迎合其既定口味；各种虚假信息

---

① 王义：《美国民主在"后真相时代"能存活吗？——蓄意破坏美国话语论述的假新闻和认知偏见》，《中国社会科学报》，2016 年 12 月 15 日，第 004 版。

像病毒一样蔓延，固化受众偏见，激发群体极化情绪，真相正被劣质信息所驱逐、淘汰。可以说，很多缺乏理性的个体的后真相式判断，汇集而成了改变世界的惊涛骇浪。

缺乏专业伦理操守的各类媒体平台散布着虚构的消息、经过夸张或讽刺手法处理的信息、流言、极端偏颇或歪曲的观点、伪科学、有意激起仇恨和歧视的言论等，正在为"后真相时代"培养更多的极端主义者、偏见者、受欺骗者、盲从者。民粹主义、无政府主义、享乐主义等思潮在媒体平台上传播开来，削弱着社会整体的理性水平。这与媒体的价值完全背道而驰。媒体对于一个社会的价值，在于它承担着文化传承、人格培养等重要角色。一种理想制度的落地生根最终需要的是具备各种美德的理性公民，一个秉持着客观、中正、真实理念的媒体对于公民素质的培育具有重要作用。

传媒从业者与民众只是生活在后真相的时代，而非生活在后真相里。专业的传媒从业者与媒体平台不应当成为后真相时代的旁观者，而应当成为恪守媒体伦理准则的主体。而非专业机构的传媒人，诸如公民记者、舆论领袖，如果怀抱着公平正义的理想和中正客观的追求，也应该以此自律。《全球媒体伦理规范译评》中各国多则数百条、少则数十条的伦理准则具有超越国家、民族、政治的普适性，对于今天的传播实践具有现实的指导性。这些近百年来各国共通的媒体伦理条文，如"新闻业的终极目标是提供真实、准确、平衡和公正的报道，这也是赢得公众信任的基础"、"公众的言论自由和知情权，是培养和维持一个民主社会的基础。记者的首要职责是尊重真理和尊重公众获知真相的权利"，可以启发着我们思考后真相时代的媒体角色、媒体价值应当如何。在《全球媒体伦理规范译评》中，我们可以看到传统媒体，诸如报纸和电视台，出于商业利益或其他利益的考虑，会信守业内已经存在的一套标准的新闻伦理原则，包括重视来源透明、进行事实确认、发布勘误声明等，从而维持其可信度。这些伦理操守，在后真相时代，显得更为重要。

新媒体环境：更需可操作性的伦理准则

在新媒体环境下，个人从过去被动的信息接受者转变成为主动的信息发布者，社交媒体更成为无门槛的信息传播平台。与这种开放式传播模式相伴的是频繁发生的传播伦理失范现象，其主要表现在以下几个方面：其一，传播失实信息。新媒体上的信息传播者并不都是有伦理操守的"真相挖掘者"，更多的是作为表达观点的发帖者或信息的转发者，一般不进行事实的核对，也不会进行扎实的采访，只是不断地重复着"发布—复制—粘贴"的操作，在这样的信息传播过程中，最为重要的"求真"伦理准则遭到了冲击。其二，传播伤害性信息。悲剧事件中的人肉搜索和信息披露、热点事件中的舆论暴力和标签化传播，在新媒体平台上随处可见，这种传播行为忽视了对未成年人、犯罪嫌疑人、病人等特殊群体以及普通人的关爱与保护，甚至展示着当事人的日常生活图景、侵犯着个人的隐私，与传播伦理中的"最小伤害原则"相违背。其三，传播低俗信息。为了追求商业利润，奉行"点击率至上"，迎合民众的猎奇心理，信息传播者不断推送着刺激、色情、媚俗的内容，媒体平台无法在"追求经济利益"与"承担社会责任"之间寻求平衡，而是将"责任"这一伦理原则放置于最为次要的位置。

近年来，媒体伦理失范事件一次次让整个社会震惊，并引发我们的思考：媒体不应当是这样的。这样的媒体伦理事件多次成为讨论的热点，本身也表明了一种希望的存在：它以一种特殊的方式表明，在我们的心中，仍然有着"良好伦理操守媒体"的理想样式。《全球媒体伦理规范译评》中详细列举了不同国家对于媒体伦理准则的理解，拟定了诸多细致的、可操作性的规范。如下面关于采访报道的伦理准则细致地规定了如何以最大的善意来保护儿童："在涉及儿童的性侵犯案件中，无论是作为受害者、证人还是被告，其身份都不应该被公开，除非出于公共利益的需要。例如，对于虐待或者抛弃儿童的案例，记者不应在未获得其父母或其他监护人同意的情况下，对其个人生活状况进行正式的采访或拍照。在学校或其他机构中，在未获得校方或管理者许可的情况下，也不得随意接近儿童或进行拍照。依照这一原则，记者在采访儿童时始终应该具体问题具体分析。"而"媒体要对公众承担责任，这就要求传播的内容不能被私人的、第三方商业利益或者记者个人的经济利益所影响，媒体和编辑必须抵抗这种影响，应当明确区分报道内容和商业内容"这一规定强调了媒体进行新闻报道时所应当保持抵抗其他利益侵害的独立性。如此详细的伦理规定，在《全球媒体伦理规范译评》一书中还有很多，它们被不同国家的媒体机构、媒体自律组织所颁布，并成为媒体实践活动中的指导性伦理要求。

在新媒体时代，我们"仍然需要坚信，只有真实、准确、全面、公正的报道，才能够提供一幅对公众广泛关注的新闻事件进行较为准确和深入描绘的全景。在信息高度冗余和破碎化的传播语境下，这在塑造公信力上恰恰具有不可替代的价值"。① 如何在具体的实践中坚持"真实、准确、全面、公正"的伦理价值，我相信传媒领域的学习者、研究者和从业者都可以在《全球媒体伦理规范译评》中寻得答案。

过去与未来：《全球媒体伦理规范译评》的启示

在后真相时代、新媒体环境下，专业的媒体伦理并非被淘汰了，而是需要重拾与重塑。唯有如此，才可以生产高品质的新闻内容、培养高素质的民众，如此我们的文明才能延续。民众与传播业界需要重拾那些受到冲击的伦理准则，学界需要研究新媒体环境下的媒体伦理的新特点等。媒体伦理学的研究，与其他学科一样，是不可能闭门造车的。我们探讨媒体伦理案例、反思媒体伦理理论、建构媒体伦理体系，都需要借鉴国内外的研究成果。所以，翻译、整理、出版全球各国的媒体伦理规范是一件很有价值的工作。

编译工作一直都不是件容易的事，更何况要编译的是五大洲近百个不同国家的媒体伦理规范。几年前初听牛静博士的打算时，我深知这是一件具有开创性价值的事，因为我国还没有一本全面介绍世界范围内各国媒体伦理规范的书。同时，我也知道，编译过程中可能会有诸多困难，比如不同国家的媒体伦理规范条文从哪里寻找，如何找到并翻译那些用英语之外语言撰写的条文等。当我在2017年拿到这本书的初稿时，最初的疑问都有了答案。近三年的时间里，牛静博士组建了包括本科生、研究生和博士生在内的媒体伦理研究团队，利用多种渠道尽可能多地在全球范围内搜集不同国家媒体伦理规范，并利用多次在美国访学的机会，获得了会讲西班牙语、葡萄牙语等其他语种的朋友的帮助，她一步步地解决了所遇到的各种障碍，最终完成了100多篇媒体伦理规范

---

① 周海燕：《重建新闻的公共性共识是否可能？——从近期的传媒伦理争议谈起》，《新闻记者》，2015年第3期。

的翻译。①

牛静博士一直致力于媒体伦理、传播法等领域的研究，有一系列的学术成果。她从"全球媒体伦理"的视角切入伦理研究，具有较强的创新性。在2016 年中国新闻史学会媒介法规与伦理研究委员会成立大会上，作为常务理事的她首次向同行专家介绍书稿《全球媒体伦理规范译评》，便受到了一致的肯定，与会专家认为该书为我们探讨世界媒体伦理、与国际同行对话提供了一条可行的重要路径。

《全球媒体伦理规范译评》内容丰富，是从不同的语言，如从英语、法语、阿尔及利亚语、西班牙语等翻译而成的中文译本，其中既有我们所熟知的美国、加拿大、澳大利亚等国的媒体伦理规范，也有更多我们之前很少关注的其他国家的媒体伦理规范。以欧洲和非洲来说，本书就收录了欧洲的奥地利、白俄罗斯、比利时、波斯尼亚和黑塞哥维那、保加利亚、克罗地亚、捷克、丹麦、爱沙尼亚、芬兰、法国、德国、希腊、匈牙利、冰岛、爱尔兰、意大利、拉脱维亚、立陶宛、卢森堡、马耳他、摩尔多瓦、挪威、波兰、葡萄牙、俄罗斯、斯洛伐克、斯洛文尼亚、西班牙、瑞典、乌克兰、英国等 32 个国家的媒体伦理规范；收录入非洲的阿尔及利亚、博茨瓦纳、刚果、埃及、埃塞俄比亚、加纳、几内亚、科特迪瓦、肯尼亚、利比里亚、马里、纳米比亚、尼日利亚、尼日尔、卢旺达、塞内加尔、索马里兰、南非、南苏丹、斯威士兰、坦桑尼亚、多哥、突尼斯、乌干达、赞比亚等 25 个国家的媒体伦理规范。在亚洲太平洋地区，《全球媒体伦理规范译评》中也涵盖了诸多国家的关于报纸、广播、电视、网络等媒体的各类伦理规范，既有巴基斯坦报纸编辑委员会发布的针对纸质媒体的伦理规范，也有尼泊尔新闻评议会发布的针对包括网络媒体在内的各种媒体的职业道德规范等。

作为一个关注新闻传播研究的学者，我深知在这之前，在"媒体伦理"这一研究领域，只有个别、零星的其他国家媒体伦理规范的译本。而这种译本正是媒体伦理研究的基本材料。当我们的视野打不开、看不见其他国家的媒体

① 牛静对全球各国媒体伦理规范的编译成果最终呈现为两本译作：一本是由社会科学文献出版社出版的《全球媒体伦理规范译评》，其中有 79 个国家和地区的 110 篇媒体伦理规范；一本是由华中科技大学出版社出版的《全球主要国家媒体伦理规范（双语版）》，其中有 28 个国家的 31 篇媒体伦理信条，两本译作都将于 2017 年底出版。

伦理实践时，我们的相关研究只能停留在浅层次的探索中。《全球媒体伦理规范译评》填补了我国媒体伦理研究领域的一大空白，拓展了媒体伦理研究的新空间。正如 20 世纪 80 年代国内的新闻法研究，是在孙旭培先生主持编译的《各国新闻出版法选辑》、《各国新闻出版法选辑·续编》正式出版后，国内的新闻出版法研究才出现了井喷式的发展局面。

《全球媒体伦理规范译评》全景式地展现了各国的媒体伦理规范的概貌，是研究媒体伦理不可多得的第一手资料。我相信这本书的出版一定会对国内的媒体伦理研究，进而对国内的传播治理产生积极的影响。事实上，最近几年牛静博士完成了《建构全球媒体伦理：可实现的愿景抑或乌托邦？》、《世界主义、民族主义与全球媒介伦理的建构》、《全球媒体伦理规范的共通准则和区域性准则》等多篇高水平的学术论文。她一边翻译着各国的媒体伦理规范和案例，也一边探讨着媒体伦理的实践及其发展方向。至少在媒体伦理研究这一领域，牛静博士起到了引领的作用。这种努力显然是值得我们肯定的。

我们今天的社会正被全球化、信息化的引擎所驱动，我们的生存、进步和发展既离不开全球体系，也离不开媒体的引领。全球视野和跨越国家、民族、文化的平等交流和对话，是人类和平发展的重要前提。今天我们比什么时候都更加需要负责任的媒体，更加需要真相和理性声音的引领。可是当前的传播现状实在不容乐观。在各类媒体平台受到经济力量、政治力量等多种因素影响而缺失伦理精神的今天，我希望这本《全球媒体伦理规范译评》能够启迪更多的人来思考媒体的自由与责任问题，意识到媒体及其从业者应当对这个社会怀抱着深深的责任感，正是这种责任感，才能使他们的新闻理想和职业实践产生应有的价值与意义。

张　昆

华中科技大学新闻与信息传播学院院长、教授

国务院学位委员会新闻传播学科组成员

2006～2010 教育部新闻学科教学指导委员会副主任

中国新闻史学会副会长

2017 年 8 月 16 日

媒体伦理是媒体建立公信力
与承担社会责任的基石

（代序二）

我很高兴为牛静博士的新作《全球媒体伦理规范译评》在出版之际写几段话。

媒体伦理以及媒体人的行为准则，是媒体能够在社会和公众中建立并保持公信力的必要条件与核心基础之一。因此，媒体伦理以及媒体人的行为准则对媒体自身的生存以及媒体所希望和期望能够发挥的社会作用，具有极其重要的意义，因为一旦媒体人做了错误的伦理选择，后果是不堪设想的。正如媒体伦理学者 John Hulteng 所说，"如果新闻业没有道德价值观的约束，那么很有可能不再对社会产生积极作用，也不再有任何真正的存在理由。"所以，"为了我们大家的利益，绝不允许这种事情发生"。

也正因为如此，有媒体的地方，就存在媒体的伦理问题，有媒体人的地方，就存在媒体人的行为准则问题。这是一个世界性的议题，也是一个自从媒体出现至今已经存在了几个世纪的议题。正如这本书所显示的，世界很多国家对这个议题已有大量的探讨与研究，并随着各国政治、经济、文化和社会的不断变化，不断开展着新的探讨与研究，以适应社会的变化和发展的需要。

如果我们追根溯源，从世界媒体伦理最初的发展历史来看，早在公元前四百多年，古希腊哲学家亚里士多德就提出了一些与此相关的理念。而现在我们通用的"伦理"这个词的英文词"Ethics"，也来源于希腊语词"Ethos"，直译为民族精神，意思为统治文化的指导精神或传统。虽然在人们的日常生活中，道德准则和伦理规范经常可以被替换使用，但实际上它们是两个截然不同的概念。道德（Moral）最初来源于宗教或哲学对行为的指导，可以是也可以不是理性的。伦理（Ethic）则主要来源于哲学中对社会有益的理性行为和约束。因此，道德准则常常是一种个体的行为，是与个人的价值取向紧密联系的。而伦理规范则通常是应该能为大众和社会所普遍接受的行为准则，尽管有时可能与个体的道德准则不符。所以，总的来说，伦理规范可以说是由人们对比并选择的道德准则行为所组成的总和，换句话说，是引导个人行为在特定情况下的道德准则或行为规范。这体现在媒体伦理上，媒体与媒体人所表现出来的道德准则，也可以看成是蕴含在媒体人的信仰、哲学和文化理念之中的。伦理是指在特定的情况下指导人们行为的行动准则和道德原则，媒体伦理中的行动指南具体指的就是媒体专业人员在面对两个或更多的道德冲突时，所进行理性思考后的选择。

真正意义上的现代媒体伦理和法规、法则的出现，至今已经有近一百年的历史。1923 年，美国报纸主编协会决定采用媒体伦理法则。20 年之后，1943年，美国的哈钦斯委员会（Hutchins Commission）进一步明确提出了媒体的行为准则与社会功能之间的关系，强调了媒体的社会责任必须也只有通过媒体的正确行为才能得以实现。自此之后，媒体伦理有了更快、更广与更深入的发展。近百年来，随着媒体的不断变化与发展，媒体从业人员的不断增加，同时随着社会各个方面的巨大变化，媒体伦理也始终在不断发展与变化，最终才有了今天的现代媒体与现代媒体伦理。而所有发展与变化的核心，始终围绕着媒体与媒体人应该怎样做才能保持媒体的公信力，从而使得媒体能够担当起社会责任和完成其在各个历史时期所被赋予的历史使命。

经过不断的发展与完善，当今的媒体伦理已经包括了三个层次的内容。第一层次是所在社会的总体文化价值观（Metaethics）。比如，什么是正义，什么意味着是好的，真正的公平可能吗，等等。这个总体层面上的伦理为人们（包括媒体人）日常做的各种各样的伦理决定提供了尽可能广泛的基础。它们是每个人进行道德推理的基本出发点。第二层次是规范伦理（Normative ethics），主要是指在一个社会中被广泛认同与接受的理论、规则、伦理原则和道德行为。媒体行业的伦理规范和实践标准都是规范伦理的例子。他们把这些规范当作现实世界里媒体实践的框架和指南，在这里人们可以权衡他们的各种行为。第三个层次是应用层次（Applied ethics）。媒体人必须将那些基本原则与具体的指导规则应用到日常的实际情境中去，否则媒体伦理就起不到任何作用。正因为如此，在总体伦理和规范伦理之外，许多媒体机构都制定了各自的行为准则或政策，以便媒体人在日常实践中应用。这些媒体从业人员必须遵循的行为准则和标准，也就成为一种职业道德。媒体从业人员经常会因为面对不同的理念而产生道德责任的冲突。特别是，由于伦理标准并不总是很明确的，而且又常常随着社会总体文化规范的变化而变化，因此，在具体实践中，有时会没有单一的正确答案或是没有最好的答案。这时，遵从媒体的应用伦理是最站得住脚的选择和答案。

近些年来，随着世界和各国政治与经济结构的改变，媒体伦理规范行为的政治意义和经济意义也越来越显得重要。一方面，对任何媒体来说，伦理规范是媒体能够产生和保持公信力的基石，而媒体的公信力又是媒体能够对社会与公众产生和保持政治影响的基石；另一方面，对媒体自身的生存来说，公信力也是伦理的经济刺激因素，尤其是当媒体处于一个自由竞争的市场之中的时候。因此，伦理规范行为和与之相关的公信力也是媒体生存的经济基石。在一定程度上，媒体的公信力不但决定了它的盈利能力，也决定了媒体对经济的主导程度以及媒体的报道对其他行业的影响力。

相比较世界许多国家来说，中国的媒体伦理的构建与研究起步相对要晚，但至今也有将近四十年的时间了。这些研究中既有对理论的探寻，也有对实践的反思。然而，解决媒体伦理失范问题仍然面临着不少困境。一方面，随着网络技术的发展和新媒体的普及，媒体竞争日趋激烈，媒体伦理失范现象愈演愈烈；另一方面，媒体伦理的研究主要侧重于对新闻职业理念的强调和对伦理失范行为的问责。然而，关于媒体伦理观念如何在媒体从业者中间内化于心、外化于行等这些核心问题的研究，还非常欠缺。

媒体伦理是所有国家和媒体都会面临的问题。因此，加强同行之间在媒体自律方面的交流、向媒体自律相对比较完善的国家进行学习，是很必要的。基于此，对全球各国媒体伦理规范及其自律机制进行了解和借鉴，也是很必要的。在这样的背景下，牛静博士编译的《全球媒体伦理规范译评》的出版具有重要的意义和价值。我向她表示祝贺，希望且相信这本书的出版能够为中国与世界媒体伦理规范的对话、为中国媒体伦理研究的发展与实际运作带来一个新的局面。

洪浚浩

美国纽约州立大学传播系教授、博士生导师

哈佛大学费正清中国研究中心研究员

2017 年 9 月 30 日

欧洲

全球媒体
伦理规范译评

奥地利
（Austria）

媒体伦理规范*

前　言

新闻业需要自由和责任。报纸发行人和编辑、广播负责人以及记者都对维护大众媒体的自由负有特殊的责任。大众媒体自由是民主生活中至关重要的组成部分。

编辑部的领导们承受着一项重大的挑战——确保他们所管理的新闻工作者永远对工作规范和伦理准则保持尊重。

所有支持新闻自由的行为必须基于真实和准确原则。对于愿意让其作品接受新闻委员监督的人来说，奥地利媒体委员会（Österreichischer Presserat）是一个有益的平台。持之以恒的自觉自律是确保责任媒体的恰当方式。

基于此，奥地利媒体委员会针对所有代表媒体来从事新闻收集、传播和评论的人员制定了以下原则（奥地利媒体伦理规范）。在必要的时候，可依据其指导方针对本伦理规范进行补充或解释。以下陈述的原则适用于编辑责任范围内出版的刊物的所有部分。

所有衷心遵从本伦理规范的报纸和杂志，均应及时、完整地发布奥地利媒体委员会针对它们以及其他所辖出版物所做出的裁决。

1. 自由

1.1 以语言或图片的方式自由地进行新闻报道和评论，是新闻自由必不可

---

* Code of Ethics for the Austrian Press，http：//ethicnet. uta. fi/austria/code_ of_ ethics_ for_ the_ austrian_ press，摘录于 2015 年 3 月 13 日，该规范由奥地利媒体委员会制定。

少的组成部分，对其采集和传播过程不应施加限制。

1.2 对于媒体委员会及其行为而言，对新闻自由的限制是基于本伦理规范中的相关规定而进行的自律。

2. 准确性

2.1 新闻工作者的首要责任是他们在调查、报道新闻及评论时力求最大程度的责任心和准确性。

2.2 引号中的引语应尽可能接近地反映原意，若仅仅描述原句大意则不能使用引号。应避免使用匿名引语，除非因个人安全的要求需要匿名，或为了保护其免受其他严重影响而使用匿名。

2.3 不得（利用媒体）对任何个人或机构进行控告，除非有证据表明，对于所控告的个人或机构，就其所涉控告已努力获取了相关声明或陈述材料。如果上述控告已进入公诉环节，应清晰地加以说明，同时交代消息来源。

2.4 一旦编辑部被指出其出版的内容有误，或有违反职业道德和有违公序良俗的内容，那么该编辑部必须自觉刊登更正声明。

2.5 任何关于读者对更正报道的合理要求应尽快公布并尽可能满足。

2.6 对于任何重要的庭审判决和其他公权力机构对于已报道过的事件的裁决，或其他渠道提供的关于该事件的重要发现，均应给予充分的报道。

3. 鲜明的报道个性

3.1 一个报纸栏目应明确该栏目是事实报道、第三方观点的再加工还是一篇评论，不应让读者对此产生疑问。

3.2 在对引语真实性产生严重怀疑的情况下，应在出版前对第三方声明的真实有效性进行核实。

3.3 剪辑合成的照片和被修改过的图片素材应被明确标出，否则读者在粗略地阅读时可能会被误导，视其为真实的照片。

4. 外界影响

4.1 报纸或杂志的社论在形式和内容上决不能受外界利益左右。

4.2 此类外界影响不仅包括对记者的干预和施压，也包括为其提供职业活动范围之外的个人利益。

4.3 任何人如以新闻工作者的身份接受他人馈赠或获得其他个人好处，并可能因此影响其职业行为，均将视为对本道德准则的违背。

4.4 新闻工作者的职业行为决不能受其个人物质利益的影响。

4.5 出版者不能因其自身经济利益而影响编辑内容、导致信息错误或隐瞒重要信息。

4.6 如果新闻工作者进行由第三方付费的旅行的报道，那么这一事实应以恰当的方式在报道中注明。

5. 对个人权利的保护

5.1 每个人的个人权利和尊严都有权得到尊重和保护。

5.2 诽谤或毁谤他人的行为有违本伦理规范。

5.3 如果对处于困厄状态的人进行暴露其身份的报道将会使其陷入更危险的境地，那么媒体不得如此作为。

5.4 应严格避免针对某个人或某个群体的毁谤或煽动性报道，以及严格避免可能引发公众对其猜疑的报道。

5.5 禁止种族、信仰、国籍、性别或其他任何形式的歧视。

5.6 禁止以任何方式毁谤或嘲笑宗教教义、教会组织以及宗教社区。

5.7 禁止出版含有诽谤个人或群体的内容、影像资料。

6. 隐私权

6.1 原则上应保护所有个体的隐私。

6.2 对儿童隐私的保护应优先于新闻价值。

6.3 在青少年的照片和报道刊载前，应慎重考虑此举是否符合公共利益。

6.4 对刑事犯罪或青少年的不端行为的报道，不得披露个人的全名，不得影响他们重返社会。

6.5 新闻工作者在采访和拍摄儿童时，或在报道对其未来可能产生消极影响的事件时，应保持高度谨慎。

7. 信息的获取

7.1 在获取口头或书面证据时，不得采取不公平或不恰当的方式。

7.2 不公平或不恰当的方式包括歪曲事实、施加压力、威胁恐吓、制造紧张气氛以及在常规状况下使用窃听手段。

7.3 对私人图片的发布应事先获得当事人的允许；当当事人是未成年人时，应获得其父母或监护人的允许，除非对该图片的公布符合公共利益。

8. 编辑工作的特殊领域

8.1 旅行纪录片和自然风光类的报道应以适当的形式涵盖当地的社会和政治背景，以及该国家或地区的主要社会状况（例如严重违反人权的情况）。

8.2 报刊的汽车版块应对环境、交通运输以及能源政策等事项给予充足的考虑。

8.3 关于旅游景区、饮食业和汽车业以及所有关于生活消费品和服务业的有价值的报道，应由符合公认标准并由具有新闻专业资质的人来报道。

9. 公共利益

9.1 在具体情况下，尤其是在公众人物方面，有必要仔细权衡对其所进行的文字或图片报道中是否有违背公共利益的成分。

9.2 在奥地利新闻工作者的伦理规范中，"公共利益"尤其指的是对有争议的事实的报道可能有助于将罪犯绳之以法，或是尽力保护公众安全或健康，或是避免普通大众被误导。

9.3 只有在出于更大的公共利益的考虑而非纯粹的偷窥隐私的需要时，才能牺牲人（们）的隐私权（如用暗访的方式获取信息，原文注）来发表特定照片。

白俄罗斯
（Belarus）

新闻工作者伦理守则*

新闻工作者的主要目标是保障公民获取真实和重要信息的权利，让公民对社会进程、他们自身的本质和重要性以及现代世界的形势有充分的认识。

新闻工作者对于整个社会、法律及职业协会负有责任。新闻工作者的社会责任要求他们的行为应当与个人道德标准相一致。

本行业的伦理准则要求，新闻工作者必须为其在职业框架内的所作所为承担恒久的责任，而非仅仅遵循几条一劳永逸的书面规则。

目前的这一守则将为那些在大众媒体上进行信息收集、接受、保存、发布和评论等工作的工作者设定一个高标准的伦理标准和专业行为标准。本伦理准则并非强制性的要求。其制定的目的，是为媒体的职员提供一个用来检视自身职业活动的行为指南和道德标准。此新闻工作者伦理守则不能作为指控媒体员工的刑事、行政、纪律或其他问题的理由，除非这些问题是在媒体自律的范围之内。

新闻自由

大众媒体自由是言论自由的主要保证之一，也是保证其他公民权利和自由的基石。新闻自由包括可以讨论与批评当局政府、公民和民间私营机构的自

---

* Journalists Ethics Code, http：//ethicnet. uta. fi/belarus/journalists＿ethics＿code，摘录于 2015 年 3 月 16 日。

由。新闻工作者的工作有助于使不受欢迎观点的表达权利得以实现，也有助于使大多数人的观点得以被社会认同。

新闻工作者必须捍卫言论自由、保持独立的政治观点和信念。必须抵制一切歪曲的信息或审查力量的干扰。

像其他公民一样，新闻工作者有持有政治倾向和其他信念的权利。然而，在其职业活动中他/她应该保持中立客观。

收集及接收信息的原则

新闻工作者必须报道真实的信息，必须对一些议题进行全面报道，这是对社会公众获得客观信息权利的尊重。新闻应该基于已核实的事实和消息。

新闻工作者应该尽力从一切可能来源获取信息，以确保其完整性、真实性和无偏见性。新闻工作者应该格外小心地检查那些可能冒犯或侮辱某人的消息。

获得信息应合乎法律和伦理规范。

在获得信息的时候，除非某一信息是机密的或者不能公开获取的，否则，新闻工作者必须自我介绍，说出其代表媒体的名称，告知对话者他/她的言论可能被发表。

信任不能被滥用。在致人震惊、有情绪压力等的悲剧事件中，新闻工作者必须谨慎而耐心地进行采访。

在收集信息的过程中，新闻工作者不能歪曲事实。只有当某一事件对社会来说极其重要且不能从其他公开方法获取的情况下，新闻工作者才可以进行隐性采访。

不应该发布窃听得来的材料。

新闻工作者必须为秘密消息来源保密。

发布原则

新闻工作者应该呈现事实并维护其真实，展示其主要环节且不允许歪曲事实。

无偏见的新闻不意味着新闻工作者就应该放弃表达其个人观点。新闻报道中陈述事实部分和运用材料表达观点、解释事实部分应当清晰，可以被读者分辨。然而，这条准则并不限制新闻工作者的写作文风。

新闻工作者不应该成为私人或利益集团的喉舌。应该致力于在大众媒体上客观报道多元化的观点，公然隐瞒重要信息或者歪曲事实是不允许的。

在评论中带有偏见是违反新闻伦理原则的。

准备和撰写一些事件的解释性材料及评论的工作应交由能力强、经验丰富、业务熟悉的新闻工作者完成。

只有当种族、宗教、民族和社会地位等信息对理解材料起十分重要的作用时，这些信息才可以被刊登出来。

报纸新闻的主标题和副标题应该充分符合文章内容，照片和视频资料应该清晰地阐明事件而不是被断章取义地使用。

未经证实的消息、传闻和推测等应该被标记出来。一些其他符号说明（如合成照片、修复照片、在其他时间进行的类似处理等）应该打上相应的标签，或者处理成为可以被清晰辨认的状况。

在陈述事实、评论事实或者对某个问题进行讨论的时候，新闻工作者应该坚持对话伦理与对话准则，并对讨论伙伴表示尊重。

尊重第三方的权利及合法利益

新闻工作者应该将公开的重要信息和能引发公共利益的信息区分开。

个人的私生活信息只有在其影响了公共利益时才可以被公开。在这种情况下，必须确认这样的公开不会侵犯到第三方利益。

未经允许，新闻工作者不应该拍摄私人环境中的公民。日常生活中那些可能冒犯、使人蒙羞的照片或图片不应该被公开。

在报道家庭冲突、法院及其他机构正在处理的案件时，建议不要提及未成年人姓名。

新闻工作者在医院或其他医药机构的领域进行采访报道时，应该得到该机构管理人员的允许。新闻工作者必须牢记身体缺陷或疾病的信息原则上属于私人秘密。

当发布医药主题的报道时，一方面应当避免使用使病人有快速治愈希望的材料，因为这样的报道对于病人来说是没有根据的、不合适的。另一方面，如果对某个特定疾病的治疗前景已有某种判断，那么在对其进行观点不同的定性式报道时，不应给病人造成困惑，以免削减其选择成功治疗方案的可能性。

科学研究的暂时性结果不应该被报道为最终结果或接近最终结果。

暴力事件、意外事件中的受害人应该被关怀。同样也应该对目击者和受害人亲属进行关怀。编辑报道阐释事件细节的照片时对此应该特别注意。

对意外事件、灾难事件的报道不应该超越报道的限度，应该尊重受害人及失去亲人的亲属的情绪。

应当估量意外事件、犯罪事件的报道会对受害人及其亲属造成什么影响。受害人或失踪人的姓名在其亲属知晓结果前不应被透露。

大众媒体不应该激起（公众）对犯罪细节的不良兴趣。社会公众的知情权和受害人、相关者的利益这两者谁更应该被优先考虑，新闻工作者需要仔细权衡。

除非意外事件、犯罪事件的受害人是公众人物或者该事件与他/她有特殊关系，否则，受害人有获得匿名保护的权利。

大众媒体应该避免在未经允许的情况下报道犯罪嫌疑人或者犯罪者的亲友。

当犯罪者是未成年人时，不应该公开可以辨识他们的姓名和照片，除非该犯罪事件中的罪行是重大的。如果公务员及其他公众人物与犯罪有关联，他们的姓名和照片是可以公开的。

除非受害者自己要求，否则不允许公开性暴力中受害者的姓名或者可能导致其身份泄露的细节。

不能公开 16 岁以下的性犯罪受害者或目击者的身份。

当公开犯罪案件的资料时，证人或受害者属于某个宗教、种族或其他少数群体等信息，只有在有根据相信它有助于更好地理解这一描述性事件时才能被报道。因为这一类信息可能导致对这一少数族群的偏见。

应该客观地报道调查、审判。在法律调查、审判的各个阶段，新闻工作者应该全面地寻求各方（如原告、被告）的观点。

犯罪嫌疑人的家庭、职业、宗教背景、国籍、人种或者在某些组织里的会员资格等信息，只有在与事件相关时才应该被公开。

在审判结果被宣读、该案件结束之前，不能公开那些有可能会损害审判的信息。

新闻工作者不应该透露犯轻罪的人的姓名，也不应该公开犯微小罪行的人的姓名，除非这样的罪行是公众人物犯下的。

如果一个有罪的人已经受到惩罚，新闻工作者就不应该再提及他犯下的罪行。这一规则不适用于累犯、继续从事与犯罪相关活动的个人或者寻求高层级社会地位的人。

将损害减到最小

大众媒体应该尽快并完整地纠正错误。更正应该及时地在明显位置发布。

被媒体批评的人有权获得及时的申辩机会。发表被批评者的申辩内容时，不应同时附加编辑部的针对性评论；被批评者的申辩内容应以形式适当、切中问题关键点且能获得相应关注度的方式呈现。

新闻工作者的独立

新闻工作者不应卷入实际或隐藏利益冲突之中，其应该拒绝会影响其观点的特权或馈赠。

新闻工作者不应该参加限制其思想独立性、危及其职业正直性的活动或组织。

利益的冲突会损害大众媒体的声誉。

新闻工作者不能同时在国家机关工作，也不能同时在政党和其他政治组织工作。

新闻工作者不能有其他第二份工作，也不能从事选举、政府管理工作，这主要是为了防止他们进行道德妥协。

如果在政党工作，参加示威游行和解决紧急的社会问题导致或可能导致利益冲突，这会影响或可能影响大众媒体的客观性，这是不可接受的。

新闻工作者不应该依赖于信源或者某人的利益。

只有在新闻工作者的行动可能保护受害者或者保护报道中被提及的其他人的生命、健康的情况下，新闻工作者与执法机构的合作才是正当的。

在其职业活动中得到的金融信息公开或传递给其他人之前，新闻工作者不应该从这些信息中获利。在没有告知主编的情况下，他/她不应该撰写与自身有物质利益关系或与其亲属有利益关系的金融报道。

新闻工作者不能成为付费广告或者广告材料的作者。

广告规范适用于付费出版物。这类出版物中的广告呈现应该以"广告"的形式呈现，使读者辨识出这是广告。

评论应明显区别于广告。

在向消费者传播信息时，有必要展现某种商品被选择的原因。应该避免传播单方面信息，如只报道一组商品和服务、一个品牌的产品、一个公司、一个餐饮店的网站。

新闻工作者不应该代其他人撰写东西，不应该在他人的材料上署自己的姓名。

在未经主管同意的情况下，新闻工作者不能将他/她的报道提供给其他媒体。如果一个自由新闻工作者同时向几个出版物提供了其报道，他/她应该向那几家出版物告知这一情况。

发表文章不应该以获得奖项和奖励为首要目标。

新闻工作者应该避免发布以人们个人传记中的事实为基础的批评材料，因为这可能造成他们在被清算的错觉。

新闻工作者的团结

建议新闻工作者在日常工作中保持公平竞争和职业团结。

独立新闻工作者和编辑团队都不应该通过大众媒体（对他人）进行清算。这样的行为不仅损害了他们的名声，通常也损害了新闻工作者这一职业的声誉，因为它会渐渐破坏人们对大众媒体的信任。在解决与同事的冲突时，新闻工作者应该给予新闻协会优先管辖权。

新闻工作者应该捍卫职业尊严和声誉，并声援由于正当职业行为而受到起诉的同事。

比利时
（Belgium）

新闻业准则 [*]

表达自由是人的一项基本权利，是民意明晰、舆论公开的一个必要条件。因其关系保护新闻的真实与自由。在 1982 年，比利时报纸出版商协会、比利时新闻工作者协会和全国信息通讯社联合会正式通过了以下新闻业准则。

1. 新闻自由

新闻自由是保障表达自由的最重要的方法，没有表达自由，其他基本的公民自由也将无法得到保障。媒体必须不受妨碍地享有搜集和发布信息与评论的权利，以此来确保公共舆论的形成。

2. 事实

必须不带偏见地搜集和报道事实。

3. 信息与评论的区分

事实的报道与评论的区别必须清晰可见。这一原则不妨碍杂志或报纸呈现自己的意见和他人的观点。

4. 尊重观点的多样性

媒体应当认识到并尊重观点的多样性，捍卫发表不同观点的自由。反对一切基于性别、种族、国籍、语言、宗教、思想、文化、阶级或信念的歧视，这一理念与基本人权不矛盾。

---

* Code of Journalistic Principles，https：//accountablejournalism. org/？/ethics - codes/Belgium - Principles，摘录于 2015 年 3 月 20 日。该规范由比利时报纸出版商协会、比利时新闻工作者协会和全国信息通讯社联合会制定，发布于 1982 年。

5. 尊重人的尊严

出版机构、主编和新闻记者必须尊重他人自尊和私生活，应避免触及他人人身或精神的痛苦，除非这样的报道是新闻自由的切实需要。

6. 暴力的展现

禁止美化犯罪、恐怖主义和其他残忍的和不人道的活动。

7. 错误信息的校正

若事实和信息被证明是虚假的，必须无条件改正，并且不影响法律规定的答复权。

8. 信息来源的保护

若无消息提供者的明确授权，秘密消息的来源不得被透露。

9. 保密

法律规定，公共和私人事务的保密不得妨碍新闻自由。

10. 人权

如果表达自由与其他基本权利发生冲突，由编辑（与相关记者商议后）基于自我负责的原则，决定给哪种权利以优先权。

11. 独立性

报纸和新闻记者必须不屈服于任何外部压力。

12. 广告

广告的呈现方式禁止与真实信息相混淆。

波斯尼亚和黑塞哥维那
（Bosnia and Herzegovina）

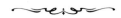

报业规范 *

前　言

本规范是依据欧洲现行的新闻实践规范制定的，意在作为自我调节的基础体系，在道德上约束报纸和在线媒体的记者、编辑、所有者和发行人进行自律，并将其作为根本性的约束体系。

印刷媒体和在线媒体的新闻工作者应当尊重被普遍接受的伦理准则，捍卫新闻业的正义和良知。除本规范外，法律和其他法规共同构成波斯尼亚和黑塞哥维那印刷媒体和在线媒体的运行框架。

本规范包括由波黑专业记者独立联盟、波黑记者联盟、塞族共和国专业记者独立联盟、塞族共和国记者联盟、波黑联邦专业记者联盟签署的谅解备忘录所涵盖的基本准则，为波黑克罗地亚记者联盟所遵守。

编辑和出版人应当确保相关工作人员了解本规范。

条款1　公共利益

本规范中的公共利益被定义为旨在帮助公众对于事件和观点形成自己的判断和决定的一种行为和信息，包括发现或揭露犯罪或严重不轨行为的努力，以及防止公众被个人或组织的陈述或行为所误导的努力。

---

* Press Code of Bosnia and Herzegovinai，http：//english. vzs. ba/，摘录于2015年3月22日。该规范由波斯尼亚和黑塞哥维那的报业评议会制定，于1999年4月29日由全波黑记者联盟通过，于2005年2月25日、2006年8月24日、2006年12月、2011年6月由波黑报业委员会和全波黑记者联盟修订。

条款2 编辑责任

记者和编辑的最高责任是确保他们的所有工作都尊重真相和公众的知情权。新闻工作者在采集、报道信息和表达观点时应当有公正、诚实和礼貌的精神。剽窃、伪造、故意压制关键事实、收取贿赂或有偿援助是本行业严重的道德犯罪。

条款3 煽动

报业应始终警惕因为对歧视和偏狭有意无意地鼓励所带来的危险。考虑到这种危险，报业应当尽其所能不去煽动、激怒以种族、国籍、人种、宗教、性别或性取向为基础的憎恨或不平等。报业在任何情况下都不应当煽动暴力犯罪行为。

条款4 歧视

新闻工作者一定要避免对人们的民族、国籍、人种、宗教、性别、性取向及任何身体或精神上的疾病或者残疾进行偏见报道或者侮辱性报道，除非与所报道的事件直接相关，关于人们的民族、国籍、人种、宗教、性别、性取向或任何身体或精神上的疾病或者残疾的信息才可以被提及。

4a – 性别平等和对个体的尊重

报纸和期刊应当避免对可能引起他人的不良评价或者基于性、性别、性别认知、性别认同、性别表达和性取向而发表歧视性评论。

条款5 准确公正报道

新闻工作者应当尽其所能不发表不准确的、误导性的或者扭曲的材料，无论是以图片、文字形式还是其他形式。

图片和资料不允许被篡改，也不允许以误导性的面目出现。

新闻工作者不应压制或隐瞒任何会在实际上影响到读者对文章理解和解释的关键信息。

新闻工作者有义务去迅速改正已发表的不准确信息。道歉和/或更正应当在显著位置刊出。

报纸和期刊应当始终准确、公正地报道自身所卷入诽谤案件后的结果。

新闻工作者应当基于源头可知的事实进行报道。

在报道和评论争议性事件时，新闻工作者应努力听取并报道冲突各方的意见。如果冲突的一方不和记者合作，出版物上可以合理地标注这种拒绝行为并适当地加以说明。

条款6　评论、推测和事实

报纸和期刊，虽然可以自由表达观点，但一定要分清楚评论、推测和事实。

条款7　答辩的机会

当编辑出于公平、公正的需要而确定给予被报道者答辩的机会时，这个机会应覆盖到报道所涉的各方。同时，如果可能，当报道中有（错误）谴责和/或不正确信息时，要在相应版面进行立即更正，更正内容不超过原文长度。

条款8　虚假陈述

新闻工作者只能以公平的手段获取新闻、资料和图片。

新闻工作者和摄影工作者不能通过恐吓或骚扰等方式获取信息或图片。

歪曲报道某人的身份、意图或用诡计来获取信息均是不道德的，除非在最极端的情况下，出于服务公共利益的需要而以合法的形式获得信息。

条款9　隐私

新闻工作者应当避免入侵和打听他人的私生活，除非这种入侵和打听是符合公共利益的。涉及个人不幸遭遇的报道应审慎处理，对受到影响的个体应抱以同情之心。

条款10　被控刑事犯罪的人

在法院判决之前，新闻工作者不应该把任何一个个体当作罪犯。新闻工作者有责任不去预先判断被指控的人的罪行。

对于先前报道的已被起诉或已进入审判环节的任何当事人，如果后来免除对其控诉或宣判无罪开释，新闻工作者也有责任报道后续发展。

10a – 对证人的保护

新闻工作者在报道战争犯罪的目击情况时应力求谨慎，遵守报道时保护证人的相关规范，防止证人被认出。新闻工作者在报道战争罪行的庭审情况时，要避免标示证人及其亲戚朋友，除非他们的身份对庭审报道的完整性、公正性和准确性确有必要，同时还需确保这种标示不会导致对事实和庭审过程的误解。

条款11　对儿童和未成年人的保护

对待儿童和未成年人时，新闻工作者有义务特别小心，尊重道德规范和建立在儿童利益基础上的儿童权利公约。

新闻工作者有义务保护完全不涉及公共事务的儿童的身份。

新闻工作者不应对小于 18 岁的没有家人陪同或者未经家长或其他监护人同意的儿童进行采访或拍照。

当刑事案件的受害者是年龄低于 18 岁的儿童时，新闻工作者不能公开其身份。

新闻工作者在任何情况下都不得披露小于 18 岁的犯罪案件的目击儿童、受害人或被告儿童的身份。

条款 12 广告和赞助

商业广告、政治广告和赞助材料（软文或增刊）一定要与编辑内容加以区分并且清晰地界定它们的属性。赞助材料应当显著且清晰地标明赞助来源。

条款 13 消息来源的机密性

只要有可能，新闻工作者应当依靠公开的、经过鉴定的消息来源。与信度和准确性都不能被大众测定的匿名信源相比，它们更应当受到新闻工作者的青睐。新闻工作者有义务保护秘密提供信息者的身份，不管他们有没有明确要求保密。

条款 14 著作权和作者的权利

只要支付了适当的费用，在没有得到明确许可的情况下，新闻工作者可以在有引文的情况下合理、简短地使用另一个出版商或版权所有者的作品。大量使用或者复制受到版权保护的材料需要得到版权所有者明确的允许，除非原文中已经许可。

条款 15 投诉

印刷媒体和在线媒体都应该在适当的地方标注姓名、地址、电话、传真号码、网址/邮箱、出版者和责编的联系方式，以方便处理可能出现的投诉。

对违反该准则的文章进行投诉，应该告知负责该文章的出版者或编辑，投诉内容不多于原文章。

波斯尼亚和黑塞哥维那
（Bosnia and Herzegovina）

法律记者推荐规范 *

公众有权利获得庭审活动中的公正信息。

刑事程序报道使得刑法司法过程和法院功能可视化，同时也使得公众可以洞察司法系统。

记者若想更专业地进行调查性新闻和庭审活动报道，需谨记本推荐规范的如下规则。

1. 应谨慎和敏感地报道刑事犯罪的调查和庭审过程，以及刑事检控和判决情况。

2. 应专业、客观、及时、准确、公平地报道犯罪和庭审，尊重波黑报业道德规范，尊重波黑法庭的法律法规。

3. 需谨记并践行"任何人在被判决之前都是无罪的"这一法律准则，即便他认了罪或是在法院判决之前公众相信被告或嫌疑人有罪。

4. 在法庭裁决之前不要像对待罪犯一样对待任何一个人。

5. 新闻工作者须谨记，对被指控有犯罪嫌疑的人进行偏颇的、没有根据的报道违反了宪法所保障的人权。

6. 谨记报道或出版的信息一定不得妨碍和危及司法实践，也不应影响庭审结果。

---

* Recommendations for court media reporters，http：//ethicnet. uta. fi/bosnia_ and_ herzegovina/recommendations_ for_ court_ media_ reporters，摘录于 2015 年 3 月 22 日。

7. 须谨记，如果媒体在报道中对被告或嫌疑人指名道姓，或者以公众可能辨识出他们的方式进行了报道，那么当指控撤销或庭审终止时，他们就有义务对此进行及时报道。

8. 不报道性侵犯、暴力事件的受害者与自杀者的姓名，或者发表任何可以辨别出他们身份的材料，除非得到受害者本人或家属允许，或者这种披露对调查是必需的。

9. 避免发表被告或嫌疑人亲戚朋友的名字，除非这种描写对完整、真实、准确的犯罪报道是必需的。

10. 当报道未成年人犯罪调查时，要最大可能地表现出关心和谨慎，谨记他们的未来在你手上，也要表现出对未成年犯罪者的关心。

11. 确保庭审报道是专业的，避免可能间接影响到公众的强烈情感表达。

12. 在报道中不煽动国籍、宗教、伦理、人种的不相容性和表达对其的憎恶，不发布任何对性、性别、性别认同、性取向以及身体和精神上的疾病或残疾的歧视报道。

13. 谨记专业报道不应包括可能会引起对真实的误解或影响庭审过程的信息。

14. 在"案件待决"期须谨慎报道，以避免干预到裁决过程。"案件待决"是指裁决尚未做出的这一段庭审期，也就是上诉结束前的时间。

15. 以理解庭审过程和对此过程的准确报道为目的接受和使用法律术语。

波斯尼亚和黑塞哥维那
（Bosnia and Herzegovina）

媒介对待性别问题的推荐规范*

波黑出版和电子媒介的编辑、评论员应当通过如下编辑方针来确保对基于性、性别、性别认同、性取向的不同个体公平的尊重。

1. 展现积极非歧视的案例，尊重人们的私生活和公共生活。

2. 以平等和多样的方式表现人，充分尊重他们的个性和人格。

3. 提高男性和女性在经济和社会生活领域平等参与的意识。

4. 消除媒介语言中的性别歧视，以及消除对性别、同性恋、双性恋、变性者的恐惧及其他偏见和刻板印象。

5. 涉及受访者的职位、头衔、学术地位等问题时，要注意性别敏感的措辞。

6. 提高公众对性暴力、乱伦、家庭暴力、经济暴力、非法交易等问题的关注意识，并让他们认识到这些行为对受害人和社会的危害。

7. 提高公众对基于性别、性和性取向问题的暴力行为的关注意识，并让他们认识到这些暴力行为对受害者的灾难性影响。

8. 在日常新闻实践中对记者进行基于性、性别、性别认同、性取向和其他性别敏感话题的教育。

9. 促进不同性别和不同性别认知的人在媒介决策部门的平等参与，特别

---

* Recommendations for media on treating gender issues，http：//ethicnet. uta. fi/bosnia_ and_ herzegovina/recommendations_ for_ media_ on_ treating_ gender_ issues，摘录于 2015 年 3 月 22 日。

是领导、规划和监察管理部门的参与机会。

本推荐规范依照新闻业以及国际和波黑在人权和性别平等方面公认的如下伦理规范和专业标准而制定。

《欧洲保护人权和自由基本公约》及其 12 号协议；

《公民权利和政治权利国际公约（1966）》及其任择议定书（1966、1989）；

《经济、社会和文化权利国际公约》；

《儿童权利公约（1989）》；

《消除对妇女一切形式歧视公约》；

《北京宣言和行动纲要》；

《欧洲委员会男女平等公约》；

《欧盟性别路线图和波黑性别行动计划》；

《波黑性别平等法》；

《代顿和平协议》附件。

保加利亚
（Bulgaria）

媒体伦理规范[*]

　　根据保加利亚宪法和国际人权协定，需要确保每个人都有言论自由、信息接近权、名誉权和隐私权，以及生命安全的基本权利，需要确保媒体自由开展活动，不用接受任何形式的审查的权利。为了平衡这些权利，保证所有媒体都同时拥有自由和责任，权利与义务，我们需要制定和遵守一定的规则来尊重公民接收和传播可靠的新闻信息的权利，以便使他们可以在开放的民主制度下发挥积极的公民作用。

　　由于认识到我们的责任是尊重这些权利，我们，代表保加利亚媒体，致力于下列原则。

1. 提供公民可靠的信息

1.1. 准确

　　1.1.1 提供给公众准确和正确的信息，并杜绝故意压制事实和扭曲事实。

　　1.1.2 不应发布我们已经意识到的不准确的信息。

　　1.1.3 不应误导公众，并应该清楚地标明我们所使用的文本、文档、图像和声音的出处。

　　1.1.4 应将评论、臆测与事实进行区分。

　　1.1.5 为了呈现分析和评论，应设法确保多方的观点与看法能得到发表。

　　1.1.6 在报道争议事件时，应设法确保有关各方都能有机会表明其立场。

---

* Ethical Code of the Bulgarian Media，http：//ethicnet. uta. fi/bulgaria/ethical_ code_ of_ the_ bulgarian_ media，摘录于 2015 年 3 月 25 日。该规范发布于 2004 年。

1.2. 更 正

1.2.1 当被指出（我们）发表了不准确或误导性的信息时，我们应该发布清楚、合适、显著的更正声明，并在必要时公开致歉。

1.2.2 应给被我们发出的不准确或误导信息直接受影响的个人与团体以回应的权利。

1.3 消息来源

1.3.1 应设法在传播信息前寻找和使用不同的消息来源来验证信息，并在适当情况下标明其出处。

1.3.2 相较于一些无法被公众检验其诚实度和可靠性的匿名信息源，应优先考虑使用有明确身份的信息源。

1.3.3 应保护匿名信息源的身份。

1.3.4 应对所有没有被证实的信息进行标注。

2. 信息的采集与发表

2.1 鉴别

2.1.1 应当以公平和合法的手段收集信息。

在获取与公共利益相关的重要信息时，只有在没有任何其他手段来获得信息时，才可以使用不正当的采访手段，如使用隐形摄像机、麦克风或其他特殊设备，抑或掩盖我们的专业身份。但应在报道中表明我们获取信息的方式。

2.2 骚扰

2.2.1 不应采用威胁、强迫或骚扰的手段来获得信息和图片。

2.3 隐私

2.3.1 应尊重每个人私生活不受侵犯的权利。

2.3.2 应避免在未经私人许可的情况下公开发布私人照片和录音。

2.3.3 不应给因悲剧和犯罪而受苦的人添加痛苦，应当在报道时施以关怀和同情。

2.3.4 应尊重人们希望在私下悲伤的愿望。

2.3.5 只有在符合公共利益的情况下，媒体干涉他人私人生活与家庭生活的行为才可以被允许。

根据欧洲人权法院的规定，公众人物的私人隐私是相较于普通人更低程度的隐私。但是，关于他们私生活的有关信息仍然只有在符合公共利益时才可以被媒体披露。

2.4 儿童

2.4.1 应该对尊重儿童权利有着特殊的责任,包括其申辩权。

2.4.2 不应利用儿童的纯真与信任。

2.4.3 只有在符合公共利益的情况下,才能被允许公布儿童的私人生活信息与照片。

2.4.4 在与儿童相关的悲剧和犯罪活动中,应隐藏儿童的身份信息,否则会对儿童造成有害影响。

2.4.5 应设法避免在没有适当成年人陪伴的情况下采访儿童。

2.5 歧视

2.5.1 应尊重每个人安全生存的权利,避免发表易引发歧义、煽动仇恨和暴力或任何形式歧视的新闻材料。

2.5.2 不应特别指明一个人的种族、肤色、宗教、种族背景、性取向、心理或生理的特殊状况,除非它对报道有重要的意义。

2.6 犯罪和残暴

2.6.1 应该称未被定罪的人为"犯罪嫌疑人",而不是犯罪者。

2.6.2 如果我们报道某人在犯罪事件中被起诉,那么也应该报道审判的结果。

2.6.3 除非征得本人同意,否则在表明和报道犯罪中(特别是包含性侵犯的犯罪)受害者和证人的身份应该特别谨慎。

2.6.4 应避免故意对犯罪、暴力进行美化或制造不必要的轰动。

2.6.5 应小心媒体平台被进行煽动、有暴力行为的人利用。应在符合公共利益的情况下有节制地报道暴力活动。

2.7 体面

2.7.1 应该使我们传播的内容保持良好品味与端庄体面。

2.8 自杀

2.8.1 应避免公开自杀方式的细节,从而降低(其他人)效仿的风险。

3. 编辑的独立性

3.1 不应被政治或经济的压力所影响。

3.2 应该划分出媒体编辑决策和经济政策之间的界线。

3.3 应明确划分出编辑内容和市场营销、广告或赞助材料之间的界线。

3.4 不应接受来自个人、政治或经济的诱惑，那些诱惑会影响我们向公众提供准确的信息。

3.5 不应用我们获取的信息，特别是有关商业行情和金融市场的信息来获得个人利益。

3.6 不应报道与我们私人利益有关的新闻或者在新闻报道中提及相关私人利益。

3.7 应尊重新闻工作者有拒绝某一工作任务的权利，或者有拒绝撰写与这份文本或规范精神有悖的文章的权利。

3.8 不能向消息来源付报酬，但我们可以为获得与公共利益相关、公众需要知道的信息而付费，我们应当在新闻中标明付费这一情况。

4. 内部媒体之间的关系

4.1 我们认为，不同媒体之间以及不同媒体从业人员之间的关系应该是相互尊重和公平竞争的，从而共同维护媒体的完整性。

4.2 我们相信公众有权利知道谁拥有和控制媒体。

4.3 我们认为任何形式的抄袭在所有情况下都不被允许。

4.4 应尊重版权和版权的协议条款。

4.5 需要对那些没有获得许可，但从其他媒体摘取的信息保持警惕。

4.6 只有在其他媒体提前许可、作者与媒体知情的情况下，才可以复制、使用其他媒体信息里较长的内容。

4.7 应该在自己的媒体同事受到不公正攻击和批评时支持他们，当然，职业团结不应该作为压制和扭曲信息的借口。

4.8 我们认为，当尊重这份规范准则的记者在法院被起诉时，他们所属的团队应该支持他/她。

5. 公共利益

5.1 只有在完全服务于公众最大利益的情况下，对该条例的侵犯，才能被证明是正当的。

5.2 作为这项规范的目的，"公共利益"和"迎合公众的兴趣"不能混为一谈。

5.3 信息内容只有在以下情况下才是符合公共利益的：

- 保护健康、平安和安全；

- 有助于防范和披露严重的犯罪和职权滥用；

- 能防止公众面临被严重误导的危险。

克罗地亚
（Croatia）

新闻工作者荣誉准则 *

基本原则

无论个人的性别、种族、国籍、宗教信仰和政治倾向是什么，信息权、自由表达权和批评权是每个人最基本的权利。

公众获知真相和观点的权利催生了记者的职责和义务。

在新闻工作者的工作中，他们有责任保护人类的权利、尊严和自由，并尊重多元的想法和观点。媒体作为民主监督的一部分，监督政府行为和政治走向，这有助于塑造一个合法的国度。

新闻工作者应该遵从宪法、克罗地亚共和国制定法、国际记者联合会行为规约以及欧洲委员会规范中关于言论自由、知情权和人权的规定。

新闻工作者培育公众文化和伦理，并尊重已有成就和先进文化价值观。

所有克罗地亚新闻工作者团体有责任尊重并保持高度专业和伦理准则。

本准则是规范媒体所有行为的准则，保护私人合法权利和公众知情权。

权利和义务

1. 新闻工作者在实际工作中，必须尊重职业基本原则和伦理要求。在民

---

* Honour Codex of Croatian Journalists，http：//rjionline.org/MAS – Codes – Croatia – CJA # sthash. jDWdKJ1z. dpuf，摘录于 2015 年 3 月 27 日。

主社会中，媒体要做到自由、独立、善于调查并听取多方意见。在这个背景下，新闻工作者要对自己的工作负责，也就是对大众、法庭以及自己的专业团体负责。

2. 在代表所有人发表公众意见和评论的时候，新闻工作者要保持专业的独立和批判性立场。

3. 新闻工作者像其他市民一样，享有参政和其他权利。在工作中，新闻工作者进行报道时应和事件保持一定的职业距离，这是为了客观、专业地报道事实。

4. 新闻工作者有责任发布事实以及被证实的消息。当个人以及组织是信息或者言论的消息来源时，新闻工作者有权利不公布信息来源。但是他也要对发布的内容负有道德的、实质的和法律的责任。

5. 新闻工作者有权利接触所有信息来源，同时也有权利调查公共生活中的事实。如果一个新闻工作者没能准确接触到有效信息，他也有责任将此告之公众。

6. 新闻工作者在法律上要服从国家机密。新闻工作者应尊重对出版信息的禁止令。如果经过评估发现消息被不合理封锁，新闻工作者要及时通知有关部门。

7. 当报道评论和争辩性文章时，新闻工作者有责任尊重对话伦理和对话习俗，并尊重参与争辩的人的尊严和人格。

8. 新闻工作者的工作要接受公众批评。新闻工作者和编辑有责任仔细考虑所有的建议、评论和批评，并有责任经常告知公众。

9. 新闻工作者的权利和义务代表着信息自由流通。

10. 新闻工作者应尊重其他新闻工作者的作者身份。新闻工作者应该参与公众消息的传播。在新闻工作中应表明所引文章作者的姓名。

11. 删减或者更改后变更原意的文章，只有经过作者同意才能发表。发生争执时，作者有权召回文章，有权进行署名。

12. 发表的文章可以采用匿名或笔名。

13. 新闻工作者从业准则规定，剽窃不可容忍。

14. 记者不能用不诚实和违法的方式获取图片、信息和文件。

15. 如果某项工作违背该准则、新闻组织规定、新闻工作者专业和伦理要求时，新闻工作者有权利拒绝这项工作。

16. 新闻工作者在涉及不合理和敏感的问题时，应该保护公众隐私，记者有责任尊重每个人保护隐私和家庭生活、健康和通信信息的权利。

17. 在涉及未经允许、侵犯某人隐私的信息时，一定要依据公共利益原则决定是否发表。未经允许而远距离拍摄私人住宅和个人财产是不能被接受的。

18. 编辑不能发表未遵守这些规则的文章。特别在报道涉及事故、家庭离异、疾病、儿童、未成年人审判的时候，要格外留意并负起责任。审判中所有涉及清白、诚实、尊严以及敏感性的内容都应该被尊重。在政治冲突中，记者必须尊重所有参与者作为公民的权利和自由，并尽量保持中立。

19. 当报道与儿童相关时，新闻工作者禁止拍摄或采访没有家人或其他负责人陪同的儿童（14 岁以下）。

20. 未经学校同意，新闻工作者不允许和学生交流或拍照。不允许支付给儿童和青少年（14 至 16 岁）以及儿童父母或监护人报酬以获得信息，除非这则报道与儿童的利益相关。

21. 在涉及性侵报道时，新闻工作者不能披露涉案儿童的具体信息，不管该儿童是作为目击者还是受害者。在报道性侵事件时，必须遵守如下原则：

a）儿童和未成年人不能被认出；

b）只有一个成人能直接或间接地被识别。

22. 新闻工作者不能报道涉及种族、肤色、宗教、性别或性取向以及身心疾病的细节，除非这些内容和公共利益有很大关系。

23. 新闻工作者不应卷入商业利益之中，那会对他们判断的自由造成威胁，损害报道的客观真实性，也有损职业尊严。新闻工作者不能为了获利而传播信息。

24. 新闻工作者和新闻组织应该维护自己的职业声誉、尊严和诚信。他们之间应该互相协作并保持友好关系。

25. 新闻工作者不能发表付费广告和其他煽动性文章。在媒体中不允许夹杂推销性新闻，同样也不能有隐性广告。新闻报道与广告之间存在着直接相关或附属关系，这是不被允许的。广告和其他付费信息一样，必须被清晰地明示，和新闻报道区分开来，从而使受众可以识别出哪些是广告。

26. 在媒体上的广告部分必须清晰地标明"广告"或"付费广告"。媒体销售部门和广告部应该尊重新闻从业者的从业准则，不要冒犯他们的职责。

27. 新闻工作者必须避免那些可能带来直接或间接、显性或隐性利益纷争的报道，从而防止损害自己或自己的职业。新闻工作者应该拒绝收礼，应拒绝接受服务以及奖金。

28. 新闻工作者不能接受免费旅游或其他便利，如接受兼职、在政治机构中任职、在州政府或公共机构中任职。因为这些行为会降低新闻工作者的可信度和专业度。

29. 新闻工作者不能给外界留下他/她对某些方面有倾向爱好的印象。禁止新闻工作者滥用工作中获得的经济信息。

30. 如果新闻工作者获得有价值的资料，必须将之报道出来。

31. 新闻工作者必须拒绝广告商和其他利益团体提供的便利，拒绝接收他们试图影响报道的行为。可能的利益关系一定要在报道中说明，否则不允许发表或评论那些可能涉及利益关系的报道。

最后要求

遵守该准则的新闻工作者可以得到编辑办公室、专业记者和新闻工作者协会的帮助。在克罗地亚新闻工作者协会的条例中对违反该准则的惩罚做了规定。

该准则对不是克罗地亚新闻工作者协会的成员有约束力，也对每位发表文章的作者和编辑有约束力，不论他们是不是协会成员、是自由报道还是团队协作。克罗地亚新闻工作者荣誉委员会有保护和执行该准则的权利。

捷 克
（Czech Republic）

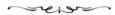

记者伦理准则 *

1994 年 12 月，在布拉格举行的第四届欧洲大众传媒会议发表正式宣言。宣言的第 11 条确认"记者有权采纳伦理准则等自我管理的准则"。

该会议的第 2 号决议规定，这些伦理准则和行为规范须"自愿接受、自愿应用"，并且"新闻业的实践主要基于《欧洲人权公约》第 10 条所保障的言论自由基本权利"。

该宣言由参加会议的各国政府代表共同签署。新闻工作者的行为准则已为众多的欧洲民主国家采纳，并尽力协调记者权利与公民自由之间的关系，防止这些权利和自由陷入冲突。这些国家也在尝试对新闻工作者的专业职责进行明确规定。

捷克共和国记者联合会依据国际、国内相关文件的精神制定本伦理准则，并对其成员具有约束力。记者联合会也呼吁捷克和摩拉维亚所有的记者，不论是否为该组织的成员，均能自愿遵守此准则。

1. 公民有权获得及时、真实、客观的信息

《捷克共和国宪法》中权利与自由宪章的第 17 条规定，一个民主国家的公民，不论其社会地位如何，均享有不可剥夺的知情权。

记者的职责就是将上述权利变为现实。此亦是记者必须承担责任，向公众提供及时、充分、真实和客观信息的原因。公民有权获知关于现实的客观写照

---

* Journalists' Code of Ethics, http：//ethicnet.uta.fi/czech_ republic/journalists_ code_ of_ eth-ics，摘录于 2015 年 7 月 10 日，该伦理准则于 1998 年 6 月 18 日被捷克共和国记者联合会全体大会作为一份公开文件而接受，并在记者联合会伦理委员会的推荐下，于 1999 年 11 月 25 日由执行委员会加以修订。

的信息。

记者因此有以下义务：

a）只发布消息来源明确的信息；如果消息来源无法核实，则在发布这类信息时要做必要的保留；

b）不管记者在搜集有关公共利益的信息时遇到怎样的障碍、可能给记者带来怎样的后果，都要忠于事实；

c）注意区分事实和个人意见；

d）维护报刊业和其他媒体的自由；

e）不要大幅偏离真理，即使是出于个人偏见的评论；

f）确保不把假设当事实来呈现；确保不缺失重要事实而导致新闻被扭曲；

g）抵制要求发布虚假或仅部分真实的信息的任何压力；

h）抵制由国家机关发出的、可能影响新闻报道真实性的任何干预；

i）只接受不损害记者职业尊严的任务；

j）避免使用不正当的手段获取信息、照片或文件，或为此目的而利用任何人的好意；对于以不诚实手段获取的信息，应以公共利益为标准进行权衡，再决定是否发表。

2. 高水平新闻专业主义要求

记者的职业本质是对公众负责，这就是高度的专业主义精神成为新闻工作基本要求的原因。

在这个意义下，记者有以下义务：

a）对于自己发表的所有作品承担个人责任；

b）避免任何可能会危及公共利益或导致利益冲突的活动；

c）拒绝任何可能对新闻活动产生不利影响的馈赠，尤其是当这些馈赠对于信息的发表或隐匿能产生影响的时候；

d）切勿滥用新闻职业来充当广告代理人，不要接受任何有兴趣发广告的人士直接或间接的物质奖励，并拒绝参与发布广告软文；

e）不要在任何商业或者金融广告里签自己的名字；

f）不要接受公共服务部门或私人公司的金钱，以避免自身作为记者的身份地位和影响力招致滥用；

g）不要滥用记者的特权来谋求个人地位；

h）不得滥用作为记者联合会成员的便利来谋取自身利益。

3. 以诚信、正直和可靠性来提高媒体的权威性

在这种意义下，记者有义务遵守如下准则：

a）不得以任何借口采用不准确或没有经过核查的信息；

b）任何信息一旦被发现错误，须立即纠正；

c）如果消息来源希望隐瞒其身份，记者有义务保守职业秘密，即便这样的立场会给记者带来麻烦；

d）尊重个人隐私，特别是儿童和那些没有能力理解其言论后果的人的隐私；

e）严格坚持无罪推定原则；未经受害者亲属和失足人士的明确许可，不得公布其身份；

f）将诽谤、毫无根据的指控、谎言以及对文件或事实的虚假陈述视为最严重的职业过失；

g）在工作过程中，记者不得给任何人带来悲痛或个人麻烦，除非出于显而易见的公共利益需要；

h）新闻记者不得使用任何他们在工作过程中所获得的、尚未公开的信息来谋求个人利益；

i）记者不得以煽动种族、肤色、宗教、性别或性取向歧视的方法来炮制话题；

j）在转载任何书面文本时，应根据转载的篇幅确保原作者的姓名得到适当的体现；

k）严禁剽窃。

丹 麦
（Denmark）

媒体行为规范 *

一 基本观点

在丹麦，捍卫言论自由的行为是与媒体自由接触信息并准确发布信息的权利紧密关联的，自由评论也是言论自由的一部分。在履行这些职责的过程中，媒体应意识到每个独立的个体都有资格受到尊重，个人的私生活不受侵犯，同时个人应受到保护、免受非法侵害。

与良好媒体形象相违背的行为包括向公众和外界隐瞒重要信息，这会导致对媒体自由和独立的质疑。与新闻工作者准则相冲突的行为，也被视为是违背良好媒体形象的。

新闻工作者不应该被指派做违背自己良心或者信念的任务。

本规则适用于发表在书面报刊、广播、电视和其他媒体上的所有材料（包括文字和图片）。

此规则同样适用于书面报刊、广播、电视及其他大众媒体上的广告与宣传。除非有特殊的规则适用于它们。

此规则中提到或描述的人，包括已逝的人、法人或类似群体。

---

* The National Code of Conduct，http：//www. pressenaevnet. dk/Information – in – English/The - Press – Ethical – Rules. aspx，摘录于 2015 年 3 月 28 日。该规范由丹麦新闻评议会制定，该评议会根据丹麦媒体责任法于 1992 年成立，它是一个处理大众媒体投诉的独立、公开的审理委员会。

二　规范目录

（一）正确的信息

1. 新闻的职责是传递准确及时的信息。更正的信息要尽可能地被证实。

2. 应以批判性态度对待消息来源，尤其当他们的陈述可能基于个人兴趣、有不可告人的目的时。

3. 那些可能带有偏见、侮辱他人或贬低他人的信息应该被仔细检查。

4. 在合理的情况下，攻击与反驳应该以同样的方式在媒体上进行相继报道。

5. 明晰事实性信息和评论的界线。

6. 标题和副标题应该作为一种表现形式，这一形式应该反映文章内容或者发表的内容。该规则同样适用于媒体上的其他内容。

7. 一旦发现传播的信息中存在错误，编辑应该主动纠正。更正应该醒目，使读者可以轻松获知。

（二）违背良性新闻实践的行为

1. 避免报道可能侵犯神圣私人生活的信息，除非有明显的公共利益需要媒体进行报道。个人有权保护自身名誉。

2. 自杀或企图自杀事件不应该被报道，除非存在明显的社会公共利益需要，或其他使该新闻合理化的理由。即使存在以上情况，这种报道也应该尽可能深思熟虑。

3. 犯罪或事故的受害者应该尽可能地被尊重。此规则同样适用于目击证人与相关人员的亲属。以周全和委婉的方式进行图片资料的收集与再现。

4. 广告和新闻之间应该分界明确。只有在明确的职业规范允许时，才能出版有直接或间接商业利益的文字和图片。

5. 不能伤害他人的自信。应该给予那些不能意识到自己言论效果的人以特别的尊重。

6. 不可滥用他人的情绪，如无知，或没有自制力。

（三）法庭报道

1. 以上所提及的新闻工作者的基本工作准则也适用于法庭报道。

2. 法庭报道规则也适用于诉讼或审判的准备步骤，包括警察和控方的刑事准备阶段。

3. 法庭报道应客观。在诉讼和审判准备的任何阶段以及法庭听审的过程中，新闻工作者应以平等的态度关注多方当事人的不同观点的阐述，包括关注在犯罪案件中起诉方律师及被诉方律师的观点。报道刑事案件时需要跟进后续情况，如是否撤销控告、赦免或者定罪。

4. 除非与案件直接相关，否则不允许报道案件中人们的家族史、职业、种族、国籍、信仰或者组织成员身份。

5. 只要犯罪案件最终没有判决或控诉没有被撤回，就不允许报道任何可能妨碍该案件审判的信息，也不允许发表使公众认为犯罪嫌疑人或被告是有罪的报道。当涉及刑事案件时，应该在报道中清楚地表明犯罪嫌疑人/被告人是认罪还是不认罪。

6. 在决定哪个案件以及案件中涉案人员的名字是否要在报道中被提及时，必须要保持最大程度的客观。如果犯罪嫌疑人或被告的姓名与公共利益无关，则不能报道其名字或者其身份特征。

7. 在指名道姓地发表"警方收到线报说某人犯了某罪"之类的陈述性内容时，须保持审慎。不能将此作为常规来报道，除非警方已确凿地介入此事，或此事已进入检控环节。当然，如果所涉事件关乎公共利益或在警方获报之前已广为人知，或者该线报根据已有的证据能够得到证实，那么就可以成为例外。

8. 对于犯罪嫌疑人、被起诉的人或者被判定有罪的人，如果他/她有过前科，而该前科又与当下的嫌疑、质控或定罪没有明显的相关性，那就不应将其前科置于公众的关注下。同样地，在其他情况下，不将一个人的前科作为报道内容也应成为惯例。

爱沙尼亚
（Estonia）

报业伦理规范 *

1. 常规条款

1. 1. 自由沟通是一个民主社会运转的基本前提，而出版自由则是自由沟通的先决条件。

1. 2. 出版机构和其他媒体应该服务于公众接受真实、公正而详尽的信息的权利。对政治权利和经济权利的运行保持批判性观察是媒体的主要义务。

1. 3. 只要在法律限制的范畴之内运行，那么自由的新闻出版机构和其他媒体就不能在采集和发表信息时被限制或阻碍。

1. 4. 新闻工作者应该对自身的言论和工作负责。媒体组织应该确保防止错误、歪曲或误导性信息的发表。

1. 5. 任何人的名誉都不应受到不当损害，除非有充足的证据表明关于此人的信息与公共利益密切相关。

1. 6. 应将那些拥有政治和经济权力并且其信息对于公众而言非常重要的人视为公众人物，媒体应对其行为保持密切的关注和监查。媒体也应将公众人物视为通过将自身言行公开化以提升个人形象或工作成效而谋生的人。

2. 独立性

2. 1. 新闻工作者不应该接受可能让他们的新闻活动牵扯进各种利益关系，从而危害报道可信度的职位、赃物或其他诱惑。

---

* The Code of Ethics for the Estonian Press，http：//www. asn. org. ee/english/code ＿ of ＿ ethics. html，摘录于 2015 年 3 月 29 日。该规范由爱沙尼亚媒介评议会制定，该评议会由爱沙尼亚报业协会于 1991 年设立，是一个处理媒体伦理问题的自律组织。

2.2. 从事经济和金融信息报道的新闻工作者不应擅自发布消息或将之用于谋求个人利益。

2.3. 新闻工作者不能为作为其报道对象的机构工作。

2.4. 编辑人员不得受雇主迫使而去报道或从事任何有悖于他们个人信念的活动。

3. 来源

3.1. 进行采访时，新闻工作者必须谨记自身及其代表的媒体的形象。同时建议新闻工作者对于搜集到的消息的预期用途加以明确。

3.2. 新闻工作者不得有意利用那些缺乏面对媒体经验的采访对象，且应在采访前告知对方其访谈内容可能导致的后果。

3.3. 新闻工作者必须信守其对消息来源的承诺，同时也必须避免轻率许诺。

3.4. 媒体有保护秘密消息来源身份的道德义务。

3.5. 编辑应该确认信息的准确性和消息来源的真实性，在对待争议性材料时尤其应该如此。如果发布新闻材料的作者不是正规编辑职员，编辑还应该核实所有涉及重大事件的信息的真实性。

3.6. 一般情况下，未成年人只有在其家长或其监护人出席或同意的情况下才能接受采访。如果这个采访是为了保护该未成年人权益，或该未成年人已经处于近距离公共关注下，则可免于此规定。

3.7. 新闻工作者应该用诚实的方法获取录音、录像和信息，除非这些内容涉及公众的知情权而又无法以诚信的方法取得。

4. 编辑指南

4.1. 新闻、观点和推测应该被明确区分。新闻内容应该基于可证实的事实证据。

4.2. 在材料涉及争议的情况下，新闻工作者应该听取争议各方的观点。

4.3. 不建议（新闻工作者）强调国籍、种族、信仰、政治派别和性别，除非它具有新闻价值。

4.4. 媒体不应在法院判决前将任何人界定为有罪。

4.5. 严格推敲自杀和企图自杀类事件的新闻价值。

4.6. 不得散播有关于个人精神或身体健康情况的消息和猜测，除非该个人有此意愿，或者该信息关乎公共利益。

4.7. 将"不应该报道未成年人的监护权争夺"作为一条规则。

4.8. 报道犯罪事件、法庭案件和意外事故时，新闻工作者应该确认对当事人身份的鉴别是否确系必要，以及这样的身份鉴别会给他们带来什么样的伤害。一般情况下，受害者和少年犯的身份不应该被公开从而被人所鉴别。

4.9. 只有在公共利益高于隐私权时，媒体才能传播有损个人隐私权的新闻材料。

4.10. 在与原始语境不同的情况下引用他人话语、图片、音频和视频资料时，应该保持谨慎。应该给一些可能带来误导或扭曲的编辑信息添加相应的副标题或声明，用以鉴别。

4.11. 图片、字幕、标题、导语和导入广播不得误导受众。

4.12. 当新闻材料来自于外部投稿人时，不得在未告知作者、未取得同意的情况下变更稿件的内容、语气和时间。

5. 答复权

5.1. 应该在同一版面或节目时间中给受到严重指控的人以及时辩驳的机会。

5.2. 不同意某新闻报道的内容而进行的答复应该能纠正任何事实性和引用性错误。发布答复的篇幅或时间不应超过导致异议的原始内容的篇幅和时间。应及时而显著地发布答复且不添加任何编辑性评论。

5.3. 应该为任何有误差的报道发布更正。

6. 广告

6.1. 应该清晰地区分广告、促销材料和新闻编辑材料。

6.2. 新闻工作者和正规外围供稿人不应该在他们的节目（或稿件）中传播商业广告，或者在他们署名的出版物中撰写促销类文章。

6.3. 只有在有相关性或合乎情理的情况下，产品和商标才能在新闻或其他编辑材料中被提及或展示。

6.4. 在消费者导向的新闻材料中，观众必须被告知这款产品是如何被选择，以及这款产品是怎样被测试的。

芬 兰
（Finland）

新闻工作者指南*

介　绍

言论自由是民主社会的基础。良好的新闻实践建立在公众对事实和意见有权利获知的基础之上。

本指南旨在支持大众传播环境下媒体负责任地行使言论自由的权利，鼓励对职业道德进行讨论。

这份指南涉及所有的新闻工作。该指南是特别为这个领域的自律起草的。这些指南不作为判断刑事犯罪、赔偿责任的依据。

职业地位

1. 新闻工作者首先要对读者、听众和观众负责。他们有权知晓社会上正在发生什么。

2. 信息的传播内容应当遵守新闻工作者守则。在任何情况下，新闻工作者做决定的权利都不可以屈服于任何编辑部之外的党派势力。

3. 新闻工作者有权利和义务反抗试图掌控、阻碍或限制采访交流的压力和劝服。

---

*　Guidelines for Journalists，http：//ethicnet. uta. fi/finland/guidelines_ for_ journalists，摘录于 2015 年 4 月 30 日。该规范由芬兰新闻工作者联盟草拟，被媒体委员会采用，于 2005 年 1 月 1 日实施。

4. 新闻工作者不能滥用职权。新闻工作者不能操纵可能带来潜在个人利益和需求的问题，或接受任何可能让个人独立性和职业道德受到威胁的利益。

5. 新闻工作者有权利拒绝违背法律、个人信念或良好新闻实践的任务。

6. 新闻工作者报道自己的媒体、自己的团队或团队所有者的新闻时，应该向受众陈述清楚这则新闻报道与自身的关系。

7. 使用他人的作品时，遵守良好的专业实践规范非常重要。其他党派（或团体）刊登信息时，一定要注明来源。

获取和刊登信息

8. 新闻工作者应该以提供真实信息为目标。

9. 在完成任务的过程中，新闻工作者应该清楚自己的职业。应该公开地获取信息。如果不能通过正当的形式调查那些有社会意义的事件，新闻工作者可以用不同于标准实践的方式完成采访、获取信息。

10. 必须尽可能彻底地核查获取到的任何信息，包括首发信息的出处。

11. 观点事实和虚构材料要明晰，以便公众可以区分。图片和声音资料不能用误导性的方式来呈现。

12. 必须严谨地获取信息来源。这在有争议的问题上尤为重要，因为信息来源可能被用于追求个人利益或导致伤害他人。

13. 当获得的信息有限时，也需要公开这些有限的信息。当有新的信息出现时，可以继续进行这一主题、事件的报道。新闻事件应该追踪到底。

14. 新闻工作者有权利隐瞒提供秘密信息的人的身份。编辑部必须尊重这条规定。

15. 标题、导语、封面和插图说明、促销广告和其他展示材料（的运用）一定要反映文章的内容。

采访者和受访者的权利

16. 受访者有权提前知道他的陈述将用于哪篇文章。如果采访内容要用于多个媒体，也必须告诉受访者这一点。同时也必须告诉受访者，这次采访对话是用于刊登传播，还是仅仅作为背景材料使用。

17. 如果受访者要求在刊登采访前阅读他/她的陈述，在编辑程序允许的情况下，通常比较明智的做法是默许。审阅内容的权利只能用于受访者对其受访部分的审阅，而且最终的新闻决策不能屈服于任何编辑部之外的党派势力。

18. 只有在采访后的环境发生了显著变动时，刊登这次采访才能被看作不公平，编辑部必须接受受访者不愿意刊登他/她观点的意愿。

19. 应该清晰地区分广告和编辑资料。必须避免隐性广告。

更正和回复权

20. 必须及时修正错误信息。

21. 如果对一个（读者通过报道）可清晰辨明身份的个人、公司、组织进行批评报道，那这些报道对象应该有对批评做出回复的权利。

22. 如果不能同时倾听（事件中）各方的观点，则很有必要在事后让获得负面评价的一方的观点有机会被（大众）倾听。出于高品质新闻业的内在要求，如果做不到这一点，起码也应将被批评方的评论意见予以发表。

23. 回复权是一个特殊的、特设的申诉模式，回复应该排除任何不相干因素的干扰，尽快刊登传播。

24. 传统文化、政治、经济或社会评论，或类似的观点呈现文章，（即使是有批评内容），回复权也不适用于此。

25. 如果回复内容不适合发表，应该与作者一起商量怎样改变。如果无法达成一致意见，则较明智的（做法）是客观地刊登、发表主要内容。

个人与公众

26. 必须尊重个人的尊严。不能用不适当或蔑视的态度来呈现种族、民族、性别、性取向、罪行以及其他类似的个人特征。

27. 只有在当事人同意的情况下，或这件事情与公共利益有相当大的关联时，才能刊登高度关乎个人生活的事件。使用图片材料时，也应该考虑到保护个人隐私。

28. 报道疾病或死亡事件，意外事故或犯罪案件的受害者时，应该考虑周全。

29. 可以在不取得报道对象同意的情况下报道和拍摄在公共场所发生的事情。

30. 刊登发表公共文件或其他公共资源的时候，同样需要考虑到个人隐私权。信息的公开性不代表它可以被自由刊发。当问题涉及未成年人时，需要特别谨慎。

31. 除非这些信息的出现和作用对犯罪嫌疑人是不公平的，否则，可以刊登发表犯罪嫌疑人的名字、照片或其他可以识别身份的信息。新闻工作者必须特别小心，不要暴露未成年人或没有罪责的人的身份。

32. 新闻工作者在报道嫌疑人或被指控人的身份信息时，务必十分小心。

33. 在高度敏感的犯罪案件中，如果可能泄露受害者的身份，则不能发表有关犯罪、被控或被怀疑人的信息。

34. 在高度敏感的犯罪案件中，除非关乎重要的公共利益，否则一定要保护受害者的身份。

35. 如果已经报道了犯罪调查、起诉或定罪的事件，那么这个事件就应该尽量追踪到底。对于正在进行的审讯，新闻工作者不应做出影响法庭判决的报道，或为尚在讨论阶段的犯罪案件做预设。

法 国
（France）

记者职业伦理宪章 *

由《人权宣言》和法国宪法所确认的公众的平等、博爱、自由、独立以及信息多元的原则，是新闻记者履行其使命的指南。新闻记者的这一责任优先于其他公民。

无论在媒体组织中的地位和具体工作责任是什么，每一个新闻记者均需遵守以下工作原则和道德准则。

但是，新闻记者的责任不能同出版商的职责相混淆，也不能逃避自身所应承担的义务。

新闻业的工作特征是调查、核实、阐释、设置议题、版面设计、评论以及发表合格的资讯。新闻工作需要时间和资源，不能将其同通讯相混淆。

对新闻业相关行为准则的贯彻是尊重新闻伦理规范的前提和基础。

在发布紧急信息或独家消息的时候，应确保调查的充分性和消息来源的严肃性。

物质与道德的安全是新闻记者保持自由的基础。无论记者同相关媒体公司签订的就业合同如何，这一点都必须得到保障。

在从事职业活动的过程中，所有新闻记者的此项权利都应该得到同样的保障。

新闻记者有权拒绝扮演任何违背自身信念、职业良心以及本宪章的原则的角色或陈述此类的观点。

---

* Charter of professional ethics of journalists，http：//www. snj. fr/content/charte － d% E2% 80% 99 C3% A9thique － protessionneue － des － journalistes，摘录于 2015 年 6 月 1 日。该道德宪章于 2011 年 3 月由法国国家委员会通过并采纳。

新闻记者能自由完成与其职业相关的所有行为，如调查、拍照、录音等，也能接近并获知所有关于公众生活的事实和信息来源。但是，新闻记者必须保守秘密，并保护非公开的信息来源。

一个名副其实的新闻记者需承担以下职责：

（1）对其出版的所有内容负责，即便是匿名出版的内容；

（2）尊重他人的尊严和无罪推定原则；

（3）新闻工作的支柱，就是保持批判性思维，恪守真实性、准确性、完整性、公平性和公正性。新闻记者不得进行没有根据的指控，不得伪造文件、歪曲事实、盗用图像、撒谎或伪造证据，因为这些都属于最严重的渎职和欺诈行为。新闻记者应对事实进行审核和验证。

（4）无论来自于哪个新闻来源，在传播信息之前都应保持最大程度的警觉并反复核查；

（5）传播信息是一种权利，但同时也意味着一种责任，需对已发表但被证实有失实成分的信息进行及时的更正；

（6）新闻记者只应接受来自同行的职业道德荣誉；对于庭审案件和信息，新闻记者需根据法律条文担负相应的责任；

（7）捍卫表达自由、意见自由、信息自由、评论自由和批评自由的权利；

（8）坚决抵制以任何奸诈及利诱的不法途径来获取信息的行为。若是因为情况的严重性使得新闻记者或其信息来源的安全受到威胁，并且他/她此时已没有任何其他选择而必须使用违背职业规范的手段时，他/她必须尽快通知上级并给公众一个解释；

（9）新闻记者不得从公共服务、社会机构或私人公司那里牟利，因为其作为新闻记者的身份、影响力和社会关系很有可能因此而被利用；

（10）不得出于牟利的目的而滥用新闻自由；

（11）须抵制将新闻工作同宣传和通讯相混淆，因为此举违背了新闻职业道德；

（12）为了避免抄袭，在出版中需提及被自己引用过的作品的同事的名字；

（13）不要试图利诱同事做出不符合新闻业正常标准的事情；

（14）保守秘密，保护秘密的信息来源；

（15）不要将自身的记者角色同警察或法官的角色相混淆。

德 国
（Germany）

新闻工作伦理准则*

前 言

被庄严地载入《宪法》的新闻自由包含信息的独立和自由以及言论与批评的权利。出版商、编辑和记者必须在自身工作中认识到他们对公众的责任以及维护媒体声誉的职责。新闻人士应有良好的知识和笃定的信仰，公正地执行新闻任务，不受与此无关的个人兴趣和动机影响。

该新闻工作准则界定了新闻职业道德，其中包括在《宪法》和全国性法律的框架内维护报社的信誉和维护新闻自由的职责。

保护编辑数据资料的规定也适用于新闻材料的搜集和处理过程，以及为了新闻编辑目的而对个人信息的使用过程。在搜集、编辑、出版、记录和存储这些资料的过程中，报刊必须尊重公众隐私和他们对自身信息的自我决定权。

本职业伦理准则赋予每个人投诉报刊的权利。在媒体伦理规范遭到侵犯时，投诉就是合理的。

本前言是伦理准则的一部分。

具体伦理准则如下。

---

* German Press Code, https：//accountablejournalism. org/ethics – codes/Germany – Press – Council，摘录于 2015 年 3 月 31 日。该规范由德国新闻评议会与出版协会合作制定，并于 1973 年 12 月 12 日在波恩提交给德国联邦总统古斯塔夫·海涅曼，2006 年 9 月 13 日修订。

第一节　维护新闻真实性和人格尊严

尊重真相、维护人性尊严和准确告知公众新闻事实是新闻最重要的原则。媒体从业者应以上述方式维护新闻信誉和媒体公信力。

准则 1.1　独家协议

对于那些对公众形成正确舆论和意愿至关重要、具有公共利益属性的事件信息，不应受到排他性独家协议的限制和约束。在此情况下寻求对信息的垄断以排除其他新闻出版机构获得重要新闻的行为侵犯了信息自由。

准则 1.2　竞选活动报道

在竞选活动期间，准确地告知公众信息也包括呈现媒体自身所不认同的观点。

准则 1.3　新闻发布

发布新闻稿前需确认编辑团队的每一项编制工作已经做到最佳。

第二节　谨慎

检索资料是新闻工作必不可少的手段。发布特定信息时，在文字、图片和图表的使用上一定要谨慎，从其原始语境的角度来考核其准确性，其含义不得由于编辑加工、添加标题或者图片说明而造成扭曲或失实。待证实的报道、谣言或者假设性内容必须明确地加以注明。

准则 2.1　民意调查结果

发布民意调查结果时，媒体应该给出受访者的数量、调查的日期、委托调查的个人或者组织机构以及调查时询问的问题。与此同时，也必须对调查结果是否具有代表性进行陈述。

如果该民意调查是在没有受委托的情况下进行的，则应该明确指出此项调查研究是机构自己进行的。

准则 2.2　象征性的照片

插图，特别是图片性说明，即便其自身只是一个象征性的图片，但如果它很有可能被漫不经心的读者当作纪实性照片时，则必须说明其属性：

替代性或辅助性的插图（即不同时间上的类似主题，或同一时间的不同主题等）；

象征意义的插图（场景重现，对新闻内容人为地进行的具象化等）；

蒙太奇照片或者经过其他修改的照片。

（在使用以上图片时，）说明内容必须清晰地标记在标题上或者与之相关的内容上。

准则2.3　预告

新闻出版机构要为其以简讯形式发布的事件预告承担全部责任。任何通过交代消息来源以对事件做进一步预告的新闻媒体，必须确保其可信度。删减或增加的报道内容不得改变其本质含义，不得使故事的基本元素发生改变或者引向一个错误的结论，因为这可能伤害到第三方的合法权益。

准则2.4　访谈

如果要正确地转述受访者说了什么，逐字逐句地完整记录采访内容绝对是正确的。

假如采访的文本是全部或部分引用，那么发表时必须说明原始资料来源。如果口述性思想表达的基本内容是转述的，是否注明其来源关系着新闻工作者的信誉。

准则2.5　图形化表示

在用图表进行呈现时，必须谨慎地将具有误导性的内容排除在外。

准则2.6　读者来信

（1）刊登读者来信必须遵守新闻出版准则。出于公共利益的需要，编辑应允许所发表的读者来信中含有自身所不认同的内容和观点。

（2）只要在格式和内容方面清晰且符合读者的期望，与出版商或者编辑部的通信可以作为读者信件发表。如果以读者来信为内容的文章涉及公共利益，那么报纸和杂志社可默认此信件也得到发表许可。读者来信的作者没有法律权利要求其来信一定被发表。

（3）刊登读者来信时一般要注明作者的名字；只有在特殊情况下，应作者的要求，方可使用作者另外的名称。发表读者来信时，新闻出版机构应该避免刊登地址，除非公开地址是为了尊重其正当利益。假如对来信人的身份存有任何疑问，则不应该发表该来信。不得发表虚假的读者信件。

（4）未经作者同意，不得对信件的内容进行更改或缩减。然而，如果在读者来信栏目中已发布一个惯例性通知，说明编辑对来信保留缩节权，且又不改变原本意义的情况下，编辑有权缩短这类信件的内容。若写信人明确拒绝对信件内容进行改动或删减，那么编辑部即便预留有删减的权利，也必须遵从作者的意愿，或者只能放弃发表。

（5）所有发给编辑的读者信件都属于编辑部的机密文件，严禁传递给第三方。

第三节　更正

已经刊发的新闻或已确认的消息，尤其是涉及私人信息的，如果随后被证明有误，必须根据媒体与之相关的合适处理办法迅速进行调查更正。

准则3.1　要求

所刊更正必须能让读者看出先前发表的文章整体或部分不正确。因此，更正部分除说明真实内容外，也必须提及之前文章的错误。即便先前的错误已以其他方式被公开承认，也应刊出真实的事实。

准则3.2　文件材料

如果新闻调查、加工处理或传播使用中的个人相关数据被当事人要求进行更正、撤销或质询，或者德国新闻评议会对之进行了谴责，那么涉事的新闻出版机构必须将所处理的数据及其依据的数据一同存储下来作为待调查的原始数据。

第四节　调查范围

不得用不正当手段获取与个人相关的新闻、信息、照片。

准则4.1　调查原则

记者在工作中应表明其记者身份，这是一条基本原则。在做调查工作时掩饰其记者身份和所发表的内容，违背新闻准则且对新闻功能有所伤害。

只有在出于公共利益的需要且其他手段已无法奏效时，秘密调查的手段才可能作为个案而被接受。

在意外事故和自然灾害类事件中，记者必须谨记，对受害人和正处于危难

全球媒体伦理规范译评

中的人提供紧急援助应该优先于向公众发布信息。

准则4.1 宪法、法律、尊重人格尊严的界限

准则4.2 受访人员需要保护时

当调查中的受访人员要求保护时，对采访行为进行特殊约束。这一条尤其适用于精神或生理有碍或处于极端情感状态下的人，包括儿童和青少年。对于意志力有限或状况特殊的人，不准故意套取信息。

准则4.3 屏蔽或删除个人资料

以违反《新闻工作伦理准则》的方式采集的个人信息，需由涉事出版机构进行屏蔽或删除。

第五节　职业机密

新闻出版机构应当尊重职业秘密，线人有拒作证人的权利，在未得到线人明确许可的情况下，不得泄露其身份。要坚持保密原则。

准则5.1 保密

如果线人要求作为新闻来源的条件是保证其秘密和安全，那么此要求需予以尊重。保密原则只有在线人提供的信息与犯罪行为相关时才不具有约束性，此时有义务通知警方。有的条件下保密原则也可能被取消，比如需要仔细权衡利益关系时，出于国家治理的重要因素时，尤其是宪法秩序可能受到影响或损害时。

在经过仔细考虑后，如果确定了公众知情权在重要性上超过了保密的需求，那么原先作为秘密的行动和计划可以被报道。

准则5.2 秘密服务活动

记者与出版商不应从事秘密服务活动，此举与其职业秘密和新闻业的声誉相违背。

准则5.3 资料传递

处理和加工所采集的个人资料时，新闻编辑须遵守编辑保密原则。资料可以在编辑部门间传阅，但如果他人根据数据保护法规提请了申诉，那么在正式结论下来之前，该资料不得传阅。所传递的数据须做带标记的注释，以示编辑和使用该数据资料仅仅是出于新闻编辑的目的。

第六节　活动分离

记者和出版商不应该进行任何引起（公众）质疑媒体公信力的活动。

准则6.1　双重职能

如果某记者或出版商在其新闻本职之外，还承担了其他职位，例如在政府机构、公共机构或企业任职，当事人必须将新闻工作同其他任职进行严格区分，反之亦然。

第七节　区分编辑内容和广告

媒体对公众的职责要求出版物不被私人或第三方商业利益或者记者个人的经济利益所影响。出版商和编辑人员必须拒绝任何此类性质的尝试，并且必须明确区分编辑内容和商业内容。如果一家刊物与出版商的私利有关，必须进行明确说明。

准则7.1　区分编辑内容和广告

付费刊物必须对广告进行设计以便读者识别。应使广告内容在识别方式和/或设计上区别于编辑内容。此外，广告法的相关规定同样适用于此。

准则7.2　隐性广告

与公司企业及其产品、服务或者活动相关的报道不得超出限度变成隐性广告。如果某个报道的信息超出了合理的公共利益和读者感兴趣的程度，或者该报道由第三方付费并能借此得到金钱回报，那么该报道成为隐性广告的风险会更大。

媒体作为信息来源所须具有的可信度要求它们必须特别谨慎地处理公关材料。

准则7.3　专刊

专刊的编辑责任与其他编辑责任的内容相同。

刊登专门广告必须遵从准则7.1的要求。

准则7.4　经济和金融市场报道

在自身职责范畴内研究或接收信息的记者和出版人，不能为了一己私利或他人的个人利益在这些信息发布之前加以使用，除非是为了新闻的目的而使用。

记者和出版商不应发表任何旨在增长其自身及其家庭成员或者其他亲人的财富的金融证券类报道，也不应购买他们在两周前刚报道过或者在接下来的两周内将要进行报道的金融证券——无论是自己直接购买还是通过代理间接购买。

记者和出版商应当采取必要的措施以确保这些规定得以遵守。要以适当的方式披露在撰写财政分析报道过程中发生的利益冲突。

第八节　个人权利

出版界应该尊重个人生活及其私密空间。然而，如果一个人的私人行为触及公共利益，那它就可以在个人事件中被报道。一定要仔细确保没有侵犯无关人员的隐私权。出版机构应当尊重人们对其个人信息的自我决定权并且保护好相关编辑资料。

准则8.1　刊登姓名和照片

（1）在报道事故、犯罪、调查或审判类事件时（参见《新闻工作伦理准则》第13节），媒体通常不得发布任何可能导致受害者和肇事者身份被识别出来的文本或图片信息。出于尊重儿童和青少年未来生活的需要，对其应采取特殊保护。应始终权衡公众的知情权和涉事人员的个人权利之间的关系。仅凭感觉需要这一点无法成为满足公众知情权的理由。

（2）事故或犯罪活动的受害者对于他们的名字有权要求特殊保护。为了让读者更好地理解事故或罪行而披露受害人身份的做法并非常规，只当涉事者是名人或者该事件伴随有特殊情况时，才能成为例外。

（3）不得刊登受害人家属和其他仅间接地受事故影响或与犯罪行为无关的人的姓名和照片。

（4）如果嫌疑犯被指控犯了死罪，或对其已申请逮捕令，或其罪行是在公众视野中犯下的，或其姓名和照片对于厘清犯罪行为大有干系，那么此时其姓名和照片可以进行披露。

如果有依据认为某嫌疑犯没有犯罪，则不得刊登其姓名和照片。

（5）就政府官员和民选代表而言，假如在履行公职时或者任职期间与犯罪活动有关系，可以刊登其姓名和照片。此条对名人同样适用，如果他们被指控的犯罪行为与其公众形象相违背的话。

（6）失踪人员的姓名和照片可以刊登，但须与有关部门保持一致。

准则8.2　地址保护

人们的私人地址和其他处所的位置，如医院、疗养院、疗养胜地、监狱和康复中心等处所的地址享受特殊保护。

准则8.3　再社会化

出于当事人再社会化的需要，在报道刑事案件的审理过程时，刊物省略被告人的姓名和照片应作为一项规则，除非所发生的新事件与前面的事件有直接联系。

准则8.4　疾病

生理和心理上的疾病以及受到的伤害在本质上属于人们的私人领域。出于对他们及其家人的爱护，新闻出版机构不应该刊登其姓名和照片，并且应该避免使用带轻视色彩的术语来形容他们的疾病或相应的医院和诊所，即便使用的是常用语。历史人物或知名人士受法律保护而免受歧视性披露，即便是在他们死后。

准则8.5　自杀

报道自杀事件时应保持克制，尤其是在公布自杀者姓名和对自杀情况的详细描述方面。只有在该自杀事件是当下历史的一部分或者与公共利益干系很大时才能成为例外。

准则8.6　反对派及其逃亡

对一些国家的政府反对派进行的报道可能给其带来性命之忧，媒体必须始终考虑假如发布其姓名和照片，他们有无可能在国内被认出并因此而遭受迫害。此外，对此类人员逃亡情况的详细披露，可能使其仍在家乡的亲人和朋友遭受危险，或者使其原本还存在的逃生通道招致关闭。

准则8.7　周年纪念日

在刊物上发布周年纪念日的参与人时，应事先确认所涉人员是否愿意在媒体上和公众面前露面。

准则8.8　信息

如果媒体的报道对某人的个人权利产生了负面影响，那么相关媒体必须应当事人的要求告诉他们这份报道是基于哪些资料，并且还存储了哪些相关资料。如有以下情况出现，相关资料和信息不应当告知当事人：

——当资料可能引出之前或现在与媒体在新闻信息的研究、处理和发表方面进行合作的人的身份时；

——当资料可能引出文章、文件或报道的投稿人、担保人或者新闻线人的身份时；

——当披露媒体通过调查或其他途径获得的资料可能对刊物的新闻使命产生负面影响时；

——当其他为了调和隐私权和言论自由之间的冲突而需要放弃披露相关信息时。

第九节　保护尊严

在内容和图片中以不恰当的表述侵犯他人尊严，这违背了新闻伦理准则。

第十节　宗教信仰、哲学思想及风俗习惯

媒体要避免谩骂攻击宗教信仰、哲学思想或者道德信念。

第十一节　耸人听闻式报道与保护年轻人

媒体要避免对暴乱、残暴和不幸进行不当的煽情式描述。应该重视对未成年人的保护。

准则11.1　不当描述

如果一份报道将报道对象仅当作一个物体或一件事情来对待，那就是不恰当的耸动式报道，尤其是对濒死之人或承受身体或精神痛苦的人的报道超出了公共利益和读者对信息需求的范围和程度时。

在把暴力行为和意外事故的图片放置在头版时，媒体应考虑此举对儿童和青少年可能造成的影响。

准则11.2　暴力新闻

在对暴力行为或暴力威胁进行报道时，媒体应该认真权衡事件受害者和其

他涉事人员的权益与公众信息获知权之间的关系。媒体应以一种独立和诚实可信的方式来报道此类事件，谨防沦为不法分子的工具，也不应擅自尝试在罪犯和警察之间进行斡旋。

准则 11.3　事故与灾难

出于尊重受害人的痛苦及其家属情绪的需要，对事故和灾害的报道需遵循可接受性原则。不幸事件的受害者不应因媒体的描述受到二次伤害。

准则 11.4　与政府部门之间的协调及新闻"封锁"

媒体在原则上不接受新闻"封锁"。

只有当记者的行为能够保护或拯救受害者和其他相关人员的生命和健康时，媒体才需要与警方进行协调。如果警方出于解决犯罪活动的需要而正当、合理地设置部分或全部新闻报道的禁止期，那么媒体应该加以遵从。

准则 11.5　罪犯的回忆录

如果犯罪行为是事后才被证实的，或是对受害者带来了不利的影响，又或是仅仅为了满足轰动的需求而详尽地描述犯罪活动，那么发布所谓的罪犯回忆录就是违背新闻原则的。

准则 11.6　毒品

新闻故事不应淡化毒品滥用行为。

第十二节　歧视

不得因性别、残疾、种族、宗教、社群或者民族原因而歧视他人。

准则 12.1　犯罪报道

报道犯罪情况时，不得涉及嫌疑人的宗教、种族或其他小众化身份，除非这些信息有助于读者理解相关事件。

新闻人尤其应该谨记，此类指向性描述可能激起人们对少数种群的偏见。

第十三节　无罪推定原则

对事件调查、法庭的刑事诉讼及其他正规诉讼程序的报道必须不带偏见。无罪推定原则同样适用于媒体的新闻报道。

准则 13.1 偏见

案件调查和法院审理类的报道，要以足够谨慎的方式来告知公众相关罪行和其他违法行为，以及相关检控和审判过程。在这个过程中，媒体报道时不得预先做出判定。如果一个人已经招供，并且也有证据指证他/她，或者他/她已在公共场合认罪，那么媒体可以称其为罪犯。在选择报道用语时，媒体没有必要使用与读者无关的法律术语。

在一个法治国家，法制报道的目的不应该是以嘲弄罪犯的方式来对其施加社会化的惩罚。报道应该在"有犯罪嫌疑"和"已被证实有罪"之间做出明确的区分。

准则 13.2 后续报道

假如媒体已经报道了一个人未经证实的罪名，那么它也应该报道随后的无罪释放结果或明显减轻的指控结果，以确保受影响的当事人的合法权益。这一建议也适用于调查撤销的情况。

准则 13.3 青少年犯罪

在报道针对青少年露面出庭的司法调查和刑事诉讼案件时，媒体必须特别克制以防对青少年未来生活带来不利影响。

第十四节 医学报道

关于医疗事务的报道不应该作一些不必要的煽情性描述，因为此举可能给一些读者造成毫无根据的希望或恐惧。

对仍处于初期阶段的研究发现，不应描述为已最终确认或几乎得到确认。

第十五节 优先待遇

就出版商和编辑而言，不得接受任何可能影响其自由决定的优惠待遇，这是新闻的公信力、独立性与职责所在。任何接受贿赂而进行新闻传播的人都是可耻的和不专业的。

准则 15.1 邀请和礼物

一定要避免出席那些仅仅露面就会影响出版机构及其编辑人员的决策自由

的邀请。记者应谢绝任何在价值上超乎正常商业往来和日常工作标准的馈赠和邀请。

接受某些广告文章或是低价物品是无害的。

对某些礼物、邀请或折扣优惠的接受不得影响、制约乃至妨碍报道的开展。就算是接受了礼物或邀请，新闻工作者和出版机构也要坚持如实报道既有的新闻信息。

如果记者的报道向为自己提供了邀请的对象倾斜，那么应该清晰地交代出这种资助关系。

第十六节　发布谴责

德国新闻评议会公开发表的谴责可被视为公平、公正的判断——尤其是通过涉事的报纸、杂志所发布的谴责。

准则 16.1　发布谴责

以下规则适用于相关涉事刊物：

所发布的谴责必须告知读者受谴责的文章的真实情况及其所违背的新闻原则。

希 腊
（Greece）

媒体伦理法典[*]

1. 新闻报道是一项使命。

2. 发现事实是新闻工作者最重要的工作。

3. 无论在何处，无论在任何情况下，新闻工作者都应该捍卫言论自由和无限制地传播新闻和观点的权利，以及批评的权利。

4. 宗教信仰、宗教机构、社会团体的礼仪和习俗，以及公民的隐私和家庭生活是应该被尊重和始终不受侵犯的。

5. 记者的主要职责是保卫民主、公众的自由，以及促进社会机构和协会发展。

6. 尊重国家和社会价值，捍卫人民的利益，应该在实践中不断激励新闻工作者去完成他的使命。

7. 记者在履行职责时应该拒绝任何旨在隐瞒或歪曲事实的干预。

8. 记者可以自由地获取信息，同样有义务保护他的消息来源。

9. 新闻不能让记者用来谋私利。

10. 当践行新闻业使命时，新闻工作者不应该接受限制他发表独立观点的任何利益，无论是现在的利益还是承诺的任何利益。

---

* Greece Code：Principles of Media Ethics，http：//www. rjionline. org/MAS - Codes - Greece - Principles#sthash. wZwxTDrj. dpuf，摘录于 2015 年 4 月 2 日。1988 年 10 月 31 日，此规则由五个希腊记者工会签订生效。1990 年，该规范成为雅典记者和公共广播所遵守契约的一部分。

希　腊
（Greece）

新闻工作者和视听
节目的道德规范*

条款1　应用的领域

1. 此条款目前适用于公共广播（国家和地方）以及私人电台、电视台。

条款2　一般原则

1. 广播节目必须保证质量，以使广播电视能够履行使命并且确保可以提升国家文化水平。

2. 传播的事实必须是准确的，必须符合事实，并且尽可能完整。

3. 国家的宪法、法律和制度在任何情况下必须对新闻保持尊重，即使新闻报道是批评性的。

4. 节目的文本和表达必须遵守希腊语言的语法准则。这同样适用于在希腊的节目中外国名字的发音。外国文字在节目中也要按本国人的习惯进行书写和呈现。

5. 在节目中，主持人和嘉宾都应该彬彬有礼，特别是当节目是为未成年人制作的或可能被未成年人收看时。

---

* Greece Code：Code of Ethics for Journalists and Audio - Visual Programmes，http：//www. rjionline. org/MAS - Codes - Greece - Audio - Visual#sthash. CLYsCHH7. dpuf，摘录于2015 年4 月3 日。此项规范由全国广播和出版委员会于1990 年颁布，是雅典记者协会、希腊公共广播所签署的集体合同的一部分。

条款3 参与者

1. 参与节目制作的人应该举止有尊严、体面。

2. 使用技术手段或其他方法来扭曲参与者在节目中表达的观点是不被允许的。

条款4 犯罪与恐怖主义

1. 避免展示犯罪的作案手法，防止人们模仿。

2. 不应该在节目中呈现以及称赞犯罪、暴力、恐怖主义和其他应受谴责的行为。

3. 对恐怖行为的直播，对恐怖分子及其喉舌的采访不应该成为他们向公众传播观点的借口。

条款5 示威与骚乱

在示威活动和骚乱期间：

a）不允许使用特效来欺骗公众；

b）广播电台不应该宣扬可能煽动人们参与这种行为的口号；

c）在报道事件时，应该尊重规则的中立性和道德规范的其他规则。

条款6 竞赛和游戏节目

1. 此类节目的管理者不应该中断呈现一些参加者。所有的竞赛者必须平等竞争。

2. 这样的节目必须尊重参与者和公众的尊严。

条款7 操纵公众，制造恐慌

广播电视节目不应该：

a）通过伪造新闻玩弄公众，制造恐慌；

b）进行催眠；

c）旨在引发公众歇斯底里的行为或把他们置于催眠的状态中；

d）用可能的方法把信息渗透到公众的潜意识中。

条款8 新闻广播

1. 新闻节目必须在每日新闻中呈现出一幅完整、中立、客观的新闻图画。

2. 节目播出时发生的错误必须及时纠正，尽量在节目播出的过程中更正。

条款9 保护未成年人

1. 如果节目在播出时可能有未成年人在收看，节目的准备和播出必须考虑对未成年听众和观众可能造成的负面影响。

2. 展示人或动物的酷刑和暴力行为的电视节目不应该在未成年人观看时段播出，除非旨在教育。

3. 节目不应该包含色情行为或不正当的暴力行为，那可能会严重影响未成年人的生理、心理和道德平衡。如果这样的镜头出现，应该采取一切必要措施来避免未成年人观看。

条款 10　暴力

1. 当暴力镜头对理解整个事件的背景不可或缺时，才允许在虚构报道或新闻节目中出现暴力镜头。当暴力镜头只是为了刺激公众时，它被严格禁止播出。

2. 展示暴力行为的工具和方法是被禁止的，除非是出于教育目的。

3. 展示不正当的性行为以及受虐和虐待狂的行为是被禁止的。当这些行为对节目来说是必须的内容时，它们仅仅被授权最小限度地使用在教育节目和虚构节目中。

4. 鼓励人们去喝酒、吸毒、进行反社会或犯罪行为的节目是被禁止的。

条款 11　如何处理投诉

局长或负责这个节目的人首先审查对节目质量的投诉。然后，如果需要的话，会由国家视听委员会进行审查。

条款 12　结论条款

1. 现行条款在成为国家法律法规认可的官方文件两个月后生效。

2. 从 1992 年年底开始，委员会将开始评估现行条款的使用情况，以讨论应该如何修改。

匈牙利

（Hungary）

新闻工作者协会道德准则[*]

前　言

本准则是为了在人权、民主公众生活和宪政的框架内保护和促进新闻工作者进行道德和诚实的活动。

本准则对协会的所有成员具有约束力，协会也建议非成员应用和尊重其规范。诉讼案件应当主要属于法院和其他法庭的职权范围。然而，对于法律纠纷中可能存在的伦理问题，本准则同样适用。

Ⅰ

本准则并未充分详尽地考虑到所有可能的伦理问题。因此，如果有不道德行为之嫌，但本准则又没有包含这明显令人反感的行为状态的描述，那么就要检查这一行为是否直接或间接违反了新闻工作者最根本的道德行为准则。这些准则是：公平、独立、可信、敏感。

新闻自由意味着获取信息、表达意见和发表作品是公民的基本权利。新闻自由对于作为公民的记者来说，既是权利也是义务。专业的新闻工作者拥有特权和责任。新闻工作者在他们的日常工作中，有履行新闻自由和服务社会公众的义务。为了进一步告知公众，他们有获取信息的权利。官方权威的信息持有者不喜欢公开独有的相关信息，但根据要求，他们不得不与新闻工作者分享。

---

* Ethical Code of the National Association of Hungarian Journalists，http：//ethicnet. uta. fi/hungary/ethical_ code_ of_ the_ national_ association_ of_ hungarian_ journalists，摘录于 2015 年 4 月 4 日。该规范由匈牙利新闻工作者协会制定。

坚持新闻自由的权利并履行新闻自由的义务是新闻工作者的伦理责任。然而在从事新闻工作的过程中，有不同法律渊源的各种权利和义务可能会发生冲突，负责任地在这些权利和义务之间做出选择是新闻工作者的特权，他们的活动应由该选择所隐含的责任来判断。

Ⅱ

本协会继续与坚持伦理准则、伦理合作体成员的新闻机构合作。我们的目标是为协会建立一个符合一般伦理原则的工作秩序。

本协会与伦理合作体成员合作、参与新闻组织伦理活动的研究分析。

在关于伦理案例的裁判中，本协会伦理委员会会考虑伦理合作体的建议。

在本准则的附录中，本协会提出了共同道德准则的完整文本。

本协会的伦理委员会从成员之中选出代表并进行授权，以此来代表伦理合作体。

第1节　行为和规则

1.1.1 该行为规则适用于所有新闻及编辑出版活动的从业者。准则的（适用）范围扩展到专业的新闻活动，包括个人和集体，贯穿印刷领域（书面和拍照）、电子和在线新闻。

从准则来看，所有这些人都被看作专业的记者：

——注册记者协会的成员；

——被编辑委托为某注册媒体机构（即已注册的提供公共信息的机构）的员工。

1.1.2 为了保护作为一种职业的新闻工作，吸纳高度勤奋的人作为新成员加入协会应成为准入原则，同样地，委任新成员成为编辑人员也是这样。

1.1.3 在处理伦理投诉过程中，应当调查总编辑和出版人的责任。

1.1.4 本协会的伦理委员会有权替受害方发起伦理投诉，或对任何个人或机构的投诉。伦理委员会有权利拒绝显然没有根据或不在委员会职权范围内的投诉。如果有破坏准则的行为，伦理委员会也有权自行发起投诉。

1.2 即使被投诉有道德错误的人不是本协会成员，本协会也会采取与本协会成员相同的程序对其案件进行处理。在这种情况下，被投诉人不会被强加任何惩罚，但伦理委员会仍会向公众发布一个正式的案件陈述。如果被告是另一个新闻工作者协会的成员，那么伦理委员会的行动委员会将通知那家协会处理此投诉，根据要求，本协会可以提供合适的、权威的专家来帮助行动委员会工作。该专家可能不直接参与伦理委员会行动委员会的决定，但他/她的意见应该被考虑。该专家的出席或缺席，不会影响伦理投诉的程序。

第2节　新闻自由与责任

2.1.1 新闻工作者有义务尊重人权。他们不能煽动仇恨，或传播对种族、种族地位或民族的歧视。他们不能因为个人在宗教、信仰、性别、身体或精神状态、年龄和生活方式的差异而散布诽谤言论，或试图诋毁他人。

2.1.2 保护匈牙利语言以及居住在匈牙利的少数民族的母语的美感和清晰度是新闻工作者的道德义务。新闻工作者不能使用不恰当的、粗俗的言语和未经证实的表述。避免语言和文体上的马虎是他们的职责。

2.1.3 伦理冒犯可能源于采访新闻事件过程中的不正当行为，或是在作品传播（任何新闻体裁）过程中，如通过书面或口头、图片、印刷媒体、电子或在线媒体而进行的不正当行为。如果记者被怀疑存在违反伦理准则的行为，那么规范准则和与记者行为、新闻报道相关的专业要求都将成为评判案件时的考虑因素。

2.1.4 准备传播而事实上没有被发表的文本、图片或者插图不可能形成道德冒犯。（然而，在7.1节描述的情况下，未发表的新闻作品可能有助于将不道德的行为发展为伦理冒犯。）

2.1.5 实行新闻自由不得违反公共道德。"公共道德"概念的范围和内容由伦理委员会行动委员会解释，委员会可能会利用这种界定建立起违反或没有违反公共道德的标准。考虑到只有在相关具体详细的情境下才能理解"公共道德"的概念，为了避免伦理诉讼的过程中出现疑虑，行动委员会应以伦理委员会的评估标准为指导。

2.2 新闻工作者有获取、发布信息和批评的权利，也有发表观点、质控和表达的权利。不得强迫新闻工作者创作与其自身观点相反的作品。

2.3 雇主、编辑和媒体机构的所有者不得限制新闻工作者发表观点、质疑和传播的权利。如果媒体机构的所有者和编辑将媒介的商品特性凌驾于新闻自由原则和公共利益之上，那么就构成伦理冒犯。"信息竞争"的概念并不能成为发布未经证实的信息、错误信息、私人信息和侵犯个人隐私的信息的借口。

第3节 人格保护

3.1.1 新闻工作者必须尊重人的权利和尊严。记者不得进行虚假的指控，不得使用攻击性的表述侵犯他人的良好名声和荣誉。判断某些特定的表达是否具有攻击性，应考虑已发表的事实、体裁的相关特性和问题中的具体内容。

3.1.2 不考虑犯罪事件、事故或类似事件中受害人及其家属的权利和情感、不顾及他们悲伤的情绪而将事件公布出来，是冒犯伦理准则的表现。

受害者的名字要在其直接亲属被通知之后才能发布。未经受害者证实的细节，即使没有提及他们的姓名，也是不能发布的（然而，对于一些重要的公众人物，这些规则不一定适用。）

3.1.3 发布被刑事诉讼的人的姓名或图片时，需要遵守相关法律。

3.1.4 如果发布了对某人名誉或利益不利的事实，随之而来的司法判决和当局决定改变了这个事实或出现新的事实时，这些极为相关的事实也需要被发布。

3.1.5 对于权威机构要求保密的请求，应当具体问题具体分析。

3.1.6 保护未成年人的人权，应当避免公布他们的名字、照片和可能导致他们被认出的细节，同样地，应避免侵犯他们的成长环境。侵犯未成年人的人权是伦理冒犯。即使是在其法律代表（父母或监护人）的同意下发生了侵权行为，新闻工作者仍要负起伦理责任。

孩子只能在其父母或法律代表的同意下被报道，如果在学校或者幼儿园采访孩子，需要取得教师或幼儿园随员的同意。如果在记录材料之前未能获得同意，那么在发表之前必须取得书面许可。自然地，以上要求并不适用于未成年人不是单独，而是群体被采访的案件。

3.1.7 尊重人权中的隐私权。将公众人物家庭成员的人格权视为依附该公众人物的人格权（不尊重公众人物家属的人格权）是极为严重的冒犯伦理的行为。

3.1.8 在各种类型的新闻中，都必须提高对病人权利的保护和关注。

3.1.9 没有法规规定必须强制报道所有或任何政治团体。采访政客的选择取决于场合（例如选举、圆桌会谈）、记者和编辑的意图和议会外的贡献者（例如议会外政党、其他社会组织、专业团体、专家等）。如果指定的政党拒绝报道，这并不排除其他政党被报道的可能性。

3.2.1 以下是违背新闻伦理的行为：

——在未经受访者同意的情况下大幅修改其陈述，或对受访者要求改变陈述内容的请求置之不理；

——错误地报道或编造受访者言论；

——带有偏见或用攻击性的视角和语境来报道受访者，或误导受访者对于报道地方（媒体机构）的看法；

——未满足受访者在文章发表前先行阅览的要求。

3.2.2 受访者有权要求采访的环境。这种做法不能被理解为对编辑自由的侵犯。在特殊情况下，（受访者）没有提前表明自己的意图可被（采访者）视为合理的做法而被接受。

3.2.3 即使受访者或采访所涉及的其他参与者没有要求，也有必要在发表前将作品呈现给他们。这种做法仅仅在于消除文本中的事实性错误。双方当事人可以中止访谈。

3.2.4 必须使用符合法律和道德伦理的手段和方式获取信息。窃听、偷听和使用隐藏摄像机或录音机，揭露有关个人私生活的信息，在未经授权的情况下发表新闻报道都是违反新闻伦理的。

以下情况应当被视为隐性采访：

——隐藏采访设备；

——在采访对象不知情的情况下进行采访。然而，对于公众事件，即使在场的人对采访并不知情，也不能将其视作隐性采访。

下列隐性采访不构成伦理冒犯：

——采访的目的在于揭露违法或反社会的活动；

——只有通过隐性采访才能接触电视或广播访谈的对象；

——所需材料无法通过公开方式获得。

隐性采访必须经过负责编辑的授权。

电话采访只能在预先通知对方的情况下进行。

第4节　如实报道和尽职调查

4.1 新闻工作者和编辑不得在书面、电子作品、电视或广播节目中做不符合事实的陈述。新闻工作者和编辑有义务对事实和数据进行检查和调查。

4.2 阻碍揭露真相，或妨碍和阻挠试图揭露真相的新闻工作者，都违背信息正确原则，因而属于伦理冒犯。

4.3 如果新闻工作者如实地报道了一个事件或现象，他/她不可因未报道该事件或现象而遭到谴责。

4.4 当谈到民主价值保护的时候，新闻工作者不可保持中立。坚持反对恐怖主义和煽动仇恨（无论其动机是种族歧视、宗教歧视、文化歧视、民族歧视、性别歧视或年龄歧视）的立场是新闻工作者的职责。新闻工作者不得支持暴力。在获取有关暗杀计划或恐怖主义的信息时，检查信息的有效性是十分重要的。如果怀疑威胁是有效的，那么记者必须立即通知当局和公众。

4.5 对报道和文件发布禁令时，最早的报道内容不应该受到处罚。违反禁令是一种伦理冒犯。记者只能在获得其上司准许和同意的情况下打破禁令。

需要核查要求查禁出版的请求者是否拥有合适的级别与权限。

4.6 当遇到劫持飞机或人质的情况，应当仔细考虑是否要在媒体平台上发布报道，这是十分重要的。记者必须考虑到一个基本准则，即不能拿人质的生命或身体去冒险，他们应当以促进解决问题为目的。他们还必须意识到无缘故的、不权威的官方消息的发布可能会构成对保密性的侵权，这也可能是非法的。

第5节　更正

5.1 不论是应被冒犯者的要求，还是发现了（原文）的虚假内容，作者和编辑都有义务自觉地发布适当的更正。如果没有发表适当的更正，即使受害方没有发起法律诉讼，也会引发伦理投诉。另外，如果法院已经下令要求更正，那么伦理投诉不能更改这一法令或校正的内容。

5.2 如果文章、广播节目、媒体更正的缺失给个人带来不利影响，那么必须给他一个辩驳的机会。被冒犯者的回复不得侵犯人权和他人名誉。

5.3 新闻伦理要求编辑人员密切关注与该媒体机构、节目、内容相关的反馈、批评和投诉。

第 6 节　保护作者

6.1 抄袭他人的智力成果并将其作为自己的作品出版，或假装是他人作品的作者是新闻伦理学中的一种侵权行为。

以下属于伦理冒犯：

故意挪用文本；

引用和曲解他人的作品，并将曲解后的版本作为真实版本；

传播文本并修改其内容，或在未经作者同意的情况下将文本置于贬义的语境中；

发表他人先前研究和出版过的主题并将其视为原始独创的版本，不告知原始来源；

报道不同媒体机构发表过的流行主题或话题的时候，没有告知原始来源或作者。即使记者揭示、阐述了更多关于此话题的事实，他/她也必须在报道的时候告知原始来源。

6.2 将同一作品交付给多个出版商时，作者必须向他们说明这一事实；文章二次发表时，作者必须告知第二出版商。媒体机构的编辑应在 15 天内通知提交手稿、照片或其他图表、音频或视频文本的作者他们的材料是被接受还是被拒绝，无论如何必须在递交的材料过期之前通知。

6.3 作者有权使用化名。在选择化名时必须考虑其他记者。如果发生两个或两个以上的记者使用同一化名的情况，根据资历较老的记者的要求，经验较少的记者有责任使用其他的名字或在他们的名字中使用不同的记号。

第 7 节　禁止滥用职权

7.1 如果新闻工作者以发表新闻或者隐瞒事实为条件而要求或接受贿赂，

或为了实现非法利益以发表或不发表事实来威胁受影响的群体，那么他/她就滥用了职权（参见2.1.4节）。

7.2 如果新闻工作者为了获得经济利益，而正面或负面地评价一个产品或公司却不表明它是广告，这种行为是违反伦理规范的。付费广告材料及付费公告应带有明显的标志。

7.3 迫使新闻工作者出售广告或获得广告费，并以此作为雇佣他们的条件是伦理冒犯。

7.4 新闻工作者不能宣传暴力或有害健康的物质或生活方式。在某些情况下，法律法规也会对此内容进行规定。

7.5 新闻工作者或编辑依赖其他经济来源也是一种伦理冒犯，经济上的依赖会影响新闻工作者的新闻活动。

7.6 本协会希望各州和市政的机构、私人个体、印刷媒介和广播电视的所有者、在线新闻门户等为记者提供合理的报酬和合适的工作条件，以此来保证新闻工作的品质和独立。

7.7 新闻工作者不得接受有贿赂嫌疑的礼物。（简单的新闻礼品、戏票、晚宴的邀请可以接受，因为这些不会使记者有受贿的嫌疑。）

第8节 信息的权利与道德

8.1.1 新闻工作者的权利和义务是为公众提供公正和全面的信息。新闻工作者必须考虑某些新近事实的公布是否会将他人置于风险之中，或是否会侵犯他们的人权或合法利益。

8.1.2 考虑是否有充足的理由发布保密信息（私人、国家或官方机密）是新闻工作者的道德义务。不论以何种方式揭露机密信息，新闻工作者都必须考虑发表信息对其他利益集团所带来的风险，从而决定是否在此特定的情况下保护秘密比为公众提供信息更重要，这也是新闻工作者的道德义务。

8.2 如果新闻工作者向信息提供者承诺不透露他/她的身份，那么新闻工作者在任何情况下都必须保守承诺。然而，如果透露消息来源不会对匿名提供者产生威胁，那么可以这样做。新闻工作者应尝试一切合理的方法来确定信息来源。如果这是不可能的，记者应该尝试从其他渠道获取指定的信息。如果这也是不可能的，必须表明拒绝公布消息来源者身份的原因。试图逃避公正的匿名行为是不可取的。

8.3（以下情况）必须保证匿名性。

——如果报道的是匿名性的私人事务（例如：有关于器官捐赠、捐款或未成年人的报道）；

——报道受害者时，为性犯罪被害人进行匿名处理非常重要。不能提供可以识别受害者身份的细节。不允许透露受害者的地址、受害者和其他涉及犯罪的任何人之间的关系或被害人和犯罪现场的关系。

第9节　合议行为

9.1 如果怀疑有违反协会章程或运作规律的侵权行为，或投诉涉及伦理问题，或投诉表明有违纪行为（原文注：章程规定），那么伦理委员会应对会员和本协会当选代表的投诉做出调查。

9.2 根据自主性的要求，伦理委员会应当保护被错误指控为有不道德职业行为的会员。

9.3 新闻工作者必须遵守文明接触的规则。不允许妨碍其他新闻工作者的工作，不允许诋毁他人，或滥用其他记者的劳动成果。

9.4 如果雇主、出版商或编辑以任何方式惩罚或威胁那些利用合法手段获得报酬的记者，那就侵犯了伦理准则。

第10节　伦理裁决

10.1 如果有违反本准则规范的侵权行为，伦理委员会会根据规定执行伦理程序，对所犯的伦理问题进行裁决。在处理投诉和发表委员会裁决的过程中，应寻求尽可能广泛的宣传。

10.2 伦理委员会或其代理委员会通常只发表最后的判决。然而代理委员会，尤其是在为了保护新闻自由和抵御不公正或不道德攻击时，可以发表非最终判决。在这种情况下必须强调此判决并不是最终判决。裁决或陈述也可以在新闻稿或新闻发布会上发表。

10.3 伦理委员会的代理委员会应按照伦理问题的严重性对其实施制裁，但作为一个专业的名誉法庭，其主要目的是使各方理解并寻求协商，以此来安抚和满足各方。

10.4 伦理委员会可以给予以下处分：

——口头警告；

——书面警告；

——谴责；

——严厉谴责；

——剥夺会员权利一年；

——从本协会开除。

如果协会的当选代表有伦理问题，伦理委员会的代理委员会也应取消他/她代表的职位。

10.5 伦理委员会的主席和副主席担任上诉委员会成员。不对上诉委员会的决议提出上诉，以排除本协会作为被告。可以对委员会的决定进行投诉。在规定期限内没有提出上诉的决议被视为最终决议。

10.6 伦理委员会可以向编辑领导、出版商或媒体机构的所有者通知最后裁决。如果有必要，委员会可向其他社会组织或当局提起投诉。

冰岛
（Iceland）

新闻委员会伦理条例 [*]

所有的媒体记者们在工作时，都必须时刻牢记人伦关系的基本准则，牢记公众的知情权及其表达和批评的自由。

第一条 记者不得做出任何可能给其职业或职业组织以及所在的报纸或编辑部带来耻辱的行为。记者必须避免从事任何可能损害公众对新闻工作的看法或损害行业利益的行为。记者应当永远尊重同行的工作。

第二条 记者应为其写下的所有文字负责，且应始终牢记自己是在以记者的身份写作或者发言。必要时，记者应对消息来源进行保密。

第三条 记者应依照最高的标准来进行信息收集、处理及呈现工作，并在敏感案件中展现出最大的智慧。记者禁止采取可能给无辜者造成不必要的痛苦或屈辱，或者再进一步加重他人痛苦或屈辱的行为。

第四条 记者禁止在出版材料时采用贿赂或威胁的方法。记者们应知道何时应该为了公共安全或者公共利益而公布涉事者的姓名。在应对违法和犯罪案件时，记者们必须遵守"每个人在被宣判有罪前都是无罪的"这一一般准则。

第五条 记者应尽力避免利益冲突，例如不报道自己参与的公司或利益集团；在工作过程中，应把服务于读者的利益和新闻职业的荣誉放在首要位置。

记者在写作时，应永远忠于自身信念。记者应确保不以任何图片或文字形

---

* Icelandic Press Council Rules of Ethics in Journalism，http：//ethicnet. uta. fi/codes_ by_ country，摘录于 2015 年 5 月。该条例于 1988 年由冰岛新闻委员会通过。

式将含有信息价值和教育信息的编辑内容同广告相混淆。

本伦理规范并不限制记者以其全名、在报纸特定栏目中明确地写出个人意见的表达自由，例如评论版块，记者可以在此发表重要的批评性意见。

第六条 任何人如果认为某记者违反了以上条例，或者自身利益受到威胁，可以在相关内容发表之日起的两个月内向冰岛记者联合会伦理委员会提出申诉——只要所申诉的内容当时不是庭审的诉讼对象。

但是，申诉人在申诉前，必须已经向导致问题的机构（报纸、广播公司）要求过赔偿。在特殊情况下，伦理委员会可以决定采用例外救济规则。伦理委员会应在一周内对申诉事项进行讨论，并且尽快做出有充分依据的裁决。

伦理委员会调查申诉时，必须全面审查整个申诉事项，而非仅考虑申诉人提出的意见。应给予被申诉人进行解释或答复的机会。

根据性质，伦理委员会可将裁定的违反行为分为三个等级：

A）应受谴责的违反行为；

B）严重的违反行为；

C）很严重的违反行为。

任何上诉均不可违背伦理委员会的裁定。伦理委员会的裁定，连同其理由和论据，应尽快公布在记者联合会的期刊上。伦理委员会的裁定应在第一时间送达被申诉的机构，B、C 等级的申诉事项还应附送裁定书，并于三日后向其他媒体通告该申诉事项的裁定结果。

伦理委员会的裁定应当全文公布。在对伦理委员会的裁定做新闻报道时，记者们应遵循本伦理规范所要求的全部注意事项，具体可参照前面的第一条和第二条。

在伦理委员会的裁定做出后，如果记者联合会伦理委员会认为该违规行为是极其严重的，需要采取进一步行动，那么可以在成员会议上提议后，向会议成员提交一份对该记者的制裁方案。

如果某篇涉事文章没有明确的作者，或者涉事的记者不是记者联合会的成员，那么伦理委员会的裁定则适用于直接相关的编辑或担保人——即便这些人也不是记者联合会的成员，伦理委员会仍可就相关申诉做出裁定。

爱尔兰
（Ireland）

新闻伦理规范 *

全国新闻联合会的成员们应遵守下列职业原则。

1. 永远支持并捍卫媒体自由权、言论自由权及公众知情权。

2. 努力确保信息被忠实地传播且准确而公正。

3. 尽最大努力更正有害的错误。

4. 区分事实与观点。

5. 用诚实、正直而公开的手段得到材料，除非是在公共利益方面具有压倒性的理由，且提供不能通过直接方式获得材料的证据。

6. 不得介入任何人的私人生活、悲痛或不幸情绪，除非是为了公共利益。

7. 保护秘密地提供信息以及在工作中收集资料的信源的身份。

8. 抵抗一切影响、歪曲或压制消息的恐吓和其他诱惑。

9. 新闻工作者在其从工作过程中获得的消息被公众获知之前，不做不公平的个人利用。

10. 不以一个人的年龄、性别、种族、肤色、信仰、法律地位、残疾、婚姻状况或者性取向为理由制造可能会引起仇恨或歧视的材料。

11. 新闻工作者不能在工作中或通过工作的媒体以陈述、声音、图像等方式宣传任何商业产品、服务。

12. 严禁剽窃。

---

* Code of Conduct，http：//ethicnet. uta. fi/ireland/code_ of_ conduct，摘录于 2015 年 4 月 5 日。该规范由爱尔兰全国新闻联合会制定。

爱尔兰
（Ireland）

报纸期刊实践准则[*]

前　言

出版自由对于保障人民的知情权是至关重要的。这种自由包括印刷和在线新闻媒体没有恐惧和偏见地发布它认为是新闻的信息，并有权发表意见。

新闻出版自由承载着责任。新闻工作者有责任遵守最高的专业和道德标准。

本伦理规范规定了这些标准的准则。从精神和文本上确保这些准则的荣誉、帮助出版媒体工作等，是爱尔兰新闻监察员和新闻委员会的职责。

在处理投诉的过程中，监察员和新闻委员会将会考虑到他们所理解的公共利益。他们可以在每个具体情况下界定公共利益，但总原则是：公共利益与可以影响人们的大事有关，人们合乎正当地对这些事件感兴趣，印刷媒体和在线媒体应当合法地提供相关的信息。

原则 1　真实与准确

1.1 报道新闻和信息，印刷媒体和在线媒体应当在任何时候力求真实和准确。

1.2 当显著的不准确信息、误导性的陈述或者歪曲的报道或图片已经公布，应及时在突出位置更正。

---

* Code of Practice for Newspapers and Periodicals, http：//ethicnet. uta. fi/ireland/code_ of_ practice_ for_ newspapers_ and_ periodicals，摘录于 2015 年 4 月 5 日。

1.3 回复、道歉、澄清、解释或回应，应当以合适的方式在显著位置立即发布。

原则 2　区分事实与评论

2.1 印刷媒体和在线媒体有权就各主题表达自己的看法。

2.2 评论、猜测、谣言和未经证实的信息不应被当作事实来报道。

读者有权利期望出版物的内容反映了编辑和记者最好的判断，并且没有受到未公开利益的不适当影响。只要是与报道相关媒体（卷入的）任何方面的经济利益，都应当予以公布。记者应当向编辑披露（他们工作中）潜在的利益冲突。

原则 3　公正的程序和诚信

3.1 无论何时，印刷媒体和在线媒体对获取和发布新闻和信息应当保持公正的程序和诚实的态度。

3.2 不得通过误导性陈述或者诡计等方式获取信息、照片或其他材料，除非是为了公共利益。

3.3 新闻工作者和摄影师不得通过骚扰等方式获取或试图获取信息和照片，除非他们的行动是符合公共利益的正当行为。

原则 4　尊重人权

4.1 每个人的名誉都受宪法保护。印刷媒体和在线媒体不能故意发布基于恶意的误导性陈述或者毫无根据指控的信息，出版前必须对事实的核对保持应有的关注。

原则 5　隐私权

5.1 隐私权作为一项人权，受到《爱尔兰宪法》和《欧洲人权公约》的保护，这是在爱尔兰法律中被认可的个人权利。每个人的私人事务和家庭生活、住宅和通信必须得到尊重。

5.2 读者有权获知那些尊重个人隐私和敏感事务的新闻和评论，但是，对隐私权的保护不应该成为公布与公共事务有关或与公共利益相关事情的障碍。

5.3 从处于悲伤或震惊情况下的个人那里获得信息时，新闻工作者必须持有同情与周全的考虑。在发布这些信息时，应考虑悲伤家庭的感情。这不应该成为限制司法程序报道权的理由。

5.4 应该避免过多报道关于自杀的手段和细节。

5.5 公众人物享有隐私权。然而，当一个人拥有公职、从事公共事务、从事公益事业，或者他的行为已经被公开，那么，公开他私人生活和环境的相关细节是合理的，因为这些信息披露与他个人行为的正确性、公开声明的可信度、公开意见的价值以及与公共利益相关的其他事宜相关。

5.6 未经许可而使用个人在私人场合拍下的照片是不能被接受的，除非是基于公共利益。

原则 6　保护信息来源

新闻工作者应该保护信息的秘密消息来源。

原则 7　法院报道

印刷媒体和在线媒体应努力确保法院的报道（包括图像的使用）是公平和准确的，不损害公平审判的权利，无罪推定应得到尊重。

原则 8　偏见

印刷媒体和在线媒体不得针对个人或群体的种族、宗教、国籍、肤色、族裔、社区成员、性别、性取向、婚姻状况、残疾、疾病或年龄等发布意图引起或可能引起对个人或团体冒犯或仇视的信息。

原则 9　儿童

9.1 在寻找和发布 16 岁以下孩子的信息或评论时，印刷媒体和在线媒体应当特别小心。

9.2 新闻工作者和编辑应该考虑到儿童的脆弱性；在处理与儿童相关的新闻时，无论是否得到了父母或其他监护人的许可，都应该考虑孩子的年龄、话题的敏感性以及一旦这个故事为公众获知的后果等。在校青少年学生享有不受不必要打扰的自由。父母或其他监护人的名声、恶名或立场不能作为详细发布儿童私生活的唯一理由。

原则 10　新闻监察员/新闻评议会的决定公告

10.1 当新闻监察员/新闻评议会要求媒体在显著位置刊登相关的投诉决议时，印刷媒体和网络媒体应当执行。

10.2 本准则的内容将定期审查。

意大利
（Italy）

~~~~~

全国新闻联合会及新闻记者
委员会准则*

前　言

新闻工作基于信息自由和意见自由的原则。此原则已由意大利《宪法》确认，并由 1963 年 2 月 3 日颁布的 1969 号法律的第二条款加以规定。

信息自由和表达自由是所有记者不可被剥夺的权利。但是，他们需遵守法律规则并保护他人的人格，需遵循忠诚和诚信的原则。尊重事实真相是新闻记者必须遵守的原则，出现不实新闻和错误报道时应及时予以更正。

记者和出版商必须尊重保守信息来源机密性的职业原则，尤其是当消息来源有此要求时。记者应促进同事之间的协作，促进与出版商之间的合作，促进公众对新闻界的信任。

信息机构与公众之间的信任关系是每个记者展开工作的基础。为了促进和巩固这一关系，所有意大利记者皆应签署以下《伦理准则》。

相关原则

记者必须尊重、培养和捍卫公众的知情权。由此，记者应调查并传播每一

---

* National Federation of the Italian Press and National Council Order of Journalists, http：//ethic-net. uta. fi/italy/charter_ of_ duties_ of_ journalists，摘录于 2015 年 4 月 5 日。1993 年 7 月 8 日，意大利全国新闻联合会及新闻委员会于罗马通过本规则，将其作为新闻从业者的履职宪章。

条他/她认为与公共利益相关的真实和准确的信息。

尽管在工作过程中可能会碰到阻力，记者也应调查并传播有关公共利益的新闻，应竭尽全力确保公众充分了解所有公共政策。

记者对公众的责任高于一切。记者绝不能将其责任附庸于他人的利益，特别是附庸于出版商、政府或其他国家组织的利益。

记者必须尊重公众，尊重其尊严与保密权，绝不能因种族、宗教、性别、精神与身体状况或政治观点而歧视他人。

根据法律规定和新闻职业的纠错义务，记者应迅速而准确地纠正其（报道中的）错误或不准确（的内容）。

记者应尊重（公众的）无罪推定权利。

记者必须保守职业秘密，尤其是当其消息源提出保密要求时。而在其他任何情况下，记者必须保持消息来源的透明度。

记者不得以与意大利宪法第十八条相冲突的方式来遵守秘密协议或进行活动。

记者不得接受有损于其独立性与职业信誉的好处、恩惠或任务。在陈述事实时，记者不得省略事实或必要的细节。标题、摘要、照片和副标题不得歪曲事实，不得改变新闻报道的内容。

记者不得公开日常事件中所涉及的人物肖像或照片，尤其是不得公开令人不适的图片；记者需保护人们的尊严。记者不得详述暴力或暴行的细节，除非该细节涉及重大的社会利益。记者不得伪造图片以干扰现实场景。

发表评论和观点属于言论自由和批评自由的权利，因此，除了法律禁止的犯罪、诽谤和暴力侵害人权等限制之外，它完全不受任何义务的约束。

相关义务

记者的职责

记者履行对公众负责的职责。记者必须支持与视察员的对话，必须创造各种便利（如读者权益、读者专版和回复空间等），以使读者活动得以广泛地传播。

记者只接受来自报纸编辑部的建议和指示，只要这些事务不违反专业法律，不违背意大利国家记者的工作合同（CNLG）并符合新闻《伦理准则》。

　　记者不得依据种族、宗教、精神及身体状况或政治观点来对他人进行区别对待。

　　针对他人及其隐私进行的报道或进行的损辱性披露，只有在符合公共利益的情况下才能被接受。

　　记者需尊重他人的保密权，除非是出于显而易见的公共利益的需要，否则不得公布关于他人私生活的新闻。而且，当记者进行此类信息的采集时，需公开其身份和职业。

　　除非与公共利益相关，不得公开日常新闻事件中所涉及的相关人物的姓名；当报道所涉及的相关人士可能会有人身安全危险时，更不应公开可能致其身份暴露的信息（原文注：如照片、图像）。

　　除非是当事人出于大众利益的考虑并主动提出要求，否则记者不得公开性侵犯事件中受害者的名字，亦不得公布可能导致其身份被识别的细节。

　　在报道法律团队或警察成员时，记者必须非常谨慎，避免报道其姓名以及其他可能导致其身份被识别的信息，尤其是当这些信息可能危及其自身或家属的安全时。

纠正与答复

　　不实新闻或错误信息有损民众的利益，记者应尊重民众不可侵犯的纠错权。

　　因此，对于不实新闻或错误信息，记者应及时地以适当强调的方式做出修正，以防止其广泛传播而对公众、组织、团体、协会和社区造成损失。

　　当记者对他人进行指控的时候，不应散布有损他人声誉和尊严的消息，应当给予当事人答复机会。假如对方的答复无法实现（因为找不到此人或对方不愿意答复），那么记者需将此情况告知读者与公众。在任何情况下，记者在公布一则涉及法官的调查警告性质的新闻之前，必须确保被指控者已然知情。

无罪推定

　　在案件调查的过程中，记者应始终牢记，在终审判决前，每一个被指控犯罪的人都是无罪的；在嫌疑人没有被判定有罪前，记者不得散布消息宣称其有罪。

对于处于审判过程中尚未被判决的犯罪嫌疑人的照片，新闻工作者不得故意地以显示其有罪的方式加以发布。

在被告无罪释放的情况下，记者应以适当强调的方式进行报道，同时也需提及此前发布的所有相关新闻和文章。

消息来源

记者必须以最谨慎的态度来对待那些犯小错受到轻微处罚的人的新闻、姓名及个人图像，除非涉及特殊的社会利益，否则不应公开。

记者必须核查消息来源的所有信息，必须为其报道负责，且必须始终维护事实的真相。

假如消息来源要求匿名，记者应尊重其职业秘密，并将此情况告知读者。

反之，在其他任何情况下，记者应始终遵守信息来源透明的原则，让读者或观众尽可能地知道出处。当记者采用某通讯社或其他信息来源的新闻时，更应注明消息来源，除非该新闻不属实，或者该新闻是自行广泛传播的，抑或该新闻的内容和主旨已被做了实质性修改。

在其他所有情况下，记者可根据具体情况来接受或放弃某个消息来源。

信息和广告

公众有权获得真实的信息，这种信息应与广告信息截然不同且无损于个人利益。广告信息必须通过清晰的标识与新闻报道区分开。

记者必须遵守《信息透明协议》和意大利全国记者工作合同（CNLG）中签署的所有原则；记者必须让公众知道哪些是广告，并在新闻工作中区分出促销类信息。

不被许可的行为

记者绝不能利用所掌握的经济或财务信息谋求私利，绝不能利用传播新闻和事件的自身优势干扰股票市场。

记者不得报道涉及其自身直接或间接经济利益的市场趋势类新闻。对于因其职业行为而涉及的，或者因工作需要而即将进行关注的股票，记者不得参与其购买和售卖活动。

记者应拒绝接受有损于其信誉与职业尊严的报偿、退款、捐赠、免费度假、旅行、旅游礼品及其他好处。

记者不得接受与其职责相冲突的任务；为维护其作为记者的职业自主权，也不得将其姓名、声音或肖像借予广告公司来进行盈利。

但是，记者可以免费为广告公司或工会组织提供包括社会关怀、人道主义、文化宗教或艺术修养等方面的服务性工作。同时，这些服务性工作绝不应带有功利色彩。

儿童或弱势群体

记者需遵守 1989 年签订的有关儿童权利的《联合国公约》和《特雷维索伦理准则》所确定的所有原则，以保护儿童的个性和人格，无论他们是作为普通法违法行为的参与者还是受害者。特别要注意：

a）记者不得公布其姓名或其他可能导致其在日常生活中被辨识出来的信息；

b）记者必须避免沦为成年人的利益工具，避免成为其专属利益的代表；

c）但是，如果传播某些有关儿童的消息会给他们带来实际利益，那么记者应对此给予重视。

记者应保护精神或身体残疾者的权利和尊严，这一准则同保护儿童的《特雷维索伦理准则》是一致的。

记者应保护残疾者的权利，应避免以煽情的方式发表可能带来恐惧或毫无根据希望的医学争论性消息。

a）不得传播未被权威科学来源证实的新闻；

b）不得以促销为目的报道商业药品和产品；

c）及时通告因损害公众健康而被撤销或停止流通的医药用品。

记者应立誓对日常生活中在社会、经济和文化层面对未成年人的自我保护具有正面价值的话题予以最大尊重。

拉脱维亚
（Latvia）

媒体伦理准则 *

1. 大众传媒的社会角色

1.1 言论自由和媒体自由是民主制的基石。自由独立的报纸、广播、电视是社会民主发展的重要保证。

1.2 大众传媒必须捍卫言论自由和新闻自由，不能向限制信息流通和资源使用、限制讨论对社会有影响力议题的力量屈服。

1.3 大众传媒的职责应该是保护人权。

2. 正义与责任

2.1 记者的主要任务是向社会提供真实准确的信息。

2.2 应清晰、客观地呈现事实，展示事物的整体状况而非进行歪曲。

2.3 新闻工作者应该对呈现的信息和其释义承担责任。

2.4 新闻工作者应该避免从事和他/她个人信仰相违背的工作。

2.5 新闻工作者必须尊重知识产权，不允许剽窃。

3. 编辑责任

3.1 据新闻法规定，编辑对纸媒、广播、电视上的信息内容负有责任。他/她必须保证合适信息的自由流通和观点的自由交流。

3.2 编委会应该保持正直的品性，当有外界人士或组织对其施加压力时，

---

* Code of Ethics, http：//ethicnet. uta. fi/latvia/code_ of_ ethics，摘录于 2015 年 4 月 6 日。该规范由拉脱维亚记者联盟于 1992 年 4 月 28 日制定。

可以从容自主地应对。

4. 和消息来源的关系

4.1 在没有获得允许的情况下记者没有权利曝光消息来源，除非这是法院要求。

4.2 对于不能理解自己提供的信息和陈述（所带来影响、价值等）的人，新闻工作者应该给予特殊考虑。新闻工作者不能滥用人们的情感、感受，不能滥用人们的无知和较弱判断力。

5. 出版物规则

5.1 新闻工作者应该对信息来源的选择持批判态度，必须检查信息以及核实引用的言论。

5.2 在出版过程中，新闻工作者必须尊重个人的私人生活、国籍、种族和宗教信仰。

5.3 在出版过程中，客观事实必须清晰而明确地和观点性评论相区分。

5.4 在广告和报道材料之间应该有严格的区分。后者不能模仿广告，否则会使公众怀疑编委会的客观性以及大众媒介的独立性。

5.5 应该特别对脱离原有语境使用图片予以重视。伪造是不允许的，因为会造成受众的错觉。蒙太奇图片应该有特殊标记或在图片上签名标注。

5.6 记者在报道庭审时必须特别注意。只有当合法的审判生效之时才能够（在报道中）对嫌疑人定罪。

5.7 当有错误的信息被出版时，必须尽快发布针对该错误的道歉声明，并将其放在显著位置。

5.8 当个人或组织在出版物中成为被攻击的对象时，应该尽快留给当事人回应的空间。

5.9 材料的原作者有权在记者对该材料编辑之后、发表之前对该材料进行审查。只有在原作者的允许下才能够发表该材料。

6. 记者与社会

6.1 记者必须尊重民主制度和道德标准。

6.2 记者必须代表人类共有的价值观——和平、民主、人权以及自决的权利。

6.3 一个尊重国家价值的拉脱维亚新闻工作者，应该同样尊重拉脱维亚的历史、文化、国家形象、独立和自由。

立陶宛
（Lithuania）

新闻工作者和出版商的伦理规范*

我们——从事公共信息传播的新闻工作者、媒介组织者以及出版商，参加新闻工作者、出版者机构代表大会；

我们意识到，只有在新闻工作者维护受法律保障的表达自由，并很好地意识到大众传媒在现代社会的作用及新闻工作者从事这份工作的责任时，新闻业才是公平和公正的；

我们认为大众传媒最珍贵之处是（公众）依赖媒体，因为媒体不仅仅由当代新闻工作者和出版商建立，也由（尊重）自由表达的先辈们建立。

我们明白这种依赖的基础在于独立、公正和不偏不倚；

我们知道，一个新闻工作者的主要职责是尊重真理和尊重人们想要了解真理的权利；

我们不贬低我们的创造性工作，不把我们的活动与那些传播不雅新闻或者不公平竞赛规则的公共信息组织者联系在一起；

我们有这样的职业义务和责任，即意识到民主社会需要言论自由和信息自由；

兹批准这份《立陶宛新闻工作者和出版商的伦理规范》，作为立陶宛新闻工作者及出版商坚持下去的承诺。

---

* Code of Ethics of Lithuanian Journalists and Publishers，http：//www. lzs. lt/lt/teises_ aktai/etikos_ kodeksas. html，摘录于 2015 年 6 月 23 日。该规范由立陶宛新闻工作者联盟于 2005 年制定。

I. 一般规定

第一条 接受和传播信息的机会——作为普通大众的基本自由应该得到尊重，但是在执行中必须确保其他人的权利和自由。上述权利应当在寻求这些权利互动的过程中找到适当的平衡。

第二条 公共信息的组织者不应将信息视为自己的财产和商品。信息自由与以金钱交换信息的目的不相符，除非这个信息是明确的作为商品或广告发布。

第三条 我们尊重人们获得真实信息的权利，新闻工作者和公共信息组织者应传播真实和正确的消息以及全方位的意见。当传递不同意见时，不得散布与法律和道德相悖的观点。

第四条 新闻和意见应界线分明。新闻工作者和公共信息组织者必须确保以公平、合乎道德的方式发表意见，并且不得有任何事实或数据的歪曲。

第五条 尊重多样性的观点，新闻工作者和公共信息的组织者必须提出许多尽可能公正的意见。当公共信息是回应相关的、模糊或者矛盾问题时，这一点尤为重要。

第六条 新闻工作者和公共信息的组织者应以挑剔的眼光评估信息来源，对于一些信息来源，应当特别注意对事实的核查。如果是不可能验证的信息源，这应该显示在公布的信息中。

第七条 当不可能以一个合适的方式验证信息的真实性时，新闻工作者和公共信息的组织者可以发布这则信息，以防止由于信息延迟而对公众造成损害，但需要在发布的信息中对未验证的信息进行注明。

第八条 信息应以合乎道德和法律的方式收集。

第九条 当寻求信息时，新闻工作者必须表明身份，说明自己是编辑人员及其（在新闻生产中的）位置，同时要告诉（采访对象）他/她的话会在大众媒介上发布。

第十条 除非新闻发布之前新闻工作者与信息提供者之间达成了协议，否则新闻工作者没有义务依据信息提供者（的意见）而调整自己撰写的文章。

第十一条 当寻求信息时，新闻工作者无权使用压力或提供补偿给信息来源从而交换信息，或滥用他/她的社会地位和职业机会（获取信息）。

第十二条　从一个处于压力、震惊或在无助状态下的人那里获得信息时，新闻工作者和公共信息的组织者必须保证这些信息的发布不会违反个人权利，并努力预见到对他/她可能造成的任何负面影响。

第十三条　新闻工作者和公共信息的组织者应当考虑到儿童的安宁，不得发布给孩子带来悲伤和恐惧的信息。所提出的问题应认真考虑并适合孩子年龄。禁止强迫孩子谈论与他们的父母、家庭生活、冲突等相关的问题。

第十四条　如果信息提供者反对，新闻工作者和公共信息的组织者不应使用直接的录音和录像设备。

第十五条　新闻工作者和公共信息的组织者应该辨别信息提供者。基于此他应当获得在其报道中指出信息提供者名字的许可。如果信息源要求新闻工作者不要透露他的姓名，那么新闻工作者和公共信息的组织者无权披露。在这种情况下，新闻工作者和公共信息的组织者应当承担信息发布后的法律和道德责任。

第十六条　当插入信息时，新闻工作者和公共信息的组织者应该选择、传播具有合理的公共利益诉求和满足人类好奇心的信息。

第十七条　新闻工作者和公共信息的组织者不应直接或间接地发布那些引起犯罪、违反公共秩序以及引起攻击行为的信息。此外，禁止发布促进和以一种吸引人的方式表现抽烟、饮酒、服用药物和其他物质滥用的信息。

第十八条　新闻工作者和公共信息的组织者不应发布超自然的、不切实际的信息。超自然现象只有出于娱乐或作为法律不禁止的研究的情况下才可以发布。媒体报道不允许给人留下这样的印象：占星者、手相家、通灵者、超感官的个人、生物能学可以给人提供关于未来、健康或其他事项可靠的建议。

第十九条　即使被冒犯者没有投诉，新闻工作者和公共信息的组织者也应纠正错误及疏漏，因为这些错误和疏漏可能会冒犯某些特定人员。

第二十条　如果大众媒体上的信息中有明显的虚假事实，该信息应当被收回，或者立刻纠正错误的和不准确的事实，信息发布者不应该有任何托词，纠正方式是在同一媒体的一个适当的地方、使用相同大小的字体、以相同的形式发表更正。

第二十一条　当发布对个人造成物质或非物质损害的犯罪行为、事故和其他案件的信息时，新闻工作者或公共信息的组织者应该注意避免这些信息给受害者和无辜的人造成额外的痛苦和伤害。

第二十二条　新闻工作者和公共信息的组织者应当遵守这一规则，即可报道的普通个人隐私内容的范围比公众人物要小。因此，发布私人信息时，应当优先保护私人生活，然后基于公共利益发布公众人物的信息。

此外，被批评的个人都应该有回复的权利，即应该有一个机会表明自己（的观点）、解释或拒绝错误的信息。如果没有这样的可能性或当事人拒绝回复，应该让公众得知。

第二十三条　新闻工作者应受过专业训练。正确的语言和标准的发言是一个新闻工作者最重要的专业要求。

II. 新闻工作者和出版商的独立性与活动的透明度

第二十四条　每一个新闻工作者和公共信息的组织者应当是自由和独立的。

如果某一任务违背国家法律、新闻伦理及新闻工作者的信念，那么新闻工作者应拒绝执行公共信息的组织者和/或上级的这一任务。

第二十五条　在从事职业活动时，新闻工作者只对公共信息的组织者有专业义务，而不用承担其他义务。

第二十六条　新闻工作者和公共信息的组织者应互相团结，抵御不合法的起诉，用合法且道德的手段来捍卫（工作）。因此，新闻工作者的团结展示了他们（对工作）的尊重。

第二十七条　新闻工作者无权接受礼物、免费旅行、带薪假期，以及可能影响其独立性的任何其他利益。除了因工作而获得的报酬，或者新闻工作者作为雇员在公共信息组织机构工作或合作而得到的报酬外，新闻工作者从其他处获得的报酬需要告之公众。

第二十八条　新闻工作者和公共信息的组织者应当抵制（个人或机构）任何试图在奖项、特权等方面讨好媒体的做法。

第二十九条　新闻工作者和公共信息的组织者不得为个人目的和利益而利用专业信息。

第三十条　大众传媒应当明确地把新闻作品和广告（包含政治广告在内）划分界线。新闻工作者有义务拒绝发表促销信息。

第三十一条　应当禁止以公正的信息（如新闻形式）为幌子发布广告或隐性广告（软文）。

第三十二条　新闻工作者不得将他的名字、图像、语音用于广告用途，除非这样的广告以服务社会和人道主义为目标。

第三十三条　新闻工作者报道自己持有股份的公司的信息时，必须披露影响信息客观性的、他与公司关系的信息。

获得由公共信息组织者提供的，但还没有公开发表的信息时，新闻工作者和公共信息的组织者以及他们的家庭成员无权购买或出售与这些信息相关的证券。

第三十四条　当发布建议或提供与证券及其发行人有关的投资策略的信息时，包括发布他们当前或未来价值的评价时，新闻工作者与公共信息组织者必须告诉公众他与这些推荐者、推荐部门的关系，因为这些信息会损害信息的客观性。这些信息与物质、金融利益的安全、与发行者的利益冲突特别相关。

第三十五条　当发布第三方总结的投资建议时，新闻工作者和公共信息的组织者应该指出原始建议，如果那些建议的来源可以公开访问，那就要告诉（公众）最初发布的位置。

III. 维护个人荣誉、尊严和隐私

第三十六条　在没有获得当事人同意的情况下，新闻工作者无权发布与私人生活有关的事实，除非涉及公众人物，并且这些事实对于社会或正视犯罪行动很重要。

第三十七条　新闻工作者和公共信息的组织者应该坚持无罪推定。只有一个人已被法庭裁决，那才可以对其进行谴责。

第三十八条　新闻工作者和公共信息的组织者不应该公布无根据的、未经证实以及没有事实支撑的指责。

第三十九条　不要发布法庭审判前的调查信息，除非发布这些信息是为了公共利益。

第四十条　如果（他人）可以从这些个人资料中获知犯罪嫌疑人的身份，那么，禁止发布犯罪嫌疑人的个人资料。

如果基于公共利益而公布一个实施犯罪、被控告、违法的人的名字，但随后这个人的罪行没有被证实，那么，新闻工作者和公共信息的组织者必须立即向市民告知这个人的清白。

第四十一条　在未经受害人同意或者受害人已死亡、未经其亲属同意的情况下，不得公布犯罪行为受害者的个人资料。这个信息在没有得到受害者同意或者他/她亲戚同意的情况下可以发表的情况只能是：受害人是公众人物，或发布这些资料是为了公共利益。

第四十二条　如果可以从这些个人资料中认出证人，那么禁止发布犯罪案件中证人的个人资料。

第四十三条　新闻工作者和公共信息的组织者不得发布个人的债务资料和偿付能力的信息，除非涉及公共利益。

第四十四条　不应公开有轻微犯罪和被轻微处罚的人的个人资料。

第四十五条　新闻工作者和公共信息的组织者不应发布服刑人过去犯下的罪行。当这个人继续进行与过去犯罪相关的工作或者追求更高的社会地位时，这条规则不适用。

第四十六条　新闻工作者和公共信息的组织者不得发布关于家庭冲突的信息。有一些情况可以例外：当个人拥有较高社会地位并渴望这样的职位，或当这种信息的发布是为了公共利益时。

第四十七条　新闻工作者和公共信息的组织者不得滥用灾难、交通事故、死亡、袭击或侵略中那些可能伤害有关受害人及家属，伤害读者和观众情感的图片。

第四十八条　禁止发布关于个人在痛苦或濒临死亡状态的信息，也禁止公布这些人的录像和照片。

第四十九条　如果报道可以让人辨析出当事人（尤其是未成年人），新闻工作者和公共信息的组织者就不应提到自杀或试图自杀者的名字或其他参与者的名字，这是为了尊重个人及其亲属的隐私。

当发布自杀或试图自杀的信息时，新闻工作者和公共信息的组织者在指出自杀或试图自杀的动机时应该特别小心，确保这样的信息不会激发社会的自杀行为。建议提供有帮助作用的心理方面的信息，以及上面提到的对社会有用的信息。

　　第五十条　如果（公众）可以从资料中辨识出这个人的身份，那么，在没有得到同意的情况下，禁止发布性虐待案中个人名字及其他资料。

　　第五十一条　如果（公众）可以从这些资料中辨识出未成年人的身份，那么，新闻工作者和公共信息的组织者不得发布任何与犯罪行为或其他违法行为有关的未成年人的个人资料，除非他/她正试图逃避司法机构或法庭的追责。

　　第五十二条　在发布私人信件时，必须获得写信人和收信人的同意。在这些人去世后，必须获得其配偶、父母或子女的同意。

　　第五十三条　尊重私人生活及其隐私，新闻工作者和公共信息的组织者不得在未经个人及其代表律师同意的情况下，发布关于个人健康状况、医疗信息、治疗过程及其他与健康相关的信息。这些信息只有满足以下所有条件时，才能在没有经过个人、亲属的同意下公布：相关个人是公众人物，发布这样的信息是出于公共利益，且正式的医疗信息是从医疗机构获取的。

　　第五十四条　新闻工作者和公共信息的组织者不得侮辱或嘲笑一个人的姓氏、种族、国籍、宗教信仰、年龄、性别、性倾向、残疾或身体缺陷，即使这样的人犯过罪。此外，新闻工作者和公众舆论的组织者不得强调嫌疑犯、被告、违法者的民族、种族、社会团体、性倾向，不得将以上因素与他们所犯的罪行进行关联。

　　第五十五条　禁止新闻工作者和公共信息组织者基于第54条所述（进行报道）、从而直接或间接地挑起和煽动任何组织的个人或其成员的仇恨情绪。

　　第五十六条　新闻工作者和公共信息的组织者不得发布伪造的照片，不得对可能会侮辱所描述的人的照片进行假签名。新闻工作者不得发布扭曲信息提供者观点和事实的音频和视频材料。本规定不适用于出版的漫画、卡通或漫画故事。

　　第五十七条　新闻工作者和公共信息的组织者必须尊重人权和自由，即使是在个人不知道或者不能理解自身的权利时。

　　新闻工作者和公共信息的组织者不得伤害弱势、不成熟的人，即使他/她不理解自己的权利和尊严，也不得煽动其进行侮辱行为，不得用侮辱人格的方法描述他们。

IV. 职业团结和公平竞争

第五十八条 新闻工作者和公共信息的组织者的职责是捍卫信息自由和其他民主价值。

第五十九条 新闻工作者和公共信息的组织者不得发布以复仇为目的的批判性作品。

第六十条 新闻工作者和公共信息的组织者不得妨碍同事搜集信息，除非这些活动违背了法律和伦理。

第六十一条 新闻工作者和公共信息的组织者不得剽窃他人作品。

第六十二条 如果新闻工作者和公共信息的组织者创作中引用了其他人的信息，那就应该指明信息的最初来源。

第六十三条 新闻工作者不得替他人写作，不得在他人的作品上署自己的名。

第六十四条 新闻工作者同时向几个编辑委员会（公共信息的组织者）提供相同的作品或公共信息时，应该提醒对方他这一行为的影响。

V. 编辑部新闻工作者和编辑董事会管理者 （公共信息的组织者） 共同的责任

第六十五条 公共信息的组织者必须有内部程序规则或者内部的伦理准则。公共信息的组织者至少承认一项文件，这项文件中应该明确权利、义务、责任、新闻工作者的雇佣关系，以及反对权利限制（的措施）的保护。

第六十六条 公共信息的组织者应该同意新闻工作者利用新闻工作者的身份进行写作。即便新闻工作者与公共信息的组织者之间没有签订关于使用新闻工作者作品的写作协议，也并不意味着公共信息的组织者可以免于付报酬的义务。

第六十七条 如果在编辑过程中（作品）事实被严重扭曲，那么新闻工作者有权拒绝承认其作者身份，有权拒绝在作品下署名。

第六十八条 新闻工作者应该为公共信息组织者保密，除非他们违反法律和道德。

VI. 违反新闻工作者和出版者伦理守则的责任

第六十九条 新闻工作者和公共信息的组织者必须坚持遵守本伦理守则。

第七十条 违反本规定的新闻工作者会受到如下基础性惩罚:

(1) 公共信息组织者的管理机构对新闻工作者采取纪律措施;

(2) 新闻工作者职业协会开除新闻工作者的协会成员资格;

(3) 相关人士捍卫其受到侵害的权利;

(4) 应用其他法律制裁。

第七十一条 违反了该规范的公共信息组织者应受到以下基础性惩罚:

(1) 新闻工作者和出版商伦理委员会将其界定为违反职业道德的公共信息组织者;

(2) 相关人士捍卫其受到侵害的权利;

(3) 应用其他法律制裁。

第七十二条 违反了这项规范,当需要确保遵守基本的信息公开准则、公开新闻伦理检查员的决定时,新闻工作者和公共信息的组织者必须在同一媒体中公布新闻工作者和出版商伦理委员会的相关决定。

第七十三条 自批准之日起,如果公共信息的组织者遵守本规范的时间达到 2 年,那么,新闻工作者和出版商伦理委员会可以给予这样的公共信息组织者(或单位)使用由证监会建立的特殊荣誉标记的权利;如果公共信息的组织者违反本规范,上述权利可以由委员会撤销。

第七十四条 在维护他们的职业荣誉和名声时,新闻工作者和公共信息的组织者应该提高公共信息领域的自我管理水平。

VII. 该规范与该领域公共信息其他专业规范的关系

第七十五条 这一规范并不与公共信息领域的、可能包含更多细节和更严格义务的其他职业伦理规范(尤其是公共信息组织者的内部伦理准则)相排斥。

当其他规范中的职业伦理道德标准的规定与这项规范相悖时,适用本规范的规定。

卢森堡
（Luxembourg）

新闻伦理准则 *

前 言

新闻自由是言论自由的重要保障，没有新闻自由，其他基本的公民权利不会得到保障。然而，我们必须记住行使这些自由时应该承担的义务与责任。

媒体必须有编辑、发布信息与评论的权利，且这种权利不受限制，以确保舆论的形成。

根据修订后的卢森堡宪法第 24 条，确保新闻自由。

根据 1950 年 11 月 4 日签订于罗马、1953 年 8 月 29 日通过法律批准的《公民权利和基本自由保护协定》第 10 条，应当保证每个人享有表达自由，包括不受任何公权力的介入、跨越边界干扰的意见自由和接收、传播信息或观点的自由。

根据 2004 年 6 月 8 日关于媒体表达自由的法律第 1 条的规定，确保媒体领域的表达自由。

这部法律第 23 条规定，建立新闻评议会，让评议会制定和公布义务准则，以界定新闻工作者和编辑的权利和义务。

在 2006 年 3 月 28 日的大会上，新闻评议会确立了现在的义务准则。

---

* Code of Deontology，http：//ethicnet. uta. fi/luxembourg/code_ of_ deontology，摘录于 2015 年 4 月 8 日。该准则于 2006 年 3 月 28 日在新闻评议会的大会上确立。

第一部分

第一章　义务准则的应用领域和对象

第一条　应用领域

该义务准则关系着卢森堡新闻界的每一个成员和所有受法律约束的媒体。

义务准则尤其与2006年6月8日《媒体表达自由法》约束的个人有关。《媒体表达自由法》后来被编辑、记者或合作者简称为该法。

编辑要做的事是让他们的合作者知晓和尊重现在的准则。

义务准则尤其适用于文字媒体和视听电子媒体。

第二条　对象

义务准则制定了适用于媒体表达自由的固有条例。

义务准则允许新闻评议会履行法律赋予它的自主管理和通知的使命。

第二章　媒体的一般权利和义务

第三条　表达自由

新闻工作者和编辑有捍卫信息自由以及它赋予的权利，有评论和批评的自由，以及维护职业的独立与尊严的权利。

第四条　精确和真实

a）新闻媒体要极其严谨地进行信息调查和核实信息的真实性。

如果对事实的真实性或与受众重要利益有关的信息有疑问，媒体一定要适当地提出。

b）当发现已发表的信息内容和观点中有不真实或不精确的情况时，媒体要自觉地更正。回应的权利不应受到限制、不应对法律安排怀有成见。

第五条　尊重他人

a）媒体应该避免和反对任何基于性别、种族、国籍、语言、宗教、意识形态、民族、文化、阶层或信仰不同的歧视，这关乎基本的公民权利。

b）媒体不去实施也不去美化犯罪、恐怖行为或者其他残酷暴力行为。

c）媒体尊重和捍卫每一个人的人格尊严。

媒体尊重每个人的私生活。不过，在一些特殊情况下，公共利益和新闻自由比私生活的权利更重要。

d）媒体要最大限度地注意对未成年人的保护。避免发表危及未成年人发展的侵犯性报道，对生效的法律处置不要带有偏见。

e）媒体要尊重无罪推定，在获得官方确认之前，避免公然地认为某人有犯罪行为。

f）媒体应尊重作者的权利，这一要求在 2001 年 4 月 18 日公布的涉及作者权利、邻接权和数据库的法律中已有规定。

第六条　独立性

a）新闻工作者这一职业意味着在工作中拒绝一切贿赂，拒绝利用职业的影响去达成告知和形成舆论之外的其他目的。

b）新闻工作者和编辑不接受任何不义之财，不接受任何限制他们职业独立性或表达他们观点的好处或许诺。

c）媒体不能屈服于第三方直接或间接的压力或承诺，除非当这一信息无法从其他渠道获知，且这一信息的（重要）程度可以证明让步是正当的。

d）新闻工作者不能被迫地去从事违背他们伦理和义务准则的实践。

e）新闻工作者不能被迫在任何已经被大幅度修改的稿件上署名。

第三章　新闻实践

第七条　获取信息

a）媒体同意保守职业秘密，是指法律规定的不透露信息源的权利。在管理或司法程序的框架内，媒体有权拒绝透露任何能够识别信源的信息。

如果没有获得信息提供者的授权，媒体保证不会报道秘密的信息来源。

b）新闻工作者必须告知不了解媒体的人们或者消息来源，他们的陈述可能会被报道和传播，会受到受众的关注。

c）新闻工作者和编辑应避免通过匿名方式或者诉诸其他秘密的、应受谴责的方法去获得信息、声音、图像和文件。他们不应试图采取任何隐瞒的操作获得信息，除非该信息的重要程度可以证明这样做是正当的，且无法从其他地方获知该信息。

第八条　信息的报道

a）新闻行业要对个人观点、分析和事实信息做一个明确的区分，以避免使受众混淆。不过，记者要尊重事实，即使在观点表达起重要作用的新闻界。

b）为避免对新闻工作的混淆，新闻稿和其他的官方通报要清楚地界定。新闻记者仅仅需要承认他们自己所做的工作。

c）媒体要避免任何抄袭的行为，再现的信息需要标明援引作者或信源。

第九条　图像、声音和视听材料

a）新闻工作者和编辑要尊重个人的肖像权。

b）图像（照片、图片、拍摄的连续镜头）绝不能扭曲现实。（当使用）没有在具体环境中拍下的事件的图像时，要以明显的方式标注它们是解说的图像或者是来自档案。被处理过的照片要显著地指明。

c）在处理声音和视频时，新闻工作者不应对已获得的信息做明显的改动，或者脱离原始语境去歪曲信息。

d）媒体要反映现实，而不是反映用不同方式重构的现实。然而，如果重建和策划事件以一个适当的方式标注出来，保证不欺骗受众，这种方式在新闻业可以被用来说明和支持新闻报道。

第十条　电子媒介和互联网

目前的义务准则适用于互联网上媒体专业人员发布的信息，或者其他现存的或未来的电子渠道。

在制作超链接的时候，媒体要核查一下关联的网站是否有违法材料。如果有这种情况，媒体要制止制作任何电子链接。

第十一条　商业和金融信息

a）广告的呈现不应使广告和编辑材料相混淆。公告和商业广告可能会被相对留意且受过教育的受众误解成新闻信息，为避免混淆，必须对它们做出明确的认定。

b）新闻工作者不进行任何广告报道。媒体应在呈现和传播商业企业、产品和服务信息时保持客观。

c）提出或传播投资建议的媒体不能传播任何不合乎法律的建议。媒体必须告知受众投资建议负责人的身份且提醒受众万一投资策略失败，媒体对此不负责任。

d）在信息全部发表之前，新闻工作者和编辑承诺不利用收到的金融信息

（谋取利益）。在官方发布之前，新闻工作者和编辑不得将信息提供给感兴趣的第三方。

媒体不报道与自己、家人或朋友有个人利益关系的证券交易的信息。

媒体不直接或间接地买卖自己曾经报道或将要报道的参股、股票或其他金融证券。

第十二条　处理个人资料

媒体尊重信息保护法所规定的个人信息接近权。

不过，在行使获取个人信息的权利时，不影响对消息来源的保护。

第四章　不同的处理

第十三条　义务准则的公共性

目前的义务准则受与之有利益关系的人支配，并可以从新闻评议会的秘书那里拿到。在新闻评议会大会上采纳的指导方针将按完成的程度统一到规范中。该义务准则将会发布在新闻评议会的网站上。网站上也会有更新义务准则的实例。

第十四条　生效

义务准则在新闻评议会大会通过的第二天生效。这也适用于更新义务准则时。

在 1995 年 12 月 4 日的大会上被确立的义务准则现在失效。

马耳他
（Malta）

新闻工作者伦理准则 *

自律及能力

1. 马耳他新闻俱乐部认为，通过各种交流渠道从事信息传播的人很有必要规范自己的行为，所以，出版这份道德规范是为了给直接或间接从事这份活动和职业的人以指导和规范。

2. 为了使规范尽可能在任何时候有效，马耳他新闻俱乐部设立新闻伦理委员会，这个委员会应该考虑任何涉嫌违反新闻伦理规定行为的投诉。

3. 委员会应制定并公布其议事规则的概况，并在所有情况下，在诉讼中遵循正义原则。

不道德的行为

4. 下列情形被认为是违反道德的行为：

a. 当信息来源要求保密，但该要求未受尊重时；

b. 在没有明确许可的情况下，信息来源被泄露时；

c. 当补充发表的信息没有尽可能地验证其准确性和真实性时；

d. 当一个显著的错误、误导性陈述或扭曲的报道被发表，没有及时做出修正时；

---

* Malta Code：Code of Journalistic Ethics，http：//igm. org. mt/resources/code – of – journalistic – ethics/，摘录于 2015 年 7 月 13 日。此准则是由马耳他新闻俱乐部制定的，由新闻伦理委员会执行。

e. 当直接引用不准确或者编辑不合理、不完整时；

f. 忽视关键信息或缺乏对信息来源的判断，以及没有注意到信息来源可能带来的影响时；

g. 当接受的佣金和请求用于不当宣传时；

h. 当用编辑内容换取广告时；

i. 当发表的出版内容不尊重私人及家庭生活时（如果信息涉及公众人物，与他的公众生活或功能相关的情况除外）；

j. 当使用了欺骗、玩笑、恐吓、骚扰或者执着的追求等手段，为了获取私人事务，或者故意滥用隐私权时；

k. 当使用了隐藏的摄像机和麦克风、虚假身份证或其他非正常手段诱惑时；

l. 无论何时，一篇采访应当是对受访者所言的如实再现，未经被访者同意而对采访内容进行编辑改动时；

m. 当虚假或误导或歪曲报道发表时；

n. 当无法明确区分事实、猜想和评论时；

o. 当用别人的材料当成自己的发表，并且不承认这是其他人的作品时。

犯罪报道及法庭程序

5. 在报道事故及犯罪时，应该表现出对犯罪者及其亲属的关心，尤其是在拍摄某些扰乱、伤害、不必要呈现的细节时。应该避免公布与事故相关的某些名字，如果这些名字会对受害者及其亲属造成伤害。

6. 禁止在任何出版物中报道未成年人的姓名。

7. 所有的犯罪和法庭程序的报道都应该时刻尊重事实，且解释事实和观点表达。

8. 一旦决定报道与司法程序相关的事情时，报道应该是完整的，即程序的开头和结论应给予同样的突出处理。

人物歧视

9. 禁止新闻工作者任意地以任何形式、在任何媒体上，对任何人进行"人物歧视"。

命令和惩罚

10. 禁止强迫任何新闻工作者做出使良心受谴责的事情。

未成年人

11. 每一个新闻工作者都有义务尊重未满 18 岁的未成年人。除了与运动相关的事项，除非得到父母一方、监护人或导师的同意，不然不能采访未成年人。

制　裁

12. 在经过委员会正当的程序后发现，新闻工作者违反伦理准则中的一条或者多条规则时，委员会可能施加与罪行严重性一致的制裁：

a. 同意；

b. 谴责；

c. 严重谴责。

在适当的情况下，（处罚）决定以委员会认为合适的方式公开。在所有案件中，委员会都应将制裁结果告知管辖新闻工作者的组织领导。

摩尔多瓦
（Moldova）

记者职业道德准则 *

1. 总则

1.1 记者是以收集、编辑和出版信息并对公共利益相关事件发表意见为职业的人群。

1.2 记者是为公共利益服务的，他们根据自身良知和符合本道德规范的原则来行使职责。

1.3 根据《言论自由法》，公众利益是指公共权力行使所涉及的社会利益（而非简单的、个体的好奇心），或是其他提升公众或部分公众利益的社会利益。

2. 确保信息的准确性

信息的获取和处理

2.1 记者应以诚实、平衡的方式来呈现和验证信息。

2.2 记者应全面地获取与话题相关的各方意见。

2.3 记者应该严格使用引证，确保引证的精确无误。在部分引用的情况下，记者不得歪曲被引用的信息。

2.4 记者应遵守版权规定。新闻材料的免费使用限制是 500 字，但不得超

---

* Moldovan Journalist Code of Ethics, http://consiliuldepresa.md/fileadmin/fisiere/documente/Moldovan_ Journalist_ Code_ of_ Ethics.pdf，摘录于 2015 年 7 月。本准则由摩尔多瓦新闻委员会于 2011 年发布。

过文章内容或新闻故事的一半。引用时必须标明引证来源、作者信息以及刊发网站，同时附上信源链接。只有在作者完全授权的情况下才能全文引用。

准确性与事实查证

2.5 记者通常应该从两个彼此不相关的信息源来查证信息的真实性，且只应发表自身经过查证后确认是事实的信息。

2.6 记者通常应标明其信息来源，并争取从被引用的信息源获得信息。

区分事实与观点：商业传播

2.7 记者应当明确把事实和观点区分开来，不得把自己提出的意见作为事实发表。

2.8 记者应基于自身所笃信的事实来发表观点。

2.9 意见应当以专版、专题节目、专栏等形式正式呈现。专门性的评论内容，应与信息类内容明确区分。

2.10 新闻内容必须同广告信息明确地区分开来。广告信息必须以广告的形式呈现并加以清晰的标记，而不是同新闻信息相混淆。

更正与答复

2.11 记者应通过尽快发表勘误表的方式对错误报道进行修正。

2.12 记者应遵循这样的一项准则：任何在新闻信息中被直接提及的人均应拥有答复权。当事人的答复应针对新闻材料中的确切事实来进行，用语应得体，且不得进行第三方指控。

2.13 当事人所做的答复应尽快予以公布，且最好以与涉事新闻材料规格相当的方式进行。

良知与审查条款

2.14 记者有权拒绝或公开谴责任何形式的审查。高层管理者基于职业原因而采取的编辑行为，不被视为审查。

2.15 记者有权拒绝任何违反法律与本道德准则的职业任务。

3. 消息来源

保护消息来源

3.1 记者应保护消息来源的身份——即便在法官、检察官、警察以及其他执法实体面前，也应如此。保护个人隐私以及秘密的消息来源，应被视为新闻记者的权利和义务。

3.2 如果身份信息的公开会危害到当事人的生命安全或影响其职业活动，则应确保对新闻来源进行保密。

与信息来源的金钱关系

3.3 在进行采访工作时，如果采访对象是政府官员、各大金融机构的工作人员，或是记者的私人朋友，则记者应小心地避免各种复杂的人情关系的干扰，以保证采访工作的独立、公正和客观。

3.4 记者不得以付费或其他利益交换的方式来获取信息。

4. 人权保护

隐私权

4.1 记者有责任尊重受访者的个人尊严和隐私权。

4.2 如果揭发事实所带来的公共利益高于对个人形象的保护，那么新闻记者就有权利对当事人的相关隐私信息进行曝光。

4.3 当公众人物在工作上有不称职的表现时，记者有权在未取得当事人同意的情况下对其行为进行报道。

4.4 当个人的行为扰乱了公共秩序或者是侵犯了他人的权益时，记者有权对其行为进行报道。

4.5 记者不应过多地向公众披露各种病态的犯罪细节，以及各种有关自然灾害、突发事故或是自杀方式的细节信息。此规则同样适用于发布各种有视觉冲击的信息材料，如照片和视频素材。

4.6 记者应尊重他人的隐私权，在采访前应先征得他人的同意——除非拍照或拍摄的环境是公共场合。

4.7 裸体图片应用电子手段进行处理以保护私密部位，艺术图片除外。

4.8 图片应准确地反映事实，不得进行特技处理，以免造成对人物和事件的错误印象。拼贴画除外，但也必须给出标示。

无罪推定原则

4.9 记者应当遵守无罪推定原则，在法院终审判定某人有罪之前，应一直视其为无罪。

4.10 在报道诉讼程序的过程中，记者应遵守隐私权规则以及对所有涉案人员的公正审判规则。

保护弱势群体

4.11 记者不得披露事故、灾难、犯罪，尤其是性侵事件中的受害者的身份信息。

4.12 除非受害人自身或其监护人在受害人没有能力做决定的情况下已经进行了授权，或者此身份信息涉及公众利益，记者才可对其身份信息进行披露。

保护青少年

4.13 对于事故、犯罪、家庭冲突、自杀等负面事件中涉及的青少年，无论是当事人还是目击证人，记者均应保护其身份信息。出于此目的，涉及青少年的视频和照片也应做保护性修改。

4.14 因公共利益需要时，方可披露青少年的个人信息。另外，如果该青少年的父母或老师出于保障其最高权益的考虑而同意披露其身份信息，则也可成为例外情况。

宽恕和非歧视原则

4.15 记者在履行工作职责的过程中，应平等对待所有与之接触的人，不得因性别、年龄、种族、宗教、社会地位或性取向等原因而进行区别对待。

4.16 只有从评论的角度出发时，记者才可提及他人的种族信仰。

5. 记者与利益冲突

5.1 新闻记者不得接受现金、实物或其他任何可能影响其新闻行为的好处。出于信息收集、评论需要或个人使用的原因而接受价值微小的宣传、促销类材料，是可以接受的。

5.2 记者如果参与由第三方支付的商务旅行，则应公开其资金来源。

5.3 记者应将编辑活动同政治经济活动区分开来。

5.4 新闻记者不得作为主体参与商业产品的促销或广告活动。此外，如果新闻记者参与慈善活动，则应让公众知晓这是个人行为还是编辑团队的资助行为。

5.5 新闻记者不得担任国家政府机关、立法或执法机构以及政党机构的任何职位。

5.6 在政府机构任职的工作人员如果向媒体投稿,那么在发表其写作的材料时,应准确注明其职位。

5.7 如果记者已被登记为选举候选人,则应在选举活动期间申请停职。

5.8 新闻记者不得出于谋取利益的目的,来使用凭借其职业地位而拥有的机密资料。

6. 特殊的信息采集技术与设备

6.1 只有当信息涉及公众利益且该信息又无法通过其他方式获得时,新闻记者才能使用隐藏摄像机和录音机等特殊调查手段。

6.2 在发布通过特殊手段采集的信息时,应明确标示其采集方式。

7. 自律

7.1 本伦理准则的任何签署人均应切实遵守本准则。摩尔多瓦新闻委员会与新闻职业伦理委员会负责本准则的执行,并对相关违规行为进行监督和听证。

挪 威
（Norway）

媒体伦理规范 *

每一个记者和编辑人员都应该熟悉这些新闻伦理标准，并把它作为实践的基础。媒体伦理实践包含从调查到传播等一套完整的新闻生产过程。

1. 媒体的社会作用

1.1. 言论自由、信息自由和新闻自由是民主的基本元素。一个自由、独立的新闻界是民主社会中的重要机构。

1.2. 媒体具有传递信息、争论和时事评论的重要功能。媒体尤其应该允许不同意见的表达。

1.3. 媒体应当有保护言论自由、新闻自由和获得官方文件的权利。它不应当屈服于任何试图阻止公开辩论、影响信息自由流通和自由获取资料的压力。有关独家事件报道的协议不应该排除独立的新闻报道。

1.4. 媒体有权告诉大家社会上正在发生什么，并且去揭示和披露应该被批评的事件。新闻工作者有义务反省是否扮演好了自身的角色。

1.5. 保护个人和团体免受来自政府当局、机构或个人及其他方面的不公正和被忽视待遇，是媒体的任务。

2. 诚实和责任

2.1 编辑对任何形式出版的材料均承担全部责任，对于与内容、内容呈现

---

* Code of Ethics of the Norwegian Press, http：//ethicnet. uta. fi/norway/code_ of_ ethics_ of_ the_ norwegian_ press，摘录于 2015 年 7 月 8 日。该准则由挪威媒体委员会制定，适用于所有媒体，包括印刷媒体、广播、电视和网络，于 2015 年 6 月 13 日修订。

和传播等相关的任何事务有最终决定权。

当面对由于意识形态、经济或其他原因而试图影响编辑内容的个人或团体时，编辑应当坚持自由地、独立地处理（相关事务）。编辑应该保护采编人员自由，使独立的新闻生产活动可以顺利进行。

每个编辑部和每个员工必须捍卫自己的诚信和信誉，以便能够有足够的自由对任何出于意识形态、经济或其他原因而企图对编辑施加影响的个人或团体保持独立。

2.2 编辑和采编人员必须捍卫好自己的独立、诚信和信誉；避免陷入导致利益冲突的多重角色、多重职位、多重任务之中，避免导致（人们）对其职业资质的怀疑。

2.3 要对可能影响公众认知新闻内容的问题保持开放的态度。

2.4 编辑部成员一定不能利用自己的职位、为了从外界补偿自己的编辑劳动而去获得个人利益，包括接受钱财、物品或服务等。

2.5 编辑部成员不能被责令做任何违背自己信念的事。

2.6 拒绝任何企图打破广告和新闻报道之间区别的尝试。商业广告必须清晰，能被公众一眼就辨识出。当用网络链接或其他链接形式时，广告与新闻报道之间的界线也应该是清晰的。拒绝任何将商业广告混杂在媒体新闻报道中的做法。

2.7 必须由编辑部进行考虑决定报道中提到的产品、服务、品牌和商业利益，媒体自身等不能以广告的形式呈现。坚持对商业活动和编辑报道进行区分。拒绝以新闻换广告的形式。避免对公共关系材料的滥报道。

2.8 隐性广告与好新闻是无法兼容的。商业利益不能影响新闻活动、新闻内容或新闻呈现。如果由于受到资助而报道或进行产品呈现，那必须使这一情况为公众获知。资助这一事件必须在报道中清晰地公开出来。对新闻报道、新闻事件或者儿童报道进行资助或进行产品展示，是违背好新闻的操作实践的。除非向公众公开从别处获得报酬这一行为，否则，新闻活动的报酬必须从编辑部门获得。

2.9 编辑部门的成员只能接受编辑部门的管理，不能接受其他任何人的管理。

3. 新闻业的产品和与消息来源的关系

3.1 作为一条规则，新闻来源必须核对，除非这与保护消息来源或第三方的要求相违背。

3.2 消息来源的选择至关重要，（报道时）要确保提供的信息是正确的。保持消息来源的多样性和相关性是非常好的媒体经验。如果使用任何匿名信息或者进行独家传播，必须严格要求（报道者）对关键性消息来源进行评估。处理匿名消息来源提供的信息、独家消息源提供的信息和那些付了费用才得到的信息时必须特别慎重。

3.3 好的媒体应该对采访应遵守的条款进行说明。这条准则也适用于相关调查。任何与报价相关的协议应该提前当面签署，并明确协议中包括的内容、有效期限等。编辑有权决定哪些内容可以公开。

3.4 保护新闻消息来源。保护新闻消息来源在自由社会是一个基础的原则，并且是媒体对社会履行其责任的先决条件，保护消息来源才能确保（媒介从业者）能够获得必要的信息。

3.5 不要透露在保密基础上提供信息的人的名字，除非相关人员明确表示同意。

3.6 考虑到消息来源和新闻媒体的独立性，未发表的材料不应该泄露给第三方。

3.7 媒体有责任报道采访过程中话语的真实含义。直接引用必须准确。

3.8 对给定材料的修改只能限制在对事实错误修正的范围内。没有编辑权限的人不能干预编辑或报道内容。

3.9 巧妙地进行新闻调查。特别要照顾到可能无法预料到自己的话语将产生什么影响的人。不要滥用其他人的情绪或感觉、无知或缺乏判断力等弱点。应记住那些处在震惊和悲伤状态中的人比其他人更脆弱。

3.10 隐藏的摄像机/麦克风或假的身份，只能在特殊情况下使用。这个特殊情况是指只能用隐性采访方法，且别无其他方法获取一个对社会至关重要的事实时。

3.11 媒体通常不需要为消息来源或受访者付费。可以为获得一些新闻线索适度付费。没有正当理由，通过付费来诱惑人们、侵犯他人隐私或披露个人敏感信息，这不符合良好新闻实践的要求。

4. 传播准则

4.1 在内容和表达上重视公正和体贴。

4.2 搞清楚什么是事实信息，什么是评论。

4.3 要尊重一个人的性格和身份、隐私、种族、国籍和信仰。不要关注无关紧要的个人信息或私人领域。

4.4 确保标题、介绍和导引不要超出文章正文的内容。好的媒体行为应该在引用其他媒体信息时注明出处。

4.5 在犯罪和法庭报道中要特别避免有罪推定。一个被怀疑、被报道、被指控或被起诉的人是否有罪，直到法律判决生效后才能知晓。一个好的媒体应该报道法庭审理的最终结果，即使可能之前已经报道过该案件。

4.6 要一直考虑到事故和犯罪报道会对受害者和家属产生什么样的影响。不要去报道受害者或失踪人员的身份，除非已经通知过家属。对处在悲伤或打击中的人们表示关心。

4.7 对有争议的或处罚事项的问题，要小心使用与之相关的人员的姓名、图片或其他清晰可辨的标识符。在案件调查的早期阶段应该特别小心，特别是对年龄小的罪犯或可能对第三方造成不合理负担时。公开身份信息必须建立在对信息的合法需求上。只有在以下情况下（在报道中）表明某人的身份才是合法的，这些情况是指，危险攻击即将发生在一个无助的个人身上，严重或重复的犯罪发生时，某人的身份或社会地位与正在报道的主题明显相关，或者指出身份可以保护无辜的人免受不合理的怀疑。

4.8 当报道儿童时，好的媒体应该去评估每次报道可能带来的影响。这也适用于监护人或父母同意的儿童报道。在报道有关家庭纠纷的案件中，依儿童保护机构或者法庭的要求，媒体不能曝光儿童的身份。

4.9 谨慎报道自杀或试图自杀的行为。应避免报道没必要迎合（受众）一般信息需求的此类事件。避免对可能会引发进一步自杀行为的有关方法或其他事项的描述。

4.10 在其他语境而非原文中使用照片要特别小心。

4.11 保护新闻照片的可信度。被用作证明的照片一定不能改变，避免使人们产生错误的印象。只有被用作图解，且能够被轻易看出是图片拼贴时才可以使用修改照片。

4.12 对图片的使用必须遵循与书面和口头报告一样的谨慎要求。

4.13 不正确的信息必须被纠正，并且尽快道歉。

4.14 如果可能，应该给予遭受严重指控的人以及时对事实信息进行回复的机会。不得因为当事人不愿发表评论或参加辩论而限制争论、批评和传播新闻。

4.15 被攻击的对象应该有在第一时间进行回复的机会，除非攻击和批评是交换意见的一部分。任何回复都应该长度适当、与问题相关并且采用合适的形式。如果就使其招致批评的话题，当事方谢绝了即时答复的机会，那么相关答复可以不予发表。发表相关答复或投稿内容时，不应同时附加编辑部的针对性评论。

4.16 要警惕电子出版指向和链接到不遵守伦理准则的媒体。能够链接到其他出版物和媒体的链接应该被明显地标记出来。好的媒体应该告知它的使用者如何通过交互式服务来登记用户信息，并且可能会怎样利用这些信息。

4.17 如果编辑团队选择不对数字聊天内容进行事先编辑，那就应该以清晰的方式向该页面的访问者做出说明。编辑人员有特定的责任，及时删除不符合伦理准则的插入物。

波 兰
（Poland）

新闻工作者协会伦理规范[*]

Ⅰ．新闻工作者最基础的义务是寻找真相和传播真相。操控事实是违法的。作者的任何评论或假设都应该和信息进行明确的区分。获取的信息要特别准确。当信息是虚假或不准确的时候，作者有责任主动地纠正信息；（新闻工作者的）任何动机、压力或其他想法，都不能成为传递虚假或未经核实的信息的借口。

Ⅱ．如果消息提供者要求匿名，新闻工作者有责任去保守和维护这个专业秘密。

Ⅲ．保护个人价值观不受侵害。但是，报道履行公共职能的人的私人生活或者报道主动向公众介绍隐私的人的相关信息是可以接受的。不允许使用冒犯人尊严的伤人话语，不允许提出攻击意见从而破坏个人在公众中的形象或者进行公开抹黑，不允许敲诈。

Ⅳ．在相关法庭做出决定之前就推定被告有罪的行为是不被接受的。

Ⅴ．任何宣传战争、暴力、愤怒或伤害宗教人士和非信徒之间感情、民族情感、人权、文化个性或宣扬色情的传播行为都是绝对禁止的。

Ⅵ．为了保护新闻工作者对专业独立性的坚持，不允许以发布或不发布报道材料为交换条件为自己或家人谋取任何利益。

---

* Code of Ethics, https：//accountablejournalism.org/ethics－codes/Poland－Ethics，摘录于 2015 年 4 月 10 日。1991 年 9 月，波兰共和国新闻工作者协会（AJRP）第三届代表大会通过这项伦理规范，该规范是对其成员在专业活动中具有约束力的伦理规范的基础文本。

Ⅶ. 版权保护是一项重要的伦理规范。公开的和隐蔽的、内部的和外部的剽窃都是不被允许的，是违反本规范的做法。新闻工作者的作品或其他人的作品都应当遵守此准则。作者的标题是受保护的。未经作者允许，不能润饰文本或使用他人的材料和作品，也不允许剽窃其他新闻工作者的思想。

Ⅷ. 给同伴记者带来职业危害或构成职业不忠的活动是被禁止的。新闻工作者在发布其他新闻工作者的材料时，制造恶意障碍的做法是不允许的。

Ⅸ. 为了执行官方的命令而冒犯了新闻专业伦理规范的行为是受谴责的。

Ⅹ. 使波兰共和国新闻工作者协会受到损失和伤害的、违背协会条例的行为将会受到新闻法庭的审判。

Ⅺ. 诋毁新闻工作专业的行为或者活动是不被接受的。

Ⅻ. 违反该规范的人将会被追究责任；如果这个人是匿名的，或者编辑部拒绝透露实际违规者的姓名，那么发表文章的人将会被追究责任。

ⅩⅢ. 与该准则不相符的行为会在公布 5 年后进行规定，除非最高新闻工作者法院在特定的原因下另有决定。

ⅩⅣ. 有关该规范解读的所有疑虑，都由最高新闻工作者法庭决议决定。

ⅩⅤ. 对于不遵守该原则和规范的人，有法律效力的新闻工作者法庭可根据错误行为的严重程度以及犯罪的结果施加适当的处罚，通过谴责和扣缴会员费进行训诫。

波 兰
（Poland）

新闻工作者协会媒体伦理宪章[*]

记者、编辑、制作商和广播员，要尊重人类追求真理的不可剥夺的权利，按照共同利益原则工作，要意识到媒体在个人生活以及在社会中的角色，要接受该宪章并宣布严格执行。

真理原则

这意味着记者、编辑、制作商和广播公司要竭尽所能使传达的信息反映事实真相；他们要严格地报道事实，不能根据语境歪曲事实，而且万一传达了虚假的信息，必须立即纠正。

客观性原则

这意味着作者要独立于自己的观点去描述事实，可靠地报道不同的观点。

信息和评论的区别原则

这意味着传播的信息内容应该以这样的方式呈现，即让受众可以区分出事

＊ Media Ethic Charter of the Polish Journalists Association，http：//rjionline. org/MAS – Codes – Poland – PJA#sthash. uxW30VPN. dpuf，摘录于2015年4月14日。1995年3月29日，该宪章由波兰新闻工作者协会、出版商、公立和私营广播机构在华沙通过。

实与意见、观点。

诚实原则

这意味着新闻工作者要根据自己的良心和受众的利益而行动，不要受其他因素的影响。保持清廉，拒绝做违背自己信仰的事。

包容原则

要尊重人们的尊严、权利、私人财产，尤其是个人隐私和良好声誉。

受众利益至上原则

这意味着读者、观众和听众的基本权利优先于记者、编辑、生产商和广播员的利益。

自由和责任原则

这意味着媒体自由包含着记者、编辑、生产商和广播公司要对信息的形式、内容以及所导致的后果负责任。

该宪章的签署方任命将要守卫上述原则的委员会，该委员会在公开裁决时要遵守联合国宪章并解释其规定的问题；签署方要承诺宣传宪章的内容以及处理投诉的信息，并及时公布委员会的裁决。

委员会的组成、任命的过程和活动的原则将会在委托代表签署该伦理宪章的会议上确定。

葡萄牙
（Portugal）

新闻工作者伦理准则*

1. 新闻工作者有责任准确报道、诚实解释事实。必须听取事件中利益相关者的声音，从而核查事实。

2. 新闻工作者应当与审查制度和哗众取宠的行为做斗争，将没有依据的谴责和剽窃视为严重的职业不端行为。

3. 新闻工作者必须反抗限制信息源访问、表达自由权、知情权的行为。新闻工作者有责任将侵犯这些权利的行为公之于众。

4. 新闻工作者应当使用合理手段获取信息、图片和文件，避免滥用个人诚信。新闻工作者表明身份是一个原则，只有基于无可争议的公共利益才可以打破这一规则。

5. 新闻工作者必须承担其工作和职业行为的所有责任，更正被证明是错误或不准确的信息。新闻工作者应当拒绝违反其良心的行为。

6. 对新闻工作者来说，确认信息来源非常重要。即便在法庭上，也绝不能泄露秘密信息来源，除非报道了虚假信息。意见与事实应当清楚地被区分开。

7. 在审判结束之前，新闻工作者都必须尊重无罪推定原则。新闻工作者绝不能直接或间接报道性犯罪案中受害者或青少年罪犯的身份，也不能侮辱他

---

* Journalists' Code of Ethics，http：//ethicnet. uta. fi/portugal/journalists039_ code_ of_ ethics，
摘录于 2015 年 4 月 17 日。该规范由新闻工作者协会于 1993 年 5 月通过。

人，或侵入他人悲伤。

8. 新闻工作者绝不能根据肤色、种族、国籍和性别的不同而歧视性地对待人们。

9. 除非公共利益要求披露，或者事件中的个人行为与公众的价值、原则相抵触，否则，新闻工作者必须尊重公民的私人生活。

10. 新闻工作者必须拒绝可能危及其独立地位和职业操守的要求、活动和好处。新闻工作者绝不能利用职业地位来获取个人利益。

俄罗斯
（Russia）

新闻工作者专业伦理规范[*]

1. 新闻工作者有义务按照基于该规范的专业伦理原则行事；认可、接受和维护该准则，这是成为俄罗斯新闻工作者协会会员的绝对条件。

2. 新闻工作者应该遵守自己国家的法律，但同时他/她的职业责任是他/她应该承认他/她的同僚们的权利，并且拒绝来自政府或者其他任何人的压力和干扰的企图。

3. 新闻工作者只能传播和评论他/她认为是可靠的或了解消息来源的信息。新闻工作者应该尽力避免由于其信息的不完整或不准确、故意掩盖社会性的重要信息或隐瞒虚假信息，而对任何一方造成危害。

新闻工作者有严格的义务把他所报道的事实与其包含的观点、看法以及假设区分开，同时他/她没有义务必须在其职业活动中保持中立。

当新闻工作者履行专业职责的时候，不能诉诸非法和不可取的方法来获取信息。除了法律强制要求提供信息的案件外，新闻工作者要认可和尊重自然人和法人不提供信息和不回答问题的权利。

新闻工作者应意识到：恶意歪曲事实、诽谤、为获得报酬而传播虚假信息、隐藏真实信息，都是严重的职业不端行为；记者在任何条件下都不应该基于发布任何形式的材料和观点而接受来自第三方直接或间接的任何补偿和

---

* Code of Professional Ethics of Russian Journalist，http：//www. rjionline. org/MAS － Codes － Russia － Professional － Conduct#sthash. jAoSIoXO. dpuf，摘录于 2015 年 4 月 23 日。1994 年 6 月 23 日，在莫斯科召开的俄罗斯新闻工作者代表大会通过该伦理规范。

报酬。

当确信已经发表了虚假或扭曲的材料时，新闻工作者有责任使用发布这些材料的印刷物或视听媒体更正自己的错误。如果必要，有责任通过该媒体表达自己的歉意。

无论新闻工作者使用他/她本人的姓名，还是笔名或化名发表信息，都显示了他/她对发表内容的认可和同意，都需要对自己的署名、所有信息的可靠性以及判断的公正性负责。

4. 一个新闻工作者应该尊重有关信息来源的职业秘密，即该信息是通过保密的方式获得的；任何人都不能逼迫他/她泄露该信息的来源；匿名的权利只能在特殊情况下才能被打破，就是当怀疑信息源有意识地歪曲事实，或者提及信息源的名字是避免严重的和不可避免的伤害的唯一方式时。

新闻工作者有义务尊重被采访人请求不要泄露他们陈述的要求。

5. 新闻工作者应该完全理解行为可能引起的压制、迫害和暴力的危险性。

新闻工作者在履行他/她的专业职责的过程中，应当抵制极端主义以及抵制对公民权利的限制，这些公民权利包括基于性别、种族、语言、宗教、政治或其他考虑，以及社会或民族出身等的权利。

新闻工作者应该尊重职业所关注的对象——人的名誉和尊严；应该避免任何涉及种族、国籍、肤色、宗教、社会出身或性别，以及人的身体残疾或疾病等的暗指或（歧视）言论，应该避免其刊物的信息、已经发表过的文章内容与以上提及的信息有直接的联系；新闻工作者有义务避免使用可能危害人们精神和身体健康的攻击性表述。

新闻工作者坚持的原则是：任何人都是无罪的，直到其犯罪证据在法庭上被证实；在传播过程中，应该避免提及被判有罪或被指控有罪的人的朋友和亲戚的姓名，必要的客观陈述的情况除外；也应该避免提及罪行中的受害人姓名，而且避免发布导致受害者身份可以被辨识的材料；这些规范应该被严格遵守，尤其是当新闻的传播可能损害未成年人的利益时。

只有公共利益才能使侵入私人生活的新闻调查行为具有正当性；当涉及医疗或相关机构的人士时，这些侵入的限制必须被严格地遵守。

6. 新闻工作者要意识到自身的职业身份与在政府、立法或司法权力机关以及政党的执政机关或其他政治性组织的职业身份是不兼容的；新闻工作者要承认：当他/她的手中有权力的时候，他/她的职业活动就停止了。

7. 新闻工作者要意识到利用自己的名誉、权威以及自身的专业权利和机会去宣传促销或发布商业性质的信息是与自己的职业不相称的，尤其是当这些商业内容不能清晰无误地与其他新闻内容相区分时；新闻与广告活动的结合在道德上是无法想象的。

新闻工作者不能为了个人或其亲属的利益而利用自己因职业而获得的机密信息。

8. 新闻工作者要尊重和捍卫其同事的权利并且遵守公平竞争的法律；他要避免这样的情况：在明知（某种举动）在社会上、物质上或道义上不被支持的情况下，他却同意履行工作职责，做出危害同事个人或职业的利益（的举动）。

新闻工作者要尊重并坚持尊重任何一种创造性工作中的版权；剽窃是不允许的；利用其他新闻工作者的各种形式的报道（或内容），应标注出原文作者的姓名。

9. 如果新闻工作者履行工作职责时将会违背上面提到的任何一种原则，那么他/她应拒绝此项工作任务。

10. 新闻工作者可以使用并宣称其有民法和刑法所规定的权利、在法庭上答辩或防止暴力、暴力威胁、侵害、精神损害或诽谤的权利。

斯洛伐克
（Slovakia）

❧

记者联合会伦理规范 *

"每个人都拥有信仰自由和表达自由；这一项权利不允许任何人因他/她的信仰而遭受折磨，同时它也包含了无国界地寻求、接收和传播信息以及思想的自由。"（1948 年 12 月 10 日，《一般人权宣言》第 19 条）

记者权利与义务的复杂性，正是源自上文所述的公众享有知晓事实与发表看法的权利。记者对公众的责任优于所有其他的责任，特别是优于与其雇主和政府权力相关的责任。

"在享受这些权利和自由时，每个人需要受到的唯一限制，就是法律为确认和保障他人的自由和权利而进行的限定，以及一个民主社会对于道德、公序和大众福利的正当要求。"（《一般人权宣言》第 19 条，第二款）

依照这些规定（《一般人权宣言》的条款以及《公民权利和政治权利国际公约》的精神和表述），在斯洛伐克，记者要遵循以下专业伦理道德限制。

1. 记者与公众

记者要尽全力向公众提供真实、精确、经过证实、完整和专业的信息。真实的信息需要尽可能以客观的事实作为基础，为保证信息的真实，要求所提供的事实必须尽可能客观，必须反映原始语境，不得因记者个人的创造性表述方式而带有任何歪曲或保留。如果某些事实无法查清，则有必要点明这一点。在

---

* The Code of Ethics of the Slovak Syndicate of Journalists, http：//www. rjionline. org/MAS - Codes - Slovakia - Syndicate - of - Journalists#sthash. ymfxbA6x. dpuf, 摘录于 2015 年 5 月 7 日。该规范由斯洛伐克记者联合会全体会议于 1990 年 10 月 19 日通过。

思想多元化的背景下，记者可以自由表达个人或团体的意见，只要不侵犯他人和其他群体的权利，也无损于社会道德。同时，记者自己也须尊重意见自由交换和信息自由流动的诉求。记者应以有涵养的、适宜的方式进行表达。记者有权利也有道德义务拒绝发布那些他/她认为不真实、部分真实（扭曲的）、臆测的、不完整的或是商业导向的（所谓的隐性广告）的信息。

如果记者发布了不真实、部分真实（扭曲的）、臆测的或是不完整的信息，那他/她就必须进行改正，改正的方式包括发表更正或是给予答复。更正必须发表在一个近乎相同的版面位置，最好是在与原始内容相同的地方进行更正。原作者的反驳意见不应以附录的方式添加在答复内容之后，以免其中一方过于占据优势。

毫无根据的指控、滥用信任、为个人或团体牟利、伪造文件、歪曲事实、对违反法律和社会道德的行为的有意隐瞒以及各类谎言，这类行为均应被视为记者最大的职业过失。

2. 记者及其目标利益

记者要对自己发表的作品承担责任。如果当事人没有违法或是冒犯公众，那么不经过此人同意，记者不得诽谤该人或干涉其私生活。如果采访对象不愿意，记者不应该发布相关采访；如果当事人希望注明其个人身份，记者应予以同意。

为确保客观，记者在工作的准备和执行过程中，应尽力给各方人员发声的机会。

3. 记者与消息来源

自由访问所有信息来源是记者不可否认的权利。

记者有义务即刻让提供消息者知道他/她的报道意图。

记者收集信息时不能施压。

记者不得滥用目击者提供的事实和陈述，也不得滥用目击者所复制的文件。

记者有义务为他/她的信息来源保守秘密，直到线人或法院免除此责任。

4. 记者、编辑人员与发行人

记者有签订确保其物质需求和职业荣誉的合同的权利。

记者有拒绝任何迫使其违背其信念而行事的外在压力的权利。只接受上司根据合同相关条款所做出的命令。

记者有权受到直接上司和发行人通过合法的和可取的方式提供的保护，其中包括对记者使用笔名的权利的保护。记者不得在职业行为中为个人牟利，不得在商业性文字或付费广告中签署自己的名字。

在做出与编辑人员相关的重要决策时，编辑和发行人董事会应充分咨询前者的意见。

5. 记者与同事

记者不得在发布别人的作品或摘录时冠以自己的名字。

记者不得在不交代出处的情况下引用任何出版物。

不能同时向多个编辑提供作品以求发表。

未经作者同意，编辑人员不能干预作品的内容。

记者不应贬低同事的威信和工作能力，在集体工作中应尊重他们的需求和意见。

6. 记者与公共利益

记者应尊重宪政国家的相关秩序，包括其民主体系、现行法律和社会公认的道德准则。

记者不得以鼓吹侵略战争、鼓吹暴力和相互攻击的方式，来解决国际争端以及政治、民众、种族、国家、宗教之间以及其他类型的矛盾和冲突。记者应该尊重其他州、其他国家的民主传统和民主体系，尊重他们的文化和道德。

斯洛文尼亚
（Slovenia）

记者准则 *

1. 记者最根本的义务是向公众提供真实可靠的信息。

记者须报道自己目击的或有事实根据的或消息来源明确的事件。

隐瞒已知的重要事实，掩饰和阻滞相关信息或者伪造文件，均是违背本伦理准则的行为。无论是在文字、图片还是声音的报道形式中，均应尊重和遵循诚信这一真实性原则。

任何通过剪辑、编辑或者其他欺诈手段来改变信息真实性的恶劣行为均是不可接受的。

在收集和传递信息以及报道案件时不被妨碍，以及合理地访问和使用被非法限制的信息，是记者的权利。

准则 1.1 选举前的周期

为了顺畅地获取客观、均衡的信息，记者有权对预选会议的内容进行报道，包括可能与其个人信仰相违背的观点。此项原则也适用于受新闻自由原则所保护的广告和公告。

准则 1.2 新闻发布

政府机构、政党团体以及利益集团向媒体和公众所发布的信息，必须加以特别声明和明显标识，尤其是在该信息未经任何编辑处理的时候。

---

* Slovenia Code：Code of Journalists of the Republic of Slovenia, http：//www. rjionline. org/MAS - Codes - Slovenia - Journalists#sthash. sXeBQEAQ. dpuf，摘录于 2015 年 5 月 15 日。本规范自 1993 年起适用于斯洛文尼亚共和国新闻记者。

2. 记者必须十分仔细地核查待发表的图片和文字中的信息及其版式安排、栏目归类和呈现方式。标题和子标题不得篡改报道的主干内容。报道未经证实的消息、谣言和假设时必须对此进行声明。引用图书馆资料（从照片到档案）和象征性的图片时，也需加以声明和标注。在记者准则中，严禁剽窃。

准则 2.1　民意调查的发布

本伦理准则建议报道民意调查性新闻时清楚地交代调查所采纳的方法，包括有多少人回答了问卷，调查进行的时间，以及调查的执行者是谁。

准则 2.2　象征性插图

当某项并非真实的插图可能被理解为真实的记录性照片时，建议添加解释：

——补充或附加性说明；

——格式化的说明（对文本的艺术化呈现）；

——蒙太奇照片（经过编辑的照片）或对原始资料进行了其他处理。

准则 2.3　公告或摘录

当公告源自其他文章的内容时，无论是摘引而来的较短版本还是引用而来的完整版本，均不得改变原始材料的本义，也不得就原始内容得出错误的结论。

准则 2.4　采访

从新闻的角度来说，进行采访是正常工作范畴内的行为，只要被采访者认可了采访约定。如果由于时间原因导致约定的采访无法进行，应提前明确地告知被采访者其言论将以采访的形式被发表。在此情形下所进行的口头或书面形式的采访，不被视为纯粹的新闻而应视为一件作品，并且其作者的合法权益受到法律保护，尤其是当文本因引用了被访者的话语而做出了调整的时候。当一篇文章的整体或主干内容为人物采访时，必须交代消息来源。当记者在报道中间接地总结了他人思想和观点时，出于职业荣誉感要求，他/她应交代引用出处。

准则 2.5　禁载期

从专业的角度看，出于适宜性的考虑而设定一个禁止发布某些特定消息的禁载期是可以接受的。在原则上，禁载期是信息源和媒体之间的一项软性协议。对禁载期的尊重，基于以下专业理由：在一个演讲尚未进行时，演讲稿已经完成；商业报告可能提前呈送；会议、总结、仪式等事件未开始前，其相关信息已经存在。但是，利用禁载期来谋求更大的宣传效果，则是不合适的。

准则2.6　读者来信

1）如果读者来信的形式和内容符合意见表达的要求时，应该被发表，这样有助于舆论的形成。

2）读者应在来信中声明它是用于公开发表的；如存疑，编辑理应咨询作者。

3）发表读者来信时，其作者的名字应当一起发表；在特殊情况下，可将来信的作者的名字的首字母缩写，或以其他编辑知情的合理方式来解决署名问题。

4）适用于其他不当传播行为的法律限制，也适用于规范读者来信的发表。编辑应对自己所发表的读者来信负责。

5）不得发布虚假的读者来信欺骗公众。当读者来信的作者身份存疑时，编辑必须核实。读者来信不应删节，除非该栏目一直对来信的篇幅有一个建议性的要求且事先已声明篇幅过长的来信将被删节，但删节后的版本不得改变原信的内容和含义。

3. 记者必须区分信息和评论，并且事实和评论之间的区分必须十分明显。

4. 被证明有误的信息和陈述，必须由报道它的记者或者审核通过该内容的编辑部加以更正。更正应在第一时间做出，且其篇幅和规格应与原内容大致相当。

准则4.1　更正

所做的更正应明白无误地声明先前的信息整体或者部分失实。先前有误而现在得到纠正的信息，也必须同更正一并提及。编辑有义务发布更正，且不得以读者来信等其他含糊方式加以回避。

5. 使用非法和不诚实的手段寻找和采集信息、图片和证据均是违背本伦理准则的行为。

准则5.1　身份证明

记者在执行工作任务时如需证明自身身份，应出示记者证。在工作过程中隐匿记者身份的做法是本伦理准则不容许的。

准则5.2　调查研究

调查研究是一种合法的公关活动。在进行调查研究时，须尊重由宪法与法律所做的相应限制，同时尊重他人荣誉。公共利益不能作为非法的或不道德的新闻调查方式和方法的借口。

在事故和灾难的场合下，拯救受伤者和受害者应优先于公众的知情权。

6. 记者应尊重信息来源匿名的要求。

记者应尊重商业秘密，可以拒绝出庭作证，并有权拒绝透露信息来源。

准则 6.1 秘密

在任何时候记者都得尊重秘密，除非这个秘密是某犯罪计划的一部分，此时记者须履行法律义务去报道它。

准则 6.2 情报服务

为情报部门做线人，是对记者职业的羞辱，也是对新闻业的伤害。

准则 6.3 区分新闻活动与政治活动

如果一个记者在政党或者政府机构中担任了要职，那么应该将自己的职业活动和政治活动做一个明显的区分。

为了新闻业的声誉和信誉，在上述情况下，当记者活跃地参与政治时，他应该停止其新闻职业活动，以尽可能地避免双重身份导致的忠诚度和可信度问题。

7. 索取或接受外购订单方的贿赂并发布为其牟利的信息是严重违反本伦理准则的行为。

商业信息和广告必须清晰无误地同新闻消息区分开来。

准则 7.1 新闻信息和广告的分离

广告和付费信息必须在形式、内容和发布上从新闻信息中准确地分离开来。在任何可能存疑的情况下，都必须添加注释以指出该信息是付费广告。

8. 记者应保护他人的人格和隐私，反对对其进行不合理的、耸人听闻的披露。在报道事故、家庭不幸事件、疾病、儿童和未成年人时，记者应该特别地谨慎。

在报道司法领域的问题时，记者必须遵循一条原则：除非一个人被依法判定有罪，否则不得在报道中称其有罪。

不得美化犯罪、恐怖主义、暴力和反人类行为。

准则 8.1 对姓名、图片或照片的发布

刊登肇事者和受害者的名字、图片和照片时，一般不得附带展开调查并进行控诉。在此场合下，须审慎考虑和权衡公共利益与所涉人员的个人权利之间的关系。

对于性侵犯行为中的受害者以及犯罪人的家庭应给予特殊保护。

准则8.2　周年纪念日

未参加周年庆公共集会的人对周年庆所发表的声明，只要本人应允，可以接受。

准则8.3　疾病

身体和心理疾病或障碍是个人隐私的不可分割的一部分，不得在新闻中披露。

9. 发表毫无根据的谴责、控告、谎言以及诽谤性内容是违背记者准则的行为。

10. 严禁在新闻传播中表现任何基于性别、民族、宗教或族群的歧视；严禁任何冒犯宗教感情和风俗习惯的行为；严禁任何兜售战争或煽动种族冲突的行为。

11. 记者有权拒绝执行任何违背本伦理准则及其个人信仰的任务，且不会因此受到惩罚。

在没有该记者同意或许可的情况下，任何人无权对新闻记者的作品做导致其内容变化的更改，也不得对之进行本质性删节。

记者有权在其新闻报道上署名。

在记者不知情或反对时，不得在作品中署其姓名。

准则11.1　未署名作品和笔名

未署名或署以笔名的作品的文责由编辑承担。

西班牙
（Spain）

新闻职业道德准则*

前　言

在公民的权利框架中，新闻自由受到宪法的保护并构成完整的民主社会的基础；新闻业是一种重要的社会工具，用以促使全体公民自由获取信息和自由表达观点的基本权利得以实现。

新闻业是表达自由的主要形式和手段，也是公众意见在法治下的民主国家里进行自由的、多元化表达的基础。新闻记者应认识到这一点，并力保其实现。

但是，在享受自由表达和自由传递信息这一宪法权利的同时，记者也应意识到其行为必须受到相应限制，以防止其他基本权利受到侵犯。

因此，在承担这些义务时，记者应该明白，无论是他们个体还是集体，在信息传播过程中涉及伦理和道义问题时，他们的行为应是无可指责的。这也是他们对为之服务的社会的一种承诺和保证。

从这个意义上来说，作为西班牙新闻组织联盟（FAPE）的一分子，当从事其职业时，记者应致力于维护本道德准则的约束力。西班牙新闻组织联盟的全体会议就新闻业提出如下行为准则和从业规范。

---

* Deontological Code for the Journalistic Profession, http：//ethicnet. uta. fi/spain/deontological_ code_ for_ the_ journalistic_ profession，摘录于 2015 年 7 月 29 日。本规范于 1993 年 11 月 28 日由西班牙新闻组织联盟在塞维利亚通过。

I. 通则

1. 记者应牢记专业准则和伦理规范。记者需对本规范表达认同后方可获得新闻从业者职业注册资格并加入新闻组织联盟。

获得职业资格注册并加入相应新闻组织后，记者若对本伦理准则和行为规范有所违背，将接受相关规定的惩戒。

2. 记者的首要职责是尊重事实。

3. 与尊重事实的原则一致，记者应该捍卫自由调查、诚信传播以及批评和评论自由的原则。

4. 在不违背公民知情权的前提下，记者应当尊重他人隐私权，同时谨记：

a）只有出于捍卫公共利益的需要时，才能未经他人事先同意而介入或调查其私人生活；

b）在处理可能给他人带来痛苦或悲伤的问题时，记者应避免以粗鲁的方式介入，或对其感受和所处环境进行不必要的猜测；

c）如果当事人身处医院或其他类似的场合，则关于其隐私的限制范畴和方式应予以特殊考虑；

d）应当尊重未成年人的隐私权，对涉及儿童和青少年的问题给予特殊对待。

5. 记者在其职业实践中必须坚持一条原则：除非得到证明，一个人应被视为无罪，以尽量避免给他人带来伤害。在处理进入司法程序的事件时，这项标准尤为重要。

a）记者应避免提及被指控或判决有罪的人的亲属和朋友的姓名，除非为了使相关信息完整和均衡而必须如此；

b）在报道中应避免提及罪案受害人的名字或可能导致识别受害人身份的材料。当处理性犯罪相关的话题时，记者应当特别注意。

6. 在处理与未成年人相关的信息时，必须更为严格地遵循上述两条原则，尤其是在处理犯罪活动或私人事务时，对于未成年人的采访、拍照或录音应保持相当的克制。

7. 对于弱势者和受歧视者的权利，记者应加以尊重并对此保持足够的职业谨慎。在应对歧视性信息以及可能激发暴力或诱发不人道的、侮辱性的行为的观点时，要保持高度敏感。

a）必须避免以贬损性的方式暗示他人的种族、肤色、宗教信仰、社会阶层和性别，或是对他人的疾病、身体残疾或精神障碍持有偏见；

b）必须避免发布类似内容，除非它与此发表的问题直接相关；

c）应避免就他人的自身条件或他人的身体和节操进行刻薄伤人的表达。

II. 条款

8. 为在职业生涯里保持必要的独立性和公平性，记者可以为自己和同行争取如下权利。

a）获得适当的工作条件的权利。此权利既包括其工作收入，也包括其赖以完成工作任务的物质条件和职业环境。

b）有权利和义务反对任何垄断信息的明显企图，以防止该企图阻碍政治和社会的多元化。

c）有权利和义务参与新闻企业的重要事务，以确保记者个人的信息自由权利与媒体的权利和谐相融。

d）当记者所倚靠的媒体侵犯了他/她的职业尊严或大幅度地修改了编辑政策时，记者有权提请启动良心条款。

e）有权利和义务接受最新和完整的专业培训。

9. 记者有权受到所在机构以及关联机构的组织保护，以抵制任何形式的压力，从而尽力避免被迫做出违背本伦理准则的事情。

10. 记者有保守专业秘密的权利，但也有保守机密信息渠道的义务。

因此，如果消息来源有所要求，记者就应该保证不透露匿名消息来源的身份。但是如果事实证明消息来源故意伪造了信息，或者暴露消息是避免对人们造成严重和即刻的伤害的唯一做法时，这条规范可以不必遵守。

11. 记者应谨慎地确保公共行政机构履行其信息公开、透明的职责。尤其是要确保其自由访问源自或关于公共行政机构的信息，以及能够行使自由访问公共档案和行政记录的权利。

12. 记者应该尊重也呼吁别人尊重所有创造性作品的作者所享有的权利。

III. 行动准则

13. 致力于寻求真相，这就意味着记者只应传播自己能确信其信息源头的信息，不伪造文件也不遗漏重要信息，不发布错误、误导以及歪曲的信息。因此：

a）记者应精心确认待传播的信息的事实基础。这意味着记者必须比照不同的消息来源，并给事件的涉事人一个自述经历的机会。

b）如果已知所传播的信息为虚假的、误导性的或歪曲性的信息时，记者应该使用形式相同的排版或视听形式尽快纠正这个错误，也应该在适当的时机通过他/她的媒体表达歉意。

c）因此，记者必须允许自然人或法人有机会按上述方式改正不实报道，无效时也可求助于法律。

14. 记者必须使用适当的手段获取信息，不得使用非法手段。

15. 记者应承认并尊重自然人和法人不提供信息或不回答问题的权利，只要这些问题和信息无损于公众的知情权。

16. 与专业保密条款的例外原则相似，当记者已经被明确要求不得发表或消息提供者希望如此时，记者应尊重"不宜公开报道"的原则。

17. 尽管记者在专业活动中没有义务保持中立，但也应该始终在事实、意见、解释说明和猜测之间做一个明显的区分。

18. 为了使公众不引起错误或混淆，记者有义务对新闻信息和广告做出正式和严格的区分。

因此，一个人同时从事新闻业和广告业在道义上是不被允许的。

同样地，这种矛盾适用于所有可能给新闻业的利益和原则、规范带来冲突的社会交流活动。

19. 记者不应该接受来自他人的意图影响和左右任何信息和意见发表的直接或间接的报酬或奖励。

20. 记者不应该通过自己的职业特权利用信息。经常或偶尔处理经济话题的记者尤其需要遵守以下规定：

　　a）不得在自己所掌握的金融数据被公布之前据为己用，也不得将此类数据传给他人；

　　b）不得报道或评论与自己有明显的经济利益关联的债券或股票；

　　c）不得购买或出售自己近期即将进行报道或评论的债券和股票。

瑞　典
（Sweden）

舆论家联谊会出版规范 *

一　国家安全

谨慎报道间谍与犯罪新闻，以免危害国家安全。

对于国防、经济及内政等措施，在发表新闻和图片时，要常常想到国家安全，不可因报道大意而影响到国家经济、国防或内政的安全。

二　消息正确

获得读者信任，是健全报业的基础。这就需要报纸不断努力，靠供给读者正确消息来获得读者信任。同时新闻与意见应划分清楚。标题也须与新闻内容一致。

三　辩白和更正

个人名誉及人格应予尊重。报纸应避免报道个人私生活，除非与公共利益有关。

对于被批评者的辩白和错误更正，报纸应提供相等于原来报道的地位和篇幅。

＊　瑞典舆论家联谊会于 1923 年制订了该规范。摘自李衍玲：《新闻伦理与规制》，社会科学文献出版社，2008，第 308～310 页。摘录于 2015 年 5 月 15 日。

四　不预先判决

未经警方证实的犯罪新闻不要报道。所有嫌疑犯在未判决有罪前，都应被假定是无辜的。不报道没有根据的犯罪新闻。

报纸不应刊登官吏、医师、律师、教师等个人对司法部长、国会公务人员惩戒委员会主席、国家军事人员惩戒委员会主席、最高检察长、卫生部、教育部、地方教育会和律师公会的攻击。如证明属实时，可予报道，但仍须给被批评者申辩的机会。

五　报道负责

对犯罪消息应避免详细报道。

唯有涉及公共安全或其他情况下，对强暴妇女新闻始得报道，但仍须注意保护受害者。

六　尊重考虑

除非有特殊重要性，或与重大犯罪案件有关，不报道自杀或企图自杀的新闻。法院未判决前，最好不刊登嫌疑犯的姓名。同时对于少年犯罪也不刊登姓名。

对嫌疑犯的调查报告，最多限于摘要报道。

如与案情无关，在新闻标题写作上，不强调嫌疑犯或被判罪者的种族、国籍、职责、政治主张和宗教信仰。

同时对显然要制造诽谤，及用以作为敲诈工具的控告不予刊载。但在特殊情况下，对于获准假释、请求减刑的决定则应予以报道。

七　客观报道审判案件

报纸不应偏袒任何一方，以致影响法院判决。对于双方在法庭上的供述，应做等量报道。如提及另一案，它的最终裁决也应一并说明。

八 照片问题

上述关于新闻记者的责任适用于照片。

照片只应代表所摄景物的情况，不应暗示任何事物，少年犯罪新闻不应刊登照片。各种恐怖照片，应予以避免。

九 复杂案件之处理

报纸对情况复杂案件，要与其他报纸的编辑人员共同商讨，以求做适量的报道。

乌克兰
（Ukraine）

记者伦理准则 *

1. 言论和表达自由是新闻工作不可分割的一部分。

2. 新闻工作的准则是为公众而非政府服务。

3. 记者必须尊重人们的私人生活。

4. 对法庭程序的报道必须公正。记者不得在法庭做出适当判决之前将任何人称作犯人。

5. 除非乌克兰的司法实践有所要求，否则记者不应披露他/她的信息来源。

6. 记者的第一职责是尊重公众获知关于事实和事件的全面、客观的信息的权利。

7. 信息和分析材料必须清晰地与广告相区分。

8. 编辑修正图片、文本、标题、视频和脚本等时，不得扭曲材料的内容。

9. 事实、想法和假设之间必须进行清晰的区分。

10. 对立方的观点，包括记者批评对象的观点，均应以平衡的方式加以呈现。独立专家的评估意见也需以同样的方法进行表述。

11. 对社会学科的研究结果进行引用时，不得扭曲其内容，记者不得带有预谋地伪造民意测试。

---

* Code of Ethics of Ukrainian Journalists，http：//ethicnet. uta. fi/ukraine/code_ of_ ethics_ of_ ukrainian_ journalists，摘录于 2015 年 8 月 25 日。本伦理准则于 2002 年 4 月 4 日举行的"乌克兰记者伦理：2002 选举及未来"会议上通过。

12. 如果已发表的信息被证实有误，记者应尽一切可能来加以修正。

13. 记者不得使用非法手段搜集信息。记者应根据乌克兰的法律规定合法地搜集信息，并可以在此过程中使用所有的法律程序，包括利用法律手段来抗衡阻止他们搜集信息的人。

14. 新闻从业者不得剽窃。

15. 不应以性别、语言、种族、宗教、社会出身或是政治倾向而歧视他人。只有当此类信息成为报道必不可少的一部分时，才能得以指明。

16. 任何人不得在工作场所用工作纪律来要求记者写一些违反其个人原则的稿件或者做一些违反其个人原则的事情。

17. 出于非法牟利的目的采写或者隐瞒任何新闻材料的做法，均不符合新闻职业道德准则。

18. 记者必须特别小心地处理有关儿童的报道。记者和编辑只有在具有充分的理由和获取其父母或其他监护人许可的前提下方可报道未成年人的私人生活。在犯罪和暴力事件中，不允许公布未成年人的姓名，或是一些识别度高的个人特征。

英　国
（United Kingdom）

编辑业务准则 *

关于本准则

《编辑业务准则》为已承诺接受独立媒体标准组织（Independent Press Standards Organisation，简称 IPSO）管理的报纸和期刊设定（相关行为）规范。

本准则由编辑业务委员会制定和管理，由独立媒体标准组织（IPSO）执行。

《编辑业务准则》的最新版本于 2016 年 1 月 1 日生效。

准则

本准则，包括其引言部分以及其后涉及的与公共利益相关的免责条款，为认同独立新闻标准组织的成员单位设定了应当予以遵守和维持的最高专业标准。新闻从业者对自律制度已做出了具有约束力的承诺，而这个规范性框架则是自律制度的基石，并在个人权利和公众知情权之间维持了平衡。

要实现这个平衡，最关键的一点是本准则不仅只是在书面上被认可，而且需要从业者从精神上予以完全的认同。对于本准则的理解，既不应过于狭隘从而将其局限为对个人权利的尊重，也不应过于宽泛从而认为它侵犯了言论自由的基本权利（如信息告知、党派性、诘问挑战、讽刺批评以及娱乐休闲等），或阻止了事关公众利益的信息的出版。

---

* Editors' Code of Practice, https：//www.ipso.co.uk/editors – code – of – practice/，摘录于 2017 年 5 月 29 日。本准则由编辑业务委员会制定、于 2016 年生效。

编辑和出版商有责任将本准则应用于所有印刷类和在线类的编辑材料中，并且应谨慎地确保所有的编辑人员和外部贡献者均能遵守本准则，包括非记者人员。

编辑必须设计和维持能迅速解决投诉的内部程序，并在必要时与独立媒体标准组织（IPSO）合作。如果某个出版物受到不利裁决，则必须按照 IPSO 的要求对裁决内容进行全文公布，并在版面上予以适当凸显。

1. 准确性

ⅰ）新闻媒体应保持谨慎，不出版不准确的、误导性的或者扭曲的信息或图像，也不得刊登与正文内容不相符的标题。

ⅱ）必须及时改正所传播的不明确的、误导性的陈述或者歪曲的信息，并需要在合适的位置给予显著的道歉。当事涉独立媒体标准组织时，则道歉应按监管方的具体要求来进行。

ⅲ）当合理要求提出时，对于不准确报道需要提供一个公平的机会进行答复。

ⅳ）尽管新闻媒体拥有评论和参与竞选活动的自由，但必须清晰地区分评论、猜想和事实。

ⅴ）出版物必须公正、准确地报道那些诽谤政府的行为，除非另有协商或另发表同意声明。

2. 隐私

ⅰ）每个人要尊重他人的个人和家庭生活、健康和通信，包括数字通信。

ⅱ）未经许可侵犯任何人的私生活是不被允许的；但如果当事人自行披露则另当别论。

ⅲ）未经同意，不能在私人领域对个人进行拍照。注意，私人领域是指那些含有合理隐私期望的公共或个人领域。

3. 侵害

ⅰ）新闻工作者不得进行恐吓、骚扰或持续的追踪调查。

ⅱ）当采访对象要求终止采访时，新闻工作者不得继续询问、电话联系、进行追逐或者拍摄；当采访对象要求新闻工作者离开时，后者也不得继续在场或跟随。如果受访对象有要求，则新闻工作者必须如实表明自身身份以及所属媒体。

iii）编辑必须确保和他一起工作的人遵守这些原则，并注意不要使用从其他来源那里得到的不符合要求的材料。

4. 对个人不幸与震惊的侵犯

在涉及个人悲伤或者震惊的事件中，必须用同情、慎重的方法调查和对待，且在公开报道时要谨慎。但这并不意味着对正常报道法律程序的权利的限制。

5. 报道自杀

在报道自杀事件时，为了防止效仿行为，在考虑到媒体报道法律诉讼权利的同时，应该注意避免对自杀方法进行过多的细节描述。

6. 儿童

i）所有学生在学校时间是自由自在的，不能受到没有必要的干扰。

ii）没有得到校方的许可，不允许接近或拍摄学生。

iii）16 岁以下的儿童不能就与他自身或与其他孩子的健康、安全等相关的话题接受采访或拍照，除非得到监护父母或其他监护人的同意。

iv）16 岁以下的儿童不能因涉及儿童健康、安全等的材料而获得报酬，家长和其他监护人也不能就他们的孩子的信息而获得报酬，除非在儿童利益方面写得很清楚。

v）编辑不能用其父母或其他监护人的姓名、名气或地位作为曝光儿童私生活细节的理由。

7. 性侵案件中的儿童

当 16 岁以下的儿童是性侵犯案件中的受害人或目击者时，媒体不能够透露儿童的身份，即使这在法律上是被允许的。

在涉及儿童的性侵犯报道时，应注意：

i）不能透露孩子的身份；

ii）可以透露成年人的身份；

iii）当孩子是受害人时，不能使用"乱伦"这个词；

iv）必须注意不能在报道中暗示被告与儿童之间的关系。

8. 医院

i）为了获取信息，在进入非公立医院或者类似的机构之前，新闻工作者必须表明自己的身份，并且需要从负责的主管那里获得许可。

ⅱ）在医院或类似的机构进行采访，不得在询问个人情况时侵犯隐私。

9. 犯罪报道

ⅰ）未经罪犯或犯罪嫌疑人亲戚、朋友的同意，不能透露这些亲戚、朋友的身份，除非他们真的与案件有关。

ⅱ）对于潜在的处于弱势的孩子们应特别关照，他们可能是目击者或受害人。但这并不限制新闻工作者按照法律诉讼程序报道的权利。

10. 隐蔽的设备和手段

ⅰ）媒体不能使用以下方式获得信息：使用隐藏的摄像机或者秘密监听设备；拦截私人移动电话、短信、电子邮件；使用未授权的已删除的文件、照片；未经许可访问他人的数字私人信息。

ⅱ）只有在为了公共利益，或者当其他手段无法获得信息时，才可以使用虚假的陈述或者计谋，包括通过代理或中介机构。

11. 性侵犯中的受害者

除非有足够的理由以及法律许可，否则媒体不能透露性侵犯案中的受害者的信息，或者透露可以使受害者被辨识出的材料。

12. 歧视

ⅰ）媒体的报道涉及他人的种族、肤色、宗教、性别、性别认同、性取向、任何身心疾病或者残疾时，必须避免偏见或歧视。

ⅱ）应该避免使用个人有关种族、肤色、宗教、性别认同、性取向、任何身心的疾病或者残疾的细节，除非它们真正与报道相关。

13. 财经记者

ⅰ）即使法律没有禁止，在出版之前，新闻工作者也不能用自己收到的财经信息使自己获利，也不能将这样的信息传递给他人。

ⅱ）在没有将与自己及家人有重要经济利益关系的股票和证券的信息告之编辑或财经编辑时，新闻工作者不得采写此类报道。

ⅲ）无论是以直接的方式还是通过提名代理的方式，新闻工作者都不能够购买、出售他们已报道的或者准备报道的股票或者证券。

14. 秘密消息来源

记者在道德上有义务保护秘密消息来源。

15. 向刑事案件中的目击者支付酬金

ⅰ）依据 1981 年藐视法院法，在任何案件审理过程中，不能够向证人，或者可能会成为证人的人支付酬金；直至犯罪嫌疑人被无条件释放或保释，或者诉讼中止，或者已经向法庭进行有罪答辩，或者在不认罪的情况下，法院宣布判决结果时，这一项禁令才失效。

ⅱ）当法律诉讼程序还没有启动但将来很可能会启动时，编辑不能支付报酬给任何可能会成为证人的人，除非这一相关信息是基于公共利益需要被公开、支付报酬有高于一切的理由，而且有有效的步骤保证从证人那里所得到的信息是没有受经济利益影响的。在任何情况下，这种支付报酬的行为都需要视法庭的审理结果而定。

ⅲ）向人支付报酬这一行为在后来法律诉讼过程中会向起诉方和被告公开。这一点必须告诉证人。

16. 向犯罪者付款

ⅰ）不能为获得犯罪的故事、图片或信息而直接或通过代理人的方式向犯罪嫌疑人或他们的联系人（包括家人、朋友和同事）支付报酬，不能赞美某一犯罪行为。

ⅱ）编辑使用公共利益来证明支付酬金的合理性时，需要呈现有说服力的理由解释这样做是为了公共利益。如果不是为了公共利益，即使已经支付酬金，这些报道也不能发布。

附录：　公共利益

以上条款有一些例外，这些例外与公共利益有关。

本准则所指公共利益包括但不限于：

发现或者揭露犯罪，以及犯罪威胁和严重的不当行为。

保护公共健康和安全。

保护公众免于被个人或组织的行为或陈述误导。

揭露个人或组织已经发生或可能发生的渎职行为。

揭露司法不公。

促成或参与一些对于重要问题的公共辩论，如严重的不正当行为、不道德行为或不作为状况。

揭露以上任何一种已经存在或可能存在的隐瞒行为。

公共利益存在于表达自由自身之中。

管理者应该考虑和权衡，相关信息已经在公共领域传播到了何种程度，或可能达到何种程度。

编辑援引公共利益条款时，需要提出理由证明某个出版行为或新闻活动确系为公众利益服务，且利大于弊，同时还需解释他们当时是如何达成这一决定的。

通常情况下，16 岁以下儿童的权益具有至高无上的优先价值；如果出于某个特殊的公共利益而需要对此权益进行超越，则需要提出明确的佐证。

欧洲各国媒体伦理规范评析

～❦～

一 欧洲媒体与媒体伦理规范

欧洲位于东半球的西北部，北临北冰洋，西濒大西洋。中国外交部网站的数据显示，欧洲目前有 45 个国家。[①] 本文评析的欧洲国家媒体伦理规范涵盖了东欧、西欧、北欧、中欧、南欧共 32 个国家，既有像英国、德国、法国等媒体发展成熟的、国土面积比较大的发达国家，也有马耳他、卢森堡、冰岛这样媒体发展平稳、国土面积比较小的国家。

在媒体发展方面，欧洲的新闻业可以说是在争取新闻自由的过程中发展壮大的，出现了许多有影响力的媒体和通讯社。知名的纸质媒体有英国的《泰晤士报》《卫报》，德国的《明镜周刊》，意大利的《晚邮报》等。广播媒体中有"全球最古老和最大的广播公司"英国广播公司（BBC），其在全球享有不容忽视的影响力。在通讯社方面，有英国的路透社、德国的德新社和法国的法新社，这三个通讯社与美国的美联社并列为世界四大通讯社。除此之外，俄罗斯官方通讯社俄塔社被认为是世界第五大通讯社。[②]

欧洲媒体的发展与成熟受到新闻自由传统的影响，同时也不能忽视它们自身在新闻自律方面所做的努力。欧洲国家较早开始了媒体自律体系的建设，其中瑞典是世界上最早实行新闻自律的国家，早在 1923 年瑞典时评俱乐部就采

[①] 中国外交部网站，http：//www.fmprc.gov.cn/web/gjhdq_676201/gj_676203/oz_678770/。

[②] 辜晓进：《当代中外新闻传媒》，中国人民大学出版社，2012，第 129 页。

用《报业伦理守则》作为发表新闻与评论的规范和依据。① 本文评析的欧洲媒体伦理规范有 37 篇，评析的规范数量覆盖了欧洲约 71% 的国家，其中的一些伦理规范会随着时代的发展而修订，比如英国最新版的《编辑业务准则》于 2016 年修订并生效。

本文通过收集媒体伦理规范的网站、媒体自律组织的官方网站等渠道，共获得包括英国、法国、德国、意大利、俄罗斯在内的欧洲 32 个国家的 37 篇媒体伦理规范的文本。在对文本进行逐一阅读后，提炼其中的伦理准则，并通过数量统计发现其中的共通准则和特殊准则。下面对这些准则分别进行介绍。

二 欧洲各国媒体伦理规范之共通准则

在本文中，共通准则指在 37 篇欧洲国家媒体伦理规范中，提及率在 50% 以上的伦理准则。经统计，有以下 11 条共通准则。

表 1 欧洲国家媒体伦理规范的共通准则

序 号	共通准则	数 量	占 比
1	保护消息来源	29	78.38%
2	明确新闻界限	29	78.38%
3	更正	27	72.97%
4	避免利益冲突	25	67.57%
5	尊重隐私	25	67.57%
6	正式方式获取信息	24	64.86%
7	独立	24	64.86%
8	保障表达自由、新闻自由	24	64.86%
9	无罪推定	21	56.76%
10	准确	21	56.76%
11	最小伤害	20	54.05%

（一）保护消息来源

保护消息来源是指记者不公开消息来源的姓名、工作单位、住址等个人信

---

① 王宇：《北欧媒介研究》，社会科学文献出版社，2016，第 16 页。

息。在 37 篇欧洲媒体伦理规范中，有 29 篇规范规定了保护消息来源的准则，提及率为 78.38%。欧洲媒体伦理规范关于保护消息来源的规定有以下几种类型：

其一，保护消息来源是记者的权利和义务。摩尔多瓦《记者职业道德准则》规定："保护个人隐私以及秘密的消息来源，应被视为新闻记者的权利和义务。"希腊《媒体伦理法典》规定："记者可以自由地获取信息，同样有义务去保护他的消息来源。"斯洛文尼亚《记者准则》规定："记者应尊重商业秘密，可以拒绝出庭作证，并有权拒绝透露他/她的信息来源。"克罗地亚《新闻工作者荣誉准则》规定："当个人以及组织是信息或者言论消息来源时，新闻工作者有权利不公布信息来源。"芬兰《新闻工作者指南》规定："新闻工作者有权利隐瞒提供秘密信息的人的身份。编辑部必须尊重这条规定。"卢森堡《新闻伦理准则》规定："媒体同意保守职业秘密，是指法律规定的不透露信息源的权利。在管理或司法程序的框架内，媒体有权拒绝透露任何识别信源的信息。"英国《编辑业务准则》规定："记者在道德上有义务保护秘密消息来源。"

其二，自觉保护消息来源与尊重消息来源提出的保密要求。关于保护消息来源的执行，部分欧洲国家的媒体伦理规范强调了新闻工作者一方的主动性和自觉性，即不论消息来源有无要求，记者都应该保护秘密消息来源。如，白俄罗斯《新闻工作者伦理守则》规定："新闻工作者必须为秘密消息来源保密。"波斯尼亚和黑塞哥维那《报业规范》规定："新闻工作者有义务保护秘密提供信息的人的身份，不管他们有没有明确要求保密。"保加利亚《媒体伦理规范》规定："应保护匿名信息源的身份。"也有一些媒体伦理规范规定，在消息来源有保密要求的情况下，记者需尊重这一要求。如，德国《新闻工作伦理准则》规定："如果线人要求作为新闻来源的条件是保证其秘密和安全，那么此要求需予以尊重。"西班牙《新闻职业道德准则》规定："如果消息来源有所要求，记者就应该保证不透露匿名信息来源的身份。"意大利《全国新闻联合会及新闻记者委员会准则》规定："记者必须保守职业秘密，尤其是当其消息源提出保密要求时。"

其三，为消息来源保密的绝对性与公开消息来源的条件性。消息来源是记者获得线索的重要途径之一，但在保护消息来源的程度上，欧洲国家的媒体伦理规范内部有些许差异。一些媒体伦理规范倾向于对消息来源进行绝对性的保护，无论在何种情况下、无论何人、何种机构要求披露消息来源，记者都必须保守秘密。如，摩尔多瓦《记者职业道德准则》规定："记者应保护消息来源的身份——即便在法官、检察官、警察以及其他执法实体面前，也应如此。"匈牙利《新闻工作者协会道德准则》规定："如果新闻工作者向信息提供者承诺不透露他/她的身份，那么新闻工作者在任何情况下都必须保守承诺。"而另一些国家的媒体伦理规范要求新闻从业者对消息来源进行相对性的保护，如当法院要求或当事人同意的情况下，可以公开消息来源。冰岛《新闻委员会伦理条例》规定："必要时，记者应对消息来源进行保密。"比利时《新闻业准则》规定："若无消息提供者的明确授权，则秘密消息的来源不得被透露。"拉脱维亚《媒体伦理准则》规定："在没有获得允许的情况下记者没有权利曝光消息来源，除非这是法院要求。"葡萄牙《新闻工作者伦理准则》规定："对新闻工作者来说，确认信息来源非常重要。即便在法庭上，他也绝不能泄露秘密信息来源，除非他报道了虚假信息。"斯洛伐克《记者联合会伦理规范》规定："记者有义务对他/她的信息来源保守秘密，直到线人或法院免除此责任。"乌克兰《记者伦理准则》规定："除非乌克兰的司法实践有所要求，记者不应披露他/她的信息来源。"

（二）明确新闻界限

明确新闻界限在本文中指的是新闻与广告相区分、事实与观点相区分。在欧洲37篇媒体伦理规范当中，有29篇规范提到了该准则，提及率为78.38%。其中，规定新闻与广告相区分原则的规范有7篇，规定事实与观点相区分的有18篇。另有4篇媒体伦理规范同时规定了新闻与广告相区分、事实与观点相区分，分别是摩尔多瓦《记者职业道德准则》、波斯尼亚和黑塞哥维那《报业规范》、拉脱维亚《媒体伦理准则》、斯洛文尼亚《记者准则》。可见强调事实与观点相区分的媒体伦理规范更多，这在一定程度上反映了欧洲国家对这一准则的认可。

明确新闻界限准则在具体的规定上大同小异，都是要求记者通过标记、设置不同的栏目等措施将新闻与广告、事实与观点相区分。如，摩尔多瓦《记者职业道德准则》规定："意见应当以专版、专题节目、专栏等形式正式呈现。专门性的评论内容，应与信息类内容加以明确区分。新闻内容必须同广告信息明确地区分开来。广告信息必须以广告的形式呈现并加以清晰的标记，而不是同新闻信息相混淆。"克罗地亚《新闻工作者荣誉准则》规定："在媒体中不允许夹杂推销性新闻，同样也不能有隐性广告。新闻报道与广告之间存在着直接相关或附属关系，这是不允许的。广告和其他付费信息一样，必须被清晰地明示，同新闻报道区分开来，从而使受众可以识别出哪些是广告。"斯洛文尼亚《记者准则》规定："记者必须区分信息和评论；并且事实和评论之间的区分必须十分明显。"

（三）更正

更正是指当先前的新闻报道出现了失实、错误时，媒体可以对失实的、错误的部分予以更正。在欧洲国家的媒体伦理规范当中，有27篇规范规定了更正准则，提及率为72.97%。这些规定有两个显著特点：更正内容的相似性与更正措施的可操作性。

更正的目的是保证报道的准确性和真实性，因而更正的内容多是歪曲、有误、不准确的信息。如，波斯尼亚和黑塞哥维那《报业规范》规定："新闻工作者有专业义务去迅速改正已发表的不准确信息。"爱尔兰《报纸期刊实践准则》规定："当显著的不准确信息、误导性的陈述或者歪曲的报道或图片已经公布，应及时在突出位置更正。"德国《新闻工作伦理准则》规定："已经刊发或已确认但随后又被证实有误的新闻或消息，尤其是涉及私人性质的信息，必须由该出版机构以适当的方式迅速加以修正。"

欧洲国家的媒体伦理规范在更正准则上的另一特点是可操作性强，对媒体的更正工作起到了指导性的作用。首先，媒体伦理规范明确规定了出现错误、歪曲报道时，记者应当采取的行为：更正和道歉。其次媒体伦理规范明确了发布更正信息的时间、位置要求。如，挪威《媒体伦理规范》规定："不正确的信息必须被纠正，并且尽快道歉。"西班牙《新闻职业道德准则》规定："如果已知所传播的信息为虚假、误导或歪曲性的信息时，记者应该使用形式相同的排版或视听形式尽快纠正这个错误，也应该在适当的时机通过他/她的媒体表达歉意。"英国《编辑业务准则》规定："必须及时改正所传播的不明确的、误导性的陈述或者歪曲的信息，并需要在合适的位置给予显著的道歉。当事涉独立媒体标准组织时，则道歉应按监管方的具体要求来进行。"白俄罗斯《新闻工作者伦理守则》规定："大众媒体应该尽快并完整地纠正错误。更正应该及时在明显的地方发布。"

（四）避免利益冲突

避免利益冲突是指记者应当避免那些可能影响报道客观性、真实性的政治、经济利益与新闻职业活动发生冲突的情况，如接受采访对象的金钱、礼物等馈赠，在其他社会组织、政党中担任职务，或利用掌握的经济信息换取个人利益等。欧洲媒体伦理规范中有 25 篇规定了避免利益冲突的准则，提及率为 67.57%。

欧洲国家的媒体伦理规范在关于避免利益冲突的规定中，对记者利用职业地位获取个人利益、记者在其他机关担任职务的行为是严厉禁止的，这些行为与新闻活动是不能兼容的。如，葡萄牙《新闻工作者伦理准则》规定："新闻工作者绝不能利用职业地位来获取个人利益。"捷克《记者伦理准则》规定："不要滥用记者的特权来谋求个人地位。"德国《新闻工作伦理准则》规定："记者和出版商不应发表任何旨在增长其自身及其家庭成员或者其他亲人的财富的金融证券类报道，也不应购买他们在两周前刚报道过或者在接下来的两周内将要进行报道的金融证券——无论是以自己直接购买还是通过代理间接购买的方式进行。"俄罗斯《新闻工作者专业伦理规范》规定："新闻工作者要意识到他/她的职业身份与在政府、立法或司法权力机关以及政党的执政机关或其他政治性组织的职业身份是不兼容的；新闻工作者要承认：当他/她的手中有权力的时候，他/她的职业活动就停止了。"摩尔多瓦《记者职业道德准则》规定："新闻记者不得担任国家政府机关、立法或执法机构以及政党机构的任何职位。……如果记者已被登记为选举候选人，则应在选举活动期间申请停职。"克罗地亚《新闻工作者荣誉准则》规定："新闻工作者不能接受免费旅游或其他便利，如接受兼职、在政治机构中任职、在州政府或公共机构中任职。因为这些行为会降低新闻工作者的可信度和专业度。"

在接受馈赠方面，一些欧洲国家的媒体伦理规范并不是完全禁止，而是通过限制数额或公布接受馈赠行为来处理这类冲突。如摩尔多瓦《记者职业道德准则》规定："新闻记者不得接受现金、实物或其他任何可能影响其新闻行为的好处。出于信息收集、评论需要或个人使用的原因而接受价值微小的宣传、促销类材料，是可以接受的。记者如果参与由第三方支付的商务旅行，则应公开其资金来源。"德国《新闻工作伦理准则》规定："记者应谢绝任何在价值上超乎正常商业往来和日常工作标准的馈赠和邀请。某些广告物品或是低价物品倒是可以接受的。对某些礼物、邀请或折扣优惠的接受不得影响、制约乃至妨碍报道的开展。就算是接受了某一礼物或邀请，新闻工作者和出版机构也要坚持既有的新闻信息。如果记者的报道对向自己提供了邀请的对象有所倾斜，那么应该清晰地交代出这种资助关系。"匈牙利《新闻工作者协会道德准则》规定："新闻工作者不得接受有贿赂嫌疑的礼物。简单的新闻礼品、戏票、晚宴的邀请可以接受，因为这些不会使记者有受贿的嫌疑。"挪威《媒体伦理规范》规定："如果由于受到资助而报道或进行产品呈现，那必须将这一行为使公众获知。资助这一事件必须在报道中清晰地公开出来。".

（五）保护隐私

欧洲媒体伦理规范中有 25 篇规定了保护隐私的准则，提及率为 67.57%。欧洲国家的媒体伦理规范保护的隐私主要是私人生活与空间、个人信息（如照片）等。如英国《编辑业务准则》规定："每个人要尊重他人的个人和家庭生活、健康和通信，包括数字通信。未经许可侵犯任何人的私生活是不被允许的；但如果当事人自行披露则另当别论。"德国《新闻工作伦理准则》规定："人们的私人地址和其他处所的位置，如医院、疗养院、疗养胜地、监狱和康复中心等处所的地址享受特殊保护。"希腊《媒体伦理法典》规定："……公民的隐私和家庭生活是应该被尊重和始终不受侵犯的。"

保护隐私的例外情况有两种：其一是披露隐私符合公共利益，其二是当事人是公众人物，且报道的是其职业行为时。如，摩尔多瓦《记者职业道德准则》规定："如果揭发事实所带来的公共利益高于对个人形象的保护，那么新闻记者就有权利对当事人的相关隐私信息进行曝光。当公众人物在工作上有不称职的表现时，记者有权在未取得当事人同意的情况下对其行为进行报道。当个人的行为扰乱了公共秩序或者是侵犯了他人的权益时，记者有权对其行为进行报道。"保加利亚《媒体伦理规范》规定："只有在符合公共利益的情况下，才允许公布儿童的私人生活信息与照片。"波斯尼亚和黑塞哥维那《报业规范》规定："新闻工作者应当避免入侵和打听个体的私生活，除非这种入侵和打听是符合公共利益的。"爱尔兰《报纸期刊实践准则》规定："公众人物都享有隐私权。然而，当一个人拥有公职、从事公共事务、从事公益事业，或者他的行为已经被公开，那么，公开他私人生活和环境的相关细节是合理的，因为这些信息披露与他个人行为的正确性、公开声明的可信度、公开意见的价值以及其他与公共利益相关的事宜相关。未经许可而使用个人在私人场合拍下的照片是不能被接受的，除非是基于公共利益的理由。"

（六）正当方式获取信息

正当方式获取信息是指记者在搜集信息的过程中，应当采用公开、合法、合乎道德的方式。只有当出于公共利益，且没有其他方式获取信息的情况下，才可以使用特殊方法。欧洲媒体伦理规范当中有 24 篇规定了该准则，提及率为 64.86%。

欧洲国家的媒体伦理规范对正当方式获取信息的规定可以分为两种类型：第一种是明确要求记者不得使用非法的、不恰当的手段，白俄罗斯《新闻工作者伦理守则》规定："获得信息应合乎法律和伦理规范。"克罗地亚《新闻工作者荣誉准则》规定："记者不能用不诚实和违法的方式获取图片、信息和文件。"俄罗斯《新闻工作者专业伦理规范》规定："当新闻工作者履行他的专业职责的时候，不能诉诸非法和不可取的方法来获取信息。"西班牙《新闻职业道德准则》规定："记者必须使用适当的手段来获取信息，不得使用非法手段。"第二种是规定了可以使用非常规手段的特殊情况，这一类的特殊情况是指使用常规手段无法获得信息，且该信息与公共利益有关。欧洲多数的媒体伦理规范都以这种弹性的方式规定了记者可以非常规的手段获取信息，这些手段包括使用隐藏摄像机、录音机、隐瞒记者身份等。如，挪威《媒体伦理规范》规定："隐藏的摄像机/麦克风或假的身份，只能在特殊情况下使用。这个特殊情况是指只能用隐性采访方法，且别无其他方法获取一个对社会至关重要的事实时。"卢森堡《新闻伦理准则》规定："记者和编辑应避免任何通过匿名工作或者诉诸其他秘密的、应受谴责的方法去获得信息、声音、图像和文件。他们不应试图采取任何隐瞒的操作获得信息，除非该信息的重要程度可以证明这样做是正当的，且无法从其他地方获知该信息。"葡萄牙《新闻工作者伦理准则》规定："新闻工作者应当使用合理手段获取信息、图片和文件，避免滥用个人诚信。新闻工作者表明身份是一个原则，只有基于无可争议的公共利益才可以打破这一规则。"

（七）独立

独立是指不受外来力量的诱惑、干涉、指令，不屈服于外部压力，目的是保证新闻活动的客观、独立、公正。欧洲国家的媒体伦理规范中有 24 篇规定了独立的准则，提及率为 64.86%。欧洲国家的媒体伦理规范对独立的规定可以分为对外独立和对内独立两种。

对外，记者不能屈从于政党、广告主等外界政治、经济力量的利诱、施压、干涉。奥地利《传媒伦理规范》规定："报纸或杂志的社论版在形式和内容上决不能受外界利益左右。此类外界影响不仅包括对记者的干预和施压，也包括为其提供职业活动范围之外的个人利益。"希腊《媒体伦理法典》规定："当践行新闻业使命时，新闻工作者不应该接受限制他发表独立观点的任何利益，无论是现在的利益还是承诺的任何利益。"保加利亚《媒体伦理规范》规定："不应被政治或经济的压力所影响。……不应接受来自个人、政治或经济的诱惑，那些诱惑会影响我们向公众提供准确的信息。"挪威《媒体伦理规范》规定："编辑部门的成员只能接受编辑部门的管理，不能接受其他任何人的管理。"

对内，记者可以拒绝编辑的不当要求。如，斯洛伐克《记者联合会伦理规范》规定："未经作者同意，编辑人员不能干预作品的内容。"斯洛文尼亚《记者准则》规定："在没有该记者同意或许可的情况下，任何人无权对新闻记者的作品做导致其内容变化的更改，也不得对之进行本质性删节。"

（八）保障表达自由、新闻自由

在欧洲国家的媒体伦理规范中有 24 篇规定了保障表达自由、新闻自由，提及率为 64.86%。这些规范对表达自由、新闻自由的规定有以下三个特点：

从具体的规定来看，对媒体而言，表达自由、新闻自由意味着自由地搜集信息和发布信息。如奥地利《媒体伦理规范》规定："以语言或图片的方式自由地进行新闻报道和评论，是新闻自由必不可少的组成部分，对其采集和传播过程不应施加限制。"白俄罗斯《新闻工作者伦理守则》规定："新闻自由包括可以讨论、批评当局政府、公民和民间私营机构的自由。"斯洛文尼亚《记者准则》规定："在收集和传递信息以及报道案件时不被妨碍，以及合理地访问和使用被非法限制的信息，是记者的权利。"法国《记者职业伦理宪章》规定："捍卫表达、意见、信息、评论和批评的自由；新闻记者能自由完成与其职业相关的所有行为，如调查、拍照、录音等，也能接近并获知所有关于公众生活的事实和信息来源。"

媒体享有的表达自由、新闻自由的权利获法律认可和保障。如，克罗地亚《新闻工作者荣誉准则》规定："新闻工作者应该遵从宪法、克罗地亚共和国制定法、国际记者联合会行为规约以及欧洲委员会规范中关于言论自由、知情权和人权的规定。"德国《新闻工作伦理准则》规定："被庄严地载入《宪法》的新闻自由包含信息的独立和自由以及言论与批评的权利。"保加利亚《媒体伦理规范》规定："根据保加利亚宪法和国际人权协定，确保每个人都有言论自由、信息接近、人的尊严和隐私，以及生命安全的基本权利；确保媒体自由开展活动，并不用接受任何形式的审查。"意大利《全国新闻联合会及新闻记者委员会准则》规定："新闻工作基于信息自由和意见自由的原则。此原则已由意大利《宪法》确认，并由 1963 年 2 月 3 日颁布的 1969 号法律的第二条款加以规定。"卢森堡《新闻伦理准则》规定："根据修订后的卢森堡宪法第 24条，确保新闻自由。根据 1950 年 11 月 4 日签订于罗马、1953 年 8 月 29 日通过法律批准的公民权利和基本自由保护协定第 10 条，应当保证每个人享有表达自由，包括不受任何公权力的介入、跨越边界干扰的意见自由和接收、传播信息或观点的自由。根据 2004 年 6 月 8 日关于媒体表达自由的法律第 1 条的规定，确保媒体领域的表达自由。"

媒体、新闻工作者必须捍卫新闻自由、反抗限制自由的行为。如，希腊《媒体伦理法典》规定："无论在何处，无论在任何情况下，新闻工作者应该捍卫言论自由和无限制地传播新闻和观点的权利，以及批评的权利。"拉脱维亚《媒体伦理准则》规定："大众传媒必须捍卫言论自由和新闻自由，不能向那些限制信息流通、资源使用或限制讨论对社会有影响力的议题的力量屈服。"

（九）无罪推定

无罪推定是指在法院做出最终审判之前，记者不能将任何人，包括犯罪嫌疑人视为罪犯。假定犯罪嫌疑人是无罪的这一原则，是为了避免媒介审判，使报道对象享有公正审判的机会，也是为了减少对报道对象的伤害。欧洲国家的媒体伦理规范中有 21 篇规定了无罪推定的准则，提及率为 56.76%。摩尔多瓦《记者职业道德准则》："记者应当遵守无罪推定原则，在法院终审判定某人有罪之前，应一直视其为无罪。"冰岛《新闻委员会伦理条例》规定："在应对违法和犯罪案件时，记者们必须遵守'每个人在被宣判有罪前都是无罪的'

这一一般准则。"爱沙尼亚《报业伦理规范》规定："媒体不应在法院判决前将任何人界定为有罪。"爱尔兰《报纸期刊实践准则》规定："印刷媒体和在线媒体应努力确保法院的报道（包括图像的使用）是公平和准确的，不损害公平审判的权利，无罪推定应得到尊重。"西班牙《新闻职业道德准则》规定："记者在其职业实践中必须坚持一条原则：除非得到证明，一个人应被视为无罪，以尽量避免给他人带来伤害。在处理进入司法程序的事件时，这项标准尤为重要。"波斯尼亚和黑塞哥维那《法律记者推荐规范》规定："需谨记并践行'任何人在被判决之前都是无罪的'这一法律准则，即便他认了罪或是在法院判决之前公众相信被告或嫌疑人有罪。"

（十）准确

欧洲国家的媒体伦理规范中有 21 篇规定了准确的准则，提及率为 56.76%。这些规范中关于准确的规定，分为新闻报道整体上要准确和在图片、引语等细节上的准确。

其一，整体上要求报道做到准确的规范。如保加利亚《媒体伦理规范》规定："我们应该提供给公众准确和正确的信息，并杜绝故意压制和扭曲事实。"丹麦《媒体行为规范》规定："新闻的职责是传递准确及时的信息。"爱尔兰《报纸期刊实践准则》规定："报道新闻和信息，印刷媒体和在线媒体应当在任何时候力求真实和准确。"拉脱维亚《媒体伦理准则》规定："记者的主要任务是向社会提供真实准确的信息。"希腊《新闻工作者和视听节目的道德规范》规定："传播的事实必须是准确的，必须符合事实，并且尽可能完整。"

其二，要求不歪曲图片、准确使用引语、标题等细节性的规范。如摩尔多瓦《记者职业道德准则》："记者应该严格使用引证，确保引证的精确无误。在部分引用的情况下，记者不得歪曲被引用的信息。图片应准确地反映事实，不得进行特技处理，以免造成对人物和事件的错误印象。拼贴画除外，但也必须给出标示。"奥地利《媒体伦理规范》规定："引号中的引语应尽可能接近地反映原句大意，若仅仅描述原句大意则不能使用引号。应避免使用匿名引语，除非因个人安全的要求需要匿名，或为了保护其免受其他严重影响而使用匿名。"波斯尼亚和黑塞哥维那《报业规范》规定："新闻工作者应当尽其所能不发表不准确的、误导性的或者扭曲的材料，无论是以图片、文字的形式还是其他形式。"斯洛文尼亚《记者准则》规定："当公告源自其他文章的内容时，无论是摘引而来的较短版本还是引用而来的完整版本，均不得改变原始材料的本义，也不得就原内容做出错误的结论。"乌克兰《记者伦理准则》规定："编辑修正的材料包括图片、文本、标题、视频和脚本等，不得扭曲材料的内容。"

（十一）最小伤害

最小伤害是指记者在报道儿童、未成年人、受害人及其家属或其他个人时，应当给予一定的保护和人文关怀，在报道暴力、犯罪、自杀等事件时，应避免披露细节。欧洲媒体伦理规范中有 20 篇规定了最小伤害准则，提及率为 54.05%。欧洲国家的媒体伦理规范主要通过以下三种方式规定记者履行最小伤害准则。

其一，避免报道事故、灾难、刑事案件中的受害人、未成年人、目击者的身份，或披露他们的身份可能被识别出来的信息。摩尔多瓦《记者职业道德准则》规定："记者不得披露事故、灾难、犯罪，尤其是性侵事件中的受害者的身份信息。……对于事故、犯罪、家庭冲突、自杀等负面事件中涉及的青少年，无论是当事人还是目击证人，记者均应保护其身份信息。"英国《编辑业务准则》规定："在涉及儿童的性侵犯报道时，应注意：i）不能透露孩子的身份。ii）可以透露成年人的身份。"奥地利《媒体伦理规范》规定："如果对处于困厄状态的人进行暴露其身份的报道将会使其陷入更危险的境地，那么媒体不得如此作为。"白俄罗斯《新闻工作者伦理守则》规定："当犯罪者是未成年人时，不应该公开可以辨识他们的姓名和照片，除非该犯罪事件中的罪行是重大的。"波斯尼亚和黑塞哥维那《报业规范》规定："新闻工作者在任何情况下都不得披露小于 18 岁的犯罪案件的目击儿童、受害人或被告儿童的身份。"保加利亚《媒体伦理规范》规定："在与儿童相关的悲剧和犯罪活动里，应隐藏儿童的身份信息，不然这会对儿童造成有害影响。"其中德国《新闻工作伦理准则》的规定比较"特别"，它还主张保护政府反对派的身份和生命安全，"对一些国家的政府反对派进行的报道可能给其带来性命之忧，媒体必须始终考虑假如发布其姓名和照片，他们有无可能因此在国内被认出并因此而遭受迫害。此外，对此类人员逃亡情况的详细披露，可能使其仍在家乡的亲人和朋友遭受危险，或者使其原本还存在的逃生通道招致关闭。"这表明最小伤害原则的执行不会因立场不同而有差异，一切以人的安全为优先考量。

其二，不过多披露自杀、犯罪的细节。摩尔多瓦《记者职业道德准则》规定："记者不应过多地向公众披露各种病态的犯罪细节，以及各种有关自然灾害、突发事故或是自杀方式的细节信息。"英国《编辑业务准则》规定："在报道自杀事件时，为了防止效仿行为，在考虑到媒体报道法律诉讼权利的同时应该注意避免对自杀方式进行过多的细节描述。"希腊《新闻工作者和视听节目的道德规范》规定："避免展示犯罪的作案方法，防止人们模仿。"保加利亚《媒体伦理规范》规定："我们应避免公开自杀方式的细节，从而降低（其他人）效仿的风险。"避免过多披露自杀、犯罪等细节，可以降低潜在自杀者、犯罪者模仿的风险，这既是对他们生命安全的保护，也是对社会公众的保护。

其三，顾及处于悲伤、震惊中的人的情绪，报道要谨慎，避免加重他们的痛苦。冰岛《新闻委员会伦理条例》规定："记者禁止采取可能给无辜者造成不必要的痛苦或屈辱，或者再进一步加重他人痛苦或屈辱的行为。"英国《编辑业务准则》规定："在涉及个人悲伤或者震惊的事件中，必须用同情、慎重的方法调查和对待，且在公开报道时要谨慎。"白俄罗斯《新闻工作者伦理守则》规定："在致人震惊、有情绪压力等的悲剧事件中，新闻工作者必须谨慎而耐心地进行采访。……对意外事件、灾难事件的报道不应该超越报道的限度，应该尊重受害人及其失去亲人的亲属的情绪。"波斯尼亚和黑塞哥维那《报业规范》规定："涉及个人不幸遭遇的报道应审慎处理，对受到影响的个体应抱以同情之心。"德国《新闻工作伦理准则》规定："出于尊重受害人的痛苦及其家属情绪的需要，对事故和灾害的报道需遵循可接受性原则。不幸事件的受害者不应因媒体的描述受到二次伤害。"西班牙《新闻职业道德准则》规定："在处理可能给他人带来痛苦或悲伤的问题时，记者应避免以粗鲁的方式介入，或对其感受和所处环境进行不必要的猜测。"

最小伤害准则告诉我们，记者不是冷眼的旁观者和事无巨细的记录者，而应当运用同理心与报道对象进行换位思考，审慎、适度地采访与报道。

三　欧洲各国媒体伦理规范之特殊准则

除了上述十一条共通准则之外，我们发现在欧洲国家的媒体伦理规范当中还有一些提及率不高，但是条文内容对指导新闻工作有价值、能丰富我们对新闻伦理准则认知的特殊准则，下面主要介绍三种。

（一）尊重记者的信仰

在这类准则当中，记者在职业活动中的主体地位得到尊重，不被强迫做违背自己信仰、违背伦理规范、违背道德的事情，新闻从业者拒绝做违背自己信仰的工作时不会因此受到惩罚。如，斯洛文尼亚《记者准则》规定："记者有权拒绝执行任何违背本伦理准则及其个人信仰的任务，且不会因此受到惩罚。"法国《记者职业伦理宪章》规定："记者不能被强制执行任何行为或表达违反其信念的意见，违背其职业良知或本章程的原则和规则。"挪威《媒体伦理规范》规定："编辑部成员不能被责令做任何违背自己信念的事。"芬兰《新闻工作者指南》规定："新闻工作者有权利拒绝那些违背法律、个人信念或良好新闻实践的任务。"

尊重记者信仰在另一些欧洲国家的媒体伦理规范中体现为保护记者遵从自己的良心办事的权利，并规定记者可以通过启动良心条款获得保护。如，西班牙《新闻职业道德准则》规定："当记者所倚靠的媒体侵犯了他/她的职业尊严或大幅度地修改了编辑政策时，记者有权提请启动良心条款。"葡萄牙《新闻工作者伦理准则》规定："新闻工作者应当拒绝违反其良心的行为。"马耳他《新闻工作者伦理准则》规定："禁止强迫任何新闻工作者活动做出使良心谴责的事情。"

尊重记者的信仰、制定良心条款，实质上是对自由意志的保护，而这其中有一个前提假设：相信每一个记者是拥有独立判断是非善恶能力的理性人，且相信记者可以依据自己的判断行事。媒体伦理规范作为行业自律的手段，应该给予记者信任，尊重他们在专业领域中的意志自由，并营造一个由记者进行意志自律、行为自律的环境，这才是自律规范的应有之义。

通过这些条款的规定，我们既要看到人的意志自由思想应当体现在媒体伦理规范中，也要看到在现实中"人的行为无一例外地处在外在强制与内在强制的作用下".① 记者能够自主、独立行事，需要保持其内心的独立、坚持自我的良心与信仰。

（二）公共利益的内涵

在媒体实践过程中，常常会遇到个人利益与公共利益相冲突的情况，比如隐私权、知情同意权与公共利益发生冲突，在这种情况下，公共利益是排在第一位的。公共利益优先原则在媒体伦理规范中都有所体现，但是公共利益具体的内容有哪些，判断报道是否符合公共利益的标准是什么，却少有媒体伦理规范做出明确界定。在欧洲国家的媒体伦理规范当中，有5篇规范界定了公共利益的具体内涵。总的来看，公共利益在这些规范中指的是涉及公共安全、公众健康、公职人员的渎职行为，公众可能被误导的情况。

如英国《编辑业务准则》规定："本准则所指公共利益包括但不限于：发现或者揭露犯罪，以及犯罪威胁和严重的不当行为。保护公共健康和安全。保护公众免于被个人或组织的行为或陈述误导。揭露个人或组织已经发生或可能发生的渎职行为。揭露司法不公。促成或参与一些对于重要问题的公共辩论，如严重的不正当行为、不道德行为或不作为状况。揭露以上任何一种已经存在或可能存在的隐瞒行为。"奥地利《媒体伦理规范》规定："在奥地利新闻工作者的伦理规范中，'公共利益'尤其指的是对有争议的事实的报道可能有助于将罪犯绳之以法，或是尽力保护公众安全或健康，或是避免普通大众被误导的情况。"保加利亚《媒体伦理规范》规定："'公共利益'和'迎合公众的兴趣'不能混为一谈。信息内容只有在以下情况下是符合公共利益的：保护健康、平安和安全；有助于防范和披露严重的犯罪和职权滥用；能防止公众面临被严重误导的危险。"波斯尼亚和黑塞哥维那《报业规范》规定："本规范中的公共利益被定义为意在帮助公众对于事件和观点形成自己的判断和决定的一种行为和信息，包括发现或揭露犯罪或严重不轨行为的努力，以及防止公众被个人或组织的陈述或行为所误导的努力。"爱尔兰《报纸期刊实践准则》规定："在处理投诉的过程中，监察员和新闻委员会将会考虑到他们所理解的公共利益。他们可以在每个具体情况下界定公共利益，但总的原则是，公共利益是与那些可以影响人们的大事有关，人们合乎正当地对这些事件感兴趣，印刷

---

① 文丰安、孙红霞：《道德自律、意志自由与和谐之治》，《求索》2009年第8期，第61页。

媒体和在线媒体应当合法地提供相关的信息。"

公共利益优先是解决伦理冲突时常用的准则，但是媒体伦理规范对其内涵的界定往往是模糊的，因此存在着公共利益优先准则被记者滥用的情况。欧洲一些国家在媒体伦理规范当中对公共利益的内涵进行界定，使得记者对该准则的使用有了清晰的标准，从而减少记者打着公共利益优先的幌子侵犯个人正当利益的情况发生。

（三）伦理规范的执行与公众申诉

一部完整的媒体伦理规范应当包括倡导的伦理准则和该规范的执行。部分欧洲国家如冰岛、希腊在媒体伦理规范中解答了规范约束的客体、执行的主体、向谁申诉以及处分等问题。

媒体伦理规范约束的客体有自律组织的成员、签署了该规范的人、出版物的作者等，如克罗地亚《新闻工作者荣誉准则》规定："该准则对不是克罗地亚新闻工作者协会的成员有约束力，也对每位发表文章的作者和编辑有约束力，不论他们是不是协会成员、是自由报道还是团队协作。"也有规范呼吁凡是该国的记者都应当遵守该伦理规范，如捷克《记者伦理准则》规定："捷克共和国记者联合会依据国际、国内相关文件的精神制定本伦理准则，并对其成员具有约束力。记者联合会也呼吁捷克和摩拉维亚所有的记者，不论是否为该组织的成员，均能自愿遵守此准则。"媒体伦理规范的执行主体多是新闻委员会、新闻伦理委员会以及其他自律机构。如，克罗地亚《新闻工作者荣誉准则》规定："克罗地亚新闻工作者荣誉委员会有保护和执行该准则的权利。"摩尔多瓦《记者职业道德准则》规定："摩尔多瓦新闻委员会与新闻职业伦理委员会负责本准则的执行，并对相关违规行为进行监督和听证。"英国《编辑业务准则》规定："本准则由编辑业务委员会制定和管理，由独立媒体标准组织（IPSO）执行。"

当记者或媒体出现违背媒体伦理规范的行为时，申诉人可以向行业联合会、伦理委员会提出申诉。如，冰岛《新闻委员会伦理条例》规定："任何人如果认为某记者违反了以上条例，或者自身利益受到威胁，可以在相关内容发表之日起的两个月内向冰岛记者联合会伦理委员会提出申诉——只要所申诉的内容当时不是庭审的诉讼对象。"匈牙利《新闻工作者协会道德准则》规定："如果有违反本准则规范的侵权行为，伦理委员会会根据规定执行伦理程序，对所犯的伦理问题进行裁决。"马耳他《新闻工作者伦理准则》规定："为了使规范尽可能在任何时候有效，马耳他新闻俱乐部设立新闻伦理委员会，这个委员会应该考虑任何涉嫌违反新闻伦理规定行为的投诉。"

自律组织对媒体伦理失范行为的裁决主要为谴责，严重的会开除该自律组织的成员。如，冰岛《新闻委员会伦理条例》规定："根据性质，伦理委员会可将裁定的违反行为分为三个等级：A）应受谴责的违反行为；B）严重的违反行为；C）很严重的违反行为。"匈牙利《新闻工作者协会道德准则》规定："伦理委员会可以给予以下处分：口头警告；书面警告；谴责；严厉谴责；剥夺会员权利一年；从本协会开除。如果协会的当选代表有伦理问题，伦理委员会的代理委员会也应取消他/她代表的职位。"马耳他《新闻工作者伦理准则》规定："在经过委员会正当的程序后发现，新闻工作者违反伦理准则中的一条或者多条规则，委员会可能施加与罪行严重性一致的制裁：a. 同意　b. 谴责　c. 严重谴责。"申诉的裁决结果将通知到媒体、记者本人，有的规范还会要求媒体发表裁决的结果。如，匈牙利《新闻工作者协会道德准则》规定："裁决或陈述也可以在新闻稿或新闻发布会上发表。"英国《编辑业务准则》规定："如果某个出版物受到不利裁决，必须按照 IPSO 的要求对裁决内容进行全文公布，并在版面上予以适当凸显。"

详细规定申诉流程和裁决结果，做到了罚有可依；公开媒体的裁决结果能对媒体起到一定的警示作用，这些举措有利于促进媒体在伦理规范的指引下进行自律与自治。

四　总结

新闻自律作为新闻行业管理的重要手段之一，其核心内容就是要确立和实施新闻业的职业道德规范，以此作为准则、标准，来实现对新闻工作者职业行为的约束和行业自我约束。[1] 基于不懈追求新闻自由的传统和注重规范执行的影响，欧洲媒体伦理规范的特点集中在以下四点。

---

[1]　魏永征、张咏华、林琳：《西方传媒的法制、管理和自律》，中国人民大学出版社，2003，第 384 页。

　　媒体作为社会公器，坚持公共利益优先原则。欧洲的广播电视实行公营与民营并行的体制，公营的广播台、电视台既不属于国家所有，也不属于个人所有，属于社会所有，经费来源主要靠收听费、收视费和公司的其他经营收入。① 媒体属于社会所有的体制，决定了欧洲的媒体要对社会负责、对公共利益负责。这一理念在欧洲媒体伦理规范中体现为：避免利益冲突的准则要求记者不得利用职务之便谋求个人私利；披露个人隐私、使用隐秘的手法搜集信息的行为只有在无可争议的公共利益面前才被允许；尊重公众的知情权，报道要真实、准确等等。欧洲媒体伦理规范对公共利益的重视印证了"公共利益属性虽然不是新闻产品、新闻媒介、新闻行业所具有的唯一属性，却是它们最紧要的品质"。②

　　记者作为职业的新闻从业者，在本职工作中坚守专业性，在非专业领域中不越俎代庖。一方面，在新闻报道活动中，记者的专业性体现在遵守保护消息来源的约定、明确区分新闻与广告、确保报道在整体上和细节上的准确、报道一旦有误立即更正、新闻工作者不得在其他机构中任职等。另一方面，社会也应当尊重记者的专业性，新闻行业之外的利益集团不应干涉新闻活动、尊重记者的信仰和职业判断、保持媒体的独立性、不侵犯新闻自由和表达自由。而记者在报道非专业领域的事件时，应当尊重该领域中的权威判断，不越俎代庖。比如在犯罪报道当中，记者应遵循无罪推定的原则，只要法庭没有宣布报道对象是罪犯，那么记者不能把任何人当作罪犯去报道。媒体和法庭各守其位、各尽其责，是对彼此专业的尊重，也是对公众的负责。

　　记者作为事实的报道者不失同情心。记者对处于震惊、悲痛中的报道对象抱以同情心，保护刑事犯罪中的受害人、未成年人、儿童的身份，是为了避免追问细节、披露身份后对报道对象带来伤害，这是人文关怀的体现。记者客观中立地报道事实、满足公众的知情权，不等于记者可以忽视报道对象的感受，从而伤害了被报道者。正如"我们不能一味地追求动机之'善'，而忽视过程和结果的'善'"。③

① 陈力丹：《世界新闻传播史》，上海交通大学出版社，2002，第25页。
② 杨保军：《新闻学视野中的公共利益》，《新闻记者》2013年第3期，第37页。
③ 林爱珺：《网络暴力的伦理追问与秩序重建》，《暨南学报（哲学社会科学版）》2017年第4期，第117页。

　　媒体伦理规范作为自律的手段，注重可执行与可操作性。媒体自律组织若想将制定的伦理规范作为标准，实现对新闻工作者职业行为的约束和行业自我约束，执行是关键的一环。伦理规范能够被执行下去应当具备两个因素：行业成员对该规范的认同，自律组织有相应的程序确保规范被执行。欧洲各国的媒体伦理规范的一大特点就是规范的可执行与可操作。比如在尊重版权方面，摩尔多瓦《记者职业道德准则》规定了免费引用的字数以及大量引用他人作品时记者应当采取的措施："新闻材料的免费使用限制是 500 字，但不得超过文章内容或新闻故事的一半。引用时必须标明引证来源、作者信息以及刊发网站，同时附上信源链接。只有在作者完全授权的情况下才能全文引用。"又如，波斯尼亚和黑塞哥维那《报业规范》关于避免歧视的规定："新闻工作者一定要避免对人们的民族、国籍、人种、宗教、性别、性取向或任何身体或精神上的疾病或者残疾进行偏见报道或者侮辱性报道。除非与所报道的事件直接相关，关于人们的民族、国籍、人种、宗教、性别、性取向或任何身体或精神上的疾病或者残疾的信息才可以被提及。"此外，规范也规定了向自律组织申诉媒体失范行为的程序以及相应的处分。可以说，欧洲的媒体伦理规范为自律规范如何从条文转化为实践提供了参考和启示。

　　当然，欧洲媒体伦理规范仍有一些还未提及的细节，例如记者在什么情况下可以答应消息来源的匿名要求等。但瑕不掩瑜，欧洲诸多国家的媒体伦理规范仍是有借鉴意义的自律规范的范本。

非洲

全球媒体
伦理规范译评

阿尔及利亚
（Algeria）

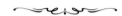

新闻职业伦理宪章*

责任宣言

一个记者将视如下内容为责任：

1. 尊重事实，不论对他/她会带来怎样的后果，因为公众有权利知道它。

2. 捍卫传播自由、表达观点以及评论、批判的自由。

3. 事实和观点相分离。

4. 尊重个人的私人生活，尊重他们使用自己照片的权利。

5. 只传播已经确认的信息，避免改变信息，努力在原有语境中报道事实。

6. 避免传播谣言。

7. 核对任何可能不准确的公开信息。

8. 保守职业秘密，不揭露信源。

9. 拒绝剽窃、诽谤、污蔑和毫无根据的指控。

10. 不把新闻职业和广告宣传相混淆，不接受来自广告商的任何直接或间接的指令。

11. 不接受除新闻部门领导以外的任何指令，仅接受道德的约束。

12. 在任何形式、任何情况下，禁止赞扬暴力、恐怖主义犯罪、狂热、任何形式的种族主义、性别歧视和偏狭。

---

* Algerian Journalists' Charter of Personal and Professional Ethics，http：//www.rjionline.org/ MAS – Codes – Algeria – Journalists，摘录于 2015 年 3 月 11 日。该宪章由阿尔及利亚新闻会议和全国记者工会通过，发布于 2000 年 4 月 13 日。

13. 一个名副其实的新闻工作者，在遵守本国法律的同时，仅仅需要接受来自本行业专业方面的管辖，要排除任何来自政府或其他机构的干扰。

14. 禁止利用职业影响力或职业便利攫取个人利益。

15. 不要觊觎同事的地位，不要使他们被开除或通过减少工资而降级。

16. 不把自己的职业任务与法官或者警察（的职业行为）相混淆。

17. 遵从无罪推定。

18. 不使用不公正的方法获取信息、照片或文件。

权利宣言

记者有如下的权利：

1. 自由地接触所有的信息源以及自由地调查所有对公众生活有影响的事实。除非有清晰的原因，才可以被阻止接触信息源。

2. 遵从良心。

3. 明白任何决定都可能影响到他/她所工作的公司的日常运作。

4. 具有职业地位。

5. 作为工作的一部分，不断接受教育和职业锻炼。

6. 社会和专业的现状对职业需要提出了要求。在集体协议内的个人合同应当保证他/她的经济安全和独立。

7. 获得承认和报酬是记者的权利。

8. 尊重新闻产品及其内容形式。

博兹瓦纳
（Botswana）

新闻伦理规范*

前 言

在博兹瓦纳，对言论自由的维护和获取信息的权利是密切相关的，媒体应竭力收集并报道消息和新闻，并尽可能保证内容的真实性。在媒体活动中，媒体认为公民有权要求社会维护其尊严及不可侵犯的隐私权，公民有对不公正的侵犯做出反抗的权利。新闻界鼓励新闻工作者对不寻常的事实发表感受，并且拥有不存偏见地报道这些事实的能力。

应 用

这一规范将会制约媒体从业者、媒体所有者、出版人以及媒体机构的行为与实践活动，使其受博兹瓦纳新闻委员会的伦理约束。

媒体应该服从于其自身的伦理规范，这一规范和博兹瓦纳新闻委员会的实践是相结合的。

一般准则

媒体从业者必须保持高度的职业规范和道德操守。

---

* The Botswana Code of Ethics，http：//www. rjionline. org/MAS – Codes – Botswana – Press，摘录于 2015 年 3 月 12 日。该规范由博兹瓦纳媒体伦理规范新闻委员会制定。

媒体从业者必须发挥他们的作用，负责且专业地为公众传播信息、履行教育与娱乐功能。

必须通过相关程序以保证传播的是准确且均衡的信息，并且他们对事件的评论要真实可靠。

决不能发布明知是错误的消息，也不能对他人做出不确定的断言以企图损害其名誉。

媒体从业者的一般义务

媒体从业者有义务保持高度的职业规范和道德操守，要做到诚实、公正，要做收集报道与解释消息的勇者。

媒体从业者要尽力消除新闻压制和审查，以时刻维护言论自由和大众传播原则。

良好行为

准确性

在编辑报道时，媒体从业者必须合理审核相关事实，报纸编辑、发行者与其他媒体必须要谨慎发布准确的材料。在媒体机构发布报道之前，相关新闻工作者与编辑必须严格按照程序确保报道的准确性。媒体从业者不能脱离事件的来龙去脉来歪曲事实，进行不实报道。

对于可能对个体、组织或者公众造成危害的消息应给予特别关注。在报道不道德行为之前，媒体从业者必须严格按照程序确保报道内容中含有个人或者相关组织的回应。

报道失误和更正

如果媒体机构发现自身发表了一篇内容严重失真的报道，该媒体机构应立即在与该报道同等重要的位置刊载一篇更正报道；如果媒体机构发现自身发表了一篇对相关个人或组织的名声造成伤害的错误报道，该媒体机构应立即在相应位置发表一篇道歉声明。

新闻委员会认为媒体机构在新闻报道工作中，要公正、准确地进行任何新闻调查。

回应与反驳的权利

当个人或组织认为媒体报道中包含有关自身的不准确消息或者受到不公正评判时，相关媒体机构应给予该个人或组织以回应的机会。

评论、猜测与事实

媒体从业者在发表的新闻信息中，应该对事实、猜测和评论有明确的区分。评论是基于事实所表达的诚实的观点，媒体从业者不能将评论和猜测表达为确定性的事实。

职业规则

不正当压制或影响

由于（信息传播时会受到）广告主、公司、政党或者利益相关者的压力和影响，所以，媒体所有者、出版者以及媒体从业者绝不能压制或者歪曲公众有权知道的信息。

媒体从业者绝不能屈从于文化的、经济的或政党的，意图影响传播内容的威胁。

公共利益

媒体从业者应该为公共利益工作，不受到来自任何方面的干扰。

付费信息

媒体所有者、出版者和媒体从业者绝不能因为现金报酬、礼物和奖金而发表或者压制相关报道，也不能省略或篡改关键事实。

媒体所有者、出版者和媒体从业者决不能给普通群众钱财来获取信息源，除非其中有确切的公共利益。（当信息是有偿获取时，媒体所有者、出版者和媒体从业者应该注明）

调查报道

在我们的法律中，一个人被证明有罪之前他／她都是无辜的，媒体机构有权告知公众警方对嫌犯的逮捕和庭审的相关情况。除非基于公共利益的考虑，在一般情况下，媒体机构不应该曝光没有被警方正式定罪的嫌犯的名字。

当媒体机构报道一项犯罪调查时，正常情况下，该机构应持续报道这一调查的后续发展。

隐私

媒体从业者在不经当事人同意的情况下，擅自侵入其生活并对其私人生活进行报道的行为，在正常情况下是错误的，只有为了公共利益而对他人的私人生活进行报道时才是合情合理的。这一合理的情况包括：侦查或揭露犯罪行为和反社会行为，保护公众健康与安全，防止公众受到被公开谴责的人员在私下传播的错误言论与行为的误导。

对悲痛与震惊的侵犯

当报道关于个人的悲痛与震惊情绪时，应采用同情与谨慎的方式报道。

采访与拍摄儿童

在没有父母或者法定监护人同意的情况下，媒体从业者不得采访并拍摄16周岁以下的儿童。

当采访和拍摄生活困难或者残疾的儿童时，媒体从业者应给予当事人以同情与关怀。

不经校方或者教育机构管理者的同意，媒体从业者不得接近或者拍摄处在学校或者类似机构中的儿童。

犯罪案件中的儿童

媒体机构决不能报道16周岁以下儿童的姓名，不论该儿童是否为嫌疑犯或已被定罪。

犯罪事件中的受害者

媒体从业者决不能明确报道性暴力的受害者，也不能在报道材料中出现能识别他们身份的相关信息，除非受害者同意相关报道或法律授权他们这样做。

无辜的朋友亲戚

媒体从业者决不能明确报道疑犯或罪犯的朋友与亲戚，除非对他们的报道对案件和法律程序的完整性、公正性和准确性是必要的。

信息收集

媒体从业者在收集信息的过程中应该使用公开的方法，并且表明他们的身份。总体而言，媒体从业者不应该通过谎言、欺骗或隐蔽手段来搜寻和获取相关信息或图片。

秘密收集信息的方法只能用于公开方法收集信息失败，且是为了公共利益的情况下。例如，隐性采访的方法在这种情况下可以使用：隐性采访可以帮助检测或揭露犯罪活动，或将带给我们明确的信息以保护公众。

编辑规则

敌意与弱势群体

媒体机构决不能发布意在引起人们对种族、民族、国籍、性别、残疾、宗教或政治背景产生敌意和仇恨的报道材料。媒体机构在进行与此相关的报道时，必须尽最大努力避免传播助长民族仇恨、对弱势群体非人性化歧视的内容。没有经过个人的同意，坚决不能发布非人性化和降低品格的图片。

民族安全

媒体机构决不能出版或传播侵害博兹瓦纳国家合法安全利益的消息，这些消息包括军事安全、战略安全与国防相关的情报信息。

这项规定并不阻止媒体曝光安全部门、情报部门和国防部门的腐败问题，也不妨碍媒体评论这些部门财政支出和整体表现。

抄袭

媒体从业者决不能抄袭。抄袭是指未经创作者的同意或不标注来源，而擅自采用其作品或想法。

信源保护

当媒体从业者承诺对信息源进行保密时，便应当严格执行，除非信息源自身公开信息。

刚 果
（Congo）

新闻工作者伦理规范 *

第一条 媒体始终自由地收集、处理和传播新闻、意见及评论；这种自由与公众知情权和言论自由的权利不可分割。

第二条 在日常工作中，新闻工作者在报道个人或社会事件时应公平、准确、诚实、有责任感、独立以及正派。

第三条 应当无偏袒地处理所有问题，公正地呈现所有有争议性的话题。

第四条 对于经过署名的、同意发表的或用笔名发表的所有文本（书面的或口头的）应承担所有责任。

第五条 在职业生涯的日常工作中，应当避免以下行为：辱骂、诽谤、蓄意制造绯闻、中伤、未经核实地谴责他人、篡改文档、歪曲事实、说谎，以及煽动（宗教的、种族的、部落的、地区的或人种的）仇恨和颂扬负面价值。

第六条 始终准确、诚实、公正地报道已查清的事实，从而寻求真相，不能通过恐吓或滥用他人的信任获得消息。

第七条 不接受新闻来源处的任何礼物，不能利用报道或不报道作为交换条件获得利益馈赠或礼品赠送，不能以出版、扭曲或镇压新闻为条件而获得酬劳。

第八条 确认所有信息来源，谨慎地处理、引用它们，保护明确要求保密

---

* Democratic Republic of the Congo Code：Code of Ethics of the Congolese Journalist，http：//www. rjionline. org/MAS – Codes – Congo – Code，摘录于 2015 年 3 月 2 日。该规范于 2004 年 3 月 4 开始采用。

的来源，同时注明、指出引用材料的原作者。

　　第九条　禁止通过以过分强调、放大、省略或操纵的手段来表达、改变或歪曲事实，应当公正、真诚地处理他人的意见、新闻标题和评论。

　　第十条　自觉地更正那些被证明部分不准确或全部不准确的信息，不惜代价地刊载这些更正，即使报道中涉及的个人没有要求（媒体）进行回复、修正和阐释。

　　第十一条　尊重个人的尊严、隐私和个人的私密领域，尊重公共机构和政府，遵守公共秩序以及良好的道德标准。

　　第十二条　促进民族文化、公民责任感的提升以及共和国宽容美德的形成，发扬观点多元主义、民主以及人文主义的普世价值观：和平、平等、人权、社会进步。

　　第十三条　在报道可能危及国家和社会的重大利益的事实时，应表现克制。

　　第十四条　团结同行新闻工作者，遵从行业最高委员会下达的决策或指令。

　　第十五条　拒绝为未发表的文章发表更正。

新闻工作者的权利

每一个新闻工作者都必须明确以下权利。

　　第十六条　保护新闻来源。

　　第十七条　自由接触所有信息来源的权利，自由地调查所有对公众生活有影响的事实的权利。在这种情况下，当私人或公共事务对新闻工作者保密时，需要明确说明保密动机。

　　第十八条　拒绝任何与他/她所工作的媒体规范总方针相违背的其他条款，拒绝任何在总方针中没有明确阐明的其他条款。

　　第一款：根据"良心信条"，新闻工作者不能被迫做出与自身信念、名誉、荣誉以及道德礼仪相违背的职业行为或意见表达。

　　第二款：如果涉及与"良心信条"相冲突的情况，新闻工作者可以取消与公司的合同，这种情况相当于正常的离职。

第十九条 新闻编辑人员必须完全地被告知所有可能影响公司发展的重大决定。在做涉及新闻团队架构的最终决定，如招聘、解聘、调职或升职前，必须与员工协商。

第二十条 考虑到职能和责任，新闻工作者有权不仅从集体合同，而且从个人的合同中受益，来保证自身工作的物质回报和道义上的安全性。新闻工作者的薪水应当与其所承担的社会角色相匹配，以确保经济独立。

第十一条 新闻工作者应承诺，在职业生涯中遵守以上条款。专业的新闻工作者应当谨慎对待现行规范。

埃 及

（Egypt）

新闻报业伦理规范 *

作为埃及的新闻工作者，我们珍视新闻记者的职业荣誉，笃信记者意识同舆论意识之间的联系，特颁布本章程并将坚定地加以遵守。

新闻业这一概念同新闻自由紧密相连，它们只接受人民的监督。

捍卫新闻业荣誉的权利，同宪法赋予个人和公众捍卫自由的权利密不可分；保卫新闻工作者的尊严及相互间的友谊，同新闻业的荣誉密不可分。

新闻工作者的活动，应该建立在揭示真相以及对国家、人民、土地及其历史、自由、荣誉、价值、原则和利益保持忠诚之心的基础上。

据实报道是各类新闻工作者的职责。记者有权捍卫真相，就像他们有权根据法律的正义和至高无上来捍卫其职业荣誉一样。尊重埃及所有家庭的自由和美德，是新闻工作者的信念。

保护公众舆论和公众品味不受伤害，是新闻工作者的神圣职责。

记者的尊严源于他们所在的国家和所从事的职业。

为维护新闻业的荣誉，以下六个基本观点需加以认同。

1. 记者，不论职级高低，禁止彼此间相互伤害，禁止相互间剥夺权利。记者间不应相互侵入或干预对方的工作职责，不应强迫他人违心去做任何可能影响其职业表现或社会角色的事情，包括强迫他人交代秘密的消息来源。

---

* Egypt Code：Supreme Council of the Press Code of Ethics, http：//www. rjionline. org/MAS – Codes – Egypt – Ethics，摘录于 2015 年 5 月 15 日。本规范由埃及最高新闻委员会制定，发布于 1983 年。最高新闻委员会并不是一个新闻评议会，而是一个由政府控制的机构。

2. 记者应努力实现公民的权利，尤其是知情权。记者不应向公众隐瞒其已知的事实，也不应夸大其词或扭曲事实。

公民有权维护尊严，有权防止新闻报道、相关绘画或图片对其名誉的损害，有权防止媒体和记者在法庭宣判之前对其进行不当评价。

3. 记者不应从本职工作中非法牟利，也不应发布带有偏见的信息。

4. 应向公民传播真实的新闻，所发表的评论也应秉持公心、有理有据。在对相关意见和观点进行呈现时，力求诚实。

5. 记者的职责具有完整性，不应以遵命行事为借口而将分内的工作抛给主编。

6. 记者享有以下特权：

有依照法律表达自身观点并尊重他人观点的权利；

有保护自己不受任何物质或道德侵犯的权利；

有依据其工作特性而要求获得真实信息的权利；

有揭露向其提供虚假新闻和欺骗性信息人士的权利，也有披露因对权势者恐惧而故意否认之前提供的信息人士的权利。

记者不得剽窃。

享有相关法律法规及行业传统所保障的各项完整权利。

本章程执行的关键，是新闻工作者对本章程的基本原则和精神在意识上的高度认同和信任。

埃塞俄比亚
（Ethiopia）

新闻工作者专业伦理规范 *

1. 新闻工作者有义务向公众告知官员的不法行为。必须有证据证明信息（的可信性）。

2. 承认公众有获取信息的的权利，新闻工作者有义务基于准确的信息揭露真相。

3. 新闻工作者应投身职业并且不断丰富阅历和知识。

4. 新闻工作者不得散布危及国家统一、安全和主权的信息，不得在人民中散布引起分裂或动摇和平、促进或挑起种族歧视、部落主义以及宗教歧视的信息。

5. 在涉及通过匿名消息来源获得信息时，新闻工作者应遵守职业秘密。

6. 新闻工作者不得在作者允许前使用任何属于该作者的材料。

7. 新闻工作者必须思想敏锐、谦逊、值得信赖，并且一丝不苟履行职责。

8. 新闻工作者不得散布诋毁他人或组织的信息。

9. 如果新闻工作者发布了损害个人或组织名誉的信息，应该同时发布个人或组织的否认或回应。

10. 新闻工作者必须维持职业和协会的正直性。

11. 新闻工作者不得参加社会上或道德上令人无法接受的活动。

---

 * Ethiopia Code：Professional Code of Ethics，http：//www. rjionline. org/MAS – Codes – Ethiopia – Ethics，摘录于 2015 年 5 月 3 日。该规范由埃塞俄比亚新闻自由记者协会制定，并于 1998 年 12 月在其全国代表大会上通过。

12. （a）新闻工作者不得向公众呈现淫秽文学、图片、电影或败坏文化的内容。

（b）新闻工作者应从主观判断中识别新闻。如果完全是其个人观点，必须清楚明白地指出来。新闻工作者在履行义务时，不应被自己的情绪所控制，也不应追求个人利益。

13. 新闻工作者不得在未经信息源同意的情况下，透露自己在完成任务过程中可能获得的信息来源和国家机密。

14. 新闻工作者不得拒绝编辑、发布应该为公众所知的信息，无论是出于谨慎、不充分的理由还是回避责任。

15. 新闻工作者不得利用他所发表的新闻、评论、节目、照片或电影直接或间接地接受贿赂、礼物或其他好处，从而给新闻行业丢脸。

16. 新闻工作者不得为希望通过媒体得到宣传的个人或组织充当宣传者。

17. （a）新闻工作者不得滥用职业以获取非法利益。

（b）新闻工作者不得参加与职业相悖的活动。新闻工作者应立即修正他（在报道中）所犯下的针对某个人或组织的错误。

18. （a）新闻工作者应与其他专业的同事密切合作。

（b）新闻工作者不得为了个人名誉或其他利益而试图伤害其他新闻工作者或阻碍他们的活动。

19. 如果新闻工作者在履行任务的时候遇到问题，协会应当与相关人士合作，尽最大努力援助该工作者。

20. 关于伦理规范的执行。伦理规范应当由埃塞俄比亚新闻自由记者协会独家实施。

21. 专业新闻工作者应接受包含伦理规范在内的法规的约束。

22. 协会所做的决定将适用于任何违反伦理规范条款的专业新闻工作者。

23. 伦理规范的修订：当埃塞俄比亚新闻自由记者协会（EFPJ）全体会议中的百分之七十五支持时，规范条款应当被修订。

加　纳
（Ghana）

新闻工作者协会伦理规范 *

第一条　公众获得真实信息的权利

1. 新闻工作者的职责是撰写并报道事实，始终牢记服务公众的责任。

2. 公众有权获得公正、准确、平衡和全面的资讯，同时有权通过媒体自由地发声。

3. 新闻工作者应当进行充分的询问并反复核实事实。

第二条　社会责任

在收集和传播信息时，新闻工作者应当时刻谨记对广大公众的责任以及各种社会利益。

第三条　职业操守

新闻工作者不应接受贿赂或任何形式的诱惑，从而影响其专业职责。

第四条　剽窃

1. 新闻工作者不应剽窃，因为这是不道德且违法的。

2. 当需要用到其他材料时，应当注明来源。

第五条　尊重隐私和人格

1. 新闻工作者应当尊重个人权利，尊重隐私及人格尊严。

2. 只有在符合公共利益的时候，询问和侵犯一个人的私人生活才被视为

---

* The Ghana Journalists Association Code of Ethics，http：//www.gjaghana.org/index.php/code – of – ethics，摘录于 2015 年 6 月 1 日。该规范由加纳新闻工作者协会全国委员会（GJA）制定，发布于 1994 年 7 月 27 日。

是正当的。

3. 新闻工作者应当禁止诽谤、中伤他人及传播淫秽信息。

第六条　尊重国家和民族价值观

新闻工作者不应当撰写基于种族、肤色、信仰、性别或性取向而进行歧视的文章。

第七条　匿名消息来源

新闻工作者必须保护匿名消息来源。

第八条　压制新闻

在任何情况下，新闻或出版物都不应当被镇压，除非它涉及国家安全或公共利益。

第九条　更正

无论何时，出现不准确的或误导性的报道，都应该立刻更正并将其放在显著的位置。在适当的时候应当致歉。

第十条　回复

1. 应该给予个人和组织公平的回复机会。

2. 报道中涉及（损害）个人或组织名誉却没有给他们回复机会，这是不公平的，新闻工作者必须避免这一现象。

第十一条　不符合事实的评论

尽管新闻工作者可以在事件中自由地选择立场，但他应该对评论、猜想和事实划定清晰的界限。

第十二条　信息和图片

1. 新闻工作者只能通过光明正大的方法获取信息、图片和证据。

2. 只有在涉及公共利益时，使用其他手段才是正当的。

3. 新闻工作者有权因个人良心上的反对而拒绝使用其他方法。

第十三条　尊重禁令

新闻工作者应当尊重针对文章的禁令。

第十四条　性侵受害者

新闻工作者应当避免公布性侵案中受害者的身份。

第十五条　未成年人

新闻工作者应当保护未成年人的权利，在刑事案件或其他事件中，在采访或拍摄前应取得父母或其监护人的同意。

第十六条　个人的不幸和痛苦

在涉及个人的不幸或痛苦时，新闻工作者应机智地、有策略地收集和发布信息。

第十七条　新闻头条与哗众取宠

报纸的新闻标题应当是由它所包含的内容决定的。照片和电视节目应当对事件进行准确的描述，不应为突出事件而断章取义。

几内亚
（Guinea）

~~~~~

记者协会道德准则 *

1. 法律规则

1991 年，国会授予国家通信委员会（CNC）在媒体领域的纪律处分权力，因此，CNC 可以在下列情况下撤回任何记者的职业身份：

（1）如果该记者已被判处剥夺民事权利，且没有获得赦免；

（2）如果该记者犯下了职业过错（其严重性由 CNC 裁定）。

一旦撤回了职业身份，国家通信委员会也可以给予其纪律处分。

这些处分依照严重程度分为：正式通知、警告和临时停牌。要注意的是，由 CNC 做出的所有决定均可以上诉到最高法院。但是，对新闻业的治理须由几内亚记者协会和报业评议会根据明确的职业规范来进行。

2. 序言

获取信息、发表言论和进行批评是每个人的基本自由和权利，也是建立民主、正义和自由的社会的基石之一。

出于胜任工作的需要，记者有权通过培训来获得足够的专业技能，并扩大视野。几内亚记者应得到体面的经济条件和足够多的薪水，以保证他们在物质和精神上的独立。他/她有权要求工作上的安全保障。在职业活动的过程中，

---

* The Association of Guinean Journalists' Code of Ethics, http://www.rjionline.org/MAS – Codes – Guniea – Ethics，摘录于 2015 年 4 月 30 日。该规范最初由几内亚记者协会（AJG）于 1991 年起草。2004 年，几内亚媒体指导委员会（OGUIDEM 或称报业评议会）对其进行了修订，以便将私有印刷媒体、卫星电视和互联网等新的媒体形态涵盖进来。

记者必须受到保护，免于遭受可能危及身体健康的任何攻击。

在信息的收集、处理和发布过程中，记者对于公众的责任，永远高于其对国家或私人决策者的责任。

必须承认，出于国家的和平统一以及社会稳定等原因，记者报道的使命有时应加以限制。

很明显，只有在物质条件的独立和职业尊严能够得到保障的条件下，新闻记者才能在工作实践中完全地承担起自己的职责。所以，通过其聪明才智来进行客观、诚实、公正和不偏不倚的报道是记者的职责和义务。

任何时候记者在采访和发布信息时都应该表现出对人性尊严、隐私和人民权利的尊重。这也是本伦理准则列举几内亚记者职责和权利的目的所在。

3. 记者的权利

在工作中，记者享有以下基本权利。

（1）表达权

记者有在特定场合表达观点的权利。

（2）获取信息的权利

为了更好地进行报道，记者享有知情权，也只有这样，才能发布可靠的新闻。

（3）保护新闻来源的权利

记者享有通过各种手段尽力保住其信息来源不被曝光的权利。记者应努力保护信息来源，即便信息来源欺骗了他/她。

（4）拒绝的权利

记者有权拒绝任何要求其违背自身信念和所在媒体编辑方针的指令或操控行为。

（5）获取记者证的权利

出于工作需要，记者有资格获得由相关机构颁发的记者证。

4. 记者的职责

记者在收集、处理和发布信息方面的基本义务如下。

（1）应尊重事实的准确性，无论其后果如何，都要始终坚信，公众有权知道真相。

（2）只能发布其来源、真实性和准确性已得到确认的消息。

（3）不要将自身置于利益冲突之中：记者一定要分清其职业利益和个人利益。

（4）不得隐藏信息、歪曲事实、篡改文本和文件以谋取利益。

（5）应尊重个人隐私。

（6）除非是出于公共利益的需要必须获取某新闻，或是为了保护自身的安全，否则记者均需以公开的方式来进行工作。

（7）拒绝诽谤、剽窃和毫无理据的控告。

（8）不要将记者的工作同广告商或宣传者相混淆。

（9）记者不应接受广告主让其违背职业道德的任何直接或间接指令；杜绝软广告。

（10）顶住压力，只接受新闻编辑室领导的编辑指令；遵循所在新闻媒体的编辑政策。

（11）无论是在个人私生活还是公共行为中，均以能为其带来职业荣誉和同行赞誉的方式来行事。

5. 与兄弟媒体的关系

我们建议，在进行新闻实践时，记者应该：

（1）在同业者中促进彼此的团结；

（2）报刊记者和广播记者之间进行工作经验交流；

（3）禁止人身攻击；

（4）不得敲诈记者同行。

科特迪瓦
（Ivory Coast）

新闻工作者权利与义务规范 *

前　言

知情权、言论自由权和批评权是人类最基本的自由之一。

新闻工作者所有的权利和义务源于公众有了解所有新闻的权利。

新闻工作者对于公众的责任必须优先于任何其他的责任，尤其优先于他们对其雇主和当局的责任。

新闻工作者告知信息的使命必须与相应的限制（义务）相伴。

新闻工作者要在他们的职业中被尊重，保证他们独立与体面的物质条件是必要的。

这就是列出新闻工作者权利和义务的目的。

新闻工作者的义务

在新闻工作者为公众寻求、报道和评论信息时，他/她的基本义务如下。

第一条　尊重事实，不论会带给自己怎样的后果，因为公众有权知道真相。

第二条　只发布来源、真实性和准确性都已经过检查的信息。如果没有检

---

*　Ivory Coast Code: Rights and Duties of the Ivoirian Journalist, https：//accountablejournal-ism. org/？/ethics－codes/Ivory－Coast－Journalist，摘录于 2015 年 7 月 1 日。该规范于 1992 年 8 月经科特迪瓦新闻报业代表采用。

查，该信息应当保留（不予发表）。永远不压制关键信息，不对言论、文本或文档造假。

第三条 在所有地方和所有情况下，都要捍卫新闻工作者告知、评论和批评的自由。作为首要规则，应当谨慎、公平、诚实地发布信息。

第四条 不使用不公平的方法来获取信息、照片、图表或文件，不能把自己的角色与警察的角色相混淆。

第五条 永远不要把新闻工作者的工作与广告商或宣传者相混淆。不接受任何来自广告商、被选举人员或被任命官员直接或间接的指令。

第六条 抵制任何压力，只接受由编辑部的编辑发出的编辑指令。为自己所有的作品承担全部责任。

第七条 拒绝接受任何现金，拒绝接受对方提出服务要求而进行的补偿，无论它的价值或来源如何。新闻工作者应避免为一己私利而利用自己的工作。

第八条 永不透露报道中那些自己知道的（要保密的）事实，以便保护消息来源。

第九条 避免从事任何违反社会伦理的行为，这些行为包括部落主义、排外、叛乱或对犯罪的煽动、冒犯公共礼仪、煽动战争和反人类罪行。

第十条 尊重个人隐私。所有受访对象的声誉和尊严必须得到尊重。避免发布的信息侵犯别人的隐私。

第十一条 更正任何已发表、被证明是不准确的信息。

第十二条 避免剽窃、诽谤、诋毁和毫无根据的指控。

第十三条 不以低工资申请可能使同事被解雇的工作职位。

第十四条 只在与专业荣誉有关的情况下承认同事的管辖权。

新闻工作者的权利

每个新闻工作者都必须有以下权利。

第一条 信息来源得到保护。

第二条 自由接触消息来源、自由调查所有对公众生活有影响的事实。公共和私人企业的秘密只有在清楚阐释其对新闻工作者不公开的原因后才能不被公开（才能例外使用）。

第三条　拒绝任何与他/她所工作的公司的总方针相反的命令，也拒绝任何人发布的不清晰的命令。

依据"道德条款"，新闻工作者不得被迫从事或发表与自身信念、荣誉、名声或道德利益相反的工作或意见。

在与"道德条款"相冲突的情况下，新闻工作者可以不遵守公司契约，这种情况视为正常的离职。

第四条　新闻编辑部成员必须完全被告知任何重要的可能影响其在公司生活的决定。至少在任何关于考察有关组成人员，如招聘、解雇、转让或晋升新闻工作者的最终决定时必须征求新闻工作者的意见。

第五条　考虑到使命和责任，一个新闻工作者，不仅应该在劳资双方代表进行的谈判时具有优势，而且其个人合同应该能确保他/她工作上的物质和精神安全，相对于他/她的社会角色，工资应该足以保证其经济独立。

第六条　每名新闻工作者保证遵守该规范。专业新闻工作者职业守则也应尊重当前规范。

肯尼亚
（Kenya）

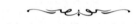

新闻行为准则[*]

序 言

公众的言论自由和知情权，是培养和维持一个民主社会的基础。

记者的首要职责是尊重真理和尊重公众获知真理的权利。

要以保护公共利益的方式来平衡公众知情权和个人隐私。

媒体行业指导委员会的成员谨以本行为准则作为肯尼亚新闻实践的基石。

1. 准确性和公正性

a. 记者的根本目标是就公众关心的问题进行公正、准确且不含偏见的报道。事件的各个方面都应该被报道，在报道中处于不利位置的那一方的观点也很重要。

b. 一旦发现所发表或播出的报道中含有错误的、误导性的或者侮辱性的内容，应该及时更正。更正中应提供正确的信息，若非被明确要求，不应重述过失性内容。

c. 如果有必要，需在报刊或广播中致歉。

d. 不应发表缺乏准确性和公正性的报道。记者不应具备党派性，同时须在报道中分清评论、猜想和事实。

e. 一般来说，应该避免耸人听闻的标题。标题应与内容相符。在陈述中包含指控性内容的标题应该标明出处或带上引号。

---

* Code of Conduct and Practice of Journalism，https：//accountablejournalism.org/？/ethics – codes/Kenya – Journalism，摘录于 2015 年 7 月 28 日。本行为准则于 2001 年由媒体行业指导委员会发布。

2. 答复的机会

如果个人或组织提出了需要答复的合理要求，应给予他们一个公平的机会。如果当事人以信件的形式提请对错误进行更正，编辑有权利裁定是全文发表或编辑、删节后发表，尤其是当信件特别长的时候。但所发表的部分应该是对某个指控的有效回复。编辑不得忽略或者回避答复信件中的关键性内容。即便编辑对答复信中事实的准确性存有怀疑，也应将其发表，但可以发表社评去质疑其真实性。但需注意，只有当编辑从其自身角度确认这种怀疑确实成立时，才可以这么做。编辑不应该轻率地表态说："我们的报道没有问题。"以上标准同样适用于电子媒体。

3. 给编辑的信

一个决定开辟争议话题专栏的编辑没有义务公开收到的关于此话题的所有信件。可以选择公开其中一些信件的全部内容或者要点。然而，在行使这一权利时，应该确保自己是在对正反意见进行诚实、平衡性地呈现。对于一个争议性话题，编辑有权自行决定何时来结束双方或多方的争辩。

对于电子媒介而言，广播电视执照的持有人如果就事关公共利益的话题引发了争议，那么无论是在该节目中还是在其他后续性节目中，都应在同一时段内尽可能公正地去展现其中的重要观点。

同时，如果一个人的观点在争议性话题类的广播电视节目上招致批评并要求答复，那么就应该为其提供合理的答复机会。

4. 不愿透露姓名的消息来源

不采用匿名的消息来源，除非在记者和编辑已知该来源，且不交代该来源更有利于追寻真相时。当报道中的材料来自记者以外的消息来源时，须在报道中加以注明。

5. 保密

通常来说，记者有保护秘密信息来源的职业责任。

6. 不当呈现

a. 记者应时常进行自省，不以歪曲或隐蔽的方式获取信息或图片。

b. 只有在公共利益需要，且其他方式无法奏效的情况下，才能合理使用隐蔽手段来获取信息。此处的公共利益需要包括侦查和揭露犯罪行为、反社会行为以及其他恶行，保护公众健康和安全，防止公众被特定的行为或陈述所误导。

7. 报道中的淫秽色情因素

通常来说，媒体应该避免出版淫秽、低俗或攻击性的材料，除非这些材料中含有与公共利益相关的新闻价值。

同样地，应避免刊登含有被肢解的尸体、血腥场景或其他可恶的场景的照片，除非公布这些照片有利于公共利益。在涉及观众中有可能包含孩童的电视节目时，电视台须表现出极大的谨慎和责任心。

8. 为新闻和文章付费

当信息以有偿方式获得时，该信息的可信度及买卖双方的动机均将招致怀疑。因此，记者原则上应该避免为信息付费，除非此举有利于公共利益。记者也不应以牟利为动机来发布任何信息。

9. 剽窃

a. 未标明归属而使用任何人的东西，不论故意还是疏忽，都是严重违背道德的行为。然而，从别处借鉴观点可被视为公正的新闻实践。

b. 在报道中直接引用他人的话语时应明确地予以注明。通常来说，如果以他人作品作为灵感来源，那么最后的成品必须与原创作品完全不同。

10. 歧视

一般来说，媒体应该避免以带有偏见或者轻蔑的口吻来提及他人的种族、部落、家族、宗教、性别、性取向或任何身体或精神方面的疾病或障碍。这些细节都应该被避免，除非它们在新闻报道中有着至关重要的作用。

11. 对种族、宗教和教派冲突问题的报道

涉及种族、宗教和教派冲突的新闻、观点或评论应该以一种小心谨慎的方式呈现，以利于创造一种国家和谐、友好与和平的氛围。要避免挑衅性的和耸人听闻的标题。不得通过可能加剧上述领域之间的紧张关系的方式来进行新闻报道和评论。同样地，可能加剧社区之间龃龉的报道也应该被避免。

12. 录音访谈和电话交谈

除了在合理例外的情况下，未经同意记者不应录下任何人的谈话。只有出于在法律行动中或在其他一些令人信服的场合下保护记者的原因，才能算作例外。在本准则中，这些标准也适用于电子媒体。

13. 隐私

a. 公众的知情权往往需要同新闻报道中人物的隐私权进行权衡。

b. 记者必须坚持对问题的报道。

c. 在未获得同意的情况下对个人的私生活进行入侵性的调查一般是不被接受的，除非涉及公共利益。公共利益本身必须是合法的，而不仅仅是为了满足好色之徒或病态者的好奇心。个人的家庭、房屋、宗教、部落、健康、性取向、个人生活和私人事务均属于隐私的范畴，除非它们侵犯了公众利益。

d. 对于悲痛和震惊的介入。当访谈内容涉及个人悲痛或不幸时，应保持敏感和谨慎。

14. 性别歧视

在新闻主题和新闻来源方面，应平等对待男性和女性。

15. 金融新闻

a. 记者不得在公开发表前利用自己所获得的金融消息进行牟利，也不得将此消息传递给他人。

b. 记者不应该在不向编辑透露自身或其亲近家属与某个股票、证券和金融工具有着重要的利益关联的情况下，进行与之相关的报道。

记者不应该直接或通过代理购买或出售他们近期将进行报道的股票或其他证券产品。

16. 保护儿童

在涉及儿童的性侵犯案件中，无论是作为受害者、证人还是被告，其身份都不应该被公开，除非出于公共利益的需要。例如，对于虐待或者抛弃儿童的案件，记者不应在未获得其父母或其监护人同意的情况下，对其个人生活状况进行正式性的采访或拍照。在学校或其他正式机构中，在未获得校方或管理者许可的情况下，也不得随意接近儿童或进行拍照。依照这一原则，记者在采访儿童时始终应该具体问题具体分析。

17. 性犯罪的受害者

媒体不应该公开性侵犯案件的受害者的身份，或发布可能导致其被辨识出来的材料。对此类信息的公开不符合任何合理的新闻利益或公共利益，而且可能会给受害人带来社会责难和社交关系上的尴尬，也可能给其家庭、朋友、社区、宗教秩序及其所属的机构带来不便。

18. 对照片以及姓名的使用

作为一般的规则，媒体应该谨慎使用图片和姓名，避免其发表行为对相关人士造成伤害。应避免对照片进行歪曲性使用。不建议使用反映悲伤、灾难以及可能造成性别歧视的图片。

19. 无辜的亲朋好友

媒体通常应该避免公开罪犯的亲朋好友的身份，除非这对于完整、公正、准确地报道犯罪行为和法律诉讼进程来说是必不可少的。

20. 暴力行为

媒体应避免美化暴力、武装抢劫、恐怖活动等反社会行为。报纸也不应该允许其专栏发表鼓励或美化社会丑恶现象、好战行为以及民族、种族和宗教间冲突的文章。

21. 编辑的职责

编辑应该对报纸上刊登的所有内容包括广告承担责任。如果想撇清责任，那应该事先明确声明。

22. 广告

编辑不应该允许任何违反行业准则的广告得以发表。在此方面，编辑需在很大程度上依照《广告商行为准则》来办事。

利比里亚
（Liberia）

报业联合会伦理规范 *

前　言

制定利比里亚记者伦理及行为规范是为新闻行业提供参考性的行动指南，适用于利比里亚报业联合会的所有成员。

本规范的宗旨是确保成员在行使其职责时，坚守最高的伦理标准，保持最高的专业技能并维持良好的行为准则。

公众期望媒体表现出极高的责任感，且不侵犯个人以及社会的权利。

伦理及行为准则

第一条　记者应捍卫言论自由、表达自由以及信息自由。

第二条　记者应确保自己的报道没有歪曲事实。

第三条　记者应避免剽窃、诽谤、猥亵、中伤以及证据不充分的谴责。当需要引用他人的材料时，应标明引用来源。

第四条　记者应当在尊重公众知情权的情况下行使表达自由权，不应因记者个人的观点而影响所报道或评论的事实的准确性。

第五条　当公众的私生活不影响公共生活时，记者应对其加以尊重。记者

---

* Code of Ethics of the Press Union of Liberia, http：//www. rjionline. org/MAS – Codes – Liberia – Press – Union，摘录于 2015 年 5 月。该规范于 1997 年 5 月 1 日经利比里亚报业联合会总部通过。

应确保尊重他人的权利及名誉。只有在涉及公共利益的前提下，记者对私人生活的介入才是正当的。

第六条 记者不应公布或传播可能抹黑某个人或使其遭到蔑视或憎恨的恶意信息。

第七条 记者应拒绝和谴责一切贪污受贿行为。记者不得接受或期望通过发布或隐匿特定的信息或评论来获取任何好处。记者应避免与可能使其信誉遭受质疑的私人或团体的公司保持任何联系。记者应超脱于党派及意识形态分歧，以保持更高的专业标准。

第八条 记者应避免对具有种族、群体及政治影响的事件进行有偏见的报道。

第九条 记者的更正或回复应快速及时，并将其置于显著的位置。如有必要，在任何合适的时候都应该给予道歉。

第十条 记者不应刊出或广播煽动暴力、犯罪、叛乱或战争的消息。

第十一条 记者不应热衷于负面报道，不应写误导性的标题或捏造事实。记者应避免刊载耸人听闻的新闻标题，报纸的新闻标题应与新闻内容相一致。照片的内容应是对事件的准确描述，不能脱离语境而突出某个方面。

第十二条 记者应确保媒体为有分歧的观点以及反对意见提供平等的表达平台。

第十三条 记者不应刊载或报道错误的信息或未经证实的主张。

第十四条 在行使职责时，记者应着装得体，举止礼貌，避免使用不尊重的语言。

第十五条 记者不应刊载或播出有关宗教或种族仇恨的信息或主张，尤其是要避免那些煽动歧视、敌视和暴力的信息或主张。

第十六条 如果某些信息涉及个人的不幸及悲痛，记者在采访、出版及播出时，应机智对待。

第十七条 记者不应滥用假名。

第十八条 记者不应出于自私或其他无价值的目的来滥用自身权利。如果这样做了，就是对公众信赖的不忠诚。

第十九条 在新闻内容出版或播出前，记者应对事实进行交叉检查和反复核实。

第二十条 记者应对其自身之于公众的责任以及社会上的种种利益保持谨慎。

第二十一条 记者应保护秘密的消息来源。

第二十二条 记者应当确保在任何情况下，新闻的出版或广播都不被压制，除非它涉及国家安全或公众利益。

第二十三条 记者不应在所涉及的个人或组织不具备回应的权利时，就刊载或播出可能影响其名誉的报道或文章。这种不公平的做法应当被避免。

第二十四条 尽管记者可以对事件自由地采取立场，但应该对评论、猜想和事实做出清晰的区分。

第二十五条 记者应当尊重相关禁载规定。

第二十六条 记者应避免公开性侵事件受害者的身份。

第二十七条 记者应该只以正大光明的形式获取信息、图片及例证。

第二十八条 记者应保护未成年人的权利。在刑事案件或其他事件中，在对未成年人进行采访或拍摄前，应取得其父母或其监护人的同意。

第二十九条 本伦理准则与行为规范对所有利比里亚的记者及媒体机构均具有约束力，违背者将受到警告、罚款、停职乃至开除的惩戒。对于所有违背本准则的事件，利比里亚报业申诉及伦理委员会应负责展开调查，并向执行委员会提出惩戒建议。

马 里
（Mali）

新闻工作者伦理规范[*]

前 言

作为新闻工作者和媒体技术人员，我们认为获取多元信息、言论和批评是人类的基本权利之一。依法保护和享有这项权利源自权利和义务体系的必然要求。该体系的构成不仅包括道德行为准则，也包括一个让国家、新闻工作者、媒体技术人员和其他公民都能在交流空间内感受到他们相互关系的结构。

新闻工作者和媒体技术人员对社会公众的责任必须优于其他责任，尤其是优于对雇主和政府的责任。

因为享有新闻自由、肩负满足公众知情权的使命，所以新闻工作者和媒体人员倍受尊重，这也意味着对自己更加严格的职业道德要求和限制是新闻工作者的责任。新闻专业规范具有明显的社会意义，这就是本宣言转化为日常行为规范的重要原因。

众所周知，新闻工作者和媒体技术人员承诺的忠诚、正直必须在职业实践中得到体现，这在很大程度上是宣布要尊重他们的自主性和职业尊严；通过此宣言来确立这些职责和权利的重要性。

新闻工作者的义务

第一条 新闻工作者在任何情况下都必须尊重事实，因为公众有知情权。

---

* Mali Code: Code of Ethics of the Malian Journalist, http://www.rjionline.org/MAS – Codes – Mali – Journalist，摘录于 2015 年 4 月 12 日。该规范于 1991 年 12 月通过。

第二条 新闻工作者只能发布已经核实的信息，如果信息未被核实，则需要提前表明。作为新闻工作者，对于任何已经发表但被证明是不准确的信息都必须更正。

第三条 新闻工作者必须捍卫报道、评论和批评的自由。

第四条 只要不涉及公共利益，新闻工作者要尊重个人隐私。

第五条 新闻工作者必须避免剽窃、诽谤、散布流言蜚语、侮辱和毫无根据的报道。

第六条 新闻工作者必须尊重行业秘密，不透露所获得的带有保密条件的信息来源。

第七条 新闻工作者在任何情况下都必须拒绝任何形式的贿赂，直接或间接地表明自己的公正。必须拒绝利用发布或不发布报道的权利而谋取任何好处的行为。

第八条 新闻工作者必须承诺放弃以暴力、野蛮的方式追求轰动的行为。

第九条 新闻工作者（在报道中）禁止提及未成年罪犯的名字，也必须避免把他们的名字放在照片上，以免危及他们的未来。

第十条 新闻工作者要抵制任何压力，只能接受来自他/她的新闻编辑室的编辑指示。

第十一条 新闻工作者永远不能将自己的使命与广告商或宣传相混淆，不能直接或间接接受任何来自广告主的指令。

第十二条 新闻工作者禁止使用不公正或应受谴责的方法来获取新闻、照片或文件。

第十三条 每个新闻工作者必须为自己所写的任何内容承担责任，即使是匿名作品。

第十四条 新闻工作者必须避免盗用任何有版权的文章或视听作品。

第十五条 新闻工作者在处理与当地政府、各协会、各政党、商业界、文化界或宗教界人士的关系时，必须避免任何可能危及公正和行业独立的干涉。

新闻工作者的权利

第一条 新闻工作者在追踪新闻事件时，有权自由获得所有涉及公共生活事件的信息。只有在特殊和有明确规定的理由时，公共和私人事务的保密性才能用于阻止新闻工作者接触该信息。

第二条　新闻工作者有权拒绝雇佣合同明确规定的条文之外的任务，也有权拒绝在条文中未明确授权的任务。

第三条　新闻工作者不能被迫做出违背自己信念和良心的职业行为或意见表达。在工作实践中，不得要求新闻工作者被迫接受违反他专业水准的行为。

第四条　在国家领土的整个范围内，新闻工作者无条件地享有法律保护其人身安全和个人尊严的权利。

第五条　可能影响编辑人员在公司工作、生活的任何重要决定必须告知编辑部工作人员。

第六条　在报道新闻事件的过程中，新闻工作者有权求助于他/她认为有能力分析并对国家或国际范围内的事件发表评论的人。

纳米比亚
（Namibia）

媒体伦理规范 *

前　言

所有媒体人员都有责任保持最高的专业和伦理标准，本规范正是这些标准的基准，它同时保护个人的权利和公众的知情权。

编辑人员、出版公司、广播公司及其员工均应在行使职责时支持纳米比亚宪法第三章的《权利与基本自由法案》。

媒体产业曾承诺构建一套自律系统，而本规范正是此系统的基石。编辑人员、出版公司和广播公司不仅应确保旗下职员严格遵守本规范，还应使为出版和广播事业服务的任何人士均遵循本规范。

编辑人员和新闻工作者有必要对本规范保持尊重，无论是从字面上还是精神内涵上。本规范不应该被狭隘地理解为对个人权利的妥协，也不应被宽泛地理解为对信息出版和广播的阻碍。

编辑人员、出版公司以及广播公司有责任与媒体监察员合作以保证能快速有效地处理相关投诉。任何出版公司或广播公司一经媒体监察员发现违规，必须在显要位置或时段全文刊发针对此行为的裁决书。

伦理准则

1. 准确地报道

1.1 每一个新闻工作者在报道新闻和事件时应努力做到准确、公正和

---

* Code of Ethics for the Namibian Media, https：//accountablejournalism. org/ethics－codes/namibia－ombudsman－code－of－ethics－for－the－namibian－media，摘录于 2015 年 4 月 3 日。

客观。

1.2 每一个新闻工作者都宜参与调查新闻，以实现公共利益。

1.3 每一个新闻工作者都应在能力范围之内采用合理的方法确保由他/她撰写或记录的、将用于出版或广播的文章内容的可靠性。应充分考虑所发表的文章或所广播的主题可能产生的负面影响。

1.4 如果某报纸或广播本身曾是某名誉损害案件的当事人，则必须对相关结果进行准确、公正地报道。

2. 更正

如果一份报道的内容被发现有实质性的错误，那么编辑应立即毫无保留地加以更正。更正后的报道应该发布在显著的版面和时段，使公众能方便地关注到。

3. 答复的权利

3.1 利益受损方有权进行答复。应该制定好相应条款，以保证如果相关文章已被证实侵犯了他人名誉、尊严或隐私，则当事人能够进行答复以免于侵害。

3.2 报社、广播电视台和新闻记者有权对当事人的回应在如下范围内进行回复：对报道的错误和立场进行道歉或表达歉意，无论当事人是否有充足机会进行进一步反驳。

4. 利益冲突

4.1 报纸、广播或新闻记者必须始终避免在他们报道中引发任何形式的利益冲突。

4.2 不得出于私利的动机而践踏媒体自由、社会责任感和编辑自由。

5. 消息来源

每一位新闻工作者都遵循对消息来源的保密原则，并有对消息来源进行保护的道德义务。只有在消息来源授权的情况下，方可披露其身份。

6. 常规报道

6.1 媒体应努力展现社会现实的多样性、复杂性和多元性，并在报道妇女、儿童、少数群体、贫困者和残疾人时努力纠正社会不平衡。

6.2 媒体在呈现与公共利益无关的暴行、虐待、猥亵、暴力、药物滥用和淫秽色情的事实、观点、照片、图表和场景时，应表现出应有的责任心和敏感性。

6.3 在报道或准备报道犯罪行为或刑事案件的过程中，新闻工作者不应当：

6.3.1 公布性犯罪受害者的身份（除非受害者已成年且允许如此）；

6.3.2 公布因刑事案件而受指控的未满 18 岁青少年的身份；

6.3.3 仅仅出于告知读者或观众双方关系的目的，公布与被控告者或被定罪者有关系的人的身份，除非出于公共利益的需要。

6.4 新闻工作者不得剽窃。

6.5 新闻工作者不得助长民族间或宗教间的不和或暴力冲突。

6.6 新闻工作者在报道中应避免披露个人的种族、宗教信仰、性倾向、生理与心理上的疾病和残疾等细节，除非这些内容与新闻报道关系密切且符合公共利益。

6.7 即便法律没有禁止，新闻工作者也不能出于个人利益在所获取的信息被发布之前而擅自使用该信息，也不得为了他人利益传递这些信息。

6.8 尽管新闻工作者有权发表他自己的政治观点或其他意见，报社和广播公司也应知悉这些观点，并对团体内其他人的意见给予应有的关注。

7. 公共利益

7.1 "公共利益"包括但不限于：

7.1.1 发现或揭露犯罪以及其他严重不端行为；

7.1.2 保护公共健康，保障公共安全，保护环境；

7.1.3 防止公众被个人或组织的某些言论或行为所误导；

7.1.4 揭露公共基金的滥用或其他形式的公共组织腐败；

7.1.5 揭露权力者和有影响力的人士之间的潜在利益冲突；

7.1.6 揭露身居高位之人的虚伪行为。

7.2 一旦以公共利益的名义行事，媒体监察员将要求行为者提供一份完整的说明来阐述他/她是如何服务于公共利益的。

7.3 当报道涉及儿童时，编辑应当格外谨慎，以便最好地服务于儿童的利益。

8. 隐私

8.1 宪法将隐私权视为所有人的一项基本权利。

8.2 就新闻和评论而言，媒体应当牢记隐私权可能被合法的公共利益所践踏，因此应该对涉及私人生活和个人问题的事件给予额外的关注。

9. 骚扰

新闻记者，包括摄影记者，绝不能通过威胁、骚扰的方式来获取信息或照片。

10. 对悲伤或震惊的侵入

如果采访对象处于悲痛或震惊之中，对其采访应当体贴、同情，发布报道时也应保持敏感。但这一准则不能被理解为在司法程序中对报道权的限制。

11. 歪曲

11.1 新闻记者、摄像师和摄影师不应以歪曲或欺骗的手段来获取信息。

11.2 文件、照片和视频材料只有在其所有者允许的情况下才可调用。

11.3 只有在为了公共利益且没有其他信息获取方式的情况下，歪曲和欺骗的采访手段才能被判定为正当。

12. 尊严

12.1 每一位新闻记者都应捍卫其职业尊严。

12.2 每一位新闻记者都应尊重他人的尊严和平等权利。

13. 为报道支付的报酬

13.1 在对刑事案件的报道过程中，不应直接或通过代理人向目击者或信息提供人支付报酬，除非该材料或信息对公共利益而言十分重要且需要被发表，或在获取该信息之前，已做出了付费的承诺且此举十分必要。

13.2 不得直接或通过代理人向已定罪或认罪的罪犯或与他们有关联的人，包括家属、朋友和同事等支付报酬以获取有关视频材料、新闻报道、图片和信息，除非该内容对公共利益而言非常重要且为该信息进行支付十分必要。

13.3 新闻记者不应当接受额外的礼物或馈赠，以免损及其职业信誉。

14. 广播公司

作为对前述总则的补充，下列原则专门适用于广播公司。

14.1 暴力、性、攻击性语言。

14.1.1 当展现的场景涉及暴行、虐待、猥亵、暴力、残暴、药物滥用和淫秽色情等内容时，广播公司应承担特别的责任。

14.1.2 广播电视节目的内容不得美化暴力；不得播送煽动暴力的内容。

14.1.3 对一些严肃话题的讨论有时会包含某些在其他场合看来似乎不可

接受的内容，这一点是可以理解的。

14.2 儿童

14.2.1 在听众或观众中可能有大量儿童的节目时段，不应播送少儿不宜的内容。

14.2.2 广播公司应该对儿童频道中含有的描绘暴力的内容保持特别的谨慎。

14.2.3 应该对儿童节目中可能促使儿童模仿危险动作的内容给予应有的关注。

14.3 转折时段，观看指南和家长控制

14.3.1 免费广播应该在21点到5点间遵守"转折时段"原则。在这个时段内，可以播送更多的成人内容。但在其他时段，播送内容时应该把儿童受众考虑在内。

14.3.2 广播公司应该确保专为成年受众所做的节目和宣传不得在"转折时段"之外的时间播出。

14.3.3 为帮助受众选择合适的节目，广播公司可以提供基于年龄段的收视指南。当播送的节目中含有暴力、性行为或攻击性语言时，收视指南应提前提供。此类指南应该植入相关节目或片段之前，或植入在任何需要的地方。

14.3.4 广播公司的订购节目应尽可能地提供有效的家长控制机制，以确保订阅者能屏蔽他认为不适合全家看的节目。

15. 对本规范的修订

15.1 编辑论坛应对本规范进行年度性复审。

15.2 只有在编辑论坛召开的一般或特殊会议上商定对本规范的修订，且有2/3以上的多数会员赞成时，对本规范的修改才能生效。任何修订内容都必须在批准后的3周内写入本规范。

尼日尔
（Niger）

新闻工作者职业道德规范*

前　言

尊重事实，尊重公众对真实信息的知情权，是新闻业的基本准则。任何新闻记者均需遵守本职业道德规范，以巩固和发扬这些调控新闻行业的良好准则。

然而，记者在遵守这些原则的同时，也被赋予了一定的权利。一个自由而可信的新闻传播环境是遵守这些道德规范的外在条件。这个环境可以使新闻记者充分认识到他们作为民主国家"监护人"的角色。当然，也需要为之提供良好的生活及工作环境来加以支撑。

为了确保完成其职业所承载的职责，并且享受其使命所赋予的权利，尼日尔的新闻记者应采纳本职业道德规范，以捍卫尼日尔新闻传播业的专业原则和行为标准。

A. 新闻记者的职责

在其不间断的信息收集、整理及传播的工作进程中，新闻记者必须：

条款一　捍卫信息自由、言论自由和批评自由的权利；

条款二　为了保障新闻业的道德规范及公众对信息的神圣知情权，新闻记

---

*　Code d'éthique et de déontologie des Journalistes nigériens，https：//arnniger. files. wordpress. com/2011/07/code – dc3a9thique – et – de – dc3a9ontologie – des – journalistes. pdf，摘录于 2015 年 3 月 3 日。

者应尊重事实真相，揭示事实真相，而无须顾虑其结果如何；

条款三　只发表或传播准确、可信、平衡且可被证实的信息，这意味着，所使用的信息需核实其来源，否则就应在报道中加以说明；

条款四　时刻铭记并珍视人的生命，以及个人隐私神圣不可侵犯的原则；

条款五　及时更正任何已发布或传播的信息，只要它们被证实为不准确；

条款六　尊重机密，永不公开秘密的消息来源；

条款七　禁止剽窃、中伤、诽谤及其他没有根据的指控；

条款八　拒绝任何形式的出版腐败，抵制压制新闻的行为；

条款九　拒绝任何源自媒体负责人之外的压力或编辑指令；

条款十　在收集和传播信息的过程中培养同事之间的情谊，尤其要避免任何可能直接或间接把同事或媒体组织置于危险之中的行为。

任何专业的新闻记者都必须接受并严格遵守以上的原则，并尊重同行的评价。

B. 新闻记者的权利

在履行其职责的过程中，新闻记者享有以下权利：

条款一　能自由接近所有的信息来源并自由调查所有关于公众生活的事实真相。在此原则下，公众或个人的隐私事件只在有明显且充分理由的前提下才能被披露；

条款二　正如在就业合同中确定的一样，新闻记者有权拒绝所有与其所服务的新闻机构的宗旨和定位相违背的职位或任务；

条款三　遵从自身的信念和良知；

条款四　当新闻记者的信念与其所服务的媒介组织的编辑方针相左时，可引用良心条款；

条款五　有权知悉任何可能影响其所属机构发展的重要决定，媒体组织在做任何关于稿件、聘用、解雇、调任和记者晋升之类的最终决定前，至少应先咨询记者本人；

条款六　为了集体的利益，新闻记者应拥有与其所承担的社会角色相匹配的薪酬，并能充分地确保其经济独立，记者也有权获得在工作中得到物质保障与精神安全的合同保障。

尼日尔
（Niger）

记者道德宪章 *

前　言

知情权、言论自由权、批评自由权是每个人的基本自由之一，它构成了尼日尔民主的一个基本要素。

公众了解所有事实和意见的权利都来源于尼日尔宪章中列出的记者所拥有的权利和义务。

记者对公众的责任必须优先于任何其他责任，特别是优于对雇主和当局的责任。

尼日尔记者传播告知（公众）的使命必须受到本纲领的约束：他们的责任感使他们应有更多的责任而不是权利。

只有保护记者独立性和专业尊严的实质条件得到实现，记者的权利才能真正地被新闻行业良好地行使。

义　务

1. 记者必须捍卫知情、评论和批评的自由。
2. 记者必须查清事实的真相，并且无偏差地报道新闻。

---

* Charter of the Professional Journalists in Niger, http：//www. rjionline. org/MAS – Codes – Ni- ger – Charter. 摘录于 2015 年 10 月 20 日。该记者道德宪章 1997 年 5 月被尼日尔新闻委员会批准。

3. 记者将行使他/她的意见自由，对公众获取信息的权利给予应有的尊重。无论情况如何，新闻报道或新闻评论的事实的准确性绝不能被个人意见所扭曲。

4. 记者应该避免剽窃、口头诽谤、文字诽谤和毫无根据的指责。

5. 记者不得使用不正当的方法来获取或散布信息。

6. 记者必须纠正任何已经发布的被证明不准确的信息。

7. 任何一条无法核实的新闻必须标记出来并进行适当的保留。

8. 记者受职业保密义务的约束，他/她不得透露秘密获得的信息的来源。记者的上级也受到保密义务的约束，在这种特殊情况下，记者可能将其消息来源透露给上级。如果消息来源主动公开，或者可以清楚地表明消息来源故意误导记者，记者可以免除保密义务。

9. 记者必须尊重个人的私生活，只要这些活动不影响公共生活。

10. 一则可能使个人变得声名狼藉或被蔑视或仇恨的新闻，只有在合乎公共利益以及对公共生活很重要的情况下才能发布。

11. 在该人在公平审判后被判刑之前，记者必须视任何被怀疑，被逮捕或被指控的人为假定无罪的人。

12. 记者必须抵制和谴责任何腐败的企图。他/她不能也不应该期望通过发布或不发布某条新闻或评论来获得益处。

他/她不应该将他的工作与广告或宣传混淆。

他/她必须拒绝广告商的任何直接或间接的指示。

他/她不得帮助促销或宣传任何商业产品。

他/她必须捍卫自己和整个行业的信誉。特别是，他/她必须避免与一群可能危害信誉的人的产生任何关系。

13. 记者必须拒绝任何压力，只接受他/她的新闻编辑主管的编辑指示。

14. 记者不得申请同事的职位，也不得以较低薪酬从事与同事相同的工作而引起同事解雇。

权　利

15. 记者在行使职业时有资格自由获取所有信息资源。除了在特殊情况和明确表达动机的情况下，不得采取措施来限制该权利。

16. 作为专业人士的记者有权号召任何他/她判断有能力胜任的人去对本地或国际重要事件进行分析或评论。

17. 记者不能被迫完成违反他的信念或道德良知的专业行为或意见表达。

18. 者不用对其他人直接说的话负责任。

尼日利亚
（Nigeria）

记者伦理规范*

伊洛林论坛的代表为践行伦理规范，确认并声明如下：

我们接受本伦理规范来作为新闻业的重要支柱，并以此来提高自身的新闻伦理标准；

通过由专业人士制定的道德伦理规范和其他框架来进行自律，有助于为行业利益和社会公共利益提供最佳保障；根据尼日利亚报业委员会 1992 年第 85 号决议，委托尼日利亚记者联盟、尼日利亚编辑协会和尼日利亚报纸经营者协会来确保尼日利亚新闻业的准入和实践标准的实施；

承诺遵守本伦理规范，同时敦促所有记者遵守本规范；并且敦促尼日利亚新闻委员会与尼日利亚新闻组织共同宣扬并遵守本规范，以服务于媒体和公众的利益。

前　言

新闻需要较高的公众信任度。为了获得和保持这种信任，每一个记者和各新闻媒体需遵守最高的专业和道德标准。在履行职责时，新闻记者须时刻铭记公共利益。

真实是新闻的基石，每一个记者都应努力呈现事件的真相。

---

* Nigeria, Code of Ethics for Nigerian Journalists, https：//accountablejournalism. org/？/ethics－codes/Nigeria－Journalists，摘录于 2015 年 8 月 3 日。1998 年 3 月 18 ~ 20 日，尼日利亚新闻委员会举办了伊洛林论坛（Ilorin Forum）。在此论坛上，尼日利亚新闻组织（NPO）正式批准了本伦理规范。

新闻记者有信息传播的责任和义务。作为尼日利亚记者，我们将接受和遵守本规范作为自身的职责指南。

1. 编辑的独立性

决定新闻的内容是专业记者的责任。

2. 准确性和公正性

i. 公众有知情权。新闻业的终极目标是提供真实、准确、平衡和公正的报道，这也是赢得公众信任和信心的基础。

ii. 记者应避免发布错误的和误导性的信息；如果无意中发表了此类信息，应该及时予以更正。记者应将答复权视为新闻实践中的一个基本原则。

iii. 记者应该努力将事实从猜想和评论中区分开来。

3. 隐私

作为一般规则，记者应该尊重个人及其家庭的隐私，除非事关公共利益。

A. 只有侵犯公共利益时，个人私生活或其家庭信息才能被公布。

B. 只有出于以下目的时，发布上述的个人信息才能被视为正当：

i. 揭露犯罪或严重的不轨行为；

ii. 揭露反社会行为；

iii. 保护公众健康、安全，捍卫道德标准；

iv. 防止公众被某些个体的言论或行为所误导。

4. 特权/保密

i. 记者应该遵守公认的保密原则，不应披露秘密的信息来源。

ii. 记者不应违反保密协议，披露以"匿名"或"背景信息"方式而存在的信息来源。

5. 礼仪

i. 记者的穿着和举止应该符合大众口味。

ii. 记者应该避免使用攻击、辱骂或粗俗的语言。

iii. 记者不应以文字或图片的方式呈现耸人听闻的细节，无论是关于暴力、性行为的内容，还是关于可恶或可怕的场景。

iv. 在报道涉及个人悲伤或不幸打击的事件时，记者宜抱有同情并小心谨慎。

v. 除非为了促进公众知情权的实现，记者一般应避免披露罪犯或被指控犯罪者的亲戚或朋友的身份。

6. 歧视

记者应该避免以带有偏见的方式提及他人的种族、宗教、性别或任何身体或精神上的疾病或障碍。

7. 奖励与满足

i. 记者不应索贿或以新闻报道为条件要求对方付费行为接受贿赂，并依此发布或隐瞒信息。

ii. 要求为新闻出版付费的行为，有损于对事件进行公平、公正、真实和准确的报道。

8. 暴力

记者不应该报道或呈现暴力、武装抢劫、被公众视为恐怖活动或炫耀财富的行为。

9. 儿童和未成年人

对于涉及性侵犯、犯罪或巫术仪式的被害人、证人或被告，如果其年龄在16 岁以下，记者不得披露其姓名或身份。

10. 信息收集

记者应尽可能使用公开和诚实的方法收集信息。

只有为了保障公共利益需要时才能使用特殊的信息收集方法。

11. 公共利益

记者应该努力增进民族团结和公共利益。

12. 社会责任

记者应该促进人权、民主、正义、公平、和平与国际理解等普遍原则的实现。

13. 抄袭

在未得到他人同意的情况下，记者不得大量地或部分地抄袭他人作品。

14. 著作权

i. 在再现他人的印刷、广播、艺术或设计作品之前，记者应告知其作者。

ii. 记者必须遵守国家法律、国际法以及国际公约中所有与著作权相关的规则。

15. 新闻自由与责任

新闻记者应努力促进新闻自由并承担相应责任。

卢旺达
（Rwanda）

新闻从业者道德规范*

事先声明

公众启蒙是正义、自由和享受自由的前提以及民主的基础。它也是持续性和平、发展和安全的软性环境。

正是出于这样的原因，在《世界人权宣言》、《国际公民与政治权利公约》、《非洲人权宪章》以及卢旺达共和国 2003 年最新修订的宪法中均规定了新闻自由的权利。

出于同样的原因，记者的基本职责应是通过寻找和提供公正、准确、客观、平衡、全面的事实和议题去报道真相。

所有媒体部门和机构的专业记者，都应诚实、竭尽所能地为公众的知情权服务。

之所以强调为公众的知情权服务，是因为这是新闻记者公信力的基石，也在国际法和国家法律中受到特别保护。

记者和媒体机构为了自主地行使自身自由并得到特殊保护，须按职业规范行事。

为了确保这一点，世界范围内的记者一直确立并遵循一定的专业标准和职业道德。在许多国家，这些伦理规范被行业人士奉为圣经。

---

* Rwanda Journalists And Media Practitioners' Code Of Ethics, http：//rmc. org. rw/wp - content/uploads/2014/08/COE - ENG. pdf, 摘录于 2015 年 6 月 7 日。该规范由卢旺达新闻委员会于 2013 年 11 月 11 日修订。

正是出于这个原因，以及维持一个自由和独立的媒体角色的信念，卢旺达媒体协会同意通过道德的引导，使全国媒体从业人员遵循这一行为规范。

因此，本道德规范并不具备法律约束力，但可作为媒介伦理问题的决策依据以及媒体从业者进行自律的基础。本准则由卢旺达记者自愿拥护，并在新闻编辑室和新闻专业课堂中作为媒体行为的道德指南。

总体而言，本道德规范需在个体成员、各类委员会、协会和战略伙伴的帮助和参与下加以实施。

尽管因篇幅有限，此处不能对所有相关人士一一感谢，但我们仍想表达对卢旺达媒体委员会（RMC）、卢旺达妇女新闻工作者协会（ARFEM）、卢旺达记者协会（ARJ）以及卢旺达编辑论坛（REFO）的真诚谢意。没有他们的帮助，本道德规范难以问世。

我们也在此向《世界人权宣言》的第十九条致敬，因吸收其内涵，本规范方能与时俱进，并与传媒自律框架保持一致。我们也感谢美国国际开发署（USAID）和千年挑战公司（MCC）以及"卢旺达媒体发展项目"在条文润色和印刷加工方面提供的帮助。同时也感谢恩萨比马纳（Nsabimana）先生，这位布隆迪资深记者对于本道德规范的文本形成助益良多。

最后，我们还要向国际咨询有限公司的咨询师克里斯托弗·卡伊巴（Christopher Kayumba）博士以及卢旺达大学新闻与传播学院主任约瑟夫·恩朱古纳（Joseph Njuguna）先生表示谢意，感谢他们为提炼和润色本规范做出的贡献。

卢旺达新闻委员会主席

前　言

卢旺达记者确信，信息的自由流动构成自由、民主和持续性和平、发展和安全的基础。

本规范吸取了卢旺达政府认可的《世界人权宣言》的基本精神。

2011 年 6 月，卢旺达对新闻记者和其他媒体从业者的道德规范重新进行了审议，并阐释了卢旺达记者的权利和义务。

进行本次修订的缘由如下：

2003 年 6 月修订的卢旺达共和国宪法规定了言论、意见、良心和新闻的自由；

需重新考虑媒体的社会、经济和政治作用，并充分认识到卢旺达社会和媒体的演变特质；

对卢旺达日益扩展的媒体空间和运行框架保持警惕；

受卢旺达媒体委员会的委托——该委员会由新闻从业者创建并为之服务；

在具体条款的指导下捍卫新闻道德的基本准则，及时消除社会对于媒体和新闻记者的疑虑。

此外，卢旺达媒体委员会被一致推举为全国媒体的自律机构，负责说明和实施这些条例，并为所有具有资质或持证的记者在涉及伦理规范类问题时提供公正、迅速且富有成效的仲裁。

第一编　记者的义务

在进行信息采集、信息处理和广播、出版等职业行为中，记者享有下列义务。

第一条　捍卫普世价值观

记者应捍卫与《世界人权宣言》精神相一致的和平、宽容、民主、人权、民族团结和社会进步以及对公民个体的尊重等普世价值观。

第二条　诚信和对真理的追求

新闻工作者应憎恶谎言。他/她必须尊重事实，寻求真理，将公众的知情权牢记于心。决不应将重要信息隐而不发，或歪曲任何形式的言论、文本和文件。

应该将诋毁、谩骂、诽谤和对个人、个体组织、企业、协会、组织和国家的无端指控行为视为最危险的失职行为。

第三条　社会责任

新闻工作者必须牢记自己的社会责任。

新闻工作者只应发布原创的、诚实的和准确的信息。对于存有疑虑的信息，都应放弃，或以专业标准所要求的方式进行保留性发布。

第四条　煽动仇恨

记者应该避免发布或出版含有偏见性内容的信息，比如煽动种族、部族、人种、宗教间仇恨的内容，或者针对性别、年龄、社会地位、身体残疾、一切疾病或者他人健康状况的歧视性内容，或者其他任何使人招致歧视的内容。只有出于寻求真理以实现公共利益的需要时，才能合理地披露此方面真实、准确的信息。应杜绝任何形式的歧视。

第五条　更正，以及答复和反驳的权利

应自觉地对所发布或刊登的虚假新闻和不准确信息进行更正。在法律许可的情况下，个人和组织享有答复和反驳的权利。

出版物或广播电视中一旦发现不实信息，应该立即加以弥补，采取迅速和适当的方式撤销报道或进行更正、解释。

第六条　尊重私人生活和人的尊严

记者应尊重人的尊严和隐私。只有出于公共利益的需要时，才能出版或发布有关私人生活的任何信息。记者不应该公开嘲笑弱者。这里的弱者包括未成年人、老人、失去亲人的人和任何其他贫困人士或社会群体。

第七条　暴力和淫秽色情内容

记者应避免发布或出版包括煽动性暴力或色情类内容的信息，以及避免发布鼓励敌对行为或其他非法活动的内容。

第八条　保护未成年人和强奸受害者

当处理与强奸受害者和未满 18 岁的青少年相关的新闻时，新闻工作者应当显示出应有的敏感和谨慎。

记者不应透露强奸受害者的名字和身份，无论该受害人是否是未成年人。注意不要公布任何可能暴露受害人身份的照片，除非是出于维护受害人利益的需要。

记者同样应该避免透露强奸受害者年龄之类的信息，除非受害人同意且清楚这些信息可能导致的后果。

严禁发布儿童色情作品。在本条例中，"儿童色情"是指"任何对于 18 岁以下年龄的人，无论是真实的还是虚拟的，从事性行为的图片或行为描述；参与或协助他人参与性行为，或者为性的目的来展示或描述身体或者身体的一部分"。

第九条　职业荣誉和尊严

除非确系必要，记者应避免使用不公正的手段来获取信息、照片或图片。

记者应拒绝接受任何贿赂、钱财或实物馈赠，因为这些通常来自于希望影响或左右事件报道的人士，并将危及记者的职业操守和荣誉。

第十条　独立性

新闻工作者应能抵制任何让其修改或歪曲信息的外部或内部压力。

记者只应从社论编辑部获得社论的指导方针，并依照新闻法的规定，对其报道或评论负责。

第十一条　耸人听闻的标题和对事实的夸大

新闻工作者应避免使用任何与事实不符或与所发布、出版的内容不符的耸人听闻的标题。

标题和图片的文字说明应该是对有关报道或图片内容的合理反映。海报不得误导公众，且须是对有关内容的合理反映。图片不得进行歪曲或误导，也不应被操控。

第十二条　职业秘密和对消息来源的保护

记者有职业保密的义务。

在发布或刊登信息时，应交代消息来源。然而，如果消息来源有保密要求，则应严格保密；如果被指认出可能有损于这些消息来源时，这种保护尤为重要。

第十三条　事实与评论分开

记者可以自由地选择立场，但有义务将意见与事实分开。

第十四条　信息平衡

新闻工作者应在进行信息发布时，根据相关基本准则来保障信息的平衡。

第十五条　抄袭

新闻工作者应尊重知识产权，避免抄袭。即便某个内容来自其同事，如有必要，也需交代来源。

第十六条　记者身份与媒体官员类职位之间的不相容性

新闻专业人员不得承担媒体关系主任、公关人员、机构发言人以及其他类似的职位。

第十七条　新闻与广告相分离

信息和广告应分开。记者不应为广告署名，不应让读者在不知情的情况下

（不知道这是一则广告的情况下）阅读广告信息。

第十八条　无罪推定

对涉嫌犯罪或其犯罪事实尚待法庭判决的人士，新闻工作者应当遵守无罪推定的原则。

在处理法律信息时，应避免在犯罪嫌疑人与其种族、部落、宗教、性别以及家人或朋友之间建立关联，除非此举涉及公共利益。

在其罪名成立之前，如果犯罪嫌疑人的图片、照片被广播或发表，那么发布这些信息的记者有义务跟进诉讼，及时报道主管法院和法庭公布的最后裁决。

但是，如果犯罪嫌疑人不满18岁，记者则不应播出或发布其图片或照片。

第十九条　团结

一般来说，无论是在因其职业行为而导致的法律诉讼还是行政诉讼的过程中，记者都应根据本准则充分捍卫自身尤其是同事的职业利益。

第二十条　同行裁决权

与之前的条款相衔接，已经自愿接受本道德准则的记者也应接受卢旺达媒体委员会这个由其同行组成的独立机构所做出的相关裁决。

卢旺达媒体委员会有权敦促违反本行为准则的媒体机构发表更正或进行道歉。在极端和故意违反条例的情况下，卢旺达媒体委员会有权强行处以罚款，甚至将该媒体机构从舆论界除名。

新闻工作者应当努力了解国家管理新闻媒体的相关法律法规。

第二编　新闻记者的权利

记者在职业行为中享有下列权利。

第二十一条　免费获取信息

卢旺达《信息公开法》规定，新闻记者有权获得所有信息来源，并有权自由地进行调查，以查明与公共生活相关的事实。

第二十二条　拒绝盲从

记者有权拒绝任何违背其所在新闻机构编辑方针的指令。

第二十三条　良心条款

记者在新闻实践中可启动良心条款。可以拒绝撰写或阅读与新闻职业道德相违背的政治评论或其他社论，也可以拒绝以非职业的标准对同行的文章、广播电视内容或其他作品进行审查。

不能因以上拒绝行为而造成当事人的解雇或失业。如果发生这种情况，新闻同行应团结一致对此种行为进行强烈谴责。

第二十四条　对记者的保护

考虑到记者职业的特殊性，在卢旺达境内，记者的人身和工作财产安全有权受到法律的无条件保护，其人格尊严亦应受到保护。

第二十五条　保护消息来源

记者有拒绝透露其消息来源的权利。

绝不应该让记者或媒体机构因拒绝透露消息来源而遭受威胁。

第二十六条　咨询义务

在做出任何可能对机构的生存和发展造成重要影响的决定时，应及时告知编辑团队。

在做出对记者的解聘、转职或晋升等利益性决定前，应咨询编辑团队的意见或与之协商。

第二十七条　合同及报酬

鉴于记者的责任和义务，他们有权在享受集体福利的基础上依照个人劳动合同来确保自身在物质和道义上的安全性，也应该因其承担的社会角色而获得能保障其经济独立的工资收入。

第三编　规范的实施

第二十八条　违反本规范

违反本道德规范的行为将被卢旺达媒体委员会的伦理委员会（RMC）进行调查和评估，他们将基于自身的专业能力，依照相关条款来诚实、公正地裁决所有问题和投诉。

第二十九条　制裁

对于不遵守本道德规范的记者和媒体机构，伦理委员会将处以以下一种或多种制裁：口头警告，书面警告，暂停运营，罚款和驱逐出媒体行业。

驱逐出媒体行业的决定，须经媒体委员会的全体大会批准方能生效。

第三十条　与规范相关的投诉

每个公民都有权要求伦理委员会依据本道德规范来审查相关记者或媒介机构的道德违背行为并做出理性的裁决。吁请此类裁决是许可的。

第三十一条　答辩权

对指控违反本规范的记者和媒介，在进行任何制裁之前，必须经由委员会的听证。吁请此类决定是许可的。

第三十二条　规范解释与实施

在专门召开的全体记者大会上获得批准后，本道德规范将正式生效。

第三十三条　修订

对本规范的任何修订，必须在全体记者大会召开之前向委员会主席提出动议并列入大会议程之中方能进行。

第三十四条　条款的废止

2011 年 6 月前，卢旺达境内凡涉及新闻记者、新闻媒体或其他媒体从业者的相关伦理规则，只要与本道德规范相冲突的，一律废止。

塞内加尔
（Senegal）

~~~~~~

媒体伦理宪章 *

前　言

遵照《世界人权宣言》第 19 条的声明：每位公民都有知情权、言论自由权和批评权。

每个人都有意见表达自由，此项权利包括不受干涉地坚持自己意见的自由，以及不论媒介和不分国界地探寻、接受与传播信息和思想的自由。

从公众知情权和多样化的意见表达权中，记者获得一系列权利，但是也包括一系列义务和规则。在这方面，记者对公众的责任优先于他们对党派，尤其是对公共部门和雇主可能承担的责任。为了履行其提供真实、公正信息的义务，新闻记者必须严格遵守适用于他们的、与其工作条件有关联的，并且能保证他们独立性和尊严的规则。

该伦理宪章列举了职责和权利，并且详细说明了塞内加尔的新闻工作者应严谨遵守的伦理准则。

权利和义务

1. 在各种情形和各个地方下探索事情的真相，以便传达给公众，不论这样做会给自身带来什么样的后果。

---

* Senegal Code：Ethical Charter of Sud Quotidien，http：//www. rjionline. org/MAS – Codes – Sen-
egal – Sud – Quotidien，摘录于 2015 年 5 月 21 日。该宪章于 1993 年 4 月发布。

2. 捍卫信息自由和源于自由的权利，捍卫评论和批评的自由以及职业的独立和尊严。

3. 严禁发布任何来源未知的消息和文件，确保信息来源经过了检查。如有需要，附上必要的保留信息。避免从扭曲的文本或文档中压制消息的关键信息和元素，在有需要的时候，清楚地表明有些消息还未经过证实，要尊重合理的禁载规定。

4. 使用正当的方法获得信息、图片和文件，在探寻信息的时候声明职业身份，严禁在未说明信息来源的情况下全部或部分地扭曲事实、剽窃和复制文件。

5. 确保更正已发布信息中任何错误和不准确的地方。

6. 遵守职业保密规则，不透露在机密的条件下所获得信息的来源。

7. 履行尊重他人隐私、道德气节、荣誉和尊严的义务——前提是这一原则与公共利益相符。避免匿名的和毫无根据的指控以及诽谤、中伤、侮辱、攻击和恶意的暗示。尊重自由裁量和职业体面。

8. 拒绝任何有损记者职业独立和表达自由的利益、承诺和做法。

9. 拒绝签订广告文案，以及接受来自广告商或可能的赞助商的直接或间接的指令。

10. 只接受指定的新闻编辑室新闻工作者的命令，并且该指令要在与新闻伦理的原则和规范相符的范围内。

11. 履行记者诚实公正地传递信息的义务，始终展现出强烈的责任感和谦逊感，重述由同行写的一个或部分故事时要引用他们的名字。

12. 保证履行记者充分尊重思想观点的多元化和多样性的使命。

13. 不服务于与其工作存在竞争关系的媒体机构。然而，记者可以在由他们和新闻编辑室或出版机构共同指定的情况下，偶尔向其他的新闻机构自由供稿。

14. 避免卷入党派、政治或社会事业中，因为可能损害其客观公正地报道和评论事件的能力。

15. 不管是在新闻编辑室之内还是之外，都要选择合适的着装，注意行为举止得体，避免任何给他们工作的行业或媒体丢脸的公开的或私人的行为。

16. 坚持避免那些可能产生民族、种族、地域、宗教等的冲突——或者可能激起好战、排外和其他任何形式的排斥的行为、态度，坚持避免（发布）此类书面、口头语言或影视。

索马里兰
（Somaliland）

选举期间媒体行为规范*

　　媒体在监督选举的过程中起着重要的作用，它能通过报道选举活动和政治活动来使公众知悉事情的进展。

　　媒体对于选举过程的良好报道可以帮助人们获得关于选举活动、候选人和相关事务的公共知识和信息。媒体对于选举的报道及其对候选人平台和选举问题的分析，能为选民提供所需的信息，以便他们在选举当天做出明智的选择。它还可以为选民的参与行为提供所需的真实的信息，如日期、时间和投票地点等。

　　为了履行这个角色，必须满足媒体的如下要求。

　　所有媒体均能接触选举过程并访问其参与者。

　　记者能接触并访问到选举管理者、选举场所、候选人以及选民。

　　至关重要的是，媒体能获得公共信息。

　　媒体能在一个安全的环境里进行调查和信息发布，而不必担心恐吓或报复。

　　媒体能在免于限制和审查的情况之下自由地报道选举事件。

　　媒体能在全国自由发行，这样选民可以及时跟进了解选举候选人及全国的竞选情况，并了解到政府在偏远地区的工作情况。

---

　　* Media Code of Conduct for the 2005 Somaliland Elections，http：//www. rjionline. org/MAS – Codes – Somaliland – 2005 – Elections，摘录于 2015 年 8 月 20 日。该规范适用于 2005 年选举的报道。

不论是政府媒体还是私人媒体，在访问政党、候选人、选民、选举地点和获取相关信息时，所有媒体都应受到平等对待。

公共机构和其他有关各方应避免干扰记者和其他媒体人员的活动，以免影响选举。

必须及时公布选举结果，以预防投机行为。

外国广播媒体，尤其是英国广播公司（BBC）在索马里的分支机构，在地理覆盖面、收听率以及对选民的潜在影响方面作用明显。出于这个原因，应鼓励这些媒体机构深度报道索马里兰的竞选活动，但其报道方式应充分考虑到自身关于选举报道的行为规范并遵循下文提到的索马里兰媒体采用的行为规范。

国家选举委员会（NEC）宜对外国广播媒体的选举报道进行监督，并建立处理投诉的联络机制。

尊重编辑自由，索马里兰媒体在选举期间须遵守以下规范。

用公平、公正、平衡的方式报道选举活动。

在新闻和时事报道以及可能影响选民态度的访谈和辩论中，应确保准确、平衡和公正。

避免对执政党和反对党的政治家进行过度的、特权化的报道。

不在选举日前发布任何党派的选举消息，以消除选民做决定时的压力。

尽可能直接引用候选人和政党的原话来表述其观点，而非进行转述。

如果需要的话，应保证候选人或政党在媒体上进行及时答复的权利，并保障此权利在竞选期间能顺利行使。

确保新闻内容真实、准确、完整、上下文一致并具有相关性。

应使用公正、冷静的语汇进行选举报道；谨慎使用统计数据和术语；标题应如实反映事实。

避免通过情绪渲染的方式来处理争议性的问题。

明确标注意见和个人观点，并将之限制在评论类版面和栏目内。

明确标注广告，使其不与新闻相混淆；并确保广告的发布符合国家选举委员会（NEC）所规定的政党行为准则。

记者应如实介绍其身份，并采用诚实和公正的方式来收集、报道和呈现新闻。

兑现对消息来源保密的承诺。

不剽窃他人成果；不盲信二手消息来源。

不改变照片或图像来误导公众。

不接受来自政治家或候选人的任何诱导。

秉持公正，不对相关政党进行厚此薄彼的报道。

不用金钱购买消息来源。

国家选举委员会与媒体机构进行协商，从媒体选择两名代表为选举监督委员会服务。同时，媒体应尊重选举监督委员会依据本规范而对媒体机构进行的监督和裁决。

南　非
（South Africa）

广播投诉委员会章程 *

1. 前言

必须坚持的基本原则是，就像个人享有基本知情权和自由接受、传播意见的权利一样，电子媒体享有同样的自由并受到同样的约束。

2. 新闻报道

2.1 电子媒体必须如实报道新闻，准确而公正。

2.2 新闻应在正确的背景下，以平衡的方式加以呈现，避免以下任何有意或无心导致的事实偏离：变形、夸张或歪曲，重大遗漏，节略。

2.3 只有核实消息来源并充分考虑事实背景和重要性后，该事实才能被广播。如果某个报道没有事实根据或仅建立在意见、主张、谣言或推测之上，则报道时应明确说明。

2.4 如果对报道的内容存疑同时也有条件加以核实的话，应当予以核实；如果报道的内容尚未核实，则应当在报道中提及。

2.5 如果报道在材料方面存在失实的情况，应当及时地、毫无保留地加以更正。播出更正时，应以适当的方式突出，以便引起注意。

2.6 当报道中涉及淫秽、猥亵类的内容、照片与视频材料时，其播放的尺度应考虑当前的道德环境。电子媒体尤其应避免传播不雅或淫秽内容。

---

*　Code of Broadcasting Complaints Commission of South Africa, https：//accountablejournal-ism. org/？/ethics－codes/South－Africa－BCCSA，摘录于 2015 年 8 月 5 日。该规范由南非广播投诉委员会制定，南非广播投诉委员会由南非广播电视协会于 1993 年成立。

2.7 强奸受害者和其他性暴力受害者的身份未经受害人同意不得公布。

3. 评论

3.1 电子媒体有权对任何公共行动或具有公共重要性的事件进行批评或评论，但这些批评或评论必须诚实而公正。

3.2 评论应基于清晰、真实、公正的事实。

3.3 评论应该是意见的真实表达，同时避免恶意或不正当的动机；对事件进行评论时，所依据的事实材料必须公正而平衡。

4. 选举和公民投票

4.1 在选举或公投期间，签名人有权为其所在的政党、组织或候选人所参与的国家或地区级的竞选或公投服务，也有权在此期间对某个参与竞选的政党、组织或候选人展开批评。但其他签名人和被批评的政党、组织或候选人亦享有同样的权利。

4.2 在本条款中，"选举期"和"公投期"起始于国家总统发布进行国会竞选或全民选举的政府公告，结束于选举日或公投日最后一天投票关闭时。但其具体时间当视情况而定。

4.3 在投票开始前的 48 小时内及投票期间，如果某签名人有意广播一个对特定政党或候选人进行批评的节目，那么该签名人应确保被批评的政党或候选人在同一节目中也有合理的机会进行回应，或在批评之后尽快提供这样的机会。

5. 隐私

在处理涉及个人私生活和尊严的事情时，电子媒体应给予特殊关注和考虑。但也需牢记，合法的公共利益优先于个人隐私权和个体尊严。

6. 向罪犯支付信息费用

不得向正在从事犯罪行为或其他行为不当的人，或向罪犯或其他恶行昭著的人支付钱财以获取信息，除非此举事关社会利益且迫不得已。

7. 通用规范

7.1 电子媒体应：

7.1.1 不呈现不雅、淫秽、有害或冒犯公共道德的材料，因为此举可能冒犯一部分人的宗教信仰或感情，也可能损害不同群体间的关系，甚至可能损害国家安全和公共秩序；

7.1.2 对含有暴力和暴行的材料保持谨慎，不予呈现；

7.1.3 一部分观众有可能是儿童的节目，应保有关怀和责任心。

7.2 报道事关公众且具有争议性的问题时：

7.2.1 在呈现一档事关公众且具有争议性内容的节目时，广播方应在同一节目或在随后的一个合适时段或节目系列里努力呈现各种不同的重要观点。

7.2.2 如果个人的观点在一档事关公众且具有争议性内容的节目上遭受批评，那么只要此人有要求，就应给予其以合理的机会来回应相关批评。

南 非
（South Africa）

广播公司编辑规范*

南非广播公司董事会及管理方确认编辑独立原则和本伦理准则。本规范确认，编辑权属于编辑人员。

我们应努力披露所有重要事实，不隐瞒事实，不通过不适当的强调来扭曲事实。

我们应当意识到媒体有进一步扩大歧视的危险，应尽力避免基于性别、种族、语言、文化、政治、阶级、性取向、宗教信仰、婚姻状况以及身体或精神残疾的歧视。

我们只应以价值为标准来衡量信息，不允许广告、商业、政治或个人因素来影响我们的编辑决定。

我们应当尊重个人隐私方面的合法权益，不得做包括侵入个人不幸和痛苦在内的事情，除非在公共利益为首要考虑因素的时候。

对于野蛮、暴力、暴行和个人悲伤，我们应特别谨慎，对之保持敏感。

对重要事项的相关观点，我们应当努力寻求平衡。这个要求可能并不总是能在一个节目或新闻公告内达到，但必须在合理的时间内实现。

我们应根据新闻价值来进行判断并做出编辑决定。公正并不意味着编辑人员做到无可挑剔或给予问题争议各方以均等的意见发表时间。

---

* Editorial Code of the South African Broadcasting Corporation, https://accountablejournalism. org/? /ethics - codes/South - Africa - SABC, 摘录于 2015 年 6 月 15 日。该规范由南非广播公司董事会及管理方制定。

我们应努力关注和呈现可能影响到个体和社会的问题，以服务于公众的知情权。

我们不忠实于任何利益集团，仅对公众的知情权负责。

我们不应接受礼物、好处、免费旅游以及特殊的待遇或权利，因为此举可能会危及我们的诚信。任何此类待遇应予以公开。

我们在获取任何用于广播的信息之前，应进行核实。作为一般规则，新闻活动应公开进行。隐蔽式的信息获取方式只能在出于公正的需要时采用，且应做到不违法，不侵犯他人隐私。而且，以此方式获取的信息应该是对公众来说十分重要且无法以其他公开方式获得的。

我们不应泄露秘密的信息来源。

我们将尽最大努力准确、及时地广播任何信息并及时发现任何偏见和不实之处。

我们要对观众和听众开诚布公，因为我们的报道向公众负责。

南苏丹
（South Sudan）

印刷媒体的道德规范[*]

前　言

我们需要认识到言论自由的重要性，它不仅是个体的基本人权，更是民主的基石，是确保尊重所有人权和自由的途径。

言论自由作为一项基本人权在许多法律中被广泛认可，包括《非洲人权和民族权利宪章》、《非洲言论自由原则宣言》、《世界人权宣言》、《公民权利和政治权利国际公约》，以及《全面和平协议》和《南苏丹宪法》。

言论自由不仅保护印刷媒体出版的权利，而且保护公众从不同的媒体获得高质量信息的权利。

媒体必须承认他人的权利，必须时刻尊重人类尊严。

媒体要接受在任何时刻都遵守最高道德标准的要求。

媒体要作为公共部门的监督者，去报道涉及公共利益的事，揭露和报道公开讨论和批评的事，这是媒体的责任。

要注重媒体在促进和平和保护人权中所扮演的角色。

下面的准则应当指导每一个在南苏丹印刷媒体行业工作者的工作和行为。

---

* Code of Ethics of the Print Media in Southern Sudan，http：//www. article19. org/data/files/pdfs/other/sudan－code－of－ethics－juba－. pdf，摘录于 2015 年 4 月 26 日。这是一份南苏丹印刷媒体的自我管理声明，发布于 2007 年。

准确性和公平性

（1）印刷媒体应当不发表错误的、有误导性的或扭曲的内容，无论是图片、文字还是其他形式。

（2）印刷媒体应当努力报道以事实为基础、为新闻工作者所熟知或者有可靠来源的消息。尽管新闻工作者应该表明消息来源，但也应该尽可能履行其保护匿名消息来源的义务。

（3）印刷媒体应当随时核查所发布信息的准确性。媒体要及时对涉及公共利益的事情进行报道。

（4）印刷媒体应当努力公正报道。当一个人被刻画成不利的形象时，媒体应给予适当的评价。如果无法进行评价，则需要在报道中说明。

（5）不得伪造图片和文档用来误导受众；图像的标题应准确反映图像的内容。

（6）印刷媒体不应该压制或隐瞒重要信息，因为这将极大影响一般读者对其报道的理解和解释。

（7）当媒体是诽谤案件中的一方时，媒体必须公正、准确地报道案件结果，除非另有商定或有其他约定的声明。

（8）媒体不属于任何党派，只是提供评论和意见。媒体必须明确区分评论、推测和事实。

更正和回复的机会

更　正

对于重大错误、误导性陈述或扭曲事件，媒体一旦意识到，就应在显著位置及时进行更正。在适当情况下，应发表道歉声明。

辩护机会

如果媒体发表的报道使个人、组织或机构处于不利的地位，出于公平和公正，媒体应给予对方回复的权利，且媒体应确保该回复在合理的显著位置刊出。

隐私权

（1）对于涉及个人私生活的消息和评论，印刷媒体应该特别地谨慎，牢记只有在涉及公共利益的事情上，才可以侵犯个人隐私。

（2）涉及个人悲痛或震惊的事件，（媒体）采访时必须怀有同情心，慎重报道，敏感处理。但该规则并不会限制媒体报道司法审理的权利，比如调查。

歧 视

（1）印刷媒体不能仅仅因为报道对象的性别、人种、肤色、种族、宗教、性取向、疾病或残疾而将其置于负面位置。

（2）媒体报道不应该提及一个人的人种、肤色、种族、宗教、性取向、疾病或残疾，除非这真的与事件相关。

保护弱势群体

印刷媒体不得公开嘲笑弱势的人或团体，包括未成年人、失去亲人的人群、贫困的群体或社区。对此类个人或群体的处境进行报道并非是完全禁止的，但应当以谨慎的方式进行。

儿童

（1）在任何时候，印刷媒体应当尊重儿童的成长环境免受不必要入侵的要求。

（2）除了涉及公共利益，比如虐待儿童、忽视或遗弃儿童时，在未征得家长或其监护人同意的前提下，在涉及儿童利益的报道中，印刷媒体不得对儿童进行采访或拍照。

（3）在性犯罪案件中，禁止印刷媒体对作为受害者或目击者的儿童进行报道。

性侵犯受害人

（1）印刷媒体不能公布性侵犯的受害者或者发表可能暴露其身份的报道，除非被害人同意或者涉及公共利益时。

（2）在任何涉及儿童性犯罪的案件报道中，无论是孩子还是成年人，媒体都不能公布姓名。这意味着必须注意，报道中不能有任何言词暗示被告与儿童之间的关系，特别是，必须避免使用"乱伦"这个词，因为这可能暴露儿童受害者的身份。

犯罪报道

在法院裁决之前，印刷媒体不得将任何人视为罪犯。

哗众取宠

（1）标题应该准确反映报道正文的内容。含有辩解的文章标题应当指明辩解人的身份或者带引号。

（2）当刊播暴力或人类灾难的照片时，印刷媒体应保持谨慎和敏感。

（3）无论是在标题还是正文中，印刷媒体应防止脱离上下文对事件进行凸显。

煽　动

煽动种族或宗教紧张局势

印刷媒体应当意识到鼓励歧视和不宽容行为的危险，所以要避免使用煽动性的语言。当他们调查或撰写的报道有可能会污蔑一个族群或宗教团体，或者有可能暗示某个团体要对犯罪活动负责时，新闻工作者应当非常小心。在可能的情况下，印刷媒体应尽量减少对任何种族或宗教团体带来负面影响的报道。

煽动犯罪

印刷媒体不得发表任何鼓励犯罪或犯罪活动的报道，也不允许传播可能引起即刻危险，如死亡、伤害、损害、财产损失或其他暴力行为的信息。

种族争端或冲突的报道

（1）在合理验证事实之后，有关种族和宗教纠纷的新闻、观点或评论，应当以既有利于维护和平，又维护公众知情权的方式呈现。

（2）报道中不应该有可能引发或加剧区域之间紧张关系的内容。在确定选题时，应该考虑到公共利益。

匿名来源的使用

（1）只要有可能，印刷媒体应该依靠公开、确定的信息来源（获取信息）。

（2）新闻工作者及其报道有义务保护匿名提供信息的人，无论其是否明确要求保密。

金融新闻

在公开发表之前，新闻工作者不能利用得到的经济信息谋取利益，也不应将这样的信息传递给他人。

贿　赂

（1）印刷媒体应规范自己的行为，以免陷入真实或明显的利益冲突之中。

（2）接受礼物、赃物或其他利益诱惑，（新闻工作者）就会陷入利益冲突之中。

（3）新闻工作者有时会不可避免地获得私利，如利用一则新闻报道而获得（对方给予的）免费旅游，所以必须尽最大努力确保公正性不受影响。

使用录音设备和技巧

（1）印刷媒体不能通过用隐藏的摄像机或秘密监听设备窃听私人电话的方式寻求或发布信息，或未经授权删除文档或照片。

（2）当消息无法通过其他方式获得时，同时是为了公共利益而迫不得已，使用隐瞒或诡计式的采访方式也可能被视为是正当的。

剽窃和新闻来源

印刷媒体应当避免剽窃。但当需要采用别人的信息时，这个信息来源必须可靠。

广告及赞助

（1）商业和政治广告以及赞助商信息（无论是文章、补充材料或其他）必须区别于新闻内容，并需要清楚地注明类型。

（2）赞助材料中应当明确表明赞助来源。

"公共利益" 的定义

（1）公共利益包括但不仅限于：

监测和揭露犯罪或严重的不当行为；

保护公众健康和安全；

阻止公众被个别活动或个人和组织言论误导；

揭露或预防腐败以及其他公职恶行和行政失当行为。

（2）有一个公共利益是言论自由本身。

（3）当调用公共利益时，编辑必须充分展现如何为公共利益服务。

（4）在决定该信息是否属于公共利益、该信息是否已经处于或将处于公共领域时，媒体应慎重考虑。

（5）在涉及儿童的事件中，编辑必须证明特别的公共利益优先于孩子的首要权益（才可以报道）。

斯威士兰
（Swaziland）

~~~

全国记者协会道德规范[*]

序　言

斯威士兰全国记者协会道德规范已被制定为成文指南，适用于全国的媒体协会和各地的自由记者。

1. 本规范为斯威士兰的所有全职或者自由记者提供了一个可供参考的行动框架；任何记者如蔑视本规范，将施以必要的纪律处分。

2. 本规范意在确保其成员在履行职责时，遵守最高的道德标准，并表现出良好的专业能力和言行举止。

3. 公众期望作为"国家第四种权力"的媒体发挥其监督作用。媒体在发挥这一作用时，应该怀有高度的责任感，且不得侵犯他人和社会的权利。

相关解释

出版商：报纸和广播电台的所有者。

记者：任何被雇用直接参与新闻采集活动的人，不论是全职的还是自由活动的。

伦理标准：专业行为的标准、原则和指导方针。

贿赂：任何可能对新闻记者的报道行为产生影响的礼物、馈赠或好处。

---

[*] Swaziland Code：The Swaziland National Association of Journalists Code of Ethics, https：//accountablejournalism. org/ethics – codes/Swaziland – National – Association – Journalists，摘录于 2015 年 3 月 16 日。本规范由斯威士兰全国记者协会（SNAJ）于 2007 年发布。

剽窃：盗用他人作品而冒称是自己的成果，或是在不交代引用来源的情况之下对他人作品进行不当使用。

信誉：在引用他人作品时交代原作者的名字；如果原作为一本著作，同时需提及书名。

公共利益：所有能促进公共安全、社会安宁、民众健康和大众福祉的事物。

侵入：出于采集信息或图片的目的，未经授权而对他人居所、私有财产及其他隐私的介入。

秘密消息来源：提供新闻线索但要求不透露身份的人。

未成年人：任何年龄在 18 岁以下的人。

利益冲突：展现不同的利益集团和利益归属，并让公众知情。

规范内容

第一条　公众获知信息的权利

1. 记者的责任是写作和报道，坚持真理，捍卫真相。

2. 记者应充分调查、反复核实，从而向公众提供公正、准确、全面、平衡的信息。

3. 公众应能自由地接触所有媒体。

第二条　社会责任

1. 在收集和传播信息时，记者应牢记自身对公众和社会利益所担负的责任。

2. 记者可以建议性侵犯案中的受害人去接受咨询。

3. 记者有责任对相关事态进行后续报道，除非没有这样做的条件和环境。

第三条　专业诚信和利益冲突

1. 记者不得接受任何可能影响其工作职责的贿赂或诱惑。

2. 记者应将利益冲突排除在履职行为之外。

3. 除非出于可以理解的原因，否则记者不得以在报道中不署名的方式来隐藏身份。

第四条　剽窃

1. 记者不应剽窃，因为此举既不道德也非法。

2. 当需要使用他人的材料时，应当交代来源。

第五条　尊重隐私和人格尊严

1. 记者应尊重他人的权利、隐私和人格尊严。

2. 只有出于公共利益的需要时，方能介入或调查他人的私生活。

3. 记者不得诽谤、中伤或传播淫秽内容。

4. 记者应避免泄露性侵犯案件中受害人的确切地址。

5. 在拍摄或采访性侵犯的受害人之前，须征得其同意；在受害人为未成年人的情况下，应获得其监护人的同意。可以以电子或文本的方式记录其同意的证据。

第六条　尊重国家和民族的价值观

1. 记者不得鼓励基于种族、肤色、信仰、性别或性取向的歧视。

2. 记者应尊重斯威士兰社会的种族价值观，除非某价值观违背了公序良俗或违反了人权。

第七条　秘密消息来源

记者一定要保护秘密的信息来源。

第八条　新闻压制

在任何情况下，新闻或出版物都不应该被压制，除非出于国家安全或公共利益需要而必须如此。

第九条　更正

报道中一旦出现不准确或误导性的内容，就应及时以显著的方式加以更正。必要时须致歉。

第十条　答复

1. 应给予个人和组织对相关问题进行答复的公平机会。

2. 应避免已对个人或组织的声誉造成损害但又不给其回复机会的情况。

第十一条　信息和图片

1. 记者应当只通过合乎道德的方式获取信息、照片和插图，除非出于公共利益的需要。然而，记者有权遵循个人良心而拒绝使用这种非正当方式。

2. 在采集信息或拍摄性侵犯的受害人之前，记者应表明身份并解释其采访的目的。

第十二条　将评论与事实分开

尽管记者对任何事情可以自由地选择立场，但必须在评论、猜想和事实之间进行明确区分。

第十三条　仇恨性言论

记者应切忌发表可能促进仇恨、恶意以及引起斯威士兰同其他国家间冲突的言论。

第十四条　尊重禁载规定

记者应避免报道禁载内容。

第十五条　性侵犯的受害人

记者应避免披露性侵犯受害人的身份或发布任何可能导致其身份被识别的信息。

第十六条　对待未成年人

1. 记者应保护未成年人的权益。在采访或拍摄涉罪未成年人之前，应征得其父母或监护人的同意。

2. 记者应当：

2.1 维护弱势儿童的权益。

2.2 在报道儿童时采取最高的道德标准。

2.3 敏感而准确地报道涉及儿童的问题。

2.4 充分考虑任何与儿童相关的报道的后果。

2.5 避免通过图像或其他方式曝光儿童，除非此举有利于该孩童的权益。

2.6 对儿童提供的信息和线索应进行核实以确保真实性，同时避免将其置于危险之中。

2.7 努力避免对儿童图像进行情色化的使用。

第十七条　个人悲伤和痛苦

在他人悲伤或痛苦的情况下，记者的采访和报道应有技巧，同时抱持同情之心。

第十八条　新闻标题和耸动式报道

1. 报纸的标题应与文章的内容相符。

2. 照片和影像应能准确、全面地反映事件，而非进行断章取义地凸显。

3. 记者应努力避免报道可能导致二次伤害的信息。

第十九条　斯威士兰媒体关于艾滋病毒和艾滋病的报道伦理

众所周知，媒体的行动能影响人们的生活。媒体在艾滋病毒和艾滋病领域的报道更是如此，对相关人士有害的报道可能给其带来负面影响或使其遭受耻辱和歧视。对艾滋病毒和艾滋病的报道是一个特殊的领域，在报道疫情时需要得到专门性的指导。本指南是对斯威士兰全国记者协会道德规范的一个补充，旨在为艾滋病毒和艾滋病报道提供一个专门性的行为标准。

第19.1条　性别、艾滋病毒和艾滋病

1. 记者在报道艾滋病毒和艾滋病时，应避免将性行为描绘为艾滋病毒和艾滋病的唯一载体或诱因。

2. 记者应当意识到，并能够从性别维度对艾滋病毒和艾滋病进行呈现，并牢记女性是最易受感染的这一事实。

3. 性别关系影响到艾滋病预防、传播、照看以及治疗的方方面面。对此，媒体应在报道中加以阐明。

4. 记者还应意识到基于性别的假设和偏见，并防止由此产生的持续性的负面刻板印象。

5. 在执行与艾滋病毒和艾滋病相关的任务时，记者应防止性别歧视。

第19.2条　艾滋病毒携带者和艾滋病患者的权利

1. 隐私和保密是公认的权利，适用于所有人。

2. 在报道艾滋病毒和艾滋病时，须考虑到如下要求：

• 个人的艾滋病毒状况属于个人隐私，除非它与公众相关；

• 所有人都有身体自主权，因此也有权控制个人信息，即便这些信息被记录在公开或半公开的文档资料中；

• 儿童享有隐私权。

第19.3条　保密

1. 未经本人同意，不得发布艾滋病毒携带者的名字或照片。

第19.4条　知情同意

1. 在采访或拍摄艾滋病毒携带者或艾滋病患者时，记者应清楚地告知对方自身身份。

2. 应告知采访对象采访的目的和所拍照片的用途，以及此举对其本人、家庭和子女可能产生的影响。

3. 记者应确保受访者已将其记者的身份告知了他们的同伴和直系亲属（由受访者界定）。

4. 应以采访对象通晓的语言同其沟通以获得知情同意。

5. 应避免许下不能兑现的承诺。

6. 应考虑艾滋病毒携带者和艾滋病患者是否能够提供知情同意。

7. 记者、摄影师和摄像师须对向一个人暗示其已感染艾滋病毒这一事实可能导致的后果保持敏感。

8. 即便相关采访由艾滋病领域的专门组织促成，上述指导方针也同样适用。

第19.5条　例外情况

1. 隐私权并非绝对的合法权利，在必要时，它也可以被克减。当一个身份可被识别的人已处于明显的危险时，对其隐私的保密就不再具有正当性。

2. 当相关问题关乎公共利益时，知情同意的要求可以被搁置。在下列情况中，知情同意的要求可以成为例外：

- 发现和揭露犯罪；

- 侦查和揭露反社会行为；

- 探究和揭示与公众健康和安全相关的问题；

- 防止公众被误导；

- 发现和揭露公众人物和社会机构的伪饰和谎言。

第19.6条　采访艾滋病毒携带者和艾滋病患者

1. 生病的记者必须采取特殊的预防措施，因为当他们的健康状况欠佳时，其免疫系统效能降低，此时与艾病毒携带者进行接触会给自身带来风险。在这种情况下，建议推迟采访。

2. 应尽可能用受访者自己的语言进行采访。

3. 记者不得通过付费的方式达成采访或获取材料的目的。真正的人道主义支持可以被考虑，但应当是通过第三方提供的，以确保其与采访环境分开。

第19.7条　儿童艾滋病毒感染者的权利

1. 在进行涉及儿童生活和福利的新闻活动时，应虑及儿童属于脆弱群体这一特征。

2. 报道儿童时应尊重其隐私权，并按第19.4条的相关规定来进行保密或取得知情同意。应同时获得其监护人或护理人员的同意。

3. 在报道儿童问题时，记者和媒体应采用最高的道德标准。

4. 在报道涉及儿童的问题时，记者应努力做到准确并保持敏感。

5. 记者应避免制作和出版可能侵入儿童生活空间并对其有害的影像。

6. 对于涉及儿童的新闻材料，记者应避免进行耸动性呈现。

7. 记者应充分考虑发表与儿童相关的材料可能导致的任何后果。

8. 记者应防止以影像或其他方式泄露儿童身份，除非是出于明显的公共利益的需要。

9. 对儿童提供的信息或线索，记者应专门加以核实以确保其真实性，同时不得将其置于危险之中。

10. 记者应避免使用带有性指向的儿童照片。

第19.8条　记者在报道艾滋病毒和艾滋病时的权利和责任

1. 信息获取：媒体有权访问信息，尤其是当某信息关乎公共利益的时候。

2. 对公共官员的合理批评：针对公共官员的履职表现，媒体和记者可以进行批评。

3. 倾向性新闻报道：媒体可以传播自身的观点，因此记者有责任进行倾向性新闻报道，尤其是当人们对利益相关者的行为认识不清的时候。但是，此时记者应十分小心，避免歪曲事实。

4. 利益冲突：记者应说明自身与报道对象间是否存在利益冲突，尤其是当收到特定组织、机构或公司的礼物或赞助的时候。

5. 行为独立：新闻工作者应同活动家、政府以及其他组织、机构和企业保持一个合适的距离。

6. 准确性：记者应通过不断了解关于艾滋病毒和艾滋病的科学信息或参与相关培训来确保所做的报道准确无误。在碰到不确信的问题时，应求助专家。

7. 报道应提供必要的背景信息：发布统计数据应有相应的上下文，阐明其背后的历史渊源、种族和文化因素，以及相关的社会经济因素。

8. 平衡：报道应力求平衡——不仅体现在单篇的内容上，还应考虑正面报道同批判性报道之间的关系处理。

9. 哗众取宠：记者在使用语言、标题、附注和标语时，力戒煽情，尤其是当此类煽情可能导致错误的希望或永久的耻辱和歧视的时候。

9.1 消息来源：记者应有适当的消息来源，每篇报道至少应有两个消息来源，并保护其身份。

10. 多样性和非歧视：在对艾滋病毒和艾滋病问题进行报道时，鼓励记者将文化规范和价值观考虑进来。

11. 质疑：在报道政府组织或制药公司对新疗法、药物试验以及疫苗开发等方面所做的声明时，记者应慎重对待，须确保这些成果得到了医学期刊或行业专家的证实和认可。虚假疗法或无效药物会对公众造成伤害，记者对此进行揭露的做法，符合公共利益的需要。

第19.9条　艾滋病毒、艾滋病的用语指南

以下是在关于艾滋病毒和艾滋病的报道中媒体的用语指南。在任何时候，媒体都应努力使用非歧视性的语言。

1. 艾滋病毒和艾滋病：艾滋病毒是导致艾滋病的病毒。艾滋病在临床上被定义为"一个人的 CD4 细胞计数低于 200"时的状况。在艾滋病发作之前，艾滋病毒携带者可以存活许多年。记者宜区分"艾滋病毒"和"艾滋病"。

2. "艾滋病毒携带者"、"艾滋病毒阳性"："艾滋病毒携带者"和"艾滋病毒（或 HIV）阳性"等表述，要优于"艾滋病受害者"、"艾滋病患者"之类的表述。

3. 使用"艾滋病毒流行"一语，要优于"艾滋瘟疫"或"瘟疫"，因为后者具有煽动性，并可能引发恐慌、歧视和绝望，也容易让人对艾滋病毒携带者敬而远之。

4. 使用"艾滋病毒抗体测试"、"CD4 细胞计数试验"以及"病毒载量试验"等术语，要优于笼统的"艾滋测试"。艾滋病毒（抗体）试验所检测的抗体在感染后的 3 到 8 周内生成；CD4 细胞计数试验测量的是免疫系统的强度；病毒载量试验测量的是血液中的病毒颗粒数量。这些测试都用来测量体内艾滋病毒和艾滋病的发病情况。

5. 应明确说明参与传播艾滋病毒的体液：精液、母乳、血液以及阴道分泌物。并非所有的体液都会传播艾滋病毒。

6. "携带艾滋病毒"的表述要优于"感染艾滋病毒"，因为没有人愿意感染艾滋病毒。

7. 无罪：不鼓励使用"无罪"一词，因为没有人自愿或活该感染艾滋病毒，不得因某人感染艾滋病毒而说其有罪。

8. 使用"性工作者"比用"妓女"更好些，因为"妓女"一词是贬义性的，具有侮辱性、负面性的含义。

9. "同性恋"，"同性间的性行为"，"男性与男性发生性行为"，抑或"同性相亲"，记者宜与当事人进行商议，以确定哪个用语最为合适。

坦桑尼亚
（Tanzania）

公共信息工作者和媒体广告
商行业伦理规范*

引　言

公共信息工作者和广告商指利用媒体使商品、观念和服务被大众知晓、接受和使用的一类人。只是，两者的目的各不相同。他们可能出于社会的、经济的或政治的原因而使用公共信息或广告。

公共信息/公共关系

公信力是赋予公共信息以生命的主要精神。如果公共信息无人相信，那么提供公共信息的实践就是失败的。公共信息力求真实，因而它与宣传有所不同。只有公众相信他们所接收的信息是圣洁和真实的，才能维持对信息提供者的信任。

因此，信息从业者更加有责任提供真实的信息——准确且不附带评论。如何解读这些信息，则由接收者自行决定。

公共信息和公共关系的从业者应当：

－通过维护道德标准和良好信誉来保持个人的诚信；

---

*　Tanzania Code：Code of Ethical Practice for Public Information and Media Advertisers，http：//www. rjionline. org/MAS－Codes－Tanzania－Public－Information，摘录于 2005 年 7 月 15 日。本规范由坦桑尼亚媒体委员会发布。

－不传播虚假的或有误导性的信息；

－开展所有活动都考虑到公共利益；

－平衡且如实地描述所服务的组织；

－不参与任何会危害客户诚信的实践；

－不使媒体腐败；

－在两个或两个以上的竞争组织中，不涉及任何形式的利益关联；

－尊重客户的行为准则；

－在履行职责期间，尊重他人的信任并信任他人。

广　告

广告是介绍观点、服务和商品的行为，目的是使人们接受、获得和使用这些观点、服务和商品。广告行为涉及广告商、广告设计者、制作人、传播渠道以及客户或目标人群。

广告商不使用媒体，广告机构就无法发出广告信息；没有广告，媒体也就不能生存。这样，此三者相互依存。

广告是公共性最强的活动。越多人听见或看到它，它就越成功。因此，它更易于公众监督。广告的传播方式和内容必须符合社会认可的标准，这就是职业准则有助于媒体、广告商和公众的和谐共存的原因。

下列的行为准则仅适用于媒体广告。

真　实
揭示并说明特定广告产品和服务的实际情况以及任何值得注意的地方。

清　晰
使用目标人群容易理解的语言、符号和形式。

有　据
如果监管部门要求，须提供证据来证实其说法。

得体与品位
避免使用任何可能冒犯特定社会群体的陈述和象征。

报　价
避免虚假的和误导性的报价。

国家价值

避免传播含有破坏自由、和平、统一和国家安全等内容的广告。

歧　视

避免任何提倡或者暗示性别歧视、种族歧视、民族歧视和肤色歧视的广告。

儿　童

在有关成年人的广告中不得滥用儿童，不得使儿童接触到有害的产品。

争议性问题

慎重处理争议性问题，如政治宣传、宗教教派信仰等，以确保广告不会侵犯他人的权利。

赞　助

接受的赞助须来源于社会所认可的行为和组织。

公共利益

避免损害人民健康和福祉的广告。

伦理规范

广告商应尊重并遵守媒体所遵循的伦理规范。

（本规范为坦桑尼亚媒体委员会发布的六部规范之一。）

坦桑尼亚
（Tanzania）

新闻通讯社伦理规范*

引　言

通讯社是搜集和发布新闻和信息材料以供媒体采用的组织。传统的通讯社是一种具有全国规模和视野的组织。通讯社执行下列任务：

－搜集和发布来自全国各地的新闻材料；

－向订阅者提供所有事件的详细信息；

－报道日常事件，无论它们是负面的还是正面的；

－从积极和消极方面报道包括危机在内的事件，准确地呈现事件。

－从国家的视角报道对国家有特殊利害关系的国际事件；

－促进国家团结；

－给感兴趣的各方发送新闻，以正确地描绘一个国家的重大事件、问题、希望、抱负、计划和成就。

通讯社是通过网络分区、地域分区或行政分区的通讯员报道其所在地的新闻而进行运作的。通讯员将报道通过电话、传真、电子邮件或其他快捷方法发送给总部，以供编辑并发送给客户。

通讯社的订阅用户，除了媒体，还可以是组织、大使馆和个人。

对语言的使用和传播速度这两个方面对通讯社工作极为重要。通讯社必须

---

* Tanzania Code：Code of Ethical Practice for News Agency Journalism，http：//www. rjionline. org/MAS － Codes － Tanzania － News － Agency，摘录于 2015 年 7 月 16 日。本规范由坦桑尼亚媒体委员会发布。

把新闻进行归档后再传给媒体，因此其信息处理行为必须快捷、准确。

媒体须在一定的时限内完成工作。对通讯社记者来说，每一分钟都可能是某个客户不可延迟的截止日期。

对通讯社的记者来说，语言问题非常重要，大多数通讯社记者不得不使用第二或第三语言进行书写。在大多数情况下，他们用其本地语进行采访，然后将报道翻译成国语或外语。这要求他们不仅要有最快的速度，还要有最高的准确度。通讯社记者如果精通多门语言，则有利于保证准确度，并且在采写和传播新闻时节省时间。

伦理实践

通讯社的新闻记者应当：

- 报道事实；

- 提供所有必需的和正确的事实，使新闻故事完整；

- 遵守新闻摄影工作者、管理者、编辑和广播员这些职业的伦理实践规范；

- 以负责的态度采取行动，迅速收集、处理和传递新闻。

（本规范为坦桑尼亚媒体委员会发布的六部规范之一。）

坦桑尼亚
（Tanzania）

新闻摄影及摄像活动伦理规范*

引　言

媒体摄影师在本质上是新闻记者，其必须具备新闻的基本知识，并通过训练获得在现场和演播室内拍摄和加工、编辑图片的技能。媒体摄影师须通过正规教育和职业进修，掌握判断、处理和使用图片的技能，且在行动上与出版商所设立的目标一致。摄影师同时需要通过媒体教育理解与媒体行业相关的法律法规。

和其他任何公民一样，摄影师所从事的也是一门职业，但他们享有比一般公民更多的拍摄特权，如坐在运动场的围墙区域内或前排的 VIP 位置拍摄。有时候，媒体摄影师也可以非常接近世界上最具影响力、大多数人做梦也无法接近的人物。媒体上发布的照片都应是关于公众人物、公共事件或关乎其他公共利益的内容。

伦理实践

摄影摄像记者不得进行下列活动。

－捏造事实。在使用任何设备如镜头、滤光器、偏振器时，通过使用技巧

＊　Tanzania Code：Code of Ethical Practice for Media Photographers and Video，http：//www. rjion-line. org/MAS – Codes – Tanzania – Photographers – Video，摘录于 2015 年 7 月 17 日。本规范由坦桑尼亚媒体委员会发布。

如裁剪、叠印、剪辑、电脑润色或使用任何机械效果来改变图像的真实状态。

－使用记者证进入不对外开放的场所，如聚会、舞会、会议和私人宴会。同样地，使用记者证以获得任何形式的好处。

－隐瞒自身身份来拍摄用于发表的照片。

－在拍照时，做出任何会引起他人痛苦的事情，或者做出对无辜者、丧亲或不幸之人造成屈辱的事情；或者，破坏事件的正常发展或阻碍观众的视线。

－断章取义地突出一个小事件，而不是提供关于该事件准确的、具有代表性的照片。

－违反禁止在法院管理区拍照的法律或法令。该禁令禁止拍摄民事或刑事庭审进程中的任何人，如法官、陪审员和证人等；也不得进行其他违反该命令的拍照行为，如不得拍摄法庭庭审现场、法庭管辖区或进出管辖区的人；同时，禁止事先透露尚未引进庭审的证据。（拍摄上述内容的照片，必须事先取得有关部门的许可。）

－拍摄法律所禁止的任何其他场所的照片。

－发布由警察提供的非通缉犯的照片，而没有清楚地为其配上字幕说明警察需要他们是为了进行与罪案相关的询问。

－拍摄会透露任何性侵犯案中原告身份的照片。

－在少年法庭，拍摄未到法定年龄的被告的照片。

－为了获得场景的更好的视野而破坏财产。在进入特定区域之前征求允许是礼貌的，但在被要求离开时应迅速离开。

－拍摄裸体照片。如果无法避免，必须注意不要聚焦于性器官或者非人性化的特征。

－对人类的痛苦感到惊奇。必须怀着人文情怀拍摄此类关于人类痛苦场景的照片。

－未经其亲属同意而拍摄逝者的照片。应始终考虑到有关人员的文化、信念、信仰和习俗。如果请求未被允许，则应及时离开。

－拍摄让受害者痛苦的照片，却没有尽可能地对其加以抚慰。

（本规范为坦桑尼亚媒体委员会发布的六部规范之一。）

坦桑尼亚
（Tanzania）

媒体与新闻编辑伦理规范*

媒体伦理规范的理论基础

媒体同其他行业一样，通过使用知识、技巧和基于一定的定位来为社会服务，因此也需要行业伦理规范。伦理是基于这样的假设：我们的社会存在道德。道德，是普遍公认的人类价值及责任所引导的言行举止规范。媒体的内容是由个人决定的，但也是由个人对事件的是非感知所引导的。社会、政治和经济力量在关键时刻的操纵会严重影响他们的决定。媒体工作者的价值和决定基于生活经验、所受教育以及同各种社会团体中的人所进行的交往互动。这些因素所共同形成的指导方针，我们称为伦理准则。这些行为准则确立了在执行某项任务时社会可接受的最低标准。违反这些标准的行为是可测量、可评价的。

行业标准是在行业内部确立的。在一个民主和自治的社会部门，其标准并不是由司法机关、行政法令或立法机关（法律或法案）规定的。这就是在大多数国家，由行业主体确立规范且其管理也独立于政府之外的原因。在非民主国家，由政府来确立这些主体。坦桑尼亚媒体拒绝被施压，遂于1995年由媒体行业自行组建坦桑尼亚媒体委员会，并责令媒体实践行业伦理规范，以完成以下目标：

a. 保护媒体服务和产品的消费者免受任何不负责任的、反社会的和有宣

---

* Tanzania – Code of Ethical Practice for media managers and editors，http：//www. mediawise. org. uk/tanzania –5/，摘录于2015年7月18日。媒体和新闻编辑伦理规范由坦桑尼亚媒体委员会发布。

传导向的媒体之害；

b. 使公众享受其基本权利，特别是信息权利；

c. 保护媒体从业者免于被迫以不负责任、蒙羞的方式行事，或者违背其良知而行事；

d. 在行业和公共领域内，保持所有的沟通渠道开放、畅通；

e. 确保公众在自治社会里获得所需的信息；确保公众始终可以通过媒体发表自己的观点；

f. 帮助媒体从业者理解赋予行业以信誉的原则和价值观。

1. 引言

媒体经理或新闻编辑是实现业主或出版商所确立的企业目标的人。依据其人员配置的性质，在组织层级内，经理、编辑和所有权密不可分，并且完全承担出版责任。经理和编辑须是熟练的专业人士。无论是在印刷媒体还是广播媒体，在创立期间和创立之后，业主和出版商以及登记、发证部门都必须认可经理和编辑的资质。

2. 伦理实践

媒介经理和编辑应该确保：

（1）所有员工都清楚地知道组织的目标以及如何实现这些目标。

（2）激励全体员工努力工作并制定相应的奖励措施。

（3）给予员工以公平合理的工作报酬。

（4）确保所有员工都有机会通过进一步训练来提高专业能力。

（5）确保媒体输出的事实和评论可区分开来。只能发布已经证实过且内容准确的报道。不得发布谣言。

（6）确保已发布的信息不含有性别歧视、种族歧视和暴力的内容。

（7）尊重他人名誉，确保避免诽谤。

（8）确保所有观点是在交代事件各主要方面情况的基础上形成的，当某一方拒绝合作时，新闻报道应予以说明。

（9）所有可能影响企业生存和发展的重要决定均需告知全体编辑人员。

（10）如果因自身报道而使他人名誉遭受损失，则应公正、准确地报道该事件的后续结果。

（11）确保在询问不幸或惨痛的事件时抱持同情；在进行编辑时考虑周

全，以免使相关人士再次体验他们的痛苦。

（12）确保在性侵犯或者任何其他犯罪行为的报道中，儿童和未成年人的身份不会被辨识出。

（13）确保不公布能够识别出性侵犯受害人身份的材料。

（14）确保不以贬损性的方式提及他人的信念或种族。

（15）确保任何员工，不论男女，在上班或下班期间都没有收受礼物、现金或实物贿赂。

（16）核查相关馈赠、赞助和相关优渥的合同及协议，以确保它们不含有可能危害组织绩效的附件。

（17）除因公共利益需要外，不得封锁有用信息。

（18）不抱有偏袒和贪婪的想法。

（19）确保为公众提供精确的、全面平衡且不含偏见的新闻和信息。

（20）一般情况下，不公开保密信息的来源。

（21）如非公共利益的需要，应当避免侵犯个人隐私和他人尊严。

（22）不使用未将荣誉归功于原作者的剽窃性材料。

（23）不公开嘲笑任何贫困、弱势的人或群体。

（24）无论是在标题还是在报道或叙事中，都要提防断章取义。

（25）无论何时发现新闻有错误，都要给予当事人答复权并以显著的方式迅速更正。

（26）确保信息不是秘密地或者通过拦截他人交流渠道的方式而收集的。

（27）确保记者不是被报道组织的成员。

（28）确保避免可能造成公共秩序混乱的报道材料。

（29）在报道可能影响国家安全的事件时，确保采取慎重的态度。

（30）发布死者的照片时，确保事先征求死者亲属的同意。

（本规范为坦桑尼亚媒体委员会发布的六部规范之一。）

坦桑尼亚
（Tanzania）

广播员伦理规范 *

广播从业者包括主持人、摄影工作人员、编辑、录音、节目制作人以及在无线电广播、电视台、独立视频工作室工作的信息传播者。

坦桑尼亚的相关法律已清楚地阐明了媒介的职责和业主人员应该承担的义务。1993 年颁布的《广播服务法案第 6 号》第 4 部分的第 13 条 3 款明确要求每个业主必须持有广播执照，并且必须：

以真实准确、公正和非党派的方式呈现所有新闻；

以平衡、清晰、真实、准确和公正的方式呈现当前事务；

为了鼓励坦桑尼亚和非洲传播业的发展，对新闻事业进行合理规划，通过展现坦桑尼亚和非洲的文化和娱乐节目来反映坦桑尼亚和非洲人的态度、观点、想法、价值和艺术创造性；

为有需要和有兴趣的人服务，反映民主的坦桑尼亚和非洲的男女及儿童的风貌和愿望；

提供在文化、艺术、运动和教育上适合坦桑尼亚和非洲实情的节目；

在节目结束时，应展示每个节目制作人的名字；

将广告时长限定在每天播放总时长的 30% 范围内；

尊重任何广播材料的版权和邻接权。

---

* Tanzania – Code of Ethical Practice for broadcasters，http：//www. mediawise. org. uk/tanzania – 4/，摘录于 2015 年 7 月 20 日。广播员伦理规范由坦桑尼亚媒体委员会发布。

为在伦理上履行上述义务，广播人员应做到以下几点。

节目制作

向节目所涉及的各方（制作方、外部参与者、观众）清楚地说明节目的性质和目标。

在制作节目期间和之后，绝不欺骗、误导或曲解参与者，应告知参与者关于节目的一切，如节目的持续时间、直播还是录制、问题的性质和范围、采访者或主持人、是否有酬金以及节目资金来源等。

平　衡

向观众解释为什么某个特定参与方缺席，特别是当另一方已经拒绝参加或拒绝提供信息的时候——这种说明对缺席者才是公平的。

给被批评为无能或低效的个人或组织以答复的机会。

不要在没有通知潜在被采访者的情况下就找其对质（登门），除非该采访关乎公共利益，且此前的采访已经失败或者知道被采访者会一再拒绝。

对听众和观众的投诉要予以答复，且最好是在节目中设置一个专门的栏目对此进行答复。应以严肃的方式处理所有的投诉。

提高准确性

当处理二手信息来源时，绝不依赖于单一消息源，需反复核查。

如果报道出错，应予以承认并及时、清楚地加以更正。

语言必须公正和准确，避免夸张的表达。语言必须客观并保持价值中立。

报道统计数据时，应该注意将其放在有效的语境中，并且始终说明其属性。

报道事故、灾难和其他骚乱事件时须具有平衡性、准确性和敏感性，以免引起不必要的焦虑和痛苦。应尽量聚焦于姓名、时间、地点、路线或任何已知的、有助于将受害区域和人群具体化的信息。

直播灾难事件时需谨慎处理，以免造成恐慌。虽然需要报道惨状，但不宜过度。进行摄影工作时要考虑周详，避免令人反感的场景和特写镜头。

对事故中人员伤亡的报道应经过审核并进行归因。

用于说明当前事件的档案材料和图书馆材料必须能够被清楚地识别出来，以免对观众形成误导。绝不能用一个事件的材料去说明另一个事件。如果需要拍摄人物的画面，也应尽量避免拍摄可辨认出其身份的照片——因为照片拍摄以后，被摄者可能已经罹难。

遵守相关组织的禁载规定。

录制或重播的节目应及时加以核查，以确保其内容不过时。如果节目内容不是最新的，那么就需要进行剪辑或者添加一个事先声明。

不应给逃避法律制裁的人匿名。当需要保护他们时，可进行图片和声音效果方面的处理。

公　正

全国性或区域性的节目必须适合所有年龄、信仰、肤色、民族、能力和性别的人。节目须对所有重大意义的活动和趋势进行描绘、报道和展示，并将所有重要的观点予以呈现。

记者可以表达专业的判断，但不能表达个人的观点。最好由权威的、经验丰富的记者和评论员给出专业判断，并且提供证据支持。

在面对权力者时，应该采取一种专业姿态，而非保持一种对立或敌对的关系。进行诘问时，应坚定而有礼貌，并在整个过程中保持一致的语气。

在紧急情况和战争期间，必须留意国家安全问题。在报道涉及危险和生命伤亡的事件时，需对国民情绪和感情保持敏感。

表达个人观点的节目必须做到准确和公正。反对的观点也必须被呈现出来。必须让观众知道他们正在收听或观看的是某个特定的观点或一家之言。

在常规新闻报道中插入个人内容，或在政治、政策性节目中表达对于重大争议事件的个人观点，都是不合适的。

为了公正对待事实，戏剧化展现人物或相关争议时必须准确。

采　访

无论是获得用于新闻的声音素材，还是询问问题以获得观点或讲述新闻故事，记者必须有一个清楚的、具体的并且在规定时间内可完成的新闻目标。

当一个采访变得充满感情时，这种情绪应该是来自被采访者，而不是来自记者。

记者应该意志坚定、发问敏锐、善于质疑且消息灵通，但不得进行偏袒的表达或在情感上站在争论的某一方。

被采访者应该知晓他们为什么被采访、将会被问到的问题的主题、节目的内容以及他们在其中扮演的角色。事先把问题提纲交给被采访者是不合适的。假使一个被采访者坚持要提前获知具体问题，那么让受众知悉这个事实。

采访应该是探究性、带有目标的。无论如何被挑衅，记者必须彬彬有礼，既不咄咄逼人也不举止粗鲁。不要提使被采访者跑题的问题。记者对待普通人的语气和方式必须恰当。

采访中插话时应该自然，并且是在观点已表达之后；否则，不适当的打断可能会干扰对方思路并且显得不礼貌。

当权势者对特定问题进行回避时，应该通过礼貌、冷静地重复该问题来揭示事实。

隐　私

尊重个人隐私。只能是出于更高的公共利益的需要时，才能侵入他人隐私。

公众有权知晓公众人物是否具有履行职责的能力和是否适合其职位。

利用隐蔽录音设备、远程监听设备和长焦镜头所获得的材料不得用于播报。

可以在公共场合录音、录像，但必须是公开的、可见的。只有存在安全问题时，才能使用隐蔽设备进行录音、录像。

未经业主同意，绝不能在私人房产上安置录音、录像设备，除非是为了获得严重犯罪或反社会行为的证据。

一些"公共场合"，如火车站、商店、公共交通或其他场所，也均有其业主。在其间进行拍摄或录音之前，有必要征得其业主、经理或代理人的同意。

没有其中一方当事人的许可，绝不能对电话内容进行录音。

当我们为了揭露反社会行为或犯罪活动而进行秘密录音、录像时，必须注意保护可能被记录下来的、无辜者的名誉。必须掩藏其身份或澄清其清白。

在描绘灾难和悲剧事件时，有必要强调同情心的重要性。报道不应加重已经了解自己损失的人们的悲痛。

禁止对处于悲痛状态的人们施加任何压力，以强迫他们违背自己的意愿来接受采访。

禁止以增加其痛苦的方式来拍摄或记录极度悲伤的人。轻率的问题可能会引起悲伤并造成伤害。

使用图书馆资料来描绘痛楚、痛苦、暴力和悲伤是不可靠的，因为原始事件已经成为历史。应避免不必要或重复地使用图书馆材料，尤其是当这些材料可指向特定人身份的时候。

尽量避免让一些近亲从某个节目中知晓其亲属死讯的情况。节目中不应提及逝者姓名，除非能确信该近亲已知悉此消息。

只有经过家属的同意，才能报道葬礼。报道葬礼时，要保持敏感，且应该避免侵扰性的行为，如近距离拍摄悲伤者的特写等。

在采访儿童时，应该寻求父母或学校的授权和指导。

犯　罪

应免费播放警方要求的与犯罪有关的信息。

当采访犯人的时候，不应允许他们美化自己的罪行，也不应描述可复制的犯罪细节。不应给他们采访酬金。

一般情况下，所有的非法活动都不应该被报道，除非是为了高度的公共利益。

罪犯的家人不应该因为亲属关系而被影射有过失或有罪。

在游行示威者面前架设摄像机器会影响他们的行为；当发现此举激化了他们的行为时，全体工作人员应立即撤退。

关于游行示威的报道应该提供全面的、公正的观点。

关于少年法庭的诉讼报道应该省略那些法定年龄为儿童姓名和地址。

必须兑现向消息来源所做的保密承诺。

如果被要求公开消息来源的身份，可事先征求消息来源的同意，其有可能答应。法庭不认可新闻来源的神圣性，不向法庭公开信息会遭受处罚。

不得给不相关的人查看未传播的材料。

一般情况下，如果对方承担相关成本，可以向其提供已经传播的材料。

如果电台接到了声称放置了炸弹的电话警告，必须立即向警局报告，并询问是否可以公开该信息。

暴　力

屏幕上的暴力确实会使一些人烦心，并且过度的暴力镜头会被指责让观众麻木。

当真实场景或戏剧中包含暴力的片段时，要向观众发出警告。

尊重死者，除非有令人信服的理由，否则不应展示死者遗容。应该避免针对死者的特写镜头，如确有必要，特写镜头也不得拖沓。不应过度关注意外事故和恐怖袭击的血腥场景。

尽可能用静止的画面展现某个可怕的情景。自然的声音和画面一样也会令人不安，应该加以谨慎处理。

必须特别谨慎地处理人类对动物施暴的片段。

外购节目在传播之前需详细地加以检查，并在必要时进行编辑处理；外购节目应安排在恰当的时间，并通过编辑删除掉其中会导致争议的部分。

被暴力行为攻击的女性和孩童只能被描述为暴力和社会罪恶的受害者而非其他。

反社会行为

有些观众和听众可能容易受到节目的影响并模仿其中的行为。

在为儿童制作的节目中，避免出现导致危险性模仿的行为和技巧。

在儿童节目中，应该避免吸烟和喝酒的镜头。

报道自杀事件时应该避免对自杀方法进行图解描述。

应该避免展示吸毒行为的具体状况，因其可能会被模仿。

得体与品味

避免呈现低俗或下流的场景，除非已经过妥善处理。

有些（影视）场景是很重要，（它们）在深夜播放是正当的。儿童的敏感度与成年人的敏感度不同。

如果节目中包含可能冒犯某些人的材料，应附带播放警告性内容。

禁止在儿童节目中使用恶劣的语言。

脏话会冒犯观众。应该谨慎使用情爱类语言。

随意使用信徒们视为圣洁的名字往往会导致冒犯的后果。

对性的描述不应该只通过展示相关人物的身体诱惑的方式进行。展示裸体和露骨的性行为都是不道德的。

不得描述成年人和儿童之间的性行为。

在新闻、纪录片和讨论类节目中，当与性有关的主题是重要内容时，必须仔细计划并且慎重地将话题进行归类和标注。

必须正确看待喜剧，不得过度地、无端地、蛮横地设计情节以伤害某个个人或团体。必须避免拿身体或精神缺陷以及真实生活的悲剧开玩笑，此举可能会令人极其痛苦。

当玩笑类内容以种族、宗教、性和年龄为基础时，需抱有额外的敏感。

描　述

无论是作为广播人员、消息来源、参与者还是目标人群，整个社会的所有群体均应得到充分展现。

应使用有利于表达性别平等的语言。

不以种族或肤色区别人们。

始终对残疾人的权利和尊严保持敏感。在描述某人时，仅当其残疾是重要的关联性内容时才能涉及。

公开某人的性生活不是广播人员的本分。

政治问题

在议会中记录的任何材料不得用于轻娱乐性的、虚构类的、戏剧类的、政治讽刺文学类的或党派政治类的广播节目中。政治内容必须始终同音乐、虚构或幽默类栏目区分开来。

民意调查只能表示或暗示人们在调查实施时段的意见，不能用一时的民意调查来证明或显示某个具体结论。

在公开竞选期间，不应允许候选人参加节目来谈论选民或选区类的话题。在广播中，不应在无意中帮助某个候选人，除非对所有候选人一视同仁。应该给所有参选的政党以相同的时间和机会来宣扬其主张。

观众来电节目

来电者总有可能因脏话、诽谤、种族歧视和性别歧视等言行而逾越话题的界限，因此有必要事先进行简要提醒从而加以避免。

宗　教

在以穆斯林和基督徒为主的国家，全国性的广播公司有义务反映这个国家的主要宗教传统的教义、思想和活动。

宗教节目的参与者或传道士不得通过恐怖的、令人焦虑的祷告或利用观众迷信心理的方式来强化其观点，也不得攻击其他教派和信仰。

在广播中，不得出现传教士声称其有治愈能力的内容，也不得出现驱邪表演或宣扬神秘主义的内容。

体育运动

可以使用其他广播公司的图片和声音用于新闻报道，但需删除其评论，代之以叙述，且应公布其原作者。

（本规范为坦桑尼亚媒体委员会发布的六部规范之一。）

坦桑尼亚
（Tanzania）

媒体及出版商伦理规范 *

1. 引言

媒体是以信息传播部门形式存在的社会机构，其存在是为了使社会充分了解信息、接受教育和获得娱乐。

媒体组织都是根据相关法律的精神内涵和指导方针建立的。坦桑尼亚于1976年颁布了《报社法案》，于1993年颁布了《广播服务法案》。此外，其他诸如《电信法》和《公司法》之类的法律法规也对媒体的成立发挥规管作用。媒体行业的专业人员具体负责实现媒体的功能。

媒体的功能主要包括：凝聚社会；赋予公众领导权；联系领导者和公众；满足公众所有的信息需求；为各种社会团体提供表达的途径；为社会提供一面镜子以及充当社会的良知和社会变革的工具。

同时，媒体从业者是环境的监督者、文化遗产的传播者、娱乐的提供者和人民的动员者。他们也应成为推动社会利益、弘扬核心价值观和善行善举的示范者，尤其在战争或危机时期。

经营许可证是一份业主、出版商和公众之间为了确保前者完成上述任务和功能而签订的合同。因此，业主和出版商有两个基本责任：确保媒体发挥社会预期的作用；以及，提供并管理实现该服务功能所需的资源——包括人力、财

---

* Tanzania – Code of Ethical Practice for media owners and publishers，http：//www. media-wise. org. uk/tanzania – 9/，摘录于2015年7月20日。本规范由坦桑尼亚媒体委员会发布。

力和物力资源。

对于媒体的服务，社会有着明确的标准和数量要求。社会也期望媒体机构和社会之间保持一种特殊的关系。媒体必须抱持社会责任感。

2. 定义和地位

媒体业主和出版商可以是有资本建立媒体机构的个人、团体或机构。虽然他们自身可能不是专业人士，但法律要求必须由专业人士来进行行政管理和业务操作。媒体业主和出版商有责任公开说明该机构建立的目的，即编辑方针，同时应雇用了解其方针和目标的专业人士。

3. 伦理实践

媒体业主和出版商应该：

（1）仅按专业标准来雇用管理者；

（2）声明该机构建立的目的；

（3）一般情况下不去干涉媒体管理者在招聘、管理和纪律问题等方面所做的决定；

（4）清楚地说明其职业利益和非职业利益，以及其投资行为与设立媒体机构的志向之间的关系；

（5）允许媒体管理者建立反映和回应社会舆论、媒体投入产出考量等机制；

（6）在媒体管理者陷入索赔之类的纠结境地时，不对之采取抛弃或背叛的态度；

（7）慎重对待可能影响企业方针、目标和诚信的馈赠和好处；

（8）在就某些议题向媒体管理者提出意见时，不带任何强迫或威胁的感情。

（本规范为坦桑尼亚媒体委员会发布的六部规范之一。）

多 哥
（Togo）

~~~~

新闻记者伦理准则 *

前 言

言论自由、知情权和批评权是每个公民的基本权利。使公众有权知道新闻和观点，是记者们权利和义务的源泉。多哥全国新闻记者协会通过它于 1999 年 11 月 5 日创立的多哥媒体监查委员会（OTM）表达了对多哥新闻界的自由和责任。这些协会成员相信，他们对公众的责任，超过了对其他主体的责任，特别是超过了对雇主和政府的责任。记者们所承担的使命只能通过尊重这个职业的规则的方式来实现。因此，多哥的新闻工作者们决定起草一份道德准则，供多哥境内的所有媒体遵循。

所有的记者和媒体工作人员认可现在的诺言，并保证会在自己实践的领域严格遵守。

职 责

一个多哥记者在寻找、收集、处理、发布和转播信息时的基本职责如下。

第一条 责任

记者要为自己写的所有东西负责。出版的信息的来源必须是真实准确且已

---

* Code of Ethics of the Journalists of Togo, https：//accountablejournalism. org/？/ethics – codes/ Togo – Journalists，摘录于 2015 年 6 月 15 日。以上条款为多哥新闻记者和媒体工作人员均应遵守的职业伦理准则。多哥媒体监察委员会（OTM）负责本伦理准则的实施。

被确认的。如果对将要报道的信息存有丝毫疑点，记者也应放弃报道，或者根据专业标准的要求进行有保留的表达。在处理对社会有着潜在威胁的信息时，记者须表现出极大的专业严谨性。

第二条　信息自由

记者所捍卫的新闻自由和言论自由，根据多哥宪法，是人民不可被剥夺的权利。

第三条　尊重真相

无论其结果如何，公众获知准确新闻的权利是神圣的。诽谤、无据控告、变更文件、捏造事实以及说谎，对记者来说都是严重的专业性错误。

第四条　尊重隐私

记者须尊重个体的隐私权和尊严。发布任何人私生活信息只能是出于公共利益的需要。记者应戒绝诽谤、说谎、侮辱和无据控告。

第五条　答复权

不准确或错误的信息必须被及时纠正。当个人被不公正地曝光时，应有权通过答复的方式予以纠正。个人和机构均享有答复权。答复应在最初进行争议性报道的新闻媒体上进行。

第六条　职业尊严

在专业生涯中，记者应拒绝金钱贿赂或其他任何形式的利益腐败。

第七条　拒绝剽窃

记者应避免剽窃，在引用任何文本时，应清楚地交代文本来源。

第八条　职业保密

记者应尊重职业机密。无论遇到的威胁如何，都不应泄露所获得信息的来源。

第九条　新闻与观点的分离

记者在任何问题上，都可以自由地采取立场。但是，有责任将观点和事实进行分离，不得误导公众。

第十条　新闻和广告的分离

（新闻）信息和广告必须分开。记者不能将自己的职责同宣传者或广告商相混淆。因此，禁止接受任何来自宣传者或广告商的直接或间接的指令。

第十一条　无不正当手段

记者不得使用不正当手段来获取信息、图片或文档。

第十二条　不刺激或煽动人种、民族和宗教间的仇恨

记者必须拒绝发布任何可能引发部落、人种或宗教间仇恨的信息。必须杜绝任何形式的偏见，且永不赞颂罪行。

第十三条　拒绝耸动式报道

记者应避免发布不符合文章内容的、耸动式的标题，避免发布令人感到震惊的标题和图片。

第十四条　信息的本质

记者应对所发布的照片、声音片段、图片和评论负责。如果某个报道不是现场摄制的，应明确说明本报道是"现场重现"的。如果所发表的图片出自档案，所报告的内容并非现场一手的，或者所采用的材料来自广告宣传品时，记者均应明确指出这一点。

第十五条　保护未成年人

为尊重和保护儿童和青少年的权利，记者不应发布他们的名字和照片。

第十六条　职业声援

记者必须寻求和鼓励同业者间的团结。不得利用其所在的报纸或电视节目来解决同行间的恩怨。记者不得以要求申领更低报酬的方式来取代同事的岗位或使其被解雇。

第十七条　能力和提高

在报道一个话题之前，记者必须提升自己的能力。应先做必要的文献梳理和充分的调查研究，才可以应对一个话题。记者必须通过相应的培训来提升知识和才能，以便在工作中不断追求卓越。

第十八条　尊重法律

任何一个记者都必须严格遵守本伦理准则，包括以上所列出的所有条款。违反本伦理规范的行为均将受到相应惩处。新闻记者必须接受同行的判定和媒体自治组织所做出的决议。新闻记者应知晓与媒体相关的法律法规。

权　利

任何记者，在其职业行为中享有以下权利。

第十九条　免费获得信息资源

记者有权获得任何信息资源，并就有关公众生活的所有领域进行调查。任何人都无权以"国家理性"或商业机密的名义来阻止或者试图左右记者的职业行为。

第二十条　拒绝盲从

记者有权拒绝任何有悖于雇佣媒体的编辑方针的要求。

第二十一条　"良心条款"

记者不应被迫违心行事，或被迫发表违背其信仰或良知的观点。在这种情况下，他可启用良心条款并获取相应的保护。

第二十二条　变革

任何有可能会对新闻公司的运行产生持续性影响的重要决策都必须告知新闻编辑部的全体工作人员。

第二十三条　工资

鉴于记者工作角色的复杂性及其对社会承担的责任，他们不仅有权享受集体合同的利益，也可以享受个人合同带来物质和道德安全；同时，薪酬应与其角色相匹配，并能保障他们在经济上的独立。

第二十四条　安全

持有记者证的记者到任何地方都有权要求保障他/她本人及其专业设备的安全，有权得到合法保护，其尊严不受侵犯。

第二十五条　最后条款

以上条款为多哥新闻记者和媒体工作人员均应遵守的职业伦理准则。多哥媒体监察委员会（OTM）负责本伦理准则的实施。

突尼斯
（Tunisia）

记者协会道德规范 *

　　新闻工作者承诺在个人可以获得的信息范围内，采取行动寻求真相并向公众公开。

　　新闻工作者承诺捍卫新闻自由，拒绝任何违反职业道德或可能危害行业名声的行为。

　　新闻工作者应拒绝签署带有广告性质的文章，也应该避免以新闻的形式写广告文章。

　　新闻工作者不应该因职业任务而接受礼物或者特殊的好处。

　　新闻工作者应避免利用职务之便为私人利益服务。

　　新闻工作者必须在引用别人文章时注明作者姓名，不得抄袭。

　　新闻工作者应避免传播虚构的地址、技能或者信息。

　　新闻工作者应尊重同行的观点，避免诽谤他们。对于观点不相同的人也应表现出宽容。

　　新闻工作者应该避免由于自己的（不当）行为而对同行造成职业偏见。应该避免因自己的行为使同事被剥夺职业工作。

　　新闻工作者应该承诺采取行动，有效地促进专业领域内成员之间的团结。

　　＊　Tunisia Code：Association of Tunisian Journalists Code of Ethics，http：//www. rjionline. org/
　　　　MAS – Codes – Tunisia – Ethics，摘录于 2015 年 8 月 18 日。该规范由突尼斯记者协会通过，
　　　　发布于 1975 年。

新闻工作者应该拒绝接受任何此类工作职位，即指因为工资和待遇低于正常标准而被同事拒绝了的工作职位。

新闻工作者一旦发表了署名文章，应该对其承担所有的责任。他不应该自称是他人的文章的作者，或在他人的文章上署自己的名字。

新闻工作者应该拒绝任何部分或全部改变他人或自己观点的作品。

新闻工作者应该保守职业秘密，拒绝透露消息来源。

乌干达
（Uganda）

新闻记者伦理规范[*]

1. 记者不得发布真实性或准确性未经证实的信息和指控。

2. 记者不得披露其信息来源，除非涉及最重要的公共利益，且不得超出乌干达的法律框架。

3. 记者不得以发布或隐瞒特定报道索贿、受贿。

4. 记者不得剽窃他人的专业成果，不得在不交代出处或不承认其贡献的情况下引用他人的研究成果或结论。

5. 记者应通过娴熟地应用新闻原则来获取信息，而不得以贿赂的方式获得消息来源。

6. 记者不得否认任何人做出答复的合法权益。所做的更正和答复应及时地以恰当的方式发布出来，并且尽量采用原始信息的接收者能注意到的方式发布。

7. 记者应努力将观点与事实相区分；当所发布的内容为个人观点时，应告知公众。

8. 如对特定的个人或组织已进行损害性报道，记者应采取必要的措施予以更正。

9. 记者不应报道含有或可能激发部落主义、种族主义或任何其他形式歧视的内容。

---

* Uganda Code：National Institute of Journalists of Uganda Code of Ethics，http：//www. rjionline. org/MAS – Codes – Uganda – Ethics，摘录于 2015 年 8 月 17 日。该规范由乌干达新闻记者协会确认通过。

赞比亚
（Zambia）

媒介委员会伦理规范 *

传播新闻和观点的目的是为公众服务。记者是公共利益的代表，如果利用此身份来谋求私利或满足其他不当动机，就违背了公众对记者的高度信任。记者掌握着表达不受欢迎的意见的权利，也有着在同意大多数人的同时又尊重少数人意愿的权利。记者应时刻捍卫自由地进行信息收集、评论、批评和表达的新闻自由原则。由此，赞比亚媒体委员会所有成员愿共同遵守以下职业准则。

1. 公众有权知悉真相。因此记者有准确、客观、公正地报道事实真相的责任。

2. 报纸标题应严格与正文内容相匹配。照片和电视广播在呈现事件时应描述全貌，而不是将某一细节进行脱离语境的凸显。

3. 新闻记者应该对承诺匿名的消息来源严格保密。

4. 除非是出于公共利益的需要且无法使用其他方法，否则只能用公开、公正的方式获取新闻、照片和文件。

5. 接受任何意在传播或隐瞒特定信息的贿赂均应被视为严重的职业犯罪。

6. 记者应及时纠正任何有害的错误信息。当事关重大时，应确保被批评的人能有及时进行答复的权利，并且相关更正和致歉应以显著的方式

＊ Zambia Code：Code of Ethics of the Media Council，http：//www. rjionline. org/MAS－Codes－Zambia－Council，摘录于 2015 年 8 月 25 日。

发布。

7. 记者应该意识到媒体有强化歧视的危险，并且应尽最大的努力避免任何基于种族、性别、宗教、政治、国籍或社会背景的歧视。

8. 如果记者的兼职、政治参与、担任公职或在社区组织服务等行为有损于新闻职业行为或雇主的利益，则应予以避免。记者及其雇主不应使个人卷入各种利益冲突中去，其对公众所承担的责任才是至关重要的。

9. 剽窃是不诚实和不可接受的。

10. 记者应尊重赞比亚的社会道德和文化价值观。记者应该尊重人们的隐私，除非是因为公共利益的需要，否则不得对之进行侵犯。

非洲各国媒体伦理规范评析

　　在非洲部分，共有 32 篇媒体伦理规范，分别涉及阿尔及利亚、博兹瓦纳、刚果、埃及、埃塞俄比亚、加纳、几内亚、科特迪瓦、肯尼亚、利比里亚、马里、纳米比亚、尼日尔、尼日利亚、卢旺达、塞内加尔、索马里兰、南非、南苏丹、斯威士兰、坦桑尼亚、多哥、突尼斯、乌干达、赞比亚等 25 个国家。本部分选取的媒体伦理规范内容详细，范围广泛。不仅包含对一般新闻工作者的伦理规范要求，也有具体针对如新闻通讯社、新闻摄影及摄像活动等特定新闻活动的指导准则，同时也有与新闻工作或编辑工作相关的工作人员如出版商、媒体广告商伦理等规范。

　　这一部分中的媒体伦理规范中常出现的准则与其他洲的内容多数相似。统计发现，非洲国家的 32 篇媒体伦理规范当中，提及率排名前十的伦理准则分别是：准确、避免利益冲突、保护隐私、保护消息来源、更正、信息获取方式正当、新闻自由、公正原则、不得剽窃、明确新闻界限。但同时，非洲国家的媒体伦理规范中也有一些特殊规定。

表 1　非洲媒体伦理规范中的共通性规定

排　名	原　则	数　量	占　比
1	准确	30	93.75%
2	避免利益冲突	25	78.13%
3	保护隐私	24	75%
3	保护消息来源	24	75%

排　名	原　　则	数　量	占　比
5	更正	21	65.63%
5	信息获取方式正当	21	65.63%
5	新闻自由	21	65.63%
5	公正原则	21	65.63%
9	不得剽窃	20	62.5%
10	明确新闻界限	19	59.38%

一　非洲各国媒体伦理规范的共通准则

（一）准确

准确是非洲国家媒体伦理中的最重要原则。在 32 篇媒体伦理规范中共有 30 篇规范提及了准确的原则，占总数的 93.75%。对于准确原则的强调，主要是从公众知情权、新闻工作者基本职责角度阐发。如几内亚《记者协会道德准则》中提及记者的职责："应尊重事实的准确性，无论其后果如何，都要始终坚信，公众有权知道真相。"赞比亚《媒介委员会伦理规范》从公众知情权出发，认为："记者有准确、客观、公正地报道事实真相的责任。"南非《广播投诉委员会章程》不仅提及"公众有知情权"，而且认为"新闻业的终极目标是提供真实、准确、平衡和公正的报道，这也是赢得公众信任和信心的基础。"

准确原则应用在实践操作上，则体现如下。

（1）强调事实的准确，如实发布。如坦桑尼亚《新闻通讯社伦理规范》中："报道日常事件，无论它们是负面的还是正面的；从积极和消极方面报道包括危机在内的事件，准确地呈现事件。"博兹瓦纳《新闻伦理规范》中，认为"媒体从业者必须合理审核相关事实"、"要谨慎发布准确的材料"、"必须严格按照程序确保报道的准确性"、"不能脱离来龙去脉来歪曲事实"。

（2）强调观点准确，不能断章取义。一则体现在不过度解读，要引用原话。如坦桑尼亚《公共信息工作者和媒体广告商行业伦理规范》："信息从业者更加有责任提供真实的信息——准确且不附带评论。如何解读这些信息，则应由接收者自行决定。"在索马里兰《选举期间媒体行为规范》中认为："尽可能直接引用候选人和政党的原话来表述其观点，而非进行转述。"二则指需反复核实新闻来源，特别是无法核实时，需对消息进行保留或标记。如南非《广播投诉委员会章程》："如果对报道的内容存疑同时也有条件加以核实的话，应当予以核实；如果报道的内容尚未能加以核实，则应当在报道中提及。"即使是面对极端的威胁公共安全事件的案例，准确也是应有之义。如坦桑尼亚《广播员伦理规范》："如果电台接到了声称放置了炸弹的电话警告，必须立即向警局报告该事件，并询问是否可以公开该信息。"

（3）强调表达准确，即新闻语言须客观准确。语言的准确尤其体现在新闻标题和图片等说明中，必须公正和准确，避免夸张的表达。如卢旺达《新闻从业者道德规范》中规定："新闻工作者应避免使用任何与事实不符或与所发布、出版的内容不符的耸人听闻的标题。标题和图片的文字说明应该是对有关报道或图片内容的合理反映。海报不得误导公众，且须是对有关内容的合理反映。图片不得进行歪曲或误导，也不应被操控。"此外，值得注意的是，在斯威士兰《全国记者协会道德规范》关于艾滋病毒和艾滋病的报道中，媒体的用语指南十分详细，如"记者宜区分'艾滋病毒'和'艾滋病'；使用'艾滋病毒流行'一语，要优于'艾滋瘟疫'或'瘟疫'。"这些指南可操作性强，体现了对特殊群体的非歧视原则，同时也强调了新闻语言的使用要准确。

此外，准确性原则不因媒体属性的不同而有所不同，少数国家也强调了准确原则对电子媒体的适用性。如南非《广播投诉委员会章程》："电子媒体必须如实报道新闻，准确而公正。"整体看，准确原则提及次数之多，表明新闻工作中"准确性高于一切"。

（二）避免利益冲突

在32篇媒体伦理规范中共有25篇规范提及了避免利益冲突的原则，占总数的78.13%。新闻工作的利益冲突主要表现在利用职位享有特权，接受贿赂、礼物馈赠或在其他机构、政党担任职务，而与记者职业身份、个人利益等产生冲突。

利益冲突可能会危及新闻独立性、客观公正性，损害新闻工作者形象，非洲国家的伦理规范中的避免利益冲突原则要求如下。

其一，禁止利用职业行为获取个人利益。这里的利益包括礼物、免费旅行、带薪假期、报酬、奖项、特权及可能影响其独立性的任何其他利益。如埃塞俄比亚《新闻工作者专业伦理规范》中规定："新闻工作者不得利用他所发表的新闻、评论、节目、照片或电影而直接或间接地接受贿赂、礼物或其他好处，从而给新闻行业丢脸。"突尼斯《记者协会道德规范》中强调："新闻工作者不应该因职业任务而接受礼物或者特殊的好处。"此外，金融新闻也可能涉及特权和谋利行为，南苏丹《印刷媒体的道德规范》对此规定："在公开发表之前，新闻工作者不能利用他们得到的经济信息谋取利益，也不应将这样的信息传递给他人。"

其二，禁止为报道支付报酬。如斯威士兰《全国记者协会道德规范》规定："记者不得通过付费的方式来达成采访或获取材料的目的。真正的人道主义支持可以被考虑，但应当是通过第三方提供的，以确保其与采访环境分开。"只有符合公共利益时，经济交易才被允许。纳米比亚《媒体伦理规范》中："在对刑事案件的报道过程中，不应直接或通过代理人向目击者或信息提供人支付报酬，除非该材料或信息对公共利益而言十分重要且需要被发表；或在获取该信息之前，已做出了付费的承诺且此举十分必要。"这种付费行为也需要被标注，如博兹瓦纳《新闻伦理规范》规定："媒体所有者、出版者和媒体从业者决不能给普通群众钱财来获取信息源，除非其中有确切的公共利益（当信息是有偿获取时，媒体所有者、出版者和媒体从业者应该注明）。"对此，肯尼亚《新闻行为准则》也做出了解释："当信息以有偿方式获得时，该信息的可信度及买卖双方的动机均将招致怀疑。因此，记者原则上应该避免为信息付费，除非此举有利于公共利益。记者也不应以牟利为动机来发布任何信息。"

其三，媒体工作者需要披露与自己利益相关信息。如坦桑尼亚《广播员伦理规范》中规定："在制作节目期间和之后，绝不欺骗、误导或曲解参与者，应告知参与者关于节目的一切，如节目的持续时间、是直播还是录制、问题的性质和范围、采访者或主持人、是否有酬金及节目资金来源等。"如斯威士兰《全国记者协会道德规范》："记者应说明自身与报道对象间是否存在利益冲突，尤其是当收到特定组织、机构或公司的礼物或赞助的时候。"

其四，禁止担任与职业身份不相容的其他工作。如卢旺达《新闻从业者道德规范》："新闻专业人员不得承担媒体关系部主任、公关人员、机构发言人以及其他类似的职位。"尼日尔《新闻工作者职业道德规范》："正如在就业合同中确定的一样，新闻记者有权拒绝所有同其所服务的新闻机构的宗旨和定位相违背的职位或任务。"同样，赞比亚《媒介委员会伦理规范》也赞成："如果记者的兼职、政治参与、担任公职或在社区组织服务等行为有损于新闻职业行为或雇主的利益，则应予以避免。记者及其雇主不应使个人卷入各种利益冲突中去，其对公众所承担的责任才是至关重要的。"

新闻工作者有时会不可避免地获得私利，避免利益冲突实质强调了记者不能为除了自己职业团体外的其他利益集团服务，这是为了保证新闻工作的独立和公正性。

（三）保护隐私

在 32 篇媒体伦理规范中共有 24 篇规范提及了保护隐私的原则，占总数的 75% 。非洲国家媒体伦理规范对保护隐私的规定，有以下几方面的特点。

其一，隐私权的主体范围广泛。如纳米比亚《媒体伦理规范》："宪法将隐私权视为所有人的一项基本权利。"这里的所有人，不仅涉及新闻当事人，包括新闻事件当事人的家属也在保护隐私权的范围之内，特殊情况下包括新闻当事人去世情况。对此，坦桑尼亚《新闻摄影及摄像活动伦理规范》中规定："未经其亲属同意而拍摄逝者的照片，应始终考虑到有关人员的文化、信念、信仰和习俗。如果请求未被允许，则应及时离开。"不仅如此，有些国家的规定中，特殊群体是隐私权的重点保护对象。如斯威士兰《全国记者协会道德规范》规定了艾滋病人和儿童的隐私权："隐私和保密是公认的权利，适用于所有人。""儿童享有隐私权。"但对于公众人物而言，他们的隐私权范围却相较于普通公众的小。

其二，隐私权的客体范围广泛。有些伦理规范中，隐私权的范围较为详细。肯尼亚《新闻行为准则》中认为，"个人的家庭、房屋、宗教、部落、健康、性取向、个人生活和私人事务均属于隐私的范畴。"坦桑尼亚《广播员伦理规范》中则对涉及隐私权的"公共场合"进行了界定，认为："一些'公共场合'，如火车站、商店、公共交通或其他场所，也均有其业主。在其间进行拍摄或录音之前，有必要征得其业主、经理或代理人的同意。"

其三，隐私权的保护受到一定限制。虽然有少数国家如几内亚《记者协会道德准则》规定，"任何时候记者在采访和发布信息时都应该表现出对人性尊严、隐私和人民权利的尊重"，但对于大部分国家而言，隐私权的保护受到知情权、公共利益的限制。如肯尼亚《新闻行为准则》规定："公众的知情权往往需要同新闻报道中人物的隐私权进行权衡。记者必须坚持对问题的报道。

在未获得同意的情况下对个人的私生活进行入侵性的调查一般是不被接受的,除非涉及公共利益。"博兹瓦纳《新闻伦理规范》中提出公共利益的合理情况包括:"侦查或揭露犯罪行为和反社会行为,保护公众健康与安全,防止公众受到被公开谴责的人员在私下传播的错误言论与行为的误导。"尼日利亚《记者伦理规范》则更为详细:"作为一般规则,记者应该尊重个人及其家庭的隐私,除非事关公共利益。A. 只有侵犯公共利益时,个人私生活或其家庭信息才能被公布。B. 只有出于以下目的时,发布上述的个人信息才能被视为正当:i. 揭露犯罪或严重的不轨行为;ii. 揭露反社会行为;iii. 保护公众健康、安全,捍卫道德标准;iv. 防止公众被某些个体的言论或行为所误导。"

隐私权涉及人的尊严和人格,保护隐私权,即体现了新闻媒体对个人的尊重。同时,媒体伦理规范中,一方面规定隐私权主体和客体的广泛性,另一方面同时规定公共利益原则对隐私权的限制,这表明了媒体伦理规范的主要目的是一方面使得各类权利主体能够尽可能在最大范围内免除新闻媒体的侵扰,另一方面同时要保障新闻媒体的言论自由和传播自由权。

(四)保护消息来源

在 32 篇媒体伦理规范中共有 24 篇规范提及了保护消息来源原则,占总数的 75%。消息来源是记者获取信息的重要渠道,而当泄露消息来源会对提供者带来诸如生命安全等巨大威胁时,或消息来源不愿公开身份时,新闻工作者须为其保密,这事关新闻事业的健康持续发展和新闻媒体公信力的维持。但另一方面,消息来源同时也是公众判断新闻可靠程度的一个指标,从消息来源的明晰与否,可以判定新闻工作者是否为道听途说或主观臆断。面对这种矛盾,媒体伦理规范提出了相应的伦理实践准则。

保护消息来源是新闻工作者的权利和义务,尤其是面对消息来源的匿名要求时。如刚果《新闻工作者伦理规范》规定:"每一个新闻工作者都必须明确以下权利:保护新闻来源。"卢旺达《新闻从业者道德规范》中表明:"记者有职业保密的义务。在发布或刊登信息时,应交代消息来源。然而,如果消息来源有保密要求,则应严格保密;如果被指认出可能有损于这些消息来源时,这种保护尤为重要。"南苏丹《印刷媒体的道德规范》指出:"尽管新闻工作者应该表明消息来源,但也应该尽可能履行其保护匿名消息来源的义务。"此外,赞比亚、埃塞俄比亚、尼日利亚等国都对保护消息来源做出类似规定。

大部分国家对于匿名消息来源的保密也有其条件约束：（1）已知该来源，且不公开有利真相追寻。如肯尼亚《新闻行为准则》："采用匿名的消息来源，除非记者和编辑已知该来源，且不交代该来源更有利于追寻真相。"（2）消息来源自己主动公开或消息来源故意误导记者。如尼日尔《记者道德宪章》规定："记者受职业保密义务的约束，他/她不得透露秘密获得的信息的来源。记者的上级也受到保密义务的约束，在这种特殊情况下，记者可能将其消息来源透露给上级。如果消息来源主动公开，或者可以清楚地表明消息来源故意误导记者，记者可以免除保密义务。"（3）法庭要求公开。如坦桑尼亚《广播员伦理规范》规定："必须兑现向消息来源所做的保密承诺。如果被要求公开消息来源的身份，在消息来源同意的情况下可以公开。法庭不认可新闻来源的神圣性，不向法庭公开信息会导致处罚。"（4）公共利益需要公开。如坦桑尼亚《媒体与新闻编辑伦理规范》规定："一般情况下，不公开保密信息的来源。如非公共利益的需要，应当避免侵犯个人隐私和他人尊严。"

需要指出的是，少数国家将保护消息来源放在了至高的地位。如几内亚《记者协会道德准则》中认为："记者享有通过各种手段来尽力保住其信息来源不被曝光的权利。记者应努力保护信息来源，即便信息来源欺骗了他/她。"如科特迪瓦《新闻工作者权利与义务规范》："永不透露报道中那些自己知道的但要进行保密的事实，以便保护消息来源。"但是这两个国家的伦理规范中同样认为，对于公众的责任高于其他责任。

整体来看，新闻媒体应当努力报道以事实为基础、公开消息来源的信息，同时面对匿名消息来源的保密要求，新闻媒体也需尽到其义务。当然，保护消息来源也同样需要为公众利益让步。因此，这种保护尺度的拿捏需要新闻工作者的主观衡量，这也对新闻工作者的自律提出更高要求。

（五）更正

在 32 篇媒体伦理规范中共有 21 篇规范提及了更正原则，占总数的 65.63%。新闻更正，是指新闻媒体对已发表的不准确、不客观或者不公正的报道，可能或已经给自然人、法人及其他组织造成损失时，所采取的对当事人有效的、必要的补救措施。[①]

---

① 蔡斐：《新闻更正的域外经验中国实践及未来规范》，《中国广播》2014 年第 3 期。

　　真实是新闻的生命，但在实际媒体工作中，新闻报道时效性和新闻工作者主观性失误等可能会导致新闻的失实和不准确。因此，为了保护新闻的真实性，新闻机构需要"自觉"、"及时"地更正。刚果《新闻工作者伦理规范》规定："自觉地更正那些被证明部分不准确或全部不准确的信息，不惜代价地刊载这些更正，即使报道中涉及的个人没有要求（媒体）进行回复、修正和阐释。"埃塞俄比亚《新闻工作者专业伦理规范》规定："新闻工作者应立即修正他（在报道中）所犯下的针对某人或组织的错误。"南非《广播投诉委员会章程》规定："如果某个报道在材料方面存在失实的情况，应当及时地、毫无保留地加以更正。"南苏丹《印刷媒体的道德规范》规定："对于重大错误、误导性陈述或扭曲事件，媒体一旦意识到，就应在显著位置及时进行更正。"

　　不仅错误和误导性陈述等需要立即更正，部分国家还对更正的对象、更正的方式有要求。其中，更正的对象可以是个人或组织，如乌干达《新闻记者伦理规范》指出："对特定的个人或组织已进行的损害性报道，记者应采取必要的措施予以更正。"而这种必要的措施中，更正的内容可以是道歉声明或说明，对更正的位置等也有所要求。如博兹瓦纳《新闻伦理规范》规定："如果媒体机构发现自身发表了一篇内容严重失真的报道，该媒体机构应立即在与该报道同等重要的位置刊载一篇更正报道；如果媒体机构发现自身发表了一篇对相关个人或组织的名声造成伤害的错误报道，该媒体机构应立即在相应位置发表一篇道歉声明。"利比里亚《报业联合会伦理规范》提到："记者的更正或回复应快速及时，并将其置于显著的位置。如有必要，在任何合适的时候都应该给予道歉。"纳米比亚《媒体伦理规范》规定："更正后的报道应该发布在显著的版面和时段，使公众能方便地关注到。"

　　给予当事人以答辩、回复的权利与机会也属于更正的范畴，只是实施主体有所变动。如坦桑尼亚《媒体与新闻编辑伦理规范》中有"无论何时发现新闻有错误，都要给予当事人答复权并以显著的方式迅速加以更正"的规定。南苏丹《印刷媒体的道德规范》指出："如果媒体发表的报道使人、组织或机构处于不利的地位，出于公平和公正，媒体将给予对方回复的权利，且媒体将确保该回复在合理的显著位置刊出。"赞比亚《媒介委员会伦理规范》规定："记者应及时纠正任何有害的错误信息。当事关重大时，应确保被批评的人有及时进行答复的权利，并且相关更正和致歉应以显著的方式加以发布。"

新闻更正作为一种事后补救性措施，体现了对新闻真实、准确原则的尊重与维护，同时也体现了媒体从业者的诚信和责任意识。

（六）信息获取方式正当

在 32 篇媒体伦理规范中共有 21 篇规范提及了信息获取方式正当，占总数的 65.63%。信息获取方式正当主要有以下三方面规定：

其一，信息收集主体需公开身份。如坦桑尼亚《广播员伦理规范》规定："被采访者应该知晓他们为什么被采访、将会被问到的问题的主题、节目的内容以及他们在其中扮演的角色。事先把问题提纲交给被采访者是不合适的。假使一个被采访者坚持要提前获知具体问题，那么让受众知悉这个事实。"塞内加尔《媒体伦理宪章》指出："使用正当的方法获得信息、图片和文件，在探寻信息的时候声明职业身份。"

其二，信息收集的方式需诚实和公正。这其中涉及特殊时间、地点、特殊电子设备、有偿新闻等情况的详细论述。如坦桑尼亚《新闻摄影及摄像活动伦理规范》中指出："不得违反禁止在法院管理区拍照的法律或法令。"坦桑尼亚《广播员伦理规范》规定："利用隐蔽录音设备、远程监听设备和长焦镜头所获得的材料不得用于播报。可以在公共场合录音、录像，但必须是公开的、可见的。"南苏丹《印刷媒体的道德规范》规定："印刷媒体不能通过用隐藏的摄像机或秘密监听设备窃听私人电话的方式去寻求信息或发布信息，或未经授权删除文档或照片。"斯威士兰《全国记者协会道德规范》规定："记者不得通过付费的方式来达成采访或获取材料的目的。"

其三，信息收集目的需正当合理。只有基于公共利益、公众安全等理由，某些隐瞒式的采访方式才能被视为正当。如尼日利亚《记者伦理规范》规定："记者应尽可能使用公开和诚实的方法来收集信息。只有为了保障公共利益需要时才能使用特殊的信息收集方法。"赞比亚《媒介委员会伦理规范》指出："除非是出于公共利益的需要且无法使用其他方法。"肯尼亚《新闻行为准则》规定："只有出于在法律行动中或在其他一些令人信服的场合下保护记者的原因，才能算作例外。"

信息收集是记者新闻采写过程中的重要环节，能否收集到信息及所收集的信息是否可靠、全面，均关系着新闻成品的质量。但这并不意味着记者可以不择手段地收集信息。信息获取方式正当是新闻工作者的自律要求，即应当通过正当、诚实的手段和方式获得信息，这体现了新闻传播活动的公开、透明性和对公民隐私权的保护。媒介伦理规范规定当新闻信息与公共利益有关且无法从其他渠道获取信息时，记者可采用非常规手段收集信息，这实际上为采用不正当手段获取信息划定了底线，也为学界和业界评判媒体的采访手段是否恰当提供了依据。

（七）新闻自由

在非洲32篇媒体伦理规范中共有21篇规范提及了新闻自由，占总数的65.63%。新闻自由，通常是指公民言论、表达自由以及新闻媒体应当拥有采访、报道、出版、发行等的自由权利。

各国多从知情权、言论自由等方面表述新闻自由的重要性。如多哥《新闻记者伦理准则》指出："言论自由、知情权和批评权是每个公民的基本权利。使公众有权知道新闻和观点，是记者们权利和义务的源泉。"几内亚《记者协会道德准则》中规定："获取信息、发表言论和进行批评是每个人的基本自由和权利，也是建立民主、正义和自由的社会的基石之一。"肯尼亚《新闻行为准则》指出："公众的言论自由和知情权，是培养和维持一个民主社会的基础。记者的首要职责是尊重真理和尊重公众获知真理的权利。"塞内加尔《媒体伦理宪章》表明："每个人都有自由发表意见、自由表达的权利，此项权利包括不受干涉地保持自己意见的自由，以及不论媒介和不分国界地探寻、接受与传播信息和思想的自由。"赞比亚《媒介委员会伦理规范》规定："记者应时刻捍卫自由地进行信息收集，自由地进行评论、批评和表达的新闻自由原则。"

新闻自由原则体现在新闻媒体中，即是指新闻工作者能够自由接触、调查、采访和表达等权利。如刚果《新闻工作者伦理规范》指出："有自由接触所有信息来源的权利，有自由地调查所有对公众生活有影响的事实的权利。在这种情况下，私人或公共事务对新闻工作者保密时，需要明确说明保密动机。"尼日尔《记者道德宪章》指出："作为专业人士的记者，有权号召任何他/她判断有能力胜任的人去对本地或国际重要事件进行分析或评论。"斯威士兰《全国记者协会道德规范》规定："媒体有权访问信息，尤其是当某信息关乎公共利益的时候。针对公共官员的履职表现，媒体和记者可以进行批评。"

除非为了公共利益，新闻自由有免于受到压制的权利。加纳《新闻工作者协会伦理规范》指出："在任何情况下，新闻或出版物都不应当被镇压，除非它涉及国家安全或公共利益。"斯威士兰《全国记者协会道德规范》指出："在任何情况下，新闻或出版物都不应该被压制，除非因国家安全或公共利益的需要而必须如此。"在特殊的选举时期，索马里兰《选举期间媒体行为规范》则规定："媒体能在一个安全的环境里进行调查和信息发布，而不必担心恐吓或报复。媒体能在免于限制和审查的情况之下自由地报道选举事件。"而在南非《广播投诉委员会章程》中，这种新闻自由也被延伸到电子媒体中，如："电子媒体亦有权对任何公共行动或具有公共重要性的事件进行批评或评论，但这些批评或评论必须诚实而公正。"

（八）公正原则

本部分的 32 篇媒体伦理规范中共有 21 篇规范提及了公正原则，占总数的 65.63%。公正意味着新闻报道的客观公正、不偏不倚。媒体伦理规范中对于公正原则主要从以下几个方面阐释。

（1）报道公正、不偏不倚，全面反映新闻事实的诸方面。如斯威士兰《全国记者协会道德规范》有："记者应充分调查、反复核实，以向公众提供公正、准确、全面、平衡的信息。"坦桑尼亚《广播员伦理规范》规定："以真实准确、公正和非党派的方式呈现所有新闻；以平衡、清晰、真实、准确和公正的方式呈现当前事务。"

（2）观点的多样性，即要对不同的新闻对象进行采访，不仅反映一方的看法，还要反映多方的见解。纳米比亚《媒体伦理规范》规定："尽管新闻工作者有权发表他自己的政治观点或其他意见，报社和广播公司也应知悉这些观点，并对团体内其他人的意见给予应有的关注。"塞内加尔《媒体论理宪章》规定："保证履行记者充分尊重思想观点的多元化和多样性的使命。"但观点的多样性，也受到新闻价值的限制。南非《广播公司编辑规范》规定："对重要事项的相关观点，我们应当努力寻求平衡。这个要求可能并不总是能在一个节目或新闻公告内达到，但必须在合理的时间内实现。""我们应根据新闻价值来进行判断并做出编辑决定。公正并不意味着编辑人员做到无可挑剔或给予问题争议各方以均等的意见发表时间。"

（3）观点的平衡性，即重要观点都要予以呈现，不厚此薄彼，当一方拒绝或没有回复能力时，应该予以说明或避免。坦桑尼亚《广播员伦理规范》规定："表达个人观点的节目必须做到准确和公正。反对的观点也必须被呈现出来。必须让观众知道他们正在收听或观看的是某个特定的观点或一家之言。"索马里兰《选举期间媒体行为规范》中指出："避免对执政党和反对党的政治家进行过度的、特权化的报道。秉持公正，不对相关政党进行厚此薄彼的报道。"坦桑尼亚《媒体与新闻编辑伦理规范》表明："确保所有观点是在交代事件各主要方面情况的基础上形成的，当某一方拒绝合作时，新闻报道应予以说明。"利比里亚《报业联合会伦理规范》规定："记者不应在所涉及的个人或组织不具备回应的权利时，就刊载或播出可能影响其名誉的报道或文章。这种不公平的做法应当被避免。"

值得注意的是，努力要求公正，但这并不意味着新闻工作者完全消除掉自己的价值观。坦桑尼亚《广播员伦理规范》指出："记者可以表达专业的判断，但不能表达个人的观点。最好由权威的、经验丰富的记者和评论员给出专业判断，并且提供证据支持。"这种判断之中体现了新闻工作者的新闻价值选择。在斯威士兰《全国记者协会道德规范》中，对倾向性的新闻报道则是毫无避讳，认为："媒体可以传播自身的观点，因此记者有责任进行倾向性新闻报道，尤其是当人们对利益相关者的行为认识不清的时候。"但它同时也指出，"在这样做的时候，记者应十分小心，不去歪曲事实。"

（九）不得剽窃

本部分的32篇媒体伦理规范中共有20篇规范提及了不得剽窃，占总数的62.5%。剽窃，指抄袭别人的思想或言词，使用他人作品却不说明其来源等，是对他人知识产权的不尊重。

对于新闻工作而言，剽窃是一种不道德且违法行为。如加纳《新闻工作者协会伦理规范》明确指出："新闻工作者不应当剽窃，因为这是不道德且违法的。"斯威士兰《全国记者协会道德规范》中也有类似规定："记者不应剽窃，因为此举既不道德也非法。"肯尼亚《新闻行为准则》指出："未标明归属而使用任何人的东西，不论故意还是疏忽，都是严重违背道德的行为。"赞比亚《媒介委员会伦理规范》也表明："剽窃是不诚实和不可接受的。"

剽窃是侵犯他人著作权的行为。如坦桑尼亚《广播员伦理规范》指出："尊重任何广播材料的版权和邻接权。"马里《新闻工作者的伦理规范》规定：

"新闻工作者必须避免盗用任何有版权的文章或视听作品。"斯威士兰和利比里亚等国也有类似规定，"尊重相关禁载规定。"同时，剽窃也有损消息来源的真实性和新闻工作者的诚信。如南苏丹《印刷媒体的道德规范》规定："印刷媒体应当避免剽窃。但当需要采用别人的信息时，这个信息来源必须可靠。"

在禁止剽窃原则要求下，新闻工作者如果需要引用其他材料，那就应注明作品来源或作者。如乌干达《新闻记者伦理规范》规定："记者不得剽窃他人的专业成果，不得在不交代出处或不承认其贡献的情况下引用他人的研究成果或结论。"坦桑尼亚《广播员伦理规范》中对于体育运动规定："可以使用其他广播公司的图片和声音用于新闻报道，但需删除其评论，代之以叙述，且应公布其原作者。"肯尼亚《新闻行为准则》指出："然而，从别处借鉴观点可被视为公正的新闻实践。在报道中直接引用他人的话语时应明确地予以注明。通常来说，如果以他人作品作为灵感来源，那么最后的成品必须与原创作品完全不同。"

（十）明确新闻界限

在 32 篇媒体伦理规范中共有 19 篇规范提及了明确新闻界限，占总数的 59.38%。明确新闻界限是指新闻事实与观点相区分，新闻报道与广告、宣传相区分，具体如下。

（1）强调新闻事实和评论相区分。埃塞俄比亚《新闻工作者专业伦理规范》规定："新闻工作者应从他的主观判断中识别新闻。如果完全是其个人观点，必须清楚明白地指出来。新闻工作者在履行义务时，不应被自己的情绪所控制，也不应追求个人利益。"加纳《新闻工作者协会伦理规范》规定："尽管新闻工作者可以在事件中自由地选择立场，但他应该对评论、猜想和事实划定清晰的界限。"尼日尔《记者道德宪章》指出："记者将行使他/她的意见自由，对公众获取信息的权利给予应有的尊重。无论情况如何，新闻报道或新闻评论的事实的准确性绝不能被个人意见所扭曲。"

（2）强调新闻和广告相区分。一是强调新闻文本和广告需区分，如索马里兰《选举期间媒体行为规范》指出："明确标注广告，使其不与新闻相混淆。"南苏丹《印刷媒体的道德规范》详细规定："①商业和政治广告以及赞助商信息（无论是文章、补充材料或其他）必须区别于新闻内容，并需要清楚地注明他们的类型。②赞助材料中应当明确表明赞助来源。"二是强调新闻工作者职责与广告商相区分。如几内亚《记者协会道德准则》规定："不要将记者的工作同广告商或宣传者相混淆。"三是强调新闻报纸文本内容的责任归属。如肯尼亚《新闻行为准则》声明："编辑应该对报纸上刊登的所有内容包括广告承担责任。如果想撇清责任，那应该事先明确声明。"

明确新闻界限，以便于公众可以区分什么是新闻、什么是宣传、什么是促销信息，这一方面满足了公众的知情权，同时也体现了新闻的独立性原则。正如南非《广播公司编辑规范》所表述："我们只应以价值为标准来衡量信息，不允许广告、商业、政治或个人因素来影响我们的编辑决定。"

二 非洲各国媒体伦理规范的特殊准则

除了以上提及的多数国家所具有的、相对共通性的准则外，非洲某些国家还有一些特殊准则，具有一定的参考价值和启发性，主要有以下几类。

（一）立足民族文化，维护本国价值观

新闻传媒是文化传播的重要工具，提倡新闻媒体尊重民族文化，传承社会道德和文化价值观，也是新闻传媒产业所应承担的历史责任。赞比亚《媒介委员会伦理规范》明确规定："记者应尊重赞比亚的社会道德和文化价值观。"坦桑尼亚《广播员伦理规范》的规定更为详细："为了鼓励坦桑尼亚和非洲传播业的发展，对新闻事业进行合理规划，通过展现坦桑尼亚和非洲的文化和娱乐节目来反映坦桑尼亚和非洲人的态度、观点、想法、价值和艺术创造性；为有需要和有兴趣的人服务，反映民主的坦桑尼亚和非洲的男女及儿童的风貌和愿望；提供在文化、艺术、运动和教育上适合坦桑尼亚和非洲实情的节目。"

（二）促进多元主义，捍卫普世价值观

新闻媒体除了要维护本国的文化价值观外，也有少数国家特别强调了新闻媒体对和平、民主、人权等普世价值观的尊重，认为这些价值观是超越宗教、国家、民族的。如刚果《新闻工作者伦理规范》规定："促进民族文化、公民责任感的提升以及共和国宽容美德的形成，发扬观点多元主义、民主以及人文主义的普世价值观：和平，平等，人权，社会进步。"尼日利亚《记者伦理规范》规定："记者应该促进人权、民主、正义、公平、和平与国际理解等普遍

原则。"卢旺达《新闻从业者道德规范》指出："记者应捍卫与《世界人权宣言》精神相一致的和平、宽容、民主、人权、民族团结和社会进步以及对公民个体的尊重等普世价值观。"南苏丹《印刷媒体的道德规范》指出："要注重媒体在促进和平和保护人权中所扮演的角色。"这些伦理规范不仅表现了新闻媒体对自己国家的社会责任,更强调了新闻工作者应当具有"世界公民"意识。

（三）针对现实问题、特殊情况进行详细规定

在媒体进行报道时,往往还会遇到一些陌生的专业报道问题,部分非洲国家在针对特定问题的报道上,给出了详细的报道伦理规范。如纳米比亚《媒体伦理规范》中的"转折时刻,观看指南和家长控制"中规定"免费广播应该在 21 点到 5 点间遵守'转折时段'原则。""为成年受众所做的节目和宣传不得在'转折时段'之外的时间播出。""广播公司可以提供基于年龄段的收视指南。""广播公司的订购节目应尽可能地提供有效的家长控制机制。"斯威士兰《全国记者协会道德规范》中指出关于媒体对艾滋病毒、艾滋病的 9 条用语指南,认为:记者宜区分"艾滋病毒"和"艾滋病";"艾滋病毒携带者"和"艾滋病毒（或 HIV）阳性"等表述,要优于"艾滋病受害者"、"艾滋病患者"之类的表述;使用"艾滋病毒流行"一语,要优于"艾滋瘟疫"或"瘟疫";使用"艾滋病毒抗体测试"、"CD4 细胞计数试验"以及"病毒载量试验"等术语,要优于笼统的"艾滋测试";应明确说明参与传播艾滋病毒的体液;"携带艾滋病毒"的表述要优于"感染艾滋病毒";不鼓励使用"无罪"一词等。可以说,这些规定有较强的现实针对性,同时也具有较强的指导性。

（四）体面见于细节,职业素养更高标准

新闻工作者作为社会的活动家,被称为"无冕之王",理应具备良好的职业素质来应对复杂多变的情况。本部分中的非洲媒体伦理规范中,对新闻工作者的礼仪穿着、语言规范、专业素质等方面提出了更详细的高标准要求。

1. 注重礼仪,着装体面

如塞内加尔《媒体伦理宪章》规定:"不管是在新闻编辑室之内还是之外,都要选择合适的着装,注意行为举止得体,避免任何给他们工作的行业或媒体丢脸的公开的或私人的行为。"利比里亚《报业联合会伦理规范》规定:"在行使职责时,记者应着装得体,举止礼貌,避免使用不尊重的语言。"尼

日利亚《记者伦理规范》规定："记者的穿着和举止应该符合大众口味。"

2. 掌握语言，标准发言

坦桑尼亚《新闻通讯社伦理规范》规定："对通讯社的记者来说，语言问题非常重要，大多数通讯社记者不得不使用第二或第三语言进行书写。在大多数情况下，他们用其本地语进行采访，然后将报道翻译成国语或外语。这要求他们不仅要有最快的速度，还需要最高的准确度。通讯社记者如果精通多门语言，则有利于保证准确度，并且在采写和传播新闻时节省时间。"

3. 追求卓越，专业能力和道德素养兼备

如埃塞俄比亚《新闻工作者专业伦理规范》规定："新闻工作者应献身于他的职业，并且丰富他的经历和知识。"多哥《新闻记者伦理准则》规定："在报道一个话题之前，记者必须提升自己的能力。他/她应先做必要的文献梳理和充分的调查研究，才可以应对一个话题。记者必须通过相应的培训来提升其知识和才能，以便在其工作中不断地追求卓越。"坦桑尼亚《媒体及出版商伦理规范》中指出媒体业主和出版商应该"仅按专业标准来雇用管理者"。南苏丹《印刷媒体的道德规范》强调："媒体要接受在任何时刻都遵守最高道德标准的要求。"

三　总结

整体来说，基于政治、经济、文化、历史等因素的差异，各国规范有着自身的特色，但本部分非洲国家共通媒体伦理规范的"准确、避免利益冲突、保护隐私、保护消息来源、更正、信息获取方式正当、新闻自由、公正、不得剽窃、明确新闻界限"大体与其他洲国家的媒体伦理规范相一致。同时，非洲少数国家媒体伦理规范中特有的"立足民族文化，维护本国价值观；促进多元主义，捍卫普世价值观"这些要求，体现了其"求同存异"的希望，即尊重与保护本国文化价值观的同时，也推崇全人类共同拥有的价值观。而"针对现实问题，特殊情况详细指导"这些具体的操作规范，可以为其他国家所借鉴，从而避免对抽象伦理规范把握不当的问题。"体面见于细节，职业素养更高标准"则实际反映了少数国家对记者个人素质的更高要求，有助于新闻工作者反思实际情况中疏忽的伦理细节和有待完善的地方。

美洲

全球媒体
伦理规范译评

美 国
（America）

报人守则[*]

1. 我们相信，新闻事业为神圣的职业。

2. 我们相信，公众依赖报纸上所刊载的文章。凡与报纸所刊登文章有关的人，就其全部职责而言，均为公众所信赖的人，因此，不为公众服务而仅为私利驱使者，均为背信弃义之徒。

3. 我们相信，思路清晰，说理明白、正确而公允，是优良新闻事业的基础。

4. 我们相信，新闻记者，只需写出心目中认为真实的事物。

5. 我们相信，对新闻压制均属错误，除非为国家社会幸福而设想者。

6. 我们相信，出言不逊者，不适宜从事新闻之写作。受本身偏见所左右及他人偏见之笼络，都应该避免，绝不能因威逼利诱而逃避本身之责任。

7. 我们相信，广告、新闻与评论，均应为读者的最高利益服务。因此，一种有益的求真求实的观念高于一切，是唯一的标准。新闻事业的良莠视其对社会服务的多寡而定。

8. 我们相信，新闻事业的最大成功者，也就是最应该获得成功者，必使上苍与人间有所敬畏。它独立不挠，傲慢、权势均不能使其动摇。重视建设性、宽容性，而不取粗率性。

---

[*] 1911 年华特·威廉斯手订。摘自李衍玲：《新闻伦理与规制》，社会科学文献出版社，2008 年，第 295 页。摘录于 2015 年 5 月 15 日。

自制而忍耐，经常尊重读者，而始终无所畏惧。勇于打抱不平，但不为特权者或群众的吵闹所感。在法律、忠诚、互助的认识下，尽量给予人平等的机会。

深爱我们的国家，有诚心促进国际善意，加强世界友谊。这样的全人类的新闻事业，为今日世界所共有，亦为今日世界所共享。

美 国
（America）

专业记者守则[*]

一 导言

专业记者协会相信启迪公众是公义及民主的根基，记者的责任是通过寻求事实，公平及全面地叙述事件和议题，推进正义及民主。有良知的记者奋力追求透明报道及诚实地效力公众。道德的专业行为是记者可信性的基石。专业记者协会的成员共同采用这一规则以彰显专业行为。

二 报道事实

在采访、报道及诠释资料的过程中，记者应该诚实、公平及勇敢。

（一）从所有消息来源查证资料的真实性，避免疏忽的错误，绝不容许故意歪曲。

（二）努力地找寻被指责的当事人，让对方有机会回应。

（三）尽可能明示消息来源，公众有权知道新闻来源以判断事件的真实性。

（四）在消息来源要求匿名保护时，必须问清楚动机。匿名保护的约定条件，必须遵守。

---

* SPJ Code of Ethics，http：//www. SPJ. org/ethicscode. asp，摘录时间 2014 年 5 月 10 日。该守则由美国职业记者协会（Society Professional Jouralists，简称 SPJ）制定。

（五）标题、引子、宣传、照片、影音、引用句子都不能偏离原意。切勿过度简化或强调。

（六）切勿曲解新闻图片及片段的内容。可通过影像增进以达到技术上清晰表达主题的目的。为蒙太奇效果及图片注上说明。

（七）避免新闻事件重现及预先彩排新闻事件。如无法避免新闻重现，必须清楚说明。

（八）除非没有公开的方式取得对公众至为重要的消息，否则应避免卧底或鬼祟式的新闻采集。如无他法，在报道中解释因由。

（九）永远不要剽窃。

（十）就算不受大众欢迎，也必须勇敢地表达人类经验的多样性及广阔性。

（十一）探讨各种人类经验的文化背景，避免把一套价值观套诸所有人。

（十二）避免将某一种族、性别、年龄、宗教、族群、地域、性别取向、残疾、样貌或社会阶层的人刻板化。

（十三）公开讨论各种观点，包括一些受公众厌恶的视角。

（十四）沉默公众的、官方的或非官方的信息同等重要。

（十五）客观报道与倡导式言论必须明确分开。分析及评论必须标明，内容不得歪曲事实。

（十六）新闻与广告不能混淆，排拒两者的混合体。

（十七）记者有特殊责任确保公众事务在公开的形式中进行，或公众事务保存公开记录以供查阅。

三　减少伤害

坚守道德的记者尊重消息来源、受访者及同事。记者应该：

（一）同情因新闻消息曝光而受到反面影响的人。特别是儿童及没有接受采访经验的人。

（二）关怀受到悲怆事件影响的人，以谅解的态度采用照片或访问。

（三）明白采集及报道新闻可能会对他人造成伤害及不安，追逐新闻不等于记者就有权自以为是。

（四）明白平民百姓比公众人物有更多隐私权。公众人物包括官员在内，还包括刻意寻求权力、影响力和公众关注的人。但平民百姓个人的隐私应受保护，除非有巨大公共利益的考量。

（五）良好品味，勿以耸人听闻迎合公众。

（六）小心处理或保护少年及性犯罪案受害人的身份。

（七）在检控未正式提出前，审慎处理罪案疑犯姓名。

（八）公众知情权与犯罪嫌疑人受公正审讯的权利应得到平衡。

四　独立行事

记者的责任以公众知情权为依归，不能受制于任何其他利益。记者应当：

（一）避免无论是真实的还是可能存在的利益冲突的处境。

（二）不要参与任何会破坏记者道德及可信性的组织或活动。

（三）拒绝礼物、人情、金钱、免费旅游或任何特殊待遇。不要接受使记者道德受到影响的兼职、政治参与、公职及社区组织职务。

（四）如不可避免地遇上利益冲突，必须公开。

（五）警觉及勇敢地代表公众向在权位者问责。

（六）不能优待广告商和特殊利益者，抗拒他们向新闻采访施压的行为。

（七）对于求取酬劳及拍卖新闻消息来源的行为，多加谨慎。

五　承担责任

记者应对读者、听众、观众及同事负责任。记者应当：

（一）清楚解释新闻采访及鼓励公众参与讨论记者的操行。

（二）鼓励民众公开他们对新闻媒体的不满。

（三）承认错误，立即更正。

（四）揭发不道德的记者及新闻媒体。

（五）要求他人做到的严格标准，自己必须遵守。

美国
（America）

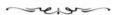

杂志编辑协会伦理指导方针 *

一家纸质或电子杂志品牌的真正价值在于它和读者之间的关系。杂志媒体和媒体受众之间独特的关系是建立在受众对杂志编辑内容的正直性和独立性的信任的基础之上。

美国杂志编辑协会（ASME）发布的编辑和出版商的伦理指导方针是通过明确阐明杂志记者行为管理的基础性原则，从而维持与公众良好的信任。该方针还根据这些原则总结了行业惯例，其内容涉及编辑内容和广告，还包括针对杂志媒体的联邦法规的一些相关信息。

在一个媒介迅速变化更替的市场中，没有哪个系列的指导方针能回答所有问题。美国杂志编辑协会的方针也只能回应纸媒和网媒的记者在如今这种由广告支撑的媒体环境中工作所遭遇的严峻挑战。该方针的基本原则是透明性，该原则适合于各种形式的杂志媒体，包括会议杂志或事件杂志。

美国杂志编辑协会的指导方针最早发布于 1982 年，主要为它的成员服务。该方针为了应对新出现的问题而经常被修订，但无论怎么修订都可以总结为一句话：不要欺骗受众。如需寻求有关指导方针的疑难帮助或是想获得有关纸媒和网媒的最佳实践的相关信息，请致电美国杂志编辑协会，拨打 212. 872. 3737，或发送邮件至 asme@ magazine. org。

---

* ASME Guidelines for Editors and Publishers，http：//www. magazine. org/asme/editorial – guide-lines，摘录于 2015 年 8 月 16 日。该指导方针由美国杂志编辑协会制定，发布于 2015 年 4 月 15 日。

编辑的首要职责是为受众的利益服务。

只要是受众有权了解的信息，编辑就应该毫不犹豫地发布。编辑应该承认并迅速且清楚地纠正自己所犯的错误。同时，编辑也要避免因广告而使编辑内容的正直性大打折扣的现象发生。他们必须明确界定编辑内容和营销信息（包括本土广告）的区别。

避免利益冲突

编辑不能从企图影响其编辑报道的人那里接受好处或礼物。编辑不能接受所报道的任何一家公司给的经济利益，也应当避免与营销者一起工作及对他们进行报道。应该把利益冲突，包括能影响编辑报道的私人关系公布给受众。

以下实践都来自前述的原则。

区分编辑内容和广告

不管在什么平台以什么形式，编辑都应把报道编辑内容和营销信息的区别明确告知普通受众。在充斥着纷繁复杂的内容来源的网站上，包括用户自制内容、整合内容、营销者提供的内容等，编辑和出版商必须格外注意区分报道编辑内容和广告。出现在纸质或电子出版物上，模仿新闻内容的外在形式和感觉的广告可能会欺骗受众，应当杜绝。

为了符合联邦贸易委员会条例，类似于编辑内容的纸质和电子广告需要被界定为广告。73 FTC 第 1307 节（1968）声明：委员会认为，一条营销信息如果以新闻的格式出现，拥有新闻的一般外观特性，或者以公共信息，声称是独立、公平、公正的文章形式出现，都有必要明确标示、公开说明它是一则广告。

美国邮政服务也要求为类似内容的纸质广告贴上标签。美国邮政署（USPS）国内邮件手册声明，根据 18 USC 第 1734 节，如果在期刊上有以任何新闻报道或其他题材形式出现的信息，该信息要求读者支付费用、接受和相信承诺，那么它应该被标记为广告。

为了确保这种标签足够清楚且引人注目，美国杂志编辑协会建议印刷广告单位使用一些术语，例如广告（Advertisement，Advertising）和特定广告单元

(Special Advertising Section)，并进一步建议这些术语应该以可读的形式水平地集中印在每个广告单元的顶部。

美国杂志编辑协会还建议，网站和社交媒体上的广告需要通过使用"赞助内容"或"已支付的帖子"等术语来明确标明是广告，并且要和报道内容有视觉上的区别。还有，赞助商的链接也应被明确标明为广告，并与新闻报道内容有视觉上的区分。

电子出版机构的编辑和出版商需要回顾查看该网站的内容（the FTC publications. com Disclosures），了解在电子广告中怎样有效地披露信息，以及在广告中使用代言和客户评价的指导规则。

不要用新闻报道与广告做交易

不能以金钱做交换为广告产品进行新闻代言。要避免暗示着新闻代言的植入广告。不能把广告整合到新闻中。关于某人或某产品的新闻报道不能刻意地与关于同一个人或产品的广告位置相邻。

不要向广告商提交新闻内容以获得其赞同

与美国杂志编辑协会—美国杂志出版商协会（ASME – MPA）决议反对前置审查相一致，任何形式的新闻报道内容都不应提给广告商来获得其审核认同。

公开电子商务合作伙伴

应向受众公开电子商务合作伙伴。电子商务选择应与新闻报道内容有视觉上的区别。

关于美国杂志编辑协会

美国杂志编辑协会是美国针对杂志记者创立的主要组织。其成员包括以纸质形式或在电子平台上出版的大多数主要用户和商业杂志的编辑领导人。美国杂志编辑协会成立于1963年，致力于捍卫宪法第一修正案，保护编辑的独立性以及支持新闻事业的发展。它还与哥伦比亚新闻学校联合赞助国家杂志奖。

美 国
（America）

《华盛顿邮报》的标准和
伦理规范*

《华盛顿邮报》承诺积极地、负责任地、公平地追求真相，不惧怕任何特殊利益，也不偏爱任何人。

华盛顿邮报的记者和编辑承诺以公平、开放的思维，不带先决判断地接触每一个任务。寻找相反的观点是必须履行的。报道中必须包括来自控诉的或挑衅的人群的评论。必须要例行检查在我们面前力言他们观点的人的动机，必须辨别清楚这些动机是高尚还是卑鄙的，是明显还是隐含的。

作为在自由世界的中心占有主导地位的早报，我们充分意识到了承载的独特责任：

去倾听沉默；

去制止任何傲慢；

礼貌而坦率地面对公众。

1. 利益冲突

该报纸承诺，无论何时何地，都会尽可能地阻止利益冲突或利益冲突的出现。在这些问题上我们采取了更严格的政策，并且意识到它们可能比私营企业中司空见惯的规定还要严格。特别规定如下。

---

* The Washington Post Standards and Ethics, http：//asne. org/content. asp？ pl = 236&sl = 335&contentid = 335，摘录于 2015 年 8 月 20 日。该伦理规范由《华盛顿邮报》制定。

我们基于我们的工作领取薪酬。

我们不接受来自新闻源的任何礼物，也不接受免费的旅行。我们不寻求也不接受因为我们的职位而带来的回报性的优惠待遇。收受礼物只有在很少而明显的情况下是可以打破的——例如邀请吃饭。免费出席任何对公众不是免费的活动是禁止的。唯一的例外就是该活动不向公众出售座位，有新闻记者席时。一般情况下，新闻记者需要为座位而支付费用。

未经管理者的许可，我们只为《华盛顿邮报》工作。过多的外部活动和工作与在一家独立报社工作是不兼容的。从事与政府有关联的其他工作是最容易引起异议的。为了在对商业和金融市场的报道中避免真正的或明显的利益冲突，业务和财务部的成员要把自己的金融资产和投资向负责的总编助理公开。然而，冲突的潜在因素不只限于业务部和财务部的成员。所有记者和编辑，不管在何地工作，都要向上级公开在各自报道或编辑任务中任何可能卷入冲突或引发冲突的经济利益。部门上级也会向总编公开他们自己的资产。

没有部门领导的允许，我们不从事兼职活动，也不接受演讲要求。只有当《华盛顿邮报》对这个事件不感兴趣或者对方是与邮报没有竞争关系的媒体时，另外进行撰稿的工作才会被允许。重要的是不接受兼职工作、不接受酬金，因为它们可能在某种意义上被视为变相的小费。

我们尽一切合理的努力保证我们并没有服务于消息来源和特殊利益的义务。我们必须要警惕避免卷入与易于成为媒体报道或监督对象的人的纠缠之中。我们的个人表现和职业表现不能给我们的职业和邮报带来污点。

我们要避免活跃地去参与任何党派活动，比如政治、社会事务、社会行动、示威活动，因为那会使得我们公平报道和编辑的能力大打折扣。亲属不用服从邮报的规则，但应该认识到，他们的就业或他们参与的活动至少看起来会有损报道的正直性。家庭的直系成员或其他成员的业务和职业联系需要向部门领导公开。

2. 记者的角色

虽然经过水门事件后，这样做对报纸和媒体来说变得越来越难，但记者还是要尽力留住观众，远离台前，报道新闻而不是制造新闻。

在收集信息过程中，记者不能虚假地呈现自己的身份。他们不能把自己假扮成警察、医生或其他除记者之外的身份。

3. 错误

《华盛顿邮报》承诺尽可能少地犯错误，并且改正已经犯下的错误。准确是我们的目标，坦诚是我们的盾牌。我们必须尊重倾听指出我们错误的人。见第三章，"监察者的角色"。[①]

4. 交代消息来源

《华盛顿邮报》承诺，尽可能地公开消息来源的信息。但当我们答应保护消息来源的身份时，它的身份不会被除邮报以外的任何人知道。

在接受匿名消息源的信息之前，记者必须尽各种合理的努力去取得信息。如果这不太可能，记者应该考虑去其他地方寻找信息。如果这也不可能，记者就应该询问匿名消息来源要求匿名的原因并记录在案，同时把这个原因写在报道中。

在任何情况下，一些可以识别身份的信息——例如所在部门或职位，应该被报道。

不要使用假名。

然而，《华盛顿邮报》不会故意透露美国情报局特工的身份，除了在不同寻常的情况下，这必须由资深编辑来衡量。

5. 剽窃和信誉

来自其他报纸和媒体的材料必须完整注明出处。剽窃是新闻业不可饶恕的罪责。向同行树立信誉是本报的政策，发布来自邮报的值得报道的独家故事。

6. 公平

邮报的记者和编辑都致力于公平。虽然关于客观的争论是无止境的，但是公平的概念是编辑和记者容易理解和需要追求的。公平来自一些简单的实践。

如果省略了重大、有意义的事实，新闻是不公平的。公平包括完整性。

如果以牺牲有意义的事实为代价而报道那些无关的信息，新闻是不公平的。公平包括相关性。

[①]　限于篇幅，本文只译了华盛顿邮报的指导性伦理规范，具体内容参阅华盛顿网站（ht-tp：//www. washingtonpost. com/wp－srv/gaidelines/inder. html）。

如果有意无意地误导甚至欺骗受众，新闻是不公平的。公平包括诚实——站在读者的角度来说。

如果记者把他们的偏见和情感隐藏在诸如"拒绝"、"尽管"、"沉默"、"承认"、"大量"等巧妙的贬义词后面，新闻也是不公平的。公平需要坦率。

7. 观点

在《华盛顿邮报》，新闻栏目、社论页面和驳论页面的区分是郑重且完整的。这种区分是为了服务受众，他们有权了解新闻栏目的事实、社论和专栏页面的观点。但是这种区分的功能不是旨在消除新闻栏目中诚实而深度的报道、分析或评论，而是对它们进行明确标明。

8. 国家和社会利益

《华盛顿邮报》是极其关注国家利益和社会利益的。我们相信能最好地服务于这些利益的方法是尽可能进行广泛的信息传播。由联邦官员声明的国家利益不会自动等同于国家利益。由联邦官员声明的社会利益也不会自动等同于社会利益。

9. 品味

作为一家报社，《华盛顿邮报》尊重品味和得体礼仪，并且明白品味和得体的概念在持续变化。一个对于上一代来说是侵犯性的词语在下一代可能会成为公共用语。但是我们要避免淫乱。我们要避免对神不敬和污秽，除非它们对事实有重要的意义，没有它们就会失去事实原意。除非有执行编辑或者主编或者其副手的同意，否则污秽用语在任何情况下都是不允许使用的。参见第五章，"语言应用"来寻求可能敏感的词或术语的准则。①

10. 邮报的原则

尤金·迈耶（Eugene Mayer）1993 年买下《华盛顿邮报》并且开始了一直到今天的家族继承制，当时他发表了"这些原则"。

报社的首要任务就是告知尽可能确定的真相。报社应该尽可能地告知所有他们知道的关于美国和世界的重要事务的真相。

作为新闻的传播者，报纸应该遵守适用于绅士的礼仪义务。

---

① 限于篇幅，本文只译了华盛顿邮报的指导性伦理规范，具体内容参阅华盛顿网站（http：//www. washingtonpost. com/wp－srv/gaidelines/inder. html）。

出版的东西应该老少皆宜。

报纸的职责是为受众和公众服务，不是为私人利益的拥有者服务。

在追求真相时，如果是为了公共利益的需要，报社要做好牺牲物质财富的准备。报社不能成为任何特殊利益的盟友，并且在对公共事务和公众人物的看法上要保持公平、自由和审慎。

"这些原则"在此要一再承认。

阿根廷
（Argentina）

新闻论坛伦理规范[*]

以下为阿根廷新闻论坛（FOPEA）2006 年所拟的伦理规范的参考条文。它是一年来推敲、争论的产物，也是论坛对各类工作进行反思和自我批评的结果，以便让这个组织能够形成关于职业实践的一些共同原则。

本规范始于 2005 年 12 月份由阿根廷新闻论坛连同德国阿登纳基金会（Konrad Adenauer Foundation）发布的一项针对各类伦理规范的比较性研究。论坛成员对这项研究进行了广泛的讨论，其内容也被发表在布宜诺斯艾利斯和全国 15 个省的讨论区内。

最后的文件，伴随着阿根廷新闻论坛在布宜诺斯艾利斯举办的新闻道德伦理规范全国代表大会的落幕，于 2006 年 11 月 25 日签署。自此，它也成为希望加入阿根廷新闻论坛的人士所需具备的标准。

新闻实践的主要伦理规范如下。

1. 基本价值观

1. 隶属于阿根廷新闻论坛的记者要致力于寻找真相，维护自身的独立性，诚实地处理真相。

2. 新闻工作者应当严格恪守新闻客观性和严谨性，珍视从对数据的处

---

* FOPEA's Code of Etiquette, https：//zh. scribd. com/doc/306181365/Guia－de－uso－del－Codigo－de－Etica－de－FOPEA，摘录于 2015 年 6 月 3 日。

理到彻底获取完整、准确和多样化的信息的整个过程，决不允许故意失真。

3. 遵守该伦理规范基本价值观的记者应当尊重如下准则：民主、诚信、多元、宽容。

4. 日常新闻工作充满了制约、压力和威胁，但这些都不能成为臆造新闻或从非法来源获取新闻信息的理由。新闻记者应当避免任何欺瞒、诱导的工作方式。

5. 良好的品位是一种新闻价值。末世论式的好奇心、不必要的叫嚣和各种病态行为不值得推崇。

方 法

6. 正确地使用西班牙语是记者要严格履行的义务。要具备丰富和文明的语库，要能在各种各样的社会工作场景中自如地使用恰当的口语。

7. 获得信息的方法需告知公众。

8. 如果需要，在没有任何其他信息获取途径的情况下，记者可以使用匿名消息来源，但应为其保密。换句话说，匿名消息来源所提供的证据应置于一种"不宜公开"的认识前提之下。在交谈的开始阶段，记者应该严格尊重建立对话的环境，即使受访者的道德标准为协议的解除提供了支持。

9. 在发表之前，不需要得到消息来源的许可，就像采访文本不需要被受访者审查。

10. 记者不能运用获取秘密情报的方法来获取信息。只有在信息涉及公共利益或公共价值时，才可以考虑使用非常规的方法来获取数据和证词。个人隐私不得受到影响。

11. 记者在工作时应表明自身身份。

12. 应忠实地呈现消息来源所说的话，包括其话语中所体现出的精神和意图，不进行扭曲或隐匿。在处理未受教育的消息来源所提供的信息时，应避免潜在的表述困难或语法错误。

13. 所拍摄的照片和视频应准确并忠于主题素材的真实性。应排除经过操控后导演出的场景。如果存在导演过的画面或场景，应当明确地标示为"场景再现"。

14. 信息应当清楚地区别于意见。

15. 不交代来源就复制现存作品的片段的行为构成剽窃，是一种严重的过失行为。

16. 进行后续报道时，不表明消息来源为其他记者所发现，而以自己发现的姿态来进行报道，在大多数情况下也是一种剽窃行为。

17. 不得为获取新闻而将生命置于危险之中。在人质危机性质的新闻报道中，记者不应成为警察和司法部门的障碍，而应由官方机构排他性地专门处理相关局面。

作为个体的记者

18. 显性或隐性地进行宣传性传播的行为与新闻职业道德相悖。

19. 应明确区分有价值的新闻信息和宣传内容。信息性的宣传，有时也被称为"宣传新闻"，违背了新闻工作基本的客观描述原则，应被明确地标示出来。

20. 记者不应该参与商务谈判或拉取广告等涉及商业利益的工作。如果出版业主或广播、电视台接受宣传的话，记者应该从特定领域知悉其广告合同。

21. 记者不应参与新闻操作行为，或传播具有倾向性的信息。如果某个关乎公共利益信息源于新闻操作，则应声明其来源。

22. 任何记者都不得接受任何类型的报酬、报偿、赠品或任何显性或隐性的特权——只要它们可能影响到特定的信息工作。贿赂和勒索都是严重的错误行为。

23. 记者不应该为信息付费。

24. 对卓越的追求是记者职业生涯的永恒追求，包括对自身实践水平提升的不懈追求。

25. 记者服务于公共利益，因此不应涉入部门利益或个人问题，且应该把信息视为一种社会利益。不能从行使公共职业的权力中获得个人私利。这与记者作为一种工作人员，有权利获得与其社会贡献相当的补偿，且这个补偿可以使他/她在最好的环境中进行专业实践这一事实并不相矛盾。

26. 记者应服从公共利益，避免奢侈的生活习惯，且应该远离社会纷争。

27. 记者应当拒绝任何与其工作和专业行为相关联的礼物、馈赠或其他事项。如果获赠，需把礼物还给送礼物之人，并向其解释相关的新闻伦理规范。当然，一些价值低于 30 美元的礼节性馈赠可以成为例外。

28. 建议记者只接受其所效力的媒体单位或组织为其支付的旅行。如果接受他方的有偿旅行，那么在报道时应该加以明示，以便让受众依此判断记者工作的公正性。不得接受仅仅是为了休闲或娱乐的旅行。

29. 任何可能影响到新闻业独立性和公众知情权的行为都是不合适的。

30. 记者没有义务为一份与其价值观和信仰相违背的新闻作品署名。同样的，记者也可拒绝迫使其违反伦理规范的相关要求。

31. 记者应该广泛地验证信息，以求信息的完整准确。

尊重公民

32. 记者应当尊重他人隐私。只有当一个人的隐私有可能会影响公共利益或公共价值时，公民的信息权才可以优先于隐私权。

33. 只有在不会导致冒犯或歧视的前提下，记者才可在报道中提及他人的宗教、种族、国籍、性取向等信息。

34. 应避免可能伤害弱势群体、引发性别歧视、煽情刺激或其他任何可能导致偏见的一般性结论或评价。

35. 在所有的报道中，只要他人没有被司法指控，就应按宪法精神视其为无罪并加以尊重。警察的指控并不足以判定人有罪，即使他们采取了正式的官方通知。

36. 在发表指控犯罪类的观点时，应基于并使用已被司法确认的信息。

37. 如果灾难或骚乱的受害人及其家人或亲友不希望自己的身份被媒体暴露，那么其要求应该得到尊重。并且从他们提出要求的那一刻开始，就应该防止相关新闻图像的传播。

38. 性侵事件的受害者的名字不应该被公开，除非得到明确的允许。

39. 在任何情况下都不得公开涉及犯罪行为的儿童或者青少年的名字或图

像，即使是姓、别名或者昵称也不可以。

40. 应避免发表包含自杀内容的出版物，除非它具有明显的信息价值。

伦理规范的应用

41. 本规范为阿根廷新闻论坛的所有成员提供了最佳的行为准则，理应得到阿根廷新闻论坛的所有成员的严格遵循。

42. 遵守上述规范是阿根廷新闻论坛的基本要求。本规范由阿根廷新闻论坛于 2006 年 11 月 25 日在布宜诺斯艾利斯的第一次新闻伦理全国代表大会上发布，它也将伴随着新闻业的实践而不断地改进和完善。

巴　西
（Brazil）

记者道德规范 *

第一章　知情权

第一条　巴西记者道德规范的基础是公民知情权，其中包括告知和被告知的权利以及获取信息的权利。

第二条　获取与公共利益相关的信息是一项基本权利，因此，记者不能容许任何其他利益因素阻止他获取与公共利益相关的信息。

－媒体有责任保证信息的准确性和传播的正确性，而且不能受到所有者政治路线和经济性质的影响。

－信息的生产和传播应尊重事实真相，并以（维护）公共利益为目的。

－新闻自由、新闻事业的权利和实践意味着，此职业从诞生以来（就必须拥有）社会责任感。

－公共和私人组织，包括非政府组织，有提供信息的社会义务。

－直接或间接阻碍信息的自由传播、推行审查和诱使自我审查的行为都是不道德的行为，应当向道德规范委员会举报，并要保护举报人的隐私。

第二章　记者的职业条例

第三条　新闻（系统）的运行是具有社会性质的活动，受到道德规范的

---

*　Code of Ethics of Journalists Brazilian，http：//www. abi. org. br/institucional/legislacao/codigo－de－etica－dos－jornalistas－brasileiros/，摘录于 2015 年 6 月 13 日。该规范于 2007 年 8 月 4 日由全国新闻工作者协会通过。

约束。

第四条 报道事实真相是记者的基本承诺,(此承诺)应该指导他们在工作时保证事件的精确和正确的披露。

第五条 记者为消息源保密具有正当性。

第六条 记者具有以下职责:

－反对专制、压迫,并捍卫人权宣言的原则。

－披露与公共利益相关的事实信息。

－争取自由思想和表达。

－捍卫本职业的自由运动。

－具有本职业的价值感、荣誉感和尊严。

－不危及信息的完整性和新闻工作者的专业性。

－对一切形式的腐败,尤其是为了进行控制信息(的腐败),(进行)抗争和谴责。

－尊重公民的隐私权、肖像权和名誉权。

－不同职业类型的记者都应尊重版权和知识产权。

－维护宪法和法律的原则,(即维护)民主法治的基础。

－捍卫公民权利,(这)有助于促进对于个体和集体的(权利)保障,特别是对于儿童、青少年、妇女、老人、黑人和少数族裔等群体。

－尊重议员和民主团体。

－向当局报告(发生在)工作时的欺凌行为,适当情况下,也可以(向)道德规范委员会(报告)。

－向因社会、经济、政治、宗教、性别、种族、性取向、身体或精神状态(等因素造成的)迫害或歧视行为进行抗争。

第七条 记者不能做以下行为。

－不平等地接受或提供由其专业职业协会制定的最低工资、法定(工作)时间或测量方法,主动或被动地制造不稳定的工作环境。

－与调查事件(原则)和正确传播信息原则相违背的行为。

－阻止相反观点的表达或妨碍自由讨论。

－(报道)所披露的信息使人处于被威胁、利用或有生命危险的境地,即使只是披露了一部分信息,如声音、身体特征、工作地点或居住地及其他信息。

－用新闻来煽动暴力、偏见、专断和犯罪。

－在进行关于公共、私人或民间领域的新闻报道时，保护自己工作单位的顾问、员工、承包商、业主，或与之相关的组织和当局的利益。

－允许未被授权的人员参与职业工作。

－（事实上）没有参与（报道工作）的人却对出版物、图片和文本负有责任。

－利用记者（身份带来的）便利条件为自己赚取利益。

第三章　记者的专业责任

第八条　记者对其传播的所有信息负有责任，因为他们的工作（在传播后）已经无法由第三方改变，（若被第三方改变）那么在这种情况下就由改变者负责。

第九条　无罪推定是新闻专业的基础之一。

第十条　必须负责任地在新闻媒体上表达意见。

第十一条　（以下情况中），记者不能公开信息。

－为了个人利益或经济好处。

－病态性格、耸人听闻，或违背了人类价值观（的信息），在犯罪和事故报道中要尤其注意。

－通过不正当的手段获取信息。例如运用假身份、隐藏摄像机、隐藏麦克风。当为了无可争议的公共利益，且用其他手段获取信息都无法奏效时，可以有例外。

第十二条　记者应该（遵循以下规范）。

－由于新闻机构的特殊性，记者应当在报道之前听取新闻中涉及的大多数人或相关机构（的观点），尤其是听取尚未被充分证实的指控对象的观点。

－寻求对公共利益有支撑作用的证据。

－对所披露信息中的所有人持尊重的态度。

－当报道是因赞助人或因赞助促销而产生时，要清楚地告知社会。

－拒绝对现实图像进行歪曲。当可能使用蒙太奇手法、图像编辑、音频修复，或任何其他操作时，告知公众。

－积极地更正被证明是虚假的、不准确的信息，同时，也要维护报道中涉及的人、组织等的答复权。

－捍卫国家在政治、经济、社会和文化方面的主权。

－维护巴西的语言和文化，尊重多样性和文化身份。

－在工作中保持团结尊重的关系。

－在同事由于其职业行为而遭受迫害或侵害时，要团结在一起。

第四章　专业关系

第十三条　良心条款是记者的一项权利，（记者）专业人士可以拒绝任何违反他们道德规范和信仰的任务。

这一规定不能作为记者不听取（与其）相反观点的人（意见）的理由或借口。

第十四条　记者不应该（做以下的事情）。

－承担多份新闻职责或强迫别的记者这样做，因为要求记者这样做就表明这家公司里职位有更换或空缺。如果有合理的原因，记者在同一家公司承担多一份的新闻工作时，那应该基于他额外的工作量而向他支付相应的报酬。

－对其他人员进行威胁、恐吓、道德逼迫，或性骚扰，此类做法应报告道德规范委员会。

－阻碍相关合法民主的组织的发展。

第五章　道德规范的应用和最终规定

第十五条　违反道德规范将被清除（出会），工会的道德规范委员会承担鉴别和判断的职责。上诉后，则由国家道德规范委员会负责。

1. 上面提到的委员会由五位成员组成。

2. 道德规范委员会是独立机构，由记者通过广泛、直接、匿名投票产生。参与投票的其他机构还有工会、全国记者联盟，各单位独立行使投票权。他们的职责会有重叠，但分开行使投票权，且各单位的领导职务没有交集。

3. 国家道德规范委员会将负责制定内部规定，同时与工会协商后，也将对工会的道德规范委员会的规章制度负责。

第十六条　国家道德规范委员会的主要职责如下。

－（负责）二审和终审的判决，以及工会道德规范委员会的上诉。

－对于违反新闻道德的全国性事项，（有责任）主动（处理）。

－对于不尊重此规范条例的案例，制作成公共报告。

－当（案例）存在法律上的不兼容或障碍时，接受第一个代表性案例的经验，（也可以）在特殊案例中定义特殊规则。

－与伦理准则相关的投诉、处理过程、裁决等由全国新闻工作者协会（FENAJ）、国家道德规范委员会理事会、工会道德规范委员会等共同负责。

－建议全国新闻工作者协会（FENAJ）董事会在处理伦理投诉时，在违反道德规范的案例里，（依据处罚结果）对其进行犯罪、轻罪，或损坏的类别归类。

第十七条　违反道德规范的记者，将会受到惩罚、警告、暂停工作和从该团体除名、向公众公示裁决结果等处罚。

不属于该团体的记者也会受到惩罚、警告、临时或永久性无法加入工会、向公众传播裁决结果等处罚。

第十八条　滥用（职权）、鲁莽、不守信用以及明显故意伤害别人的行为将会根据该道德规范中的规定对作者进行公开警告和惩罚，必要时会移交检察部门。

第十九条　若想修改这些规范，则必须由至少十个记者工会的委托代表在全国记者代表大会签署提议。

加拿大
（Canada）

广播标准委员会道德准则 *

背　景

制定本道德准则是为了证明这样一个业界共识：作为国家的传播机构中不可或缺的一部分，加拿大广播台、广播网络以及专业服务（"广播公司"）的首要责任是为加拿大的听众和观众传播信息，提供种类多样的电视节目以满足听众与观众多样化的需求，同时在处理广告商和代理商之间的事务时坚守商业道德准则。

人们认为，一个广播公司最宝贵的资产应该是公众的尊重。只有通过坚守公正和坚持高标准的公众服务，才能获得并保有这种尊重。

以电子形式传播的私人商业电台一直是极具竞争力的领域，它们致力于提供公众所感兴趣的一切——如商业、政治、娱乐、资讯、文化、教育等信息，并以此来获得利润。

广告收入使非政府营运的广播成为可能，并使加拿大观众得以接触包括新闻、资讯、教育和娱乐在内的所有广播电视节目。每一个广播公司都应对获得执照的站台、网站或者是服务机构所制作的节目负责。该责任应由参与节目产制过程的所有各方，包括赞助商、直播和录播节目的生产商、广告公司以及相关人才机构共同承担。

---

* Canadian Broadcast Standards Council code of ethics，http：//www. cbsc. ca/codes/cab – code – of – ethics/，摘录于 2015 年 8 月 22 日。该准则由加拿大广播标准委员会制定，发布于 2002 年。

条款一　大众化节目

广播公司应该了解大众多样化的文化需求，然后制作和提供尽量类型多样的节目和服务，使不同的观众群体可以从中找到符合其特殊喜好和需求的节目。

条款二　人权

每个人都有得到完全平等的认可和享受基本人权和自由的权利。广播公司应确保所制作的节目中涉及种族、国籍、民族起源、肤色、宗教、年龄、性别、性倾向、婚姻状况或身心残障等问题时不包含辱骂与歧视性质的内容和评论。

条款三　性别角色刻板印象

对于性别的刻板印象确实会带来一些消极影响，所以广播公司应该尽可能有意识地对一些与性别角色相关的刻板印象问题保持敏感，这需要他们在节目中反映出两性在智商和情商上的平等而避免贬损某一方。广播公司应该根据《广播电视节目性别角色塑形准则》（2008 年 3 月 17 日后，由《平等塑形准则》取代）来了解关于这一方面的更为详细的规定。

条款四　儿童节目

应该意识到，为儿童而特别设计的节目会被他们易受影响的大脑所接收，也将对他们日后的社会态度及才智产生影响，因此广播公司应在此类节目的内容、人物性格特征和情节上严加审核。

上述条例并不意味着节目中展示儿童想象力中的生机、活力以及热爱冒险天性的内容应该被移除。它的本意是，这些节目应该在稳妥的社会观念的基础上以高水准的制作技艺展示出来，并且这些节目应反映出当代加拿大社会的道德与伦理准则，并鼓励有利于社会的行为和态度。广播公司应鼓励父母从丰富的广播电视节目中选择能够吸引儿童注意力的最佳节目。

关于儿童节目中暴力标准的特殊条款，广播公司应以《有线电视暴力镜头准则》为准。

条款五　新闻

广播公司应确保以准确和不带偏见的方式呈现新闻，并通过新闻的制作和传播环节加以实现。同时，也应确保新闻和评论的分离。

不得以鼓励或压制争议性新闻事件中的任何一方的方式来挑选新闻，也不得以管理者、编辑或是其他参与到新闻采制过程中的人的意志、观点或愿望来策划新闻。在一个民主国家里，新闻传播的基本目的是使人民能知道发生了什么并加以理解，从而形成他们自己对于事件的判断和观点。

前文所述并不意味着禁止广播公司分析或者阐释新闻，只要这些解释或者评论用与常规新闻呈现有明显区别的方式加以标明即可。广播公司同样有权利发表编辑观点，但这些观点应该被清晰地标示为评论，并与普通新闻播报和新闻分析加以明显的区分。

广播公司可以参阅《广播电视新闻编导伦理准则》（RTNDA）来更详尽地了解广播新闻业的相关法规，也可以以《有线电视暴力镜头准则》为指导来把握在电视报道中如何避免暴力镜头，如何对敏感话题进行报道，以及如何在新闻报道和公共事务性节目中清晰地使用语言。

条款六　完整、公平和适当的报道

完整、公平和适当地对新闻、观点、评论、社论进行呈现是每一家广播公司主要的和基本的责任。这一条款同样适用于所有的音频和视频节目——不论是新闻、公共事务、杂志、访谈类节目、电话交谈节目、采访录，还是由主播、现场嘉宾、连线嘉宾呈现出来的其他广播形式。

条款七　有争议的公共事件

在一个民主国家，全方位呈现一件公共事件是很有必要的。广播公司有责任公平地对待所有具有争议性质的问题。一个节目的时间分配，应取决于节目各要素的均衡分配，以及所涉及的公共利益的多少。良性的争论对于维护民主制度是必要的。对于涉及公共利益的争议性问题，广播公司应尽量促成相关新闻和观点的呈现。

条款八　宗教性节目

广播公司应该尽力让社区能够有充足的机会传播宗教信息，也应努力设法促进社区的宗教发展。进行宗教性广播是为了促进精神的和谐和对人类共同体的了解，以及对多样化的社区宗教需求进行全方位管理。对于同时向信仰不同教义和来自不同民族的人所播放的宗教性节目，每一个广播工作者都有责任确保其不攻击其他的种族或宗教。

条款九　无线电广播

无线电广播是一种地方性的媒介，也常常反映着当地社区的标准。地方性广播台在设计节目时，应考虑到当地的市场情况、人口构成以及自身定位。在这样的环境下，无线电广播工作者应该特别注意以确保节目中不包含以下内容：

（1）任何形式的无端暴力，或者是以其他形式对暴力进行鼓励、支持和宣扬；或

（2）对情色内容的不当呈现；或

（3）粗俗低劣和攻击性的语言。

条款十　电视播放

时序安排

（1）成人观看的包含有过度情色内容或者是低俗、攻击性语言的节目不得在深夜档（晚上9点到次日凌晨6点）之前播出。对于包含有暴力内容的节目，广播公司可依据《有线电视暴力镜头准则》的规定来安排时序。

（2）因为有一些年龄较大的儿童会在晚上九点以后观看电视，所以广播公司应该依照下文第十一条（观看指导）的要求为观众提供信息，使其能清晰地判断某节目是否适合自己或家人。

（3）为了让观众享受到加拿大电视分级制度的好处，以及境外远程信号所没有提供的观看指导，经加拿大广播电视委员会（CRTC）许可而拥有替换权利的广播公司，可以在不违背条款十（1）项规定的前提下对原版引进的、深夜档之前播放的节目进行替换。

（4）依照条款十（3）项的要求，广播公司须采取特殊的预防措施来提示观众深夜档的节目只适合成年人观看。（注：考虑到时区差异和加拿大远程信号输入的现实，这些指导性原则适用于信号源头的时区。）

（5）只适合成人观看的、含有情色内容或低俗、攻击性语言的煽动性促销的内容不得在晚9点之前播放。

（6）只适合成人观看的、含有情色内容或者低俗、攻击性语言的广告片，比如情节化的广告片，不得在晚9点之前播放。

条款十一　观看指导

当节目中包含有裸体、情色内容、低俗或带有攻击性语言的成人主题和场景，或是含有其他容易冒犯观众的内容时，为了帮助观众更好地做出观看选择，广播公司应该为观众提供一些提示。

（1）对于深夜档为成人观众提供的节目，在节目的开始部分以及节目前一小时的每个广告间隙进行提示。

（2）对于深夜档之外不适合儿童观看的节目，在节目的开始部分以及节目的每个广告间隙进行提示。

附录 A 部分已概括了在给观众进行提示时使用的建议性语言。这些建议是作为参考性说明而提供的，广播公司可以根据节目的观看人群来选择措辞，从而提供最有针对性、最有效用的提示信息。

条款十二　竞赛和促销活动

所有实况播出的竞争和促销活动都必须在法律范围内以公平、公正的原则而进行。同时还需特别注意的一点是，要确保活动不具有误导性和潜在的危险，不会给公众造成不便，也要确保所提供的奖品和做出的承诺能够得到兑现。

条款十三　广告（通则）

（1）广告赞助商提供给听众和观众的服务意在使其商品和服务为大众所知悉。此类商品和服务的相关信息将进入万千家庭，因此广播电视公司及其销售代表有责任与广告商和代理商一起改进广告叙述的技巧，使之简明、真实、可信，并且不得挑战公众的心理容忍度。

（2）要做出最有效果的广告，不仅仅是利用正确的营销信息，还要了解大众的喜好倾向，从而向赞助商提供最可靠的方案。前文规定并不意味着禁止对于产品或服务的用途、功效、闪光点进行戏剧化表现。尽管适当的立法可以保护公众免受虚假、夸大的药品、专利药物和食物广告的欺骗，广播电视工作者和销售代表应该与广告投放商和广告代理商积极沟通，以确保广告中对于产品用途和功效不含冒犯性的语言描述。任何广告商的广告诉求和产品说明如果建立在贬损同行竞争者或其他工商业领域的基础上，都将打击公众的信心，因此广播电视公司有责任防止此类广告的播放。

（3）关于广告的宣传资料或是广告本身是否包含暴力场景，广播电视公司可查询《有线电视暴力镜头准则》来进行确认。广播电视公司还应参照《加拿大广告准则》、《性别描绘指南》、《儿童广告广播准则》以及《酒精类饮料广告准则》等加拿大广告标准局负责执行的行为准则。上述规范和指导方针均得到加拿大广播协会的认可。

条款十四 广告（内容）

（1）广播公司应该认识到他们对于自己所播放的广告内容的可接受性负有责任。所有的商业广告都必须符合相应的法律法规。

（2）广播公司应确保在一档新闻报道中出现的广告内容要与新闻资讯有着明显的差别。为此，新闻报道中出现的任何广告性质的信息不得由主播读出。

（3）广播公司应将准确、平衡、客观、公正以及完整视为最高准则来报道新闻和公共事务，应确保不受广告商的影响，同时对此类影响保持警觉。

条款十五 针对有隐蔽性的手段的禁令

广播电视公司必须采取所有合理的方法去避免播出任何使用了较隐蔽的技术和信息采制手段的广告内容或节目。这意味着，向观众传递或者尝试传递图像和语音的任何技术和设备都必须是可察觉、可接受的。或者说，这些技术和设备必须在观众知情的情况下使用，并且所传递或欲传递的信息的实质和内涵也应清晰可见。

条款十六 社区活动

每个广播电视工作者都有责任尽自己最大的能力为他们自己特定的社区利益服务，并且积极发掘和从事有价值的社区活动。

条款十七 教育

所有的广播电视节目在本质上都具有教育意义，广播电视工作者也应尽自己所能来使教育过程尽可能地专业实用且充满乐趣。为此，他们应持续不断地花费时间并利用自身设施来与适当的教育机构合作，以增强学校、高等学府和研究机构、家庭以及致力于教育和文化的其他机构的文化影响。在实践中，广播电视公司也应利用此类教育资源以咨询如何最佳地利用和呈现这些教育性内容。广播电视公司、广告商及其代理商也应该传播一些具有公众教育和启发作用的实用性节目和内容。

条款十八 员工

（1）对于旗下称职的员工，每一家广播电视公司都应该竭力维持其工作的最高水准。应努力使广播电视业成为一个具有吸引力、价值永恒的事业；应允许员工以自己的方式来为社区和国家做出贡献。除了法律保障的最低薪酬外，每个员工都应按照特定社区中的普遍标准获得公平的报酬和待遇。本部分的条文意在阐明，任何行业的形象总会由以下四个方面所决定：它能吸引到什么类型的员工，其员工以何种方式来管理自己的行为，员工过着什么样的生活以及员工对于自己所在行业的看法。如果广播电视公司能意识到这几点并将其视为一份宝贵资产的话，就会竭尽全力地去优化和保持它。

（2）当涉及就业公平问题时，广播公司应查询《平等就业法案》、《平等就业条例》（1986）、《1992 性别塑形政策》（加拿大广播电视委员会 1992 年第 58 号公告，1992 年 9 月 1 日）以及《平等就业实施方案》（加拿大广播电视委员会 1992 年第 59 号公告，1992 年 9 月 1 日）以寻找相关的政策和法规。

附录 A　观看指导

广播公司可以在观看指导之前加以下话语。

"作为加拿大广播电视标准委员会的一员，CXXX – TV 十分荣幸向您提供观看提示。"

"作为加拿大广播电视标准委员会的一员，CXXX – TV 为您提供观看提示以助您更好地选择节目。"

下面是观看提示的一些模板，适用于作为对成人观看的情色内容、低俗或含有攻击性语言的内容或其他类型内容的观看提示。这些提示用以指导广播公司履行《有线电视伦理准则》的相关义务，并确保观众在选择节目前能够收到充足的信息。每个广播公司都应该去撰写和履行与自身市场相符的观看指导语，以确保节目播放给了合适的观众。

"接下来的节目包含了低俗的语言，不适合小朋友观看。"

"接下来的节目包含了只适合成年人观看的情色内容，建议观众谨慎选择。"

"接下来的节目包含了情色内容，建议观众谨慎选择。"

"接下来的节目包含了只适合成年人观看的暴力场景、低俗语言和裸体镜头，建议观众谨慎选择。"

"接下来的节目涉及只适合成年人观看的成人主题，建议观众谨慎选择。"

"接下来的节目涉及成人主题、裸体镜头和低俗语言，建议观众谨慎选择。"

加拿大
（Canada）

亚伯达省媒体委员会
业务守则 *

报纸、期刊和新闻记者有责任为公共利益而捍卫新闻自由并抵制新闻审查。但缺乏职业道德的行为会阻碍这一目标的实现。

精确性

1. 报纸有责任避免发表不准确或有误导性的陈述，而且还需以显著的方式对重大错误或误导性陈述进行及时更正。

答辩的机会

2. 当外界提出合理的答辩要求时，报纸有责任为之提供一个公平的答辩机会。在面对人身攻击或批评时，个人和组织都有公平和合理的答辩机会。

隐 私

3. 未经他人同意而发布或调查有关于他人私生活的内容是不可接受的，

---

* Code Of Practice The Alberta Press Council, https：//accountablejournalism. org/？/ethics－codes/Canada－Alberta，摘录于 2015 年 8 月 25 日。该业务守则由亚伯达省媒体委员会制定。

除非是出于高于个人隐私权的公共利益的需要。

平　衡

4. 如果一篇报道中包含破坏性的陈述，那么报纸有尽最大努力履行从报道涉及的或可能涉及的各方获取意见的义务，以保证报道的平衡。

意见表达

5. 报纸可以在很大的界限内自由地表达观点，即便这个观点带有争议性或可能与主流观点不符。专栏作家、漫画评论家和其他作者在表达观点时也享有同等的自由，但是当他们陈述事实时，应尽力确保陈述的准确性。记者应该清晰地区分出评论和事实，猜测性的内容不应该作为事实来表达。观点和评论应该与新闻故事区分开。

报纸应该开辟专栏以作为评论和批评意见的交流之地，尤其是当这些评论与报纸编辑部本身的意见相反时。

非正常获取资料

6. 报纸和为之服务的记者应使用直接正当的方式来获得信息或者图片。只有当报道出于公共利益的需要同时又无其他替代方式可以使用时，通过非正常手段获取资料才能被认为是合理的。

新闻稿稿酬

7. 对于正在审理中的刑事诉讼案中的目击者、潜在目击者、涉案人员或其联系人，报纸不得向其支付报酬以获取相关内容、照片或信息。除非出于公共利益的需要必须发表这些信息，而支付报酬又是促成此事的必要之举。

介入他人的伤痛

8. 报纸和为之服务的记者一般来说应该避免介入他人的伤痛。应该抱着同情去做调查，并且严格把握尺度。

无辜的亲戚

9. 对于被宣判有罪或者被指控有罪的人的亲戚，如果他们与所报道的内容并无直接的关系，报纸对于是否曝光他们应持谨慎的态度。

采访儿童

10. 在采访未满18岁的未成年人或无自理能力的成年人时，在其父母或监护人缺席或不同意的情况下，记者应持谨慎的态度。

性侵犯案件中的儿童

11. 除特殊情况以外，即使是在法律允许的情况下，报纸也不应该曝光性侵犯案件中未满18岁的受害者、目击证人或者被告。

性侵犯

12. 报纸不应该曝光性侵犯案件中的受害者，或者是发表可能导致受害者身份泄露的材料。

图　片

13. 亚伯达省（Alberta）媒体委员会承认报纸拥有发布尽可能广泛的照片的重要性。报纸应充分考虑发布色情的、无端暴力的以及引发痛苦的照片可能对读者造成的影响。

歧　视

14. 报纸不应该发表带有歧视倾向的内容，尤其是针对种族、国家、民族起源、肤色、宗教、性别、年龄、性取向、精神或身体残疾的歧视。同时也应该避免使用带有偏见的或轻蔑性的内容来提及这些事情，除非这些信息与新闻报道有着直接的关联。

财经新闻

15. 记者不得利用比公众提前收到的经济信息来谋求私利。

医　院

16. 记者在医院或者类似的机构做调查时，应该在进入之前向对方的负责官员表明身份。除非是在极少的一些场合，如果表明身份就无法获取理应被披露的信息时，可以隐瞒身份。

秘密消息来源

17. 记者有保护秘密消息来源的义务。信息来源应该在新闻报道中向读者公开，除非具有迫不得已的原因而不能公开。

加拿大
（Canada）

~~~~~~

记者协会新闻伦理信条[*]

一　我们争取准确和公平

我们避免偏见影响我们的报道；

我们披露利益的冲突；

我们给我们批评的人们、公司或者组织以机会，从而使他们可以在出版之前发表他们的观点；

我们尊重人权，包括隐私的权利和公平审判的权利；

我们不采用改变照片、视频和音像资料的方式误导大众。

二　我们是独立而且透明的

我们不给广告商优先待遇和特别利益；

我们不从报道对象那里接受或祈求礼物和帮助；

我们不会报道那些与我们自身有经济利益的主题；

我们不会参与到我们报道的运动和活动中；

编辑委员会和专栏作家或者评论员支持政治候选人，记者不能支持；

---

[*]　Canadian Association of Journalists Principals for Ethical Journalism, https：//accountablejour-nalism. org/？/ethics－codes/Canada－CAJ－Principles，摘录于 2015 年 5 月 18 日。该《新闻伦理信条》由加拿大记者协会颁布。加拿大记者协会（CAJ）是全国性的、为公众利益和职业发展辩护的非营利的组织，为加拿大所有新闻工作者服务，包括报刊、广播、电视和网络的新闻工作者。

我们通常不会隐瞒自己的身份，只有在极少数情况下，当记者需要为了公共利益"揭露"真相时才可以隐瞒身份，但我们需要清楚地解释原因。

三　我们信守承诺

我们标明各种信息来源，只有在有清楚和紧迫的原因需要保护匿名消息来源时例外；

当我们决定这样做时，我们需要解释保护匿名消息来源的原因；

我们会独立证实来自匿名来源的信息；

如果我们承诺会保护信息来源的身份，那么我们就一定会这样做。

四　我们尊重多样性

我们尝试捕获有多样价值观、多样观点和多样社区生活的故事；

我们避免呈现由种族、性别、年龄、信仰、伦理、地域、性取向、性别、残疾、外表和社会地位所带来的刻板印象；

我们不会指向个人的种族、肤色和信仰，除非我们的报道与此相关。

五　我们是负责任的

我们会为我们的报道和行为向公众回复；

如果我们犯了错误，我们会立即、心甘情愿地改正，并标记出错误的严重性。

智 利
（Chile）

~e·s~

新闻工作者协会的伦理准则*

一 记者职责

1. 记者为社会、民主原则和人权而服务。在他们的专业工作中，记者应当视提供真相为基本原则，对事实负责。记者的工作不能基于意识形态、宗教、阶级、种族、性别、残疾等而进行歧视报道，不能导致他人受到伤害或损害，不得违背真实原则。

2. 记者无论以哪种方式传播信息，都需要对事实、消息来源及其可靠性进行核实。

3. 在任何情况下，记者不得操纵事实，不得修改、变更或故意不报道事实。

4. 记者有责任采取一切合法的方法，阻止影响言论自由行使、破坏信息接近权的行为。现有法律本质上是禁止这种（干涉）行为的。

5. 记者应当传播真相。

6. 记者必须对事实、观点和解释进行区分，避免对其进行混淆或别有用心地歪曲。

7. 记者必须知道合法的消息来源，确认其适用性和可靠性，如果消息来源要求保密，应予以尊重。

---

* Code of Ethics of the Journalists Association of Chile, http://www.colegiodeperiodistas.cl/p/etica - periodistica.html，摘录于 2015 年 8 月 25 日。该规范由智利新闻工作者协会制定，发布于 2015 年 4 月 26 日。

正如本准则所坚持的，新闻工作者不能捏造消息来源，如使用"最近的人""一个发言人""该机构的高级官员"之类的方法捏造。这是为了保护专业的公信度和尊严。

在数字新闻环境下，如果有必要的话，应当保证（网页）链接、出处链接等的准确性。

8. 在规定的日期前，记者不能提前发布任何信息材料。

二　数字新闻

9. 本准则用于指导传统媒体的新闻从业者，现在同样适用于社交网络、网络媒体等信息平台的新闻从业者。

10. 从互联网上引用信息资料，需要指明来源。换言之，数字记者也要以同样的严谨态度从事该工作。

三　记者与同行

11. 记者必须向由于其专业报道而遭受迫害或侵犯的同行提供援助。

12. 记者也应当认可其他专业机构所制定的道德准则。

13. 记者有义务出席智利新闻工作者协会或其他道德法庭的听证会进行作证。

14. 记者应当向同行学习。

15. 记者应当遵守道德指令。记者如果不同意新闻工作者协会的决议或其他机构的指令，应向有关机构反映。

四　记者和工作

16. 插图和标注应当与内容保持一致，这样，读者、观众和受众就不会混淆或被欺骗。同样地，标题、副标题、加重词组、照片和其他内容应当反映出（文章）真实的内容。

17. 记者应当维护自己的职业信誉，使公众将记者与在电视、广播和其他媒体工作的其他人员相区分。

18. 未得到许可，记者不能擅自修改同事的新闻报道内容。

19. 记者应当清楚地标明新闻与广告，以避免公众将其混为一谈。

20. 记者应当清楚对新闻工作产生影响的明显的或潜在的利益冲突。

21. 记者必须捍卫本专业领域的职业尊严，反抗剥削或歧视本职业人员的情况。

22. 在新闻实践中，记者应当遵循自己的良心行事而不会受到处罚。相应地，需要在记者和雇主之间建立相应的条文，该条文应当被严格遵守。

23. 记者应当拒绝任何违背本准则的压力和企图，并将之告诉协会。

五　记者和社会

24. 记者应当维护社会公众获得准确、多元、负责和及时的信息的权利。

25. 记者应该尊重个人的尊严与隐私。此方面应当遵循智利法律和国际公约的规定。为了公共利益而披露个人隐私是该原则的例外情形。

记者应当保护处于悲痛中的个人的隐私，为了炒作、追逐丑闻而无视他们感受（进行报道）并不会对信息传播有所贡献，应当禁止这种行为。

26. 记者必须遵守法院的无罪推定原则。

27. 记者应当对社会生活中的不平等保持敏感，即应当维护公共利益，如关注污染和破坏环境的事实。

此外，以下行为也是违背职业伦理的：

（1）任何违反本准则行为；（2）行贿、受贿和敲诈勒索；（3）剽窃和不尊重知识产权；（4）诽谤，中伤和侮辱。

28. 记者不应当利用自己的专业影响力或在工作中获得的信息而为自己或亲属谋私利。

29. 根据法律原则，该伦理准则应当被所有记者所知晓，相应地不能以"不知道"作为免责理由。

哥伦比亚
（Columbia）

波哥大记者协会道德规范*

绪 言

新闻自由是社会（公众）掌握准确而即时的现实信息的最基本前提。

因此，必须保证它的安全，使其远离任何形式的利益或权利的入侵和压制，无论是公众的、私人的、经济的或政治的。

信息使用权是人的基本权利之一。

捍卫媒体自由、以最高标准去负责和诚实地从事新闻实践是记者的责任。

记者最主要的义务是以准确的方式告知公众感兴趣的事件，他们唯一的伦理属性的出发点是他们所服务的公众。

那些在媒体工作的记者，有尊重人类尊严、促进和平、培养宽容性和多元化的责任。

这项道德标准是新闻从业者的基础性的职业行为准则。新闻从业者是指在信息传播过程中负有责任的商人、编辑、出版商和记者等。

职业道德准则确立了新闻记者对社会的责任。

以上的原则是本道德规范的基础，这个基础被记者自身所采用并运用于专业实践。

---

* Bogota's Journalists Club: Ethics Code, https: //www. scribd. com/fullscreen/76585736？access_ key = key – 21czgu5a1jw8gq7su7ja&allow_ share = true&escape = false&view_ mode = scroll，摘录于 2015 年 5 月 19 日，该规范于 2006 年 8 月 31 日通过。

信息透明

第一条　媒体机构有接收准确、平衡、及时信息的权利，而且新闻记者的职责便是在这些条款下提供这些信息。

1. 即使真实性和客观性作为绝对条款是有争议的，但是在新闻诚信中是不容置疑的。意见和新闻内容必须在文章和事件中保持准确。

2. 展现新闻的不同面是很有必要的。

3. 以下情况违背了记者义务：

A. 行为（假新闻）

B. 遗漏（对事件保持沉默）

C. 途径（有偏见的新闻）

4. 新闻必须要同意见、评论和商业情报进行清晰的区分。

消息来源

第二条　新闻记者必须以分析性的态度面对信息来源，并证实他们的说法。

新闻记者对真实和公众的忠诚要高于对消息来源的忠诚。

1. 让受众知道消息来源是明智的。

这可以使内容更加可靠和负责。

然而，如果暴露该消息来源的身份会威胁到个人或工作安全，新闻记者需要履行不暴露消息来源的承诺。

总而言之，当发生以下情况时新闻记者可能会被免责（即可以披露消息来源）：

A.（记者）被消息来源欺骗时；

B. 消息来源在某些情况下自愿被公开。

2. 保护匿名消息来源，这一准则不可被破坏。无论在何种情况下，新闻记者都必须核实事实及事件。

3. 当发生冲突时，出版商、编辑、新闻记者和媒体总监组成的团队应当对信息来源进行核实以守护其真实性。

新闻获得

第三条 信息必须通过合法和道德的方式获得。

在调查信息的过程中公共利益必须凌驾于私人利益之上。

第四条 新闻记者必须将信息放置在背景中考虑，并避免在援引中改变当事人说出或写下的本意；他们每次务必要确认引用话的准确意思。

第五条 剽窃是一种不道德的行为。引用时必须获得许可，或者标出引用信息的来源。

更正和回复

第六条 及时、完整地更正不准确、错误的或者不完整的信息是记者和媒体的义务，即使受损之人并没有要求媒体进行解释，受损者的回复权也是应当被尊重的。

追求轰动效应

第七条 追求轰动效应是新闻中的一个形变；这意味着误传、伪造和欺骗，所以这威胁着新闻媒体的可靠性并背叛了社会的真诚。

因此，新闻记者必须：

1. 尊重人类的尊严和隐私，除非涉及公共利益，否则不应报道私人性质的事件或境遇。

2. 避免利用公众的病态好奇心。

3. 要特别地注意有关诉讼程序的信息，因为即使没有违反报道的自由裁量权，也可能影响定罪或无罪的审判结果。

益处和特权

第八条 新闻记者的独立性对他们的专业实践来说是必不可少的。

因此，任何有损独立性的实践都是和道德相违背的，例如：

1. 利用自己所在媒体的影响；寻求自己的个人利益或特权。

2. 接受新闻来源者提供的报酬、礼物或好处，包括荣誉和奖品在内的任何形式。

3. 和新闻来源者保持熟络或亲密的关系。

4. 在从事新闻专业实践的同时公开销售营销计划和公共关系。

第九条　新闻公司的性质以及社会影响不应当被任何其他的商业活动所同化。

故而作为管理、出版及编辑的分支机构，新闻公司必须共享同样的经营理念并在本行为准则中承担共同的道德责任。

因此，新闻公司要：

1. 拒绝向任何挑战媒体独立性的特权妥协。

2. 避免该公司的行政官员或记者在不同的企业里参与领导委员会、担任职务或者做顾问，这会损害媒体的独立性。

3. 绝对清晰地明白自身与所有带广告性质的出版材料是不同的，这些广告性质的材料包括公司新闻、软广告、专题广告、政治广告或专业的商业副刊等。

4. 保证其记者拥有得体的、有竞争力的、有助于他们在专业工作中更具卓越性和独立性的薪酬、工作条件、手段和工具。

秘 鲁

（Peru）

全国新闻工作者协会伦理规范 *

秘鲁全国新闻工作者协会是成立于 1928 年的记者联盟的代表性机构。它坚持以下原则：

（1）全国新闻工作者协会认为，一个共享的、公共的社会的首要目标是保障人的全面发展。因此，通过促进经济、社会、政治、司法和文化等的改变，为了实现这个目标而努力是全人类的任务。

（2）全国新闻工作者协会是为协会服务的，在多数人参与和经济多元化基础上，坚持工人运动和社会发展，消灭一切形式的歧视、边缘化或依附性。

（3）全国新闻工作者协会积极参与反对一切形式的压迫、剥削和社会不公。基于职业道德信中的 12 条而建立的该机构，已被国会批准，于 1988 年实施。其规定如下。

（1）在新闻实践中，坚持道德操守、维护秘鲁的主权国家身份、促进区域之间的相互友爱、使国家更加强大、传播文化、增强工作的良知、促进政府体制的日益民主、并坚持地尊重人类尊严和职业尊严，这些是新闻业的首要职责。

（2）尊重真相、自由和社会正义，以及工会、工人之间的团结，构建指导从事新闻业的工作人员尤其是新闻工作者的重要方针。

---

* Code of Ethics of the National Association of Journalists of Peru, http：//www. consejoprensaperuana. org. pe/tempo/，摘录于 2015 年 8 月 29 日。该规范由秘鲁新闻评议会制定。

（3）新闻工作者（所传播）的信息应该是人性化、客观化和多元化的，这些信息应当促进人类关系、社会繁荣和集体正义以及工人劳动组织中的理性。

（4）全国新闻工作者协会的记者应当意识到自己作为信息和表达自由的捍卫者的角色，并应当对抗一切危害、干扰或对人权有威胁的势力。

（5）记者应该一直努力提升自己的工作水平，超越自己，对抗一切玷污新闻职业形象的因素。

（6）全国新闻工作者协会的记者既不应该诋毁他们的同事，也不应该抱着让他们丢脸的目标批判协会。他们应当永远小心谨慎，不从事有损人类和记者职业状况的行为。

（7）相反，他们会保护那些被诽谤、被敌对、被迫害或不公正监禁的记者，并会帮助有经济或健康问题的同事们，以及帮助在履行危险任务时面临死亡的记者们的亲属。

（8）记者在工作中不应当有煽情报道、传播淫秽或勒索的行为。他们也不应当有种族歧视、思想歧视或性别歧视，他们不应当以操纵的方法或断章取义的方法歪曲观点、制造混乱。

（9）记者应当保护匿名消息来源。他们不应当在拟定的日期前公布任何新闻信息。如果媒体的报道使个人受到了伤害或报道错误，要发布更正信息。

（10）全国新闻工作者协会的成员在任何情况下都不要屈从于来自他们雇主（雇主个人、编辑室、新闻垄断或任何其他）的压力、独裁政权或权力滥用者的压力，因为这将违背职业的尊严，违背对真理的尊重，违背公共利益。

（11）同样，记者将严格遵循与劳动法有关的立法，特别是涉及专业和社会利益的立法。他们只接受自己的劳动报酬，当发现基于不受控的因素而使同事失业时，应当团结起来。

（12）记者不应当接受有违于他们价值的奖品或报酬，尤其当这个奖品或报酬会有损新闻记者以公共舆论的名义进行建设性批判的能力时。

该机构还列举了五条有效的道德规范宣言，"信息是人民的权利"：

（1）全国新闻工作者协会认为信息是人民的一项权利，人民有权利用合适的、负责的态度进行自由地表达和思考，从而得出理性结论。

（2）公民这一权利的实现与新闻传播社会功能的发挥是不可分割的，新闻媒体应该从不同角度表达意见。

（3）信息作为人民的一项权利，受国家政治宪法的认可和保障。要确保秘鲁记者工作的安全，在他/她的职业实践中不受威胁和迫害。

（4）信息自由的权利包括：

a. 自由访问信息来源；

b. 解释和分析具有新闻价值的事件；

c. 无论国家的政治环境是怎样的，当信息自由被阻止、否认或压制时，新闻记者有向全国新闻工作者协会汇报的权利。

（5）在人类权利至高无上的社会，全国新闻工作者协会成员的职责是帮助个人充分实现其信息自由权。

美洲各国媒体伦理规范评析

在当代世界新闻传播格局中，美洲具有一定的特殊性，北有在媒介数量、规模、技术都处于世界领先水平的美国、加拿大，南有媒介发展水平相对较低，发展进程较为缓慢的阿根廷、秘鲁等南美国家。这一现象的出现与北美、南美间国家综合经济实力、科学技术、文化教育水平的发达程度存在较大差距有关。

在北美地区，乃至世界范围内，美国都可以称得上是媒体最强国，其新闻媒体大致呈现以下特点：（1）以私有制为主，美国具有高影响力的报纸、杂志和高收视率的电台、电视台基本都为私营。（2）新闻媒介高度垄断，美国重要的报刊、电台、电视台以及互联网媒体均被大企业所控制。（3）媒体运作商业化程度高，除部分公共电视台，美国媒体均以广告收入和其他经营收入为主要收入来源，这也是美国的新闻媒体独立性强的一大原因。（4）注重受众需求，由于其商业化运作的模式，美国的媒体格外重视受众需求。[①] 加拿大的新闻传播业美国的强大影响，因此除了其广播电视体制仿照欧洲模式——公营与私营并行外，其媒体特点与美国大致相似。

而南美地区由于其动荡的政治局势与复杂的经济发展状况，其新闻媒体呈现出纷繁复杂的特点。首先，不同所有制的媒体并存，南美各国几乎都采取国

---

① 李良荣：《当代世界新闻事业》，中国人民大学出版社，2002，第21页。

营、公营、私营三者并存的媒介体制，只不过比例不同而已。① 其次，媒体运作受到政府干预。虽然南美各国都宣布实行新闻自由，但各国政府始终试图控制媒体，只不过在不同国家、不同时期手法有所不同②。受到美国新闻传播文化的猛烈冲击，也是影响南美国家新闻媒体政策的因素之一。

美洲各个地区、国家的不同媒体特点也导致了其媒体伦理规范的差异性。本书选取了美国、加拿大、阿根廷、巴西、智利、哥伦比亚、秘鲁七个美洲国家的媒体伦理规范。其中美国有 4 篇，分别是用于规范报业、杂志等行业新闻工作者的伦理准则；加拿大有 3 篇，分别是亚伯达省媒体委员会、加拿大广播标准委员会、加拿大记者协会针对各种媒体新闻工作者的伦理准则；阿根廷、巴西、智利、哥伦比亚、秘鲁各 1 篇，其发布主体分别是阿根廷新闻论坛、巴西全国新闻工作者协会、智利新闻工作者协会、哥伦比亚波哥大记者协会和秘鲁全国新闻工作者协会。本文旨在通过对上述 12 篇伦理规范的梳理，试图总结美洲各国伦理规范的共通性准则和北美、南美间的特殊区域性准则。

一　美洲国家媒体伦理规范的共通性准则

本文通过对 12 篇美洲国家媒体伦理规范进行内容分析，总结了当中提及率较高的十个伦理准则。

（一）公共利益优先

为公众提供信息和发表意见的平台、监督政府和促使其执政能力提高是大众传媒的职责之一。换言之，媒体行为的目的之一就是为公众服务，实现公共利益的最大化③。因此，媒体伦理的价值也体现在媒体促进公共利益实现的过程之中。在 12 篇伦理规范中，有 10 篇涉及了公共利益，其规定大致分为两类。

一、认为为公共利益服务是媒体和记者的职责所在。如美国《报人守则》规定："不为公众服务而仅为私利驱使者，均为背信弃义之徒"。美国《华盛顿邮报的标准和伦理规范》规定："记者应服从公共利益，避免奢侈的生活习

---

① 李良荣：《当代世界新闻事业》，中国人民大学出版社，2002，第 30 页。
② 李良荣：《当代世界新闻事业》，中国人民大学出版社，2002，第 30 页。
③ 燕道成：《公共利益：传媒伦理的价值诉求》，《理论导刊》2014 年第 1 期，第 79～81 页。

惯，且应该远离社会纷争。"巴西《记者道德规范》规定："信息的生产和传播应尊重事实真相，并以（维护）公共利益为目的。"加拿大《亚伯达省媒体委员会业务守则》规定："报纸、期刊和新闻记者有责任为公共利益而捍卫新闻自由并抵制新闻审查。"

二、将公共利益视为其他准则的免责条款。如美国《专业记者守则》规定："平民百姓个人的隐私应受保护，除非有巨大公共利益的考量。"美国《华盛顿邮报的标准和伦理规范》规定："只有在信息涉及公共利益或公共价值时，才可以考虑使用非常规的方法来获取数据和证词。"加拿大《亚伯达省媒体委员会业务守则》规定："未经他人同意而发布或调查有关于他人私生活的内容是不可接受的，除非是出于高于个人隐私权的公共利益的需要。只有当报道目的是出于公共利益的需要同时又无其他替代方式可以使用时，通过非正常手段获取资料才能被认为是合理的。"智利《新闻工作者协会的伦理准则》规定："为了公共利益而披露个人隐私是该原则的例外情形。"

（二）避免利益冲突

利益冲突是专业角色和其他角色间的冲突[①]。就新闻工作而言，当新闻工作者在履行专业角色时，经常面临个人利益、其他组织利益与职业道德间的冲突。避免利益冲突正是指新闻工作者在担任专业任务时，应当避免陷入上述利益冲突中，以维护报道的公正性与客观性。在12篇伦理规范中，有9篇规范提及该方面的规定，其中主要涉及经济利益冲突、记者兼任其他社会角色与专业角色间的冲突。具体规定如下。

一、禁止记者或媒体接受奖金、礼品、旅游等免费馈赠。如美国《专业记者守则》中规定："记者应当拒绝礼物、人情、金钱、免费旅游或任何特殊待遇。"美国《杂志编辑协会伦理指导方针》规定："编辑不能从企图影响其编辑报道的人那里接受好处或礼物。编辑不能接受他们所报道的任何一家公司给的经济利益。"哥伦比亚《波哥大记者协会道德规范》规定记者不得"接受新闻来源者提供的报酬、礼物或好处，包括荣誉和奖品在内的任何形式"。与上述规范中的绝对禁止条例不同，有的规范认为记者可以接受小额度的礼节性

---

① 罗文辉、陈韬文、潘忠党：《大陆、香港与台湾新闻人员对新闻伦理的态度与认知》，《新闻学研究》2001年总第68期，第53～89页。

馈赠。如阿根廷《新闻论坛伦理规范》规定："记者应当拒绝任何与其工作和专业行为相关联的礼物、馈赠或其他事项。如果获赠，需把礼物还给送礼物之人，并向其解释相关的新闻伦理规范。当然，一些价值低于 30 美元的礼节性馈赠可以成为例外。"美国《〈华盛顿邮报〉的标准和伦理规范》规定："我们不接受来自新闻源的任何礼物，也不接受免费的旅行。我们既不寻求也不接受因为我们的职位而带来的回报性的优惠待遇。不得收受礼物的规定只有在很少而明显的情况下是可以打破的——例如邀请吃饭。"

二、禁止记者利用自己的职位便利购买股票、证券等，为个人或其亲属谋求经济利益。如加拿大《亚伯达省媒体委员会业务守则》规定："记者不得利用他们比公众提前收到的经济信息来谋求私利。"智利《新闻工作者协会的伦理准则》规定："记者不应当利用自己的专业影响力或在工作中获得的信息而为自己或亲属谋私利。"哥伦比亚《波哥大记者协会道德规范》规定记者不得"利用自己所在媒体的影响，寻求自己的个人利益或特权"。

三、禁止记者在政府机构、公共机构和其他企业单位中任职，禁止记者卷入政治活动。如美国《专业记者守则》中规定："记者不应当接受使记者道德受到影响的兼职、政治参与、公职及社区组织职务。"美国《〈华盛顿邮报〉的标准和伦理规范》规定："未经管理者的许可，我们只为《华盛顿邮报》工作。过多的外部活动和工作与在一家独立报社工作是不兼容的……没有部门领导的允许，我们不从事兼职活动，也不接受演讲要求。只有当华盛顿邮报对这个事件不感兴趣或者对方是与邮报没有竞争关系的媒体时，另外进行撰稿的工作才会被允许……我们要避免活跃地去参与任何党派活动，比如政治、社会事务、社会行动、示威活动，因为那会使得我们公平报道和编辑的能力大打折扣。"

总体而言，相关伦理规范主要从规范记者的职业行为与约束记者履行社会角色方面入手，以避免记者陷入利益冲突。对此进行规范，有助于记者免于受经济利益诱惑和其他社会角色影响陷入利益冲突，从而保证新闻报道的公正性与客观性。

（三）保护消息来源

消息来源是向记者提供线索的机构、个人。保护消息来源是指不公开消息来源的信息，包括姓名、工作单位、住址等一切可能危及消息来源正常生活或安全的信息。在 12 篇伦理规范中，有 9 篇提及了保护消息来源。

其中多数规范均规定对消息来源进行绝对性保护，即一旦记者向消息来源做出承诺，无论在何种情况下，都不得向任何人透露消息来源的信息。如美国《〈华盛顿邮报〉的标准和伦理规范》规定："当我们答应保护消息来源的身份时，它的身份不会被除邮报以外的任何人知道。"阿根廷《新闻论坛伦理规范》规定："记者可以使用匿名消息来源，但应为其保密。"加拿大《广播标准委员会道德准则》规定："记者有保护秘密消息来源的义务。"秘鲁《全国新闻工作者协会伦理规范》规定："记者应当保护匿名消息来源。"

但也有部分规范规定给予消息来源相对性保护，即列出了保护消息来源的例外情况。如哥伦比亚《波哥大记者协会道德规范》规定："当发生以下情况时，新闻记者可能会被免责（即可以披露消息来源）：A.（记者）被消息来源欺骗时；B. 消息来源在某些情况下自愿被公开。"美国《〈华盛顿邮报〉的标准和伦理规范》规定："华盛顿邮报不会故意透露美国情报局特工的身份，除了在不同寻常的情况下，这必须由资深编辑来衡量。"

（四）新闻自由

新闻自由，通常指政府通过宪法或相关法律条文保障本国公民言论、结社以及新闻出版界采访、报道、出版、发行等的自由权利。这一概念也可以延伸至保障新闻界采集和发布信息，并提供给公众的充分自由[①]。在 12 篇媒体伦理规范中，有 8 篇提及了言论自由、信息自由、出版自由、表达自由、新闻自由，其中主要分为下列几类表述。

一、强调言论表达自由是人类的基本权利。如哥伦比亚《波哥大记者协会道德规范》规定："信息使用权是人的基本权利之一。"秘鲁《全国新闻工作者协会伦理规范》规定："信息是人民的一项权利，人民有权利用合适的、负责的态度进行自由地表达和思考得出理性结论……信息作为人民的一项权利，受国家政治宪法的认可和保障。"巴西《记者道德规范》规定："获取与公共利益相关的信息是一项基本权利。"

二、强调新闻自由是公众获取信息的基本前提。如哥伦比亚《波哥大记者协会道德规范》规定："新闻自由是社会（公众）掌握准确而即时的现实信

---

① 辛春：《浅析新闻自由与媒体责任》，《新闻传播》2010 年第 7 期，第 110～111 页。

息的最基本前提。"

三、强调维护新闻自由是记者和媒体的职责和义务。如美国《〈华盛顿邮报〉的标准和伦理规范》规定:"报社应该尽可能地告知所有他们知道的关于美国和世界的重要事务的真相。"智利《新闻工作者协会的伦理准则》规定:"记者有责任采取一切合法的方法阻止那些影响言论自由行使、破坏信息接近权的行为。现有法律本质上是禁止这种(干涉)行为的。记者应当维护社会公众获得准确、多元、负责和及时的信息的权利。"哥伦比亚《波哥大记者协会道德规范》规定:"捍卫媒体自由、以最高标准去负责和诚实地从事新闻实践是记者的责任。"秘鲁《全国新闻工作者协会伦理规范》规定:"全国新闻工作者协会的记者应当意识到自己作为信息和表达自由捍卫者的角色,并应当对抗一切危害、干扰或对人权有威胁的势力"。

除此之外,也有规范对其内涵进行了具体的界定。如秘鲁《全国新闻工作者协会伦理规范》规定:"信息自由的权利包括:a)自由访问信息来源;b)解释和分析具有新闻价值的事件;c)无论国家的政治环境是怎样的,当信息自由被阻止、否认或压制时,新闻记者有向全国新闻工作者协会汇报的权利。"

(五)准确真实

准确真实是新闻的生命,也是新媒体获得公众信任的基石。在12篇伦理规范中,有9篇提及了准确的原则。其具体规定大致可分为以下两类。

一、规定准确真实地报道新闻是记者、媒体的职责所在。如巴西《记者道德规范》规定:"媒体有责任保证信息的准确性和传播的正确性,而且不能受到所有者政治路线和经济性质的影响"、"报道事实真相是记者的基本承诺,(此承诺)应该指导他们在工作时保证事件的精确和正确的披露"。阿根廷《新闻论坛伦理规范》规定:"隶属于阿根廷新闻论坛的记者们要致力于寻找真相,维护自身的独立性,诚实地处理真相。"加拿大《广播标准委员会道德准则》规定:"广播公司应确保以准确和不带偏见的方式呈现新闻,并通过新闻的制作和传播环节加以实现。"加拿大《亚伯达省媒体委员会业务守则》规定:"报纸有责任避免发表不准确或有误导性的陈述。"哥伦比亚《波哥大记者协会道德规范》规定:"新闻记者必须将信息放置在背景中考虑,并避免在援引中改变当事人说出或写下的本意;他们每次务必要确认引用话的准确意思。"

二、规定准确的具体标准,如新闻素材(图片、视频、引语等)的准确运用、新闻素材本身意义和语境的准确传达。美国《专业记者守则》规定:"标题、引子、宣传、照片、影音、引用句子都不能偏离原意。切勿过度简化或强调。尊重原因,保持客观。忠实呈现消息来源原话,禁止扭曲原意……切勿曲解新闻图片及片段的内容。可通过影像增进以达到技术上清晰表达主题的目的。为蒙太奇效果及图片注上说明。"阿根廷《新闻论坛伦理规范》规定:"应忠实地呈现消息来源所说的话,包括其话语中所体现出的精神和意图,不进行扭曲或隐匿。在处理未受教育的消息来源所提供的信息时,应避免潜在的表述困难或语法错误。"智利《新闻工作者协会的伦理准则》规定:"插图和标注应当与内容保持一致,这样,读者、观众和受众就不会混淆或被欺骗。同样地,标题、副标题、加重词组、照片和其他内容应当反映出(文章)真实的内容"、"在任何情况下,记者不得操纵事实,不得修改、变更事实或故意不报道事实……标题、副标题、加重词组、照片和其他内容应当反映出(文章)真实的内容"。除此之外,智利《新闻工作者协会的伦理准则》还对互联网时代的数字新闻进行了明确规定,"在数字新闻环境下,如果有必要的话,应当保证(网页)链接、出处链接等的准确性"。

(六)明确新闻界限

明确新闻界限,指新闻事实与观点、意见以及新闻报道与广告、宣传性内容相区分。在12篇伦理规范中,有7篇提及了该准则。

媒体伦理规范之所以要明确新闻界限,其目的在于服务受众,使受众准确了解新闻信息,不受误导。如美国《华盛顿邮报的标准和伦理规范》规定:"在这家报纸,新闻栏目、社论页面和驳论的页面的区分是郑重且完整的。这种区分是为了服务受众,他们有权了解新闻栏目的事实、社论和专栏页面的观点。"智利《新闻工作者协会的伦理准则》规定:"记者应当清楚地标明新闻与广告,以避免公众将其混为一谈……记者必须对事实、观点和解释进行区分,避免对其进行混淆或别有用心的歪曲。"

如何明确事实与观点、新闻与广告的界限,也有伦理规定做出了明确界定。如美国《杂志编辑协会伦理指导方针》对如何区分新闻与广告作了具体规定,"不管在什么平台以什么形式,编辑都应把报道编辑内容和营销信息的区别明确告知普通受众……一条营销信息如果以新闻的格式出现，拥有新闻的一般外观特性，或者以公共信息，声称是以独立、公平、公正的文章形式出现，都有必要明确标示、公开说明它是一则广告……如果在期刊上有以任何新闻报道或其他题材形式出现的信息，该信息要求读者支付费用、接受和相信承诺，那么它应该被标记为广告。"除此之外，该规范也对如何标明广告作了具体规定："为了确保这种标签足够清楚且引人注目，美国杂志编辑协会建议印刷广告单位使用一些术语，例如广告和特定广告单元，并进一步建议这些术语应该以可读的形式水平地集中印在每个广告单元的顶部……美国杂志编辑协会还建议，网站和社交媒体上的广告需要通过使用'赞助内容'或'已支付的帖子'等术语来明确标明是广告，并且要和报道内容有视觉上的区别。还有，赞助商的链接也应被明确标明为广告，并与新闻报道内容有视觉上的区分。"哥伦比亚《波哥大记者协会道德规范》也对广告的类别作了明确界定："广告性质的材料包括公司新闻、软广告、专题广告、政治广告或专业的商业副刊等。"加拿大《亚伯达省媒体委员会业务守则》则针对事实与观点进行了规定："记者应该清晰地区分出评论和事实，猜测性的内容不应该作为事实来表达。观点和评论应该与新闻故事区分开。"美国《专业记者守则》也规定："客观报道与倡导式言论必须明确分开。分析及评论必须标明，内容不得歪曲事实。评论、倡导式言论与客观事实报道分开。"

（七）独立

所谓独立，指可以免受外部力量的控制、干涉，以及不依附于任何政治、经济力量，与它们保持一定的距离，自主决定自己的思想和行动。在 12 篇伦理规范中，有 7 篇涉及独立的表述。如美国《专业记者守则》规定："记者的责任以公众知情权为依归，不能受制于任何其他利益。"美国《〈华盛顿邮报〉的标准和伦理规范》规定："报社不能成为任何特殊利益的盟友，并且在对公共事务和公众人物的看法上要保持公平、自由和审慎。"哥伦比亚《波哥大记者协会道德规范》规定："新闻记者的独立性对他们的专业实践来说是必不可少的……新闻公司要拒绝向任何挑战媒体独立性的特权妥协。"秘鲁《全国新闻工作者协会伦理规范》规定："全国新闻工作者协会的成员在任何情况下都不要屈从于来自他们雇主（雇主个人、编辑室、新闻垄断或任何其他实体）的压力，或者独裁政权或权力滥用者的压力。"

（八）保护隐私

西方国家一向重视隐私权的保护，这一点在媒体伦理规范中也有所体现。在 12 篇伦理规范中，有 7 篇提及隐私保护，但多采用相对保护原则，即当与公共利益相关时，可以公布隐私信息。如美国《专业记者守则》规定："平民百姓个人的隐私应受保护，除非有巨大公共利益的考量。"阿根廷《新闻论坛伦理规范》规定："记者应当尊重他人隐私。只有当一个人的隐私有可能会影响公共利益或公共价值时，公民的信息权才可以优先于隐私权。"加拿大《亚伯达省媒体委员会业务守则》规定："未经他人同意而发布或调查有关于他人私生活的内容是不可接受的，除非是出于高于个人隐私权的公共利益的需要。"

值得注意的是，有规范对公众人物与平民百姓的隐私权进行了区分，"平民百姓比公众人物有更多隐私权。公众人物包括官员在内，还包括刻意寻求权力、影响力和公众关注的人"（美国《专业记者守则》）。

（九）拒绝刻板印象和偏见

刻板印象指人们对某一类人或事物产生的比较固定、概括而笼统的看法[①]，具有阻碍人的正确认知，形成片面的感知定势，夸大负面影响、形成歧视与偏见甚至对立的情绪的负面影响[②]。在新闻实践中，若媒体报道带有刻板印象和偏见，会影响公众的认知，因此对其规制十分有必要。在 12 篇伦理规范中，有 6 篇涉及了这一方面的规定。

其中部分伦理规范主要从宏观方面规定媒体、记者不得带有偏见进行报道。如美国《报人守则》规定："受本身偏见所左右及他人偏见之笼络，都应该避免。"加拿大《广播标准委员会道德准则》规定："广播公司应确保以准确和不带偏见的方式呈现新闻。"加拿大《亚伯达省媒体委员会业务守则》规定："避免使用带有偏见的或轻蔑性的内容。"加拿大《记者协会新闻伦理信条》规定："我们避免偏见影响我们的报道。"

另一部分伦理规范则从微观上规定媒体、记者不得带有关于种族、性别、

---

① 吴柳林、王成飞：《浅析新闻传播中标签式舆论的刻板印象》，《编辑之友》2013 年第 11 期，第 59 ~ 61 页。

② 许闻枝：《新闻报道中的刻板印象研究——以成都被打女司机为例》，《西部学刊》2016 年第 12 期，第 54 ~ 55 页。

年龄、信仰、伦理、地域、性取向等方面的刻板印象。如美国《专业记者守则》规定："避免将某一种族、性别、年龄、宗教、族群、地域、性取向、残疾、样貌或社会阶层的人刻板化。"加拿大《广播标准委员会道德准则》规定："广播公司应该尽可能有意识地对一些与性别角色相关的刻板印象问题保持敏感，这需要他们在节目中反映出两性在智商和情商上的平等而避免贬损某一方。"加拿大《记者协会新闻伦理信条》规定："我们避免呈现由种族、性别、年龄、信仰、伦理、地域、性取向、性别、残疾、外表和社会地位所带来的刻板印象。"

（十）禁止剽窃、抄袭

新闻报道是记者智力劳动的结晶，是其思想的载体，理应受到著作权的保护。在新闻实践中，剽窃和抄袭他人新闻报道不仅是职业不端的表现，更是侵犯他人著作权的违法行为。在 12 篇伦理规范中，有 6 篇规定不得剽窃和抄袭。如美国《华盛顿邮报的标准和伦理规范》规定："来自其他报纸和媒体的材料必须完整注明出处。剽窃是新闻业不可饶恕的罪责"。阿根廷《新闻论坛伦理规范》规定："不交代来源就复制现存作品的片段的行为构成剽窃，是一种严重的过失行为。"哥伦比亚《波哥大记者协会道德规范》规定："剽窃是一种不道德的行为。引用时必须获得许可，或者标出引用信息的来源"。巴西《记者道德规范》规定："不同职业类型的记者都应尊重版权和知识产权"。综上，注明消息来源是引用他人报道时避免剽窃、抄袭之嫌的解决之道。伦理规范对此进行规定，在保护原创内容生产者的利益基础上，也有助于规范媒体间的相互引用行为。

二 美洲国家媒体伦理规范的地区性准则

除了美洲多数国家提及的共通性准则外，还有个别具体有一定参考价值和启发意义的伦理准则，这些准则只是在个别国家的伦理规范中提及。主要为以下几条。

（一）提倡平衡的报道手法

平衡报道指的是当记者面临包含矛盾、对立的新闻事件时，应兼顾矛盾双方，同时呈现不同的事实和观点，保证新闻的公正性。在相关伦理规范中，观点、立场的平衡被予以强调。如美国《〈华盛顿邮报〉的标准和伦理规范》规定："寻找相反的观点是必须履行的。报道中必须包括来自控诉的或挑衅的人群的评论。"巴西《记者道德规范》规定："由于新闻机构的特殊性，记者应当在报道之前听取新闻中涉及的大多数人或相关机构（的观点），尤其是听取尚未被充分证实的指控对象的观点。"加拿大《亚伯达省媒体委员会业务守则》规定："如果在一篇报道中包含有破坏性的陈述，那么报纸有尽最大努力履行从报道涉及的或可能涉及的各方获取意见的义务，以保证报道的平衡。"

平衡不仅是一种新闻报道手段，也是一种新闻专业主义的报道理念。媒体伦理规范对平衡进行规范，给予同一议题中各方表达机会，在一定程度上避免了外界关于媒体报道有失公平的指责，是新闻行业的一种自我保护方式，同时也是新闻专业主义的体现[①]。

（二）建立良好的同行关系

相关媒体伦理规范关于建立良好的同行关系的表述，多用"尊重"、"团结"、"帮助"等关键词汇。如巴西《记者道德规范》规定："在工作中保持团结尊重的关系。在同事由于其职业行为而遭受迫害或侵害时，要团结在一起。"智利《新闻工作者协会的伦理准则》规定："记者应当向同行学习。"秘鲁《全国新闻工作者协会伦理规范》规定："记者既不应该诋毁他们的同事，也不应该抱着让他们丢脸的目标批判协会……保护那些被诽谤、被敌对、被迫害或受不公正监禁的记者，并帮助有经济或健康问题的同事们，以及帮助在履行危险任务时面临死亡的记者们的亲属……当发现基于不受控的因素而使同事失业时，应当团结起来。"

建立良好的同行关系，形成互帮互助的行业文化，有利于促进行业内部新闻从业者的合作交流，建立团结、和谐的传媒行业形象，推动传媒行业的繁荣发展。这是由于当新闻从业者间形成团结、彼此支持的交流氛围，互相诋毁、伤害的恶意竞争现象将大大减少，有利于媒体行业的良性竞争与共赢的实现。同时，良好的同行关系有助于新闻生产的顺利进行，基于良好的同行关系，文字记者、摄影记者、编辑与其他新闻从业者能更和谐地展开协作，新闻生产、发行得以顺利运转。值得注意的是，在本书选取的 12 篇美洲国家媒体伦理规

---

① 宰飞：《新闻报道平衡论》，《新闻世界》2013 年第 12 期，第 61～63 页。

范中，建立良好的同行关系仅出现在南美国家的伦理规范中。这说明南美国家更为重视良好的同行关系对新闻行业的积极作用。

（三）详细阐述新闻自律组织的运行方式

关于新闻自律组织的组成及运行方式介绍翔实，凸显了伦理规范的严肃性与权威性。美国《杂志编辑协会伦理指导方针》的新闻自律组织杂志编辑协会是美国针对杂志记者创立的主要组织。其成员包括以纸质形式或在电子平台上出版的大多数主要用户和商业杂志的编辑领导人。自律组织都具有一定独立性，如制定巴西《记者道德规范》的新闻自律组织道德规范委员会是由记者通过广泛、直接、匿名投票产生的独立机构，其运行方式为道德规范委员会与工会、全国记者联盟均独立行使投票权，虽然各自职责有所重复，但各单位的领导职务不会存在交集。在媒体伦理规范中对新闻自律组织进行介绍，有助于体现伦理规范的严肃性，也有助于外界对媒体及其从业人员的违规行为进行举报。

三　总结

媒体伦理规范是由新闻行业组织或具体某一家媒体结合自身媒介特点制定的伦理行为判断标准。首先，它为媒体及其从业者进行媒体实践活动提供规范蓝本，是媒体及其从业者进行自律的手段与依据。其次，它作为传媒行业的执业标准，通过标准化的准则制定便于相关组织对媒体及其从业者进行监督。总体而言，虽然美洲各个国家的国情、文化传统、传媒体制等方面存在一定差异，但在一些基本的新闻伦理准则上各国媒体伦理规范存在共通之处。

在这些共通性准则中，准确真实、明确新闻界限、避免利益冲突、禁止剽窃等准则均为刚性准则，必须执行、毫无妥协余地。这是因为：（1）真实是新闻的生命，是新闻得以存在的根本，真实、准确是其本质要求。同时新闻是公众的信息来源，是公众进行科学决策、行动的依据，新闻媒体为公众提供准确、真实的信息也是对公众的负责。（2）明确新闻界限事实上对媒体及其从业者提出了明确职业身份与职责的要求，一定程度上保证了分工明确、职责分明的行业内部秩序的稳定。（3）避免利益冲突要求媒体和记者拒绝利益诱惑，实则是媒体保持独立、避免外在力量干涉的方式。（4）剽窃、抄袭是一种违法行为，本身就不可逾越。同时作为知识创造者的媒体从业者更应该尊重和维护著作权，拒绝剽窃与抄袭。

相反，保护消息来源、保护隐私等准则为柔性准则，具有可调整的弹性空间。当这些准则与公共利益发生冲突时，媒体应以公共利益优先，这说明媒体伦理的价值基础在于公共利益。以公共利益为价值基础，使媒体伦理规范兼具了义务论与目的论的特点，使媒体既关注媒体行为的规则也关注媒体行为的结果①。

虽然美洲国家媒体伦理规范间存在共通之处，但北美与南美间在伦理准则上也呈现一定地区差异。相对来说，北美地区的媒体伦理规范更强调报道的平衡性、获取信息手段的正当性与对未成年人的保护，注重报道的平衡性，给予新闻当事者平等的表达机会。相关的规范不仅显示了对新闻"客观公正"理念的践行，也显示了对新闻当事者言论自由权利的尊重。在相关伦理规范中，以正当手段获取信息意味着不能通过隐瞒自身身份、欺骗的方式获取信息，这实际上体现了对他人的尊重，保障了他们关于记者身份、目的的知情权。而保护未成年人本身就是人权保护的体现，因此可以说北美媒体伦理规范对平衡、以正当手段获取信息、保护未成年人的重视在一定程度上反映了其对于个体及其权利的尊重，也是人文关怀理念在北美媒体伦理规范中的体现。

南美的媒体伦理规范更看重良好同行关系的建立以及新闻报道中的非歧视原则。良好的同行关系是新闻生产、发布程序顺利运转的保障之一，也是形成良性竞争与团结互助的传媒行业氛围的重要手段。南美媒体伦理规范对良好同行关系的看重，说明它强调团结与和谐的力量。非歧视原则是"人人平等"理念的体现，是对个体人权和自由的尊重，同样也显示了媒体伦理规范的人文关怀。这也说明了虽然北美和南美的媒体伦理规范在具体准则上有所区别，但是最终都彰显了人的基本权利应当被尊重的意识。

虽然美洲地区的媒体伦理规范数量不多，但其涉及的准则内容丰富，规定详细，具有较强的参考价值与指导意义。以独立、公平、平等、得体的方式为大众提供准确、真实、客观的有关公共利益的新闻、观点和评论，是新闻业的根本目标。这一目标的实现有赖于媒体及其从业者在伦理道德和规范上的严格自律。

---

① 燕道成：《公共利益：传媒伦理的价值诉求》，《理论导刊》2014 年第 1 期，第 79～81 页。

亚洲

全球媒体
伦理规范译评

阿塞拜疆
（Azerbaijan）

新闻工作者行为的工会准则[*]

1. 尊重事实，捍卫公众获知真相的权利是新闻工作者的第一职责。

2. 在履行这个职责的过程中，新闻工作者应该始终捍卫诚实地收集和发布新闻的自由原则，以及公正评论、批评的权利。

3. 新闻工作者应该如实报道自己知道的事实。新闻工作者不应该瞒报重要的信息或伪造文件。

4. 新闻工作者不能侵入他人的私人悲伤和痛苦，除非这是为了最为重要的公共利益。

5. 新闻工作者应该尽最大努力对引起伤害的不准确信息进行更正。

6. 在涉及匿名消息来源时，新闻工作者应该保守职业秘密。

7. 新闻工作者应该意识到媒体有诱导歧视的危险（作用），应该尽最大努力地避免那些基于种族、性别、性取向、语言、宗教、政治或其他观点、国家或社会起源等的歧视性报道。

8. 新闻工作者应该将以下行为视作严重的职业违法行为：

抄袭；恶意的虚假陈述；诽谤、诋毁、中伤、毫无根据的指控；接受任何形式的贿赂。

9. 与新闻工作者这一名字相匹配的人应当坚定地遵循上述原则。在每个国家法律允许的范围内，新闻工作者应当意识到他们的职业行为只与职业法律相关，应当免于来自政府或其他因素的任何干涉。

---

* Azerbaijan Code：Journalists' Trade Union Code of Journalistic Conduct，http：//www.rjionline.org/MAS – Codes – Azerbaijan – Trade – Union，摘录于 2015 年 9 月 13 日。该准则于 2000 年由新闻工会在阿塞拜疆首都巴库的研讨会上颁布。

不 丹
(Bhutan)

新闻工作者伦理规范*

1. 法理依据

为了维护公民在信息获取、言论自由、表达自由等方面的普世权利，维护大众传媒的独立性，提高新闻业的水准，促进公众对不丹新闻业的理解和信任，同时也为了提升媒体和新闻工作者的责任感，不丹信息传播与媒体管理部门根据2006年颁布的《不丹信息、传播与媒体法案》第三章第二十六条的 d 款制定本《新闻工作者伦理规范》。

2. 名称和生效时间

本伦理规范的正式名称为《新闻工作者伦理规范》，其生效日期为藏历火猪年（Female Fire Pig Year）的第一个月份的第十八日，亦即 2007 年 3 月 7 日。

3. 适用范围

本规范适用于在不丹境内或为不丹工作的所有类型的新闻工作者，不论他（她）来自印刷媒体、广电媒体还是网络媒体。

4. 修订

在必要的时候，本规范可由信息传播与媒体管理部加以修订。

5. 定义

除非上下文另有解释，本伦理规范中的用语与《信息、传播与媒体法案》

---

* Code of Ethics For Journalists of Bhutan，https：//accountablejournalism.org/ethics – codes/bhutan – media – authority – code – of – ethics – for – journalists，摘录于2015 年 9 月 21 日，本规范由不丹信息传播与媒体管理部于 2006 年发布。

中的用语保持同义。

6. 新闻记者的伦理规范

不丹的新闻记者有义务保持最高的专业水准和伦理标准。他们须秉持正直的信念，独立地收集新闻和信息并对自己的行为负责；他们应始终保持中立的立场和国家利益至上的观念。相应地，他们在言行举止上还应严格遵守以下准则。

6.1 诚信敬业

一个新闻记者应该：

a. 提供诚实而完善的新闻报道，避免陷入利益纷争，尊重观众和新闻主体的尊严和智慧；

b. 不利用任何本应服务于公众的信息和材料来获取个人利益；

c. 不在饮酒、吸毒或其他意识不清的情况下工作，因为这些状况会破坏新闻和信息的客观性；

d. 清晰地标注意见和评论性报道；

e. 防止在报道事件或个人时进行无实质意义的延伸，应使事件具有适当的语境以提高公众知识；

f. 避免与正在进行中的暴力事件的参与者取得联系；

g. 避免使用秘密的新闻采集技术，除非是为了绝对性的公共利益；

h. 避免把在事件中有着利益纠葛的当事人当作消息来源；

i. 避免从任何试图影响新闻报道的人那里接受礼物、好处或者其他任何方式的款待；

j. 不要参加任何可能危害自身正直性和独立性的活动；

k. 在记者所写的任何报道或事件中，要标示出其个人可能存在的金钱或利益关系。当一个记者掌握到任何信息，比如关于一个商业公司的信息，在其将之公开发布之前，不得以此信息来谋取私利；

l. 记者须时刻谨记其言行举止应当对其职业及公众负责；

m. 应对公众关心的问题做出回应；在调查投诉和对错误进行更正时应迅捷，并且要使其具有和原初报道一样的显著性；

n. 向公众解释新闻的操作过程，尤其是当相关行为引发了激烈的问题和争议的时候；

o. 职业记者需谨记，遵循新闻伦理规范行事是自己义不容辞的责任；

p. 鼓励员工提出专业的反对意见，并营造有利于提出这种反对意见的环境；

q. 支持雇员参与专业决策并为此提供训练机会；

r. 不要命令或鼓励雇员去行不道德之事；

s. 不得在专业行为以外使用记者的特许执照或其他特权；

t. 保护那些父母或家庭成员涉罪的孩子们的身份；

u. 不做那些可能不公正地影响或改变庭审结果的司法诉讼报道；

v. 不得向刑事审判中的嫌犯、罪犯或证人提供报酬，除非是为了确定无疑的公共利益。同时，记者也有责任揭示出这种公共利益。

6.2 社会责任

记者必须：

a. 明确对公众与国家的义务；

b. 笃信新闻自由是保障公众知情权的最重要的权利，要捍卫这种自由权利不受来自内部和外部的干涉和影响；

c. 应明白除了为公众和国家服务，其他行为只会使媒体丧失公信力；

d. 提供充足的信息以保证公众做出明智的决定；

e. 申请（专业）认可的同时也鼓励其他专业人士被认可；

f. 不能发布任何触犯社会道德和鉴赏力的报道。特别应当避免发布下列内容：

第一，淫秽的、粗俗的、色情的；

第二，在文化上迟钝、不关注不丹的社会规范和价值标准；或在报道中有美化下列内容的倾向：

（i）无端的暴力；

（ii）赌博；

（iii）饮酒、吸烟和非法使用毒品。

6.3 了解真相的权利

记者应该：

a. 在任何时候都需要追查真相，不能发表错误的、不准确的或扭曲的材料。记者须确保他所写的每个新闻都经过了彻底的调查。尤其重要的是，他应在报道中清晰地区分事实、评论与推测。有时候记者经过了努力却仍有可能做出不准确的报道，那么在发现错误后，他应该尽快做出合适的更正并进行道歉；

b. 拒绝或抵制对事件的重要性所进行的扭曲和掩盖；

c. 不披露消息来源，除非是消息来源要求披露；

d. 不报道虚假或导演的事情；

e. 不用可能误导大众的方法处理图片和声音；

f. 不得抄袭他人的作品，在引用已出版或未出版的消息来源时，应予以明确的交代。

6.4 非歧视

6.4.1 记者应该：

a. 捍卫自身的独立性，不偏袒、不畏惧地收集和报道新闻，坚决抵制外界权力的不正当影响，无论该影响来自广告商、消息来源、事件主体，还是有权力的个体或特殊利益群体；

b. 坚持法律面前人人平等的原则，不受政治、经济、商业或者其他社会偏见所左右；

c. 抵制那些试图收买或对新闻内容施加政治影响的人；也抵制那些设法恐吓信息收集者和新闻传播者的人；

d. 经由编辑的专业判断而非外界影响来判断新闻的价值；

e. 抵制任何可能损害记者职责以及损害公众和国家利益的个人利益或同行压力；

f. 必须确保不让任何新闻赞助商决定、限制或者操控新闻内容；

g. 绝不能让媒介所有者或管理者的利益不合理地影响到新闻判断与评论；

h. 坚决捍卫所有记者的出版自由权；必须意识到，对记者进行任何职业或行政上的认证都是对自由理论的违背；

i. 公正地呈现新闻，并把重要性和相关性视为新闻的基本价值；

j. 记者不得通过代理人来参与非法活动，但这并不意味着禁止其亲属参加任何合法的政治、金融、商业、宗教或公民活动；

k. 尊重并平等对待每一个新闻当事人，并对灾难和惨案受害者给予特别同情与关怀；

l. 在发表分析性报告时应以专业观点为基准，而不能以记者个人的主观想法为基准；

m. 避免在政治纷争中表明立场。

6.4.2 除非是法律允许，否则新闻报道不得美化或歧视任何政府或政党、组织或个人。

6.4.3 记者不得歧视性地提及当事人的性别、种族、肤色、民族、语言背景、宗教或身心残疾，除非此信息与发表的报道有紧密关联。

6.4.4 如果已对相关当事人或组织进行了不准确或欠缺客观公正的报道，记者与媒介应给予该当事人或组织以回应公众或发表观点的机会。

6.5 哗众取宠

6.5.1 记者应避免以哗众取宠的方式报道事件，且应防止报道中含有诱导暴力或非法行为的言论。

6.5.2 记者在报道有关少年儿童的消息时应格外谨慎。尤其须注意的是，在未经其父母许可或陪同的情况下，记者不能擅自采访16周岁以下的少年儿童，也不能仅仅因为其名声或其父母的社会地位而对其进行报道。在报道少年儿童的犯罪行为时，记者不得透露该少年儿童的身份；在性侵案件中，尽管在法律允许的情况下可以透露成年当事人的信息，但记者应保证不透露少年儿童类当事人的信息。

6.6 对消息来源的保护

记者应对消息来源进行严格保密。除非是消息来源本身同意或是法律要求，否则记者不得泄露消息来源。

6.7 对公民隐私与人格的尊重

记者应该：

a. 不发布诽谤任何个人或组织的消息；

b. 不得在未经当事人同意的情况下侵入其个人或家庭生活，除非有清晰而充分的理由表明这样做更有利于公共利益，然而在这种情况下，记者有责任阐明这种公共利益；

c. 不公开任何可能泄露性侵案件原告身份的信息，除非得到当事人的书面允许，或者在具有管辖权的法院的命令或指示之下；

d. 尊重那些遭受悲痛与不幸的公民的情感与隐私；如果记者需要在这种

情况下进行调查，则需以非常谨小慎微的方式进行；

e. 不得披露犯罪嫌疑人或被指控者的亲朋好友的身份，也不得通过这种关联来影射其有罪，除非有令人信服的理由——比如揭示这种关联与所报道的内容干系极大，或有确凿的证据表明所提及的这些人确实有罪。

6.8 谈话录音

记者不得通过骚扰、威胁或欺骗的方式来获取或试图获取消息和照片，尤其不得在任何人的所有物上安装窃听工具或不经同意进行谈话录音。记者也不得偷偷摸摸地或使用诡计进入他人居所，除非有确凿的理由表明这样做是为了实现高于一切的公共利益。但同时，记者有责任来阐明这种公共利益的所在。

6.9 竞争与公平

记者应做到：

a. 秉承不丹媒体自由竞争的精神，无论何时均不得利用权力、影响力、权威、金钱或其他任何方式来垄断或试图垄断市场；

b. 与其他记者同仁及媒体人士保持健康和谐的职业关系，谦虚互敬，互相尊重。

6.10 国家利益

6.10.1 记者应把国家利益与安全置于首位；

6.10.2 记者应避免报道：

a. 可能引发宗教矛盾、民族矛盾、地区冲突或群体冲突的内容；

b. 可能损害国家主权与完整的内容；

c. 可能违反或危害国家安全的内容。

7. 惩戒

任何违反或未能遵守本道德规范的记者均应被视为有罪，且须承担由《不丹信息、传播与媒体法案》或不丹刑法规定下的一切相应的行为责任。

中 国
（China）

新闻工作者职业道德准则*

中国新闻事业是中国特色社会主义事业的重要组成部分。新闻工作者要坚持以马克思列宁主义、毛泽东思想、邓小平理论和"三个代表"重要思想为指导，深入贯彻落实科学发展观，高举旗帜、围绕大局、服务人民、改革创新，贴近实际、贴近生活、贴近群众，用马克思主义新闻观指导新闻实践，学习宣传贯彻党的理论、路线、方针、政策，继承和发扬党的新闻工作优良传统，积极传播社会主义核心价值体系，努力践行社会主义荣辱观，恪守新闻职业道德，自觉承担社会责任，敬业奉献、诚实公正、清正廉洁、团结协作、严守法纪，做到政治强、业务精、纪律严、作风正。

第一条 全心全意为人民服务。要忠于党、忠于祖国、忠于人民，把体现党的主张与反映人民心声统一起来，把坚持正确导向与通达社情民意统一起来，把坚持正面宣传为主与加强和改进舆论监督统一起来，发挥党和政府联系人民群众的桥梁纽带作用。

1. 积极宣传党和政府的重大决策部署，及时传播国内外各领域的信息，满足人民群众日益增长的新闻信息需求，保证人民群众的知情权、参与权、表达权、监督权。

2. 牢固树立群众观点，把人民群众作为报道主体和服务对象，多宣传基

---

* http：//www.gov.cn/jrzg/2009－11/27/content_1474781.htm，摘录于 2015 年 1 月 11 日。该准则于 2009 年 11 月 9 日由中华全国新闻工作者协会第七届理事会第二次全体会议审议通过。

层群众的先进典型，多挖掘群众身边的具体事例，多反映平凡人物的工作生活，多运用群众的生动语言，使新闻报道为人民群众喜闻乐见。

3. 积极反映人民群众的正确意见和呼声，批评侵害人民利益的现象和行为，依法保护人民群众的正当权益。

第二条　坚持正确舆论导向。要坚持团结稳定鼓劲、正面宣传为主，唱响主旋律，不断巩固和壮大积极健康向上的舆论。

1. 始终坚持以经济建设为中心，服从服务于改革发展稳定大局不动摇，着力推动科学发展、促进社会和谐。

2. 宣传科学理论、传播先进文化、塑造美好心灵、弘扬社会正气，增强社会责任感，坚决抵制格调低俗、有害人们身心健康的内容。

3. 加强和改进舆论监督，着眼于解决问题、推动工作，坚持准确监督、科学监督、依法监督、建设性监督。

4. 采访报道突发事件要坚持导向正确、及时准确、公开透明，全面客观报道事件动态及处置进程，推动事件的妥善处理，维护社会稳定和人心安定。

第三条　坚持新闻真实性原则。要把真实作为新闻的生命，坚持深入调查研究，报道做到真实、准确、全面、客观。

1. 要通过合法途径和方式获取新闻素材，新闻采访要出示有效的新闻记者证。认真核实新闻信息来源，确保新闻要素及情节准确。

2. 报道新闻不夸大不缩小不歪曲事实，不摆布采访报道对象，禁止虚构或制造新闻。刊播新闻报道要署作者的真名。

3. 摘转其他媒体的报道要把好事实关，不刊播违反科学和生活常识的内容。

4. 刊播了失实报道要勇于承担责任，及时更正致歉，消除不良影响。

第四条　发扬优良作风。要树立正确的世界观、人生观、价值观，加强品德修养，提高综合素质，抵制不良风气，接受社会监督。

1. 强化学习意识，养成学习习惯，不断提高政治和业务素质，增强政治意识、大局意识、责任意识，努力成为专家型新闻工作者。

2. 深入基层、贴近群众、体验生活，在深入中了解社情民意，增进与群众的感情。

3. 坚决反对和抵制各种有偿新闻和有偿不闻行为，不利用职业之便谋取不正当利益，不利用新闻报道发泄私愤，不以任何名义索取、接受采访报道对象或利害关系人的财物或其他利益，不向采访报道对象提出工作以外的要求。

4. 尊重新闻同行，反对不正当竞争。尊重他人的著作权益，引用他人的作品要注明出处，反对抄袭和剽窃行为。

5. 严格执行新闻报道与经营活动分开的规定，不以新闻报道形式做任何广告性质的宣传，编辑记者不得从事创收等经营性活动。

第五条 坚持改革创新。要遵循新闻传播规律，提高舆论引导能力，创新观念、创新内容、创新形式、创新方法、创新手段，做到体现时代性、把握规律性、富于创造性。

1. 深入研究不同传播对象的接受习惯和信息需求，主动设置议题，善于因势利导，不断提高舆论引导能力和传播能力。

2. 认真研究传播艺术，利用现代传播手段，采用受众听得懂、易接受的方式，增强新闻报道的亲和力、吸引力、感染力。

3. 善于利用新载体、新技术收集信息、发布新闻，提高时效性，扩大覆盖面。

第六条 遵纪守法。要增强法治观念，遵守宪法和法律法规，遵守党的新闻工作纪律，维护国家利益和安全，保守国家秘密。

1. 严格遵守和正确宣传国家的民族区域自治制度、各民族平等团结和宗教信仰自由政策，维护国家主权和社会稳定。

2. 维护采访报道对象的合法权益，尊重采访报道对象的正当要求，不揭个人隐私，不诽谤他人。

3. 维护未成年人、妇女、老年人和残疾人等特殊人群的合法权益，注意保护其身心健康。

4. 维护司法尊严，依法做好案件报道，不干预依法进行的司法审判活动，在法庭判决前不做定性、定罪的报道和评论。

5. 涉外报道要遵守我国涉外法律、对外政策和我国加入的国际条约。

第七条 促进国际新闻同行的交流与合作。要努力培养世界眼光和国际视野，积极搭建中国与世界交流沟通的桥梁。

1. 在国际交往中维护祖国尊严和国家利益，维护中国新闻工作者的形象。

2. 积极传播中华民族的优秀文化，增进世界各国人民对中华文化的了解。

3. 尊重各国主权、民族传统、宗教信仰和文化多样性，报道各国经济社会发展变化和优秀民族文化。

4. 积极参加有组织开展的与各国媒体和国际（区域）新闻组织的交流合作，增进了解、加深友谊，为推动建设持久和平、共同繁荣的和谐世界多做工作。

附则：对本《准则》，中国记协各级会员单位要结合实际制定相应实施细则，认真组织落实；全国新闻工作者要自觉执行；各级各专业记协要积极宣传和推动，欢迎社会各界监督。

中 国
（China）

羊城晚报杜绝新闻敲诈、
防止虚假新闻工作守则*

第一章　总则

第一条　采编人员必须坚持马克思主义新闻观，坚持正确的舆论导向，不断增强政治意识、大局意识、责任意识。

第二条　恪守党的新闻宣传纪律、恪守国家的法律法规，追求新闻的客观真实、理性公正和独立的价值判断，推动社会进步，推动经济发展，构建和谐社会。

第三条　无论常态性报道、临时性报道、定向性报道等，都要严格按照上级统一新闻口径，营造良好、健康的新闻舆论环境。

第二章　基本准则

第四条　真实和准确是新闻的生命，是采编人员必须遵守的纪律。

第五条　记者要忠于事实，不得为追求新闻的轰动效应而捏造、歪曲新闻事实。记者在任何情况下故意发布虚假消息将受到严厉处罚。

第六条　记者不得搞谋私，搞有偿新闻、有偿不闻和新闻敲诈，不得以任何名义向被采访对象索要钱物或牟取其他私利。

---

*　该准则由羊城晚报社于 2014 年 5 月发布，由该单位记者提供。

第三章　操作规程

第七条　记者必须全面采访新闻当事人，充分听取各方意见，确保新闻事实准确无误。必须进行实地采访，严禁道听途说制造或编写新闻，不得凭借猜测想象改变或歪曲新闻事实。采写批评报道，一定要采访被批评对象，如因故采访不到，要在稿件中加以注明。

第八条　批评性、问题性报道须送部门主任审稿，编辑在确定该稿已经该部门主任审核后方可使用。重大批评、舆论监督报道须提前上报值委和总编辑。

第九条　对外地的敏感事件、突发事件，严格按照新华社通稿刊登。

第十条　图片只采用新华社和签约图片库的图。如果需要采用地方媒体的图片，直接由地方媒体传过来，并确认是已见报的，不得直接用网上的图片。

第十一条　摄影记者和文字记者所拍摄的新闻照片不得违背新闻事实，禁止进行电脑合成制作假新闻图片等虚假手段。

第十二条　记者不得直接采用网络信息写稿，网络信息只能作为调查采访的新闻线索，经核实无误后才能报道。

第十三条　强化版面审查制度，严格执行值委（或主管社委）、部门责任人、责任编辑三级审核制度。

第十四条　所有实习生及见习人员，都要有一名中层干部或骨干编辑记者一对一负责，对采、写、编给予全程指导。

第十五条　严禁以"公开曝光"、"编发内参"等方式要挟采访对象，不得借舆论监督之名，向社会机构索要广告、赞助等。

第十六条　严禁利用刊发信息稿、表扬稿等形式收受采访报道对象钱物，不得接受采访报道对象以任何名义提供的钱物、有价证券、信用卡等，不得以任何名义向采访报道对象借用、试用车辆、住房、家用电器、通信工具等。

第四章　监督处罚

第十七条　因消息来源或采访问题导致新闻报道虚假失实，应在版面及时纠正或澄清，以消除影响，向受众及相关人士致歉，按《羊城晚报见报差错及出报事故扣罚办法》处理。

第十八条 采编人员在采编活动中弄虚作假，编造事实，或收受被采访者或当事人贿赂，严重违反新闻从业人员职业道德规范要求的，将由集团纪检监察部门负责调查处理。视情节轻重，参照有关法律法规，对责任人相应给予批评警告、严重警告、记过、记大过、降级降职、调离采编岗位、留社察看、开除等处分，涉嫌犯罪者按有关规定移送司法机关处理。分管负责人也要追究相关领导责任。

第十九条 向社会公布虚假新闻监督电话，受理社会举报投诉。

中　国
（China）

香港新闻从业员专业操守守则*

一　我们的理念

我们确信言论自由是一项基本人权。

我们确信新闻自由是言论自由的具体呈现，获基本法保障。

我们确信新闻从业员应竭力维护新闻自由，以公共利益为依归。

我们确信新闻从业员须遵循真实、客观、公正的原则。

我们认为传媒机构拥有者及新闻行政人员，更有责任鼓励和要求员工信守这些理念。

二　操守守则

（一）新闻从业员应以求真、公平、客观、不偏不倚和全面的态度处理新闻材料，确保报道正确无误，没有断章取义或曲解新闻材料的原意，不致误导大众。

（二）若报道失实、误导或歪曲原意，应让当事人回应，尽快更正。

---

* http：//www. press council. org. hk/ch/web – ethics. php. 中国香港新闻从业员专业操守守则，摘录于 2015 年 1 月 13 日。香港报业评议会执行委员会于 2000 年 8 月 22 日通过采用由香港记者协会、香港新闻行政人员协会、香港新闻工作者联会及香港摄影记者协会共同制定的《新闻从业员专业操守守则》作为报评会专业守则基础。但报评会保留在将来经过实际运作及与上述各协会商讨修改的权利。

（三）新闻从业员在处理新闻的时候，尤其是涉及暴力、性罪行、自杀等社会新闻，应避免淫亵、不雅或煽情。

（四）新闻从业员应尊重个人名誉和私隐。在未经当事人同意，采访及报道其私生活时，应具合理理由，适当处理，避免侵扰个人隐私。

1. 儿童的私隐尤须谨慎处理，传媒报道涉及儿童私生活的题材时，必须要有合理理由。不应单单基于其亲人或监护人的名声和地位而做出报道。

2. 传媒报道公众人物的个人行为或资料时，须有合理理由。

3. 拥有公职的公众人物当其个人行为或资料涉及公职时，不属于个人隐私。

（五）新闻从业员应致力避免利益冲突，在任何情况下，其工作均不受其个人、家庭成员、机构、经济上、政治上或其他利益关系所影响。

1. 不应利用因履行职责而获得的消息，于消息公布前谋取私利；或转告他人而间接获益。

2. 不应因广告或其他考虑而扭曲事实。

3. 不应报道或评论自己有份参与的投资项目、组织及其活动；若须报道或评论，亦应申报利益。

4. 不应因外界的压力或经济利益而影响新闻报道或新闻评论。

（六）新闻从业员不应因政治压力或经济利益而自我审查。

（七）新闻从业员应以正当手段取得消息、照片及插图。

（八）在处理有关年龄、种族、肤色、信仰、残疾、婚姻状况、私生子女、性别或性倾向等内容时，应避免歧视。

（九）新闻从业员应保护消息来源。

1. 为避免错误引导公众，应尽量避免引述不愿透露身份人士所提供的消息。

2. 如需引述，应加倍谨慎查证不愿透露身份人士所提供的消息。

（十）新闻从业员应切实遵行本守则，除非涉及以下的公共利益范畴：

1. 揭露任何个人或组织滥用权力、疏忽职守或不法的行为；

2. 防止公众受到个人或组织的声明或行动所误导；

3. 防止任何对公众安全、香港防务、公众健康造成威胁的行为。

三　新闻摄影的运作细则

（一）新闻摄影以记录真实为首要任务，记者在新闻现场应据实拍摄，不得参与设计或导演新闻事件，作夸大和不实的报道。

（二）记者在拍摄意外事件时，应顾及受害人及其家属的感受，尽量把对他们的心理影响及伤害减到最低。

（三）摄影记者在拍摄过程中应该尊重被摄者的私隐。

（四）新闻摄影工作者（包括摄影记者和图片编辑）应谨慎处理血腥、暴力、恶心和色情图片。使用时须考虑：

1. 对说明新闻事件是否必要；

2. 对社会的影响；

3. 对当事人及其家属的影响。

（五）新闻摄影工作者在处理照片时，应以拍摄现场所见的真实情景为依归，任何事前或事后的加工，都不能接受。

（六）新闻照片在新闻媒体上有时会用作插图或作局部整合以配合版面编辑效果，但应注明照片曾经"加工处理"，或指明是"设计图片"。

中 国
（China）

~~~~~~~~~~

香港记者协会专业守则*

一、新闻工作者有责任维持最高的专业及操守标准。

二、新闻工作者无论何时均应维护媒介自由采集消息、发表评论和批评的原则，并应致力消除扭曲、压制及审查的情况。

三、新闻工作者应致力确保所传播的消息做到公平和准确，并应避免把评论和猜测当作消息，以及避免因扭曲、偏选或错误引述而造成虚假。

四、新闻工作者应尽速纠正任何构成损害的报道，并确保更正和道歉得到应有的重视，而在事件有一定的重要性时，应让受批评者有回应的权利。

五、新闻工作者应以正直的手段取得消息、照片及插图。只有在公众利益凌驾一切的情况下，才可以使用其他手段，而新闻工作者有权基于个人良知反对使用该手段。

六、新闻工作者即使基于公众利益的考虑，亦不应侵扰他人的悲哀和不幸。

七、新闻工作者应保护秘密消息的来源。

八、新闻工作者不应接受贿赂或利诱，以致影响其履行专业职责。

九、新闻工作者不应因为广告或其他考虑而扭曲或压制真相。

十、新闻工作者不应为鼓励种族、肤色、信仰或性别歧视之类材料的始作俑者。

十一、新闻工作者不应利用从履行职责获得的消息而在消息公布前谋取私利。

---

* http：//www. hkja. org. hk/site/portal/site. aspx ？ id＝A1－502&lang＝zh－TW，中国香港记者协会专业守则，摘录于 2015 年 1 月 13 日。该规范由香港记者协会制定，香港记者协会是由前线新闻工作者于一九六八年组成，最大宗旨是改善行业的工作环境。记协为了保证其独立自主，不接受任何政府或商业团体的直接资助，经费主要来自会员年费及每年记协晚会筹得的款项。国际上，该记协是总部位于比利时的国际记者协会的成员，亦与其他国际组织合作，从国际层面争取记者权益及新闻自由。

中 国
（China）

香港报业评议会处理自杀新闻守则 *

基本原则

报章报道自杀新闻的手法，深受社会人士关注。我们认为，传媒应在公共利益、报道事实，与避免可能产生"模仿"、"传染"效应两者之间求取平衡。

传媒若以血腥照片、煽情内容、夸张的表述手法报道自杀事件，是有违新闻专业及道德操守，对公众及自杀者家属造成困扰与伤害。

报道手法

1. 编辑

除非涉及公共利益或重大公众关注的事件，避免将自杀新闻刊于头版或者传媒网站首页。

避免使用特大字体标题。

传媒网站避免在自杀新闻之间建立相关链接。反之，建议将自杀新闻链接到相关精神健康服务网站。

避免重刊过往的自杀个案。

处理知名人士案件更应特别小心，因为知名人士经常被大众市民，尤其是青少年常视为偶像或英雄，其自杀或自我伤害的行为容易令人模仿。

---

* http：//www. presscouncil. org. hk/ch/web_ info. php？db = news&id =58，摘录于 2015 年 1 月 15 日。香港报业评议会于 2013 年 9 月 7 日发布。

2. 报道内容

避免详述自杀方式、过程。

避免美化、感性化、英雄化自杀行为。

避免将自杀描述为一种解决问题的方法。

避免揣测自杀原因或将自杀原因简单化。

3. 相片

避免刊登血腥、暴力、恶心、不雅和色情的图片。

谨慎处理自杀者或现场相片，宜采用"打马赛克"方式淡化。

不应以设计对白及情节描述自杀过程或前因后果。

避免以设计图片及动画去描述自杀过程或前因后果。

避免放大现场企图自杀相片，例如危处高楼或跃下之连环相片。

尊重隐私

尊重自杀案件中事主家人的私隐，避免加添他们伤痛。

顾及死者亲友感受，避免过分追访，加重心理伤害。

教育及预防

报道时可考虑提及自杀的先兆，让人提高警觉，及时对有自杀倾向的人提供协助。

尽量提供解决方法及求助渠道，加入心理健康专家、社工、教师等专业人士意见。

尽量提供精神康复的资讯或其他辅导服务及联络方法，助受困者及其家人应对困难。

中　国
（China）

台湾报业道德规范 *

壹　通则

一　本规范根据台湾新闻记者信条之基本原则订定之。

二　报业从业人员应认识清新闻专业特性，以公众利益为前提，不为追求某一群体或某一个人自私目的牺牲公众权益。

三　报纸刊登之内容应不违反善良风俗，危害社会秩序，或损害私人权益。

四　新闻采访应谨守公正立场，不介入新闻事件。新闻报导应力求确实、客观与平衡。

五　报业应尊重司法，避免影响法官之独立审判。

六　报纸刊登内容如有错误，应即主动更正，并作明确之说明。

七　转载或引用他人资料，应注明出处。

贰　新闻采访

一　新闻采访应以正常手段为之，不得以恐吓、诱骗或收买方式搜集。

二　拒绝接受新闻来源之馈赠、贿赂或不当招待。

三　采访医院或灾难新闻，应尊重院方规定或获得当事人同意，不得妨碍

---

* 来自于台湾新闻评议委员会网站，摘录于 2015 年 1 月 17 日。1992 年 8 月 27 日台湾新闻评议委员会第七届第十二次会议修正通过。

治疗或救难措施，尤不得强迫摄影。

四　采访庆典、婚丧、会谈、工厂或社会团体新闻，应守秩序。

叁　新闻报导

一　新闻报导应守庄重原则。不夸大渲染、轻浮刻薄、歪曲或隐藏重要事实，或加入个人意见。在明了真相前，不做臆测。

二　新闻报导应明示消息来源，其为保护消息来源或有必要守密原因者除外。

三　除非与公共利益有关，不得报导个人私生活。

四　检举、揭发或谴责私人或团体之新闻，应先查证属实，且与公共利益有关始得报导；并应遵守平衡、明确报导之原则。

五　对于有争议事件，应同时报导各方不同之说词或观点，力求平衡。

六　新闻报导如有损害名誉情事，则应在原报导版面与位置，提供篇幅，给予可能受到损害者申诉或答辩机会。

七　已接受"请勿发表"或"暂缓发表"约定之新闻，应予守约。

八　标题含义须与内容相符，不得夸大耸动或歪曲失真。

九　意见调查之报导，应遵守下列规定：

（一）明确说明调查之委托者、执行者、调查目的、样本之代表性及抽样误差；

（二）客观呈现调查结果；

（三）选情之调查与预测，应本公正之原则与立场，不得为特定对象或特殊目的而报导。

十　有关股票、房地产等理财或投资分析报导，不得扭曲，以谋求私利，并应避免作明牌等预测。

十一　报导国际新闻应遵守平衡与善意原则，借以加强文化交流、促进国际了解。

肆　犯罪新闻

一　采访犯罪案件，不得妨碍刑事侦讯工作。

二　犯罪案件在法院判决前，须假定嫌犯无罪，采访报导时，应尊重其人格。

三　报导犯罪、色情及自杀新闻，不得详述方法或细节。

四　对未成年嫌犯或已定罪之未成年人，不得刊登其姓名、住址或足以辨认其身分之相关资料。

五　一般强暴案件，不得报导；对严重影响社会安全或重大刑案有关之强暴案，不得泄露被害人姓名、住址或足以辨认其身份之相关资料。

六　处理绑架劫持新闻应以被害人生命安全为首要考虑，在被害人未脱险前，不得报导。

伍　新闻评论

一　新闻评论应与新闻报导严格划分，以免事件与事实混淆。

二　新闻评论不得根据未证实之传闻发表意见，臧否人物。

三　新闻评论应力求公正，避免偏见与武断。

四　与公众利益无关之个人私生活不得评论。

五　侦查或审讯中之诉讼案件，不得评论。

陆　读者投书

一　报纸应尽量刊登来源明确之读者投书，使各不同群体与个人有发抒意见之管道，使报纸成为公众论坛。

二　报纸不得假借读者投书之名，强调其所支持之主张。

三　对刊出之读者投书应公平处理，不得以特别编排设计，突出某一特定意见。

柒　新闻照片

一　不得以剪裁或其他方式伪造或窜改新闻照片。

二　新闻照片之说明不得作无事实根据之暗示或影射。

三　不得刊登恐怖、色情或猥亵之图片。

与公共利益无关之个人私生活照片，未经本人同意，不得刊登。

未成年嫌犯、已定罪之未成年人、强暴等案件之受害人及秘密证人照片，不得刊登。

捌　广告

一　广告内容所宣称者，应真实可靠。

二　广告应与新闻明显划分，不得以伪装新闻、介绍产品、座谈会纪录、铭谢启事或读者投书方式刊出。

三　报纸应拒绝刊登伪药、密医、夸称医治绝症及其他危害公众健康之广告。

四　广告之表现方式不得违反善良风俗、妨害家庭、违反科学、提倡迷信与破坏公共秩序。

五　报纸接受委刊分类广告，应负查核、过滤之责，其证件不全或内容不明确者，应拒绝刊登。

玖　附则

本规范如有疑义，台湾新闻评议委员会解释。

中　国
（China）

台湾无线电广播道德规范*

壹　通则

一　本规范根据台湾新闻记者信条之基本原则订定之。

二　无线电广播从业人员应认清新闻专业特性，以公众利益为前提，不为追求某一群体或某一个人自私目的牺牲公众权益。

三　节目内容设计，应根据社会所接受之伦理道德，作谨慎考虑，并力求格调高雅。

四　节目内容应避免对种族、宗教、地区、性别、职业等歧视；并不得有猥亵、侥幸投机或其他危害社会善良风俗之言谈。

五　节目内容涉及法律、医药及科技等专门知识时，应谨慎处理，以求正确。

六　节目应与广告明显划分，节目主持人不得在其主持之节目中兼播广告，以免节目与广告界线模糊。

七　节目主持人之谈吐应力求庄重文雅。

贰　新闻节目

一　新闻采访应谨守公正立场，不介入新闻事件。新闻报导应力求确实、

---

*　来自于台湾新闻评议委员会网站，摘录于 2015 年 1 月 17 日。1992 年 8 月 27 日台湾新闻评议委员会第七届第十二次会议修正通过。

客观与平衡。未经证实之消息不得报导。

二 新闻采访报导应避免损害与公众利益无关之个人权益。

三 新闻评论应与新闻报导严格划分,并力求公正,避免偏见、武断。

四 侦查或审判中之诉讼事件,不得评论。

五 广播电台对于转报听众提供之新闻与其他信息,应负查证之责。

六 意见调查之报导,应遵守下列规定:

(一)明确说明调查之委托者、执行者、调查目的、样本之代表性及抽样误差;

(二)客观呈现调查结果;

(三)选情之调查与预测,应本公正之原则和立场,不得为特定对象或特殊目的而报导。

七 有关股票、房地产等理财或投资分析报导,不得扭曲,以谋求私利,并应避免作明牌等预测。

八 报导国际新闻应平衡与善意原则,借以加强文化交流、促进国际了解。

叁 教育文化节目

一 教育文化节目应重视新知之引介及品德之策励。

二 教育文化节目应请专家或学识经验丰富者设计指导或主持。

三 儿童教育节目应注重启发儿童心智,培养良好生活习惯,以促进儿童身心健全发展。

肆 娱乐节目

一 娱乐节目应寓教于乐,不流于低俗。

二 播放歌曲应不违反社会普遍接受之道德标准。

三 广播剧应着重阐扬善良人性;不以淫秽、残暴、颓废等不健全行为或心理为描述重点。

四 对民俗说唱艺术、国剧及其他地方戏曲,应适量提供播放时段。

伍　公共服务

一　遇有紧急事故、重大消息、救援、寻人等事件发生，有需传达联系时，广播电台应迅速提供播出机会以善尽服务大众之责。

二　对于解答听众疑难、协助公众了解法令规章等服务事项，应积极为之。

三　节目内容涉及法律、医疗或卫生保健事项时，应由有关专家主持，设计或指导。

四　公共服务节目不得涉及商业广告宣传。

陆　广告

一　广告需力求真实，如有怀疑，应即查证。对于夸大不实之广告，应拒绝播出。

二　广告文词应力求高雅、声音应力避尖锐刺耳。

三　医药广告不得有类似"包治断根"等夸大词句，并不得以听众来电或来信方式播出。

四　涉及色情、迷信及赌博性广告，不得播出。

柒　附则

本规范如有疑义，由台湾新闻评议委员会解释。

中 国
（China）

———⁓⁓⁓———

台湾新闻记者信条 *

吾人深信：民族独立，世界和平其利益高于一切。决不为个人利益、阶级利益、派别利益、地域利益做宣传，不作任何有妨我们工作之言论与记载。

吾人深信：民权政治，务求贯彻。决为增进民智，培养民德，领导民意，发扬民气而努力。维护新闻自由，善尽新闻责任，于政策作透彻之宣扬，为政府尽积极之言责。

吾人深信：民生福利，急待促进。决深入民间，勤求民瘼，宣传生产建设，发动社会服务。并使精神食粮，普及于农村、工厂、学校及边疆一带。

吾人深信：新闻记述，正确第一。凡一字不真，一语失实，不问为有意之造谣夸大，或无意之失检致误，均无可恕。明晰之观察，迅速之报导，通俗简明之叙述，均缺一不可。

吾人深信：评论时事，公正第一。凡是是非非，善善恶恶，一本于善良纯洁之动机、冷静精密之思考、确凿充分之证据而判定。忠恕宽厚，以与人为善；勇敢独立，以坚守立场。

吾人深信：副刊文艺、图画照片，应发挥健全之教育作用。提高读者之艺术兴趣，排除一切诲淫诲盗、惊世骇俗之读材与淫靡颓废、冷酷残暴之作品。

吾人深信：报纸对于广告之真伪良莠，读者是否受欺受害，应负全责。决

---

* 来自于台湾新闻评议委员会网站，摘录于 2015 年 1 月 17 日。1957 年 9 月 1 日台北市新闻记者工会第八届会员大会通过。

不因金钱之收入，而出卖读者之利益、社会之风化与报纸之信誉。

吾人深信：新闻事业为最神圣之事业，参加此业者，应有最高尚之品格。誓不受贿！誓不敲诈！誓不谄媚权势！誓不落井下石！誓不挟私以报仇！誓不揭人阴私！凡良心未安，誓不下笔！

吾人深信：养成严谨而有纪律之生活习惯，将物质享受减至最低限度，除绝一切不良嗜好，剪断一切私害之关系，乃做到贫贱不移、富贵不淫、威武不屈之先决条件。

吾人深信：新闻事业为领导公众之事业，参加此事业者对于公众问题，应有深刻之了解与广博之知识。当随时学习，不断求知，以期日新又新，免为时代落伍。

吾人深信：新闻事业为最艰苦之事业，参加此业者应有健全之身心。故吃苦耐劳之习惯，乐观向上之态度，强烈勇敢之意志力，热烈伟大之同情心，必须锻炼与养成。

吾人深信：新闻事业为吾人终身之职业，誓以毕生精力与时间，牢守岗位。不见异思迁，不畏难而退，黾勉从事，必信必忠；以期改进台湾之新闻事业，造福于社会与人类。

中国
（China）

台湾电视道德规范*

壹　通则

一　本规范根据台湾新闻记者信条之基本原则订之。

二　电视从业人员应认清新闻专业特性，以公众利益为前提，不为追求某一群体或某一个人自私目的牺牲公众权益。

三　节目内容设计，应根据社会所接受之伦理道德，作严谨考虑，并力求格调高雅。

四　节目内容应避免对种族、宗教、地区、性别、职业等歧视；并应避免暴力、血腥、恐怖、色情及猥亵等画面。

五　节目内容涉及法律、医药及科技等专门知识时，应谨慎处理，以求正确。

六　节目应与广告明显划分，不得为任何个人或群体做宣传。

贰　新闻节目

一　新闻采访应谨守公正立场，不介入新闻事件。新闻报导应力求确实、客观与平衡。未经证实之消息不得报导。

二　拍摄、剪辑新闻应避免歪曲真相、误导观众。

三　出自档案之新闻资料于播用时，应注明"档案"字样或录制日期。

＊　来自于台湾新闻评议委员会网站，摘录于 2015 年 1 月 17 日。1992 年 8 月 27 日台湾新闻评议委员会第七届第十二次会议修正通过。

背景资料例外。

四　拍摄新闻应避免损害与公众利益无关者之个人权益。

五　采访医院或灾祸新闻，应尊重院方规定或获得当事人同意，不得妨碍治疗或救难措施，尤不得强迫摄影。

六　报导犯罪、色情及自杀新闻，在处理技术上应特别审慎，不得以语言、静态图片或动态画面描绘方法及细节。

七　报导死亡新闻，应避免播出尸体画面。

八　侦查或审判中之诉讼事件，不得评论。

九　犯罪案件在法院判决前，须假定嫌犯无罪，采访报导时，应尊重其人格。

十　对未成年嫌犯或已定罪之未成年人，不得播出其姓名、面貌、住址或足以辨认其身份之相关资料。

十一　新闻报导及评论错误，应尽速主动更正，如损害名誉，应在大致相同之时段，给予可能受损害者申述及答辩机会。

十二　新闻评论应与新闻报导严格划分，以免意见与事实混淆。

十三　意见调查之报导，应遵守下列规定：

（一）明确说明调查之委托者、执行者、调查目的、样本之代表性及抽样误差；

（二）客观呈现调查结果；

（三）选情之调查与预测，应本公正之原则和立场，不得为特定对象或特殊目的而报导。

十四　有关股票、房地产等理财或投资分析报导，不得扭曲，以谋求私利，并应避免作明牌等预测。

十五　报导国际新闻应遵守平衡与善意原则，借以加强文化交流、促进国际了解。

叁　教育文化节目

一　教育文化节目应请专家或学识经验丰富者设计指导。

二　儿童教育节目应注重启发儿童心智，培养良好生活习惯，以促进儿童身心健全发展。

三　青少年教育节目应注重生活方面之启导，并协助建立健全人生观。

四　妇女与家庭节目应兼顾实用性与知识性，并避免成为广告宣传。

肆　娱乐节目

一　娱乐节目应寓教于乐，并不得提倡迷信。

二　综艺节目不得流于低级趣味，并不得有暗喻色情、猥亵之对话及动作。

三　益智游戏、竞赛等节目提供之奖品价值，应适度节制，以免激起观众之侥幸心理。

四　电视剧应避免详细展示残暴、吸毒、淫乱及性犯罪行为。若为剧情所必需，应以轻淡手法处理之。

伍　公共服务节目

一　庆典或重要节日之庆祝活动，电视台应尽量作实况转播。

二　提供卫生保健知识之节目，应请专家设计指导。非专业人员不得冒用专业人员身份出现。

三　公共服务节目不得涉及商业广告宣传。

陆　广告

一　广告须求真实，如有怀疑，应即查证。对于夸大不实之广告，应拒绝播出。

二　广告声音、旁白与画面应力求高雅，避免低俗。

三　广告不得有色情、猥亵或其他有害善良风俗镜头。

四　医药广告不得有类似"包治断根"等夸大词句。

五　有损儿童心理健康之广告，不得播出。

六　殡丧及墓园广告，不得播出。

七　涉及迷信及赌博性广告，不得播出。

柒　附则

本规范如有疑义，由台湾新闻评议委员会解释。

日 本
（Japan）

报纸贩卖纲领 *

日本新闻协会的成员为了崇高的新闻理想颁布了新闻伦理纲领，为了使其在销售领域同样得到贯彻，在此颁布报纸贩卖纲领的草案。

报纸销售员的职责

为了保障公众的知情权同时履行报纸公共文化的使命，有一个广泛的报纸读者群体是必不可少的。所有参与报纸销售的人员都需要通过做好自己的本职工作，来承担发展民主社会的义务。

完善送报上门制度

报纸只有在被送达到读者手中的时候才能是物尽其用，为了保证读者能够随时随地阅读报纸，我们决定完善送报上门制度，使得报纸能够准确迅速的送到读者手中。

遵守规章制度

为了保证言论自由权，所有参与报纸销售的人员有义务使自己分管的业务

---

* Newspaper Sales Code，http：//www. pressnet. or. jp/english/about/canon/#canon1，摘录于2015年9月22日。该规范由日本新闻协会制定，发布于2001年6月20日。

保持独立。在售卖过程中，我们要严格自律并且做到在竞争中也有良好的品格和修养，只有这样才能赢得读者的信赖。

为读者服务

只有赢得读者的信赖，报纸才能够完成其应有的使命。所有的报纸销售人员都应该不断地提升自己，在满足读者需求的同时也要努力去适应注重环保与社会贡献的新时代。

日　本
（Japan）

~~~~~~~~~~~~~~~~

新闻伦理纲领*

　　日本新闻协会的成员们重新意识到在 21 世纪新闻的重要使命，为了促使日本未来能够向富裕、和平方向迈进，他们修订了新的新闻伦理纲领。

　　公众的知情权是保证一个民主社会的普遍准则。如果媒体没有充分的言论表达自由，且没有高度的道德感和独立性，那这项权利将无法实现。在此方面，报纸是媒体形式中（实现这一权利）最合适的媒体。

　　在信息爆炸的当今社会，公众希望能够准确、迅速地判断出信息的真假以及选择出有价值的消息。报纸的责任就是对这些要求做出回应，并且通过准确公正的报道履行满足公众和文化的使命。

　　所有从事编辑、写作、广告、销售的报业人员都应该拥有言论和表达自由权，同时严格自律、自尊自爱，以此确保按时完成其任务并增强读者对报纸的信任感。

自由与责任

　　表达自由权是人类的基本权利，报纸无论在新闻采访还是编辑评论方面都有绝对的自由。然而，在保证自由的同时，报纸必须认识到肩上的责任，不得

---

　　* The Canon of Journalism，http：//www. pressnet. or. jp/english/about/canon/，摘录于 2015 年 9 月 21 日。由日本新闻协会制定，发布于 2000 年 6 月 21 日。

损害公共利益。

准确与公正

报纸是历史的首位记录者，记者的使命就是不断地追求真相。报道内容必须准确公正，不得因记者的主观意识和偏见而出现偏差，编辑评论同样应该是作者理念的真实传达，绝不能为了迎合大众而丧失准则。

独立与包容

为了保证评论报道的客观公正，报纸应该排除外界的一切干扰因素并保持独立，在有人想要为了一己之利而利用报纸的时候也绝不动摇。另外，在遇到不同的意见时候也要提供发表空间，让准确公正的言论面世。

尊重人权

报纸应该向人类的尊严致以最崇高的敬意，做到尊重个人的名誉和隐私。要勇于承认错误并且及时改正，如果个人和集体受到不公正的诽谤，应采取给当事人提供回应机会等措施来进行纠正。

品格与节度

报纸应该本着服务公众和文化的使命，保证任何人在任何时刻、任何地点都可以阅读。不论是编辑形式还是广告都需要合乎规则，相关的销售人员也需要时刻保持节度和理智。

日　本
（Japan）

〜〜〜✦〜〜〜

广播电视协会的广播
电视节目播放标准*

日本广播协会是一个民间行业协会。本标准是该协会为约束广播电视播放行为而制定的一个行业自律标准。协会提出，民间播放应发挥促进公共福祉、文化进步、产业与经济的繁荣的作用，以促进和谐社会的实现为宗旨。各广播电视台应以这种自觉为基础，尊重民主主义的精神，尊重基本人权和社会舆论，保护言论和表达自由，尊重法律和社会秩序，维护社会对媒体的信任。

在播放广播电视节目时，应注意节目内容的协调和播放时间的安排，同时，尽力发挥广播电视的即时性、普遍性等播放特点，以达到节目内容的充实。为此该协会提出应重视以下各点。

（1）准确迅速的新闻报道。

（2）健全的娱乐节目。

（3）促进教育、教养的发展。

（4）给予儿童及青少年以积极影响。

（5）广告的适度和知识性。

以下标准适用于广播电视（包括多重播放）的节目以及广告等所有播放。

---

* 摘自张傅《传媒伦理学教程》，中国传媒大学出版社，2014，第 184～194 页。摘录于 2015 年 6 月 15 日。

但不适用于第十八条"广告的时间标准"中的暂时性、重复播放条款。

第一条　关于人权

（1）在节目的制作和播放中不采取轻视人的生命的报道方式。

（2）不采取伤害个人或团体名誉的报道方式。

（3）使用个人信息时应当十分慎重，不得侵犯个人隐私。

（4）不得对人身买卖及卖淫嫖娼持肯定态度。

（5）不得因人种、性别、职业、境遇、信仰而有歧视对待。

第二条　关于法律和政治

（6）应尊重国家法律政策，不得对妨碍法律执行的言行采取容忍和肯定态度。

（7）不得损伤国家及国家机关的权威。

（8）对涉及国家机关的审理案件的报道应十分慎重，应注意不妨碍司法机构对案件的审理。

（9）在涉及国际关系的问题上，应注意不得损害国家之间的友好关系。

（10）在涉及人种、民族、国民问题时必须尊重其感情。

（11）在政治问题上应持公正的立场，不得偏袒一党一派的利益。

（12）对选举之前的竞选运动，不得报道人们有疑问的问题。

（13）对关系政治、经济问题的意见，有必要明确其责任所在。

（14）对有可能影响政治、经济混乱的问题应慎重对待。

第三条　对儿童及青少年的保护

（15）应为儿童及青少年的人格养成做出贡献，尊重他们良好的习惯、责任感、正义感等精神。

（16）面向儿童的节目，应以健全的社会观念为基础，必须避免有损儿童品行的语言和表达方式。

（17）面向儿童的节目在对恶劣的行为和残忍、恐怖等场面进行处理时，应特别注意不能有伤害和过度刺激儿童的情绪的内容。

（18）在儿童节目的播放时间段，应注意不对儿童及青少年的视听造成过度影响。

（19）在表现武力和暴力时，必须考虑对青少年的负面影响。

（20）在播放催眠术、心灵术等画面时，应特别注意避免使儿童及青少年能够轻易模仿。

（21）在播放儿童节目的场合，应禁止不适合儿童的节目的播放。特别是在有报酬或奖品的儿童参加的节目里，应注意不能引发儿童产生过度的奢望和侥幸心理。

（22）不得播放肯定未成年人抽烟、饮酒行为的节目或画面。

第四条　家庭和社会

（23）尊重家庭生活，不得播放对破坏家庭生活加以肯定的思想。

（24）不得播放对破坏婚姻制度进行肯定的思想。

（25）不得播放对扰乱社会秩序、善良风俗和习惯的肯定性言行。

（26）尊重公共道德，不播放对违反社会常识的言行发生共鸣或引起对这种言行的模仿情绪的节目内容。

第五条　教育和教养的健康向上

（27）不论是面向学校或面向社会的教育节目，应全面地播放促使教育对象作为社会人发挥积极作用的知识和音像资料等。

（28）面向学校的教育节目，应广泛听取意见并与学校协作，有效利用广播电视的视听特点，努力提高教育效果。

（29）面向社会的教育节目，应促使受众在学术、艺术、技术、技能、职业等方面获得专门的知识，并能够培养受众学习和向上的兴趣。

（30）教育节目的策划和内容，应以日本教育关系法为基准，并通过适当的方法尽量对视听对象能够有所了解。

（31）教养节目，应不拘于形式和表达，对于深化视听者的生活知识，在培养其完善的常识和丰富的情操方面努力发挥作用。

第六条　新闻报道的责任

（32）新闻是为市民的知情权服务的，必须以事实为根据进行客观公正地报道。

（33）新闻报道应注意不能侵犯个人的隐私和自由，不得伤害他人的名誉。

（34）在新闻的取材和编辑中，应注意不得偏向一方，不得造成视听者的误解。

（35）对新闻中的分歧意见必须指明其意见来源。

（36）即使所报道的是事实，也必须避免对恐怖或阴暗场面的详细描述性报道。

（37）新闻、新闻解说及实况转播等不得被利用做不正当目的的宣传。

（38）对错误的新闻报道必须迅速取消或纠正。

第七条　宗教

（39）尊重信教自由和各教派的立场，不得播放中伤、诽谤其他宗教、其他教派的言行。

（40）在播放宗教仪式的场合，或处理包含了宗教仪式的节目时，应注意不得伤害宗教的尊严。

（41）在播放涉及宗教的新闻或节目内容时，应注意不得有无视客观事实、否定科学的内容。

（42）不播放为特定的宗教进行募捐活动的报道。

第八条　在节目表现方式上的注意事项

（43）在播放内容上，应注意考虑相应播放时间段的视听者的生活状态，不能给视听者带来不快感。

（44）尽量使用通俗易懂和正确的语言和文字。

（45）使用方言时要注意不要给日常使用这种方言的人们带来不快的感觉。

（46）对于可能造成人们心理上的不稳定和动荡的恐怖性节目内容要慎重处理。

（47）对于在社会公共问题上存在意见对立的内容，必须尽量从多角度来进行讨论。

（48）要避免给人们带来不快感的低级下流的表现。

（49）对于涉及自杀、情杀等节目内容，即使是古典作品或艺术作品也要十分慎重地处理。

（50）在引进外国作品时和取材于海外的影视作品中，必须注意不得与时代、国情、传统、习惯等相违背。

（51）在使用为达到戏剧性效果的新闻形式等的时候，不得使用容易导致和事实混淆的表达形式。

（52）在节目播放中，不得有针对特定对象的通信、通知以及类似的内容。但是，在关系人的生命的情况下或有其他有重大社会影响的情况下可以例外。

（53）不得对迷信持肯定态度。

（54）对于占卜、算命等以及类似的东西，不得有判断或勉强让人们相信的内容。

（55）在表现病态、残暴、悲惨、虐待性情景时，不要给视听者带来厌恶感。

（56）在触及精神性的、肉体性的残疾问题时，须充分考虑为同样残疾所烦恼的人们的感情。

（57）在播放有关医疗和药品知识以及保健信息时，须注意不能有给视听者带来不安、焦躁、恐怖或过于乐观等导向。

（58）不得采用没有电台、电视台参与的私人性的证言及劝诱等。

（59）对于所谓购物节目，在遵守有关法律的同时，应以简明通俗的语言进行客观真实地介绍，不得损害视听者的利益。

（60）运用视听者通常难以感知的方法，企图传达某种信息（即所谓艺术性表现手法），对视听者是不公正的，也是不适合于播放的。

（61）对于快速闪动和急剧变化、忽明忽暗的画面处理手法（或者称之为"心理感受效果的表现手法"）等，须充分考虑到对视听者的身体带来的影响。

（62）在音乐的播放方面，须依据有关专门的规定（有关音乐播放等的内部规定）进行处理。

第九条　关于暴力表现

（63）对于暴力行为，不管其目的如何，必须给予否定性的态度。

（64）对于暴力行为的表现需限制在最小范围内。

（65）对于杀人、拷问、暴行、私刑等给人以残暴感的行为，以及其他的精神的、肉体的痛苦不得有夸大或刺激性的表现。

第十条　关于犯罪表现

（66）不得对犯罪行为和罪犯进行英雄式的表现方式。

（67）在表现犯罪的言行时，应注意不能引起视听者的模仿心情。

（68）对于赌博以及与其类似的行为必须谨慎对待，不得对其有诱惑性的表现。

（69）对于使用麻醉药和毒品等题材须谨慎对待，不得给人以诱惑性的感觉。

（70）对于使用枪、刀剑类的场面须谨慎对待，关于杀伤手段应注意不能使人产生模仿的动机。

（71）在表现诱骗等行为时，不得详细表现其诱骗的言行和方法。

（72）在表现逮捕嫌疑犯和审问的方法以及诉讼的程序和法庭的场面等时，应注意进行正确的表现。

第十一条　关于性的表现

（73）在有关性的表现中，应注意不得给视听者带来困惑、厌恶的感觉。

（74）在有关性感染症和生理卫生的表现中，必须以医学上、卫生学上的正确的知识为依据。

（75）应注意在一般作品中，即使是艺术作品中，也不能给人以过度的感观性刺激。

（76）在表现性犯罪和性变态、性倒错的场面时，应注意不得给人以过度的刺激。

（77）在表现有特殊性观念的少数群体时，应考虑对其人权的尊重。

（78）原则上不得有全裸的人体表现。在表现肉体的一部分时，应特别注意不得给人以低级下流的感觉。

（79）在出演者的语言、动作、姿势、衣着等方面，应注意不能给人以卑劣的感觉。

第十二条　视听者的参加和有奖节目的有关事项

（80）在视听者参与的有奖节目中，尽量给予视听者参与的均等机会。

（81）在视听者参加的有报酬或奖品的节目中，应当避免与主办者有关系的人参加有奖或有报酬的节目，以免引起误会。

（82）对有奖节目的审查，应对出演者的演艺技能予以公正的评判。

（83）对奖金及奖品等，应注意不要引起人们过度的侥幸心理，应限于社会常识的范围之内。

（84）节目的策划和演出，主持人的语言和动作等，不得对出演者和视听者有不礼貌表现或带来不快感。

（85）在对待出演者的私人性问题时，不得侵犯其本人以及有关系者的隐私。

（86）对于有奖募集，应明确公布应募的条件，报名的截止日期，选考方法，奖赏的内容，结果的公布方法、公布日期等。但是，对于广播电视以外的媒体可以省略部分公布内容。

（87）在赠予奖品的场合，不得有对奖品价值夸大或虚假的表现。

（88）对于有奖应募或赠予了奖品的视听者的个人信息，不得利用于该项活动以外的其他目的，应严加管理。

第十三条　广告的责任

（89）广告必须传达真实的信息，必须给视听者带来利益。

（90）广告不得违反有关法律法令。

（91）广告不得有害于健全的社会生活和良好的习惯。

第十四条　广告的播放

（92）必须明确广告播放是以商业广告来进行广告播放的。

（93）商业广告的内容有广告主的名称、商品、商品名、商标、标语、企业形态、企业内容（服务、销售网、设施等）。

（94）广告不应引起儿童的侥幸心理和过度的购买欲望。

（95）面向学校的教育节目的广告不得妨碍学校的教育。

（96）不得播放广告主不清楚、责任不明确的广告。

（97）有关的节目及插播的广告，不允许违反公正自由竞争原则。

（98）不得采用权利关系和交易的实际状态不明确的广告。

（99）不得采用合同以外的广告主的广告。

（100）不得采用夸大事实让视听者过高评价的广告。

（101）广告内容虽然是真实的，也不得有诽谤他人，或排斥、中伤他人的东西。

（102）关于产品和服务的虚假性证言，以及没有使用者的实际看法的广告，或没有明确的证言者的广告不得播放。

（103）关于争议中的问题，不能只播放一方的观点或含有通信、通知内容的广告。

（104）不得采用被认为有暗示性的广告。

（105）必须获得许可、认可的业务种类在取得许可证之前的广告不得采用。

（106）关于食品广告，对有可能损害健康的食品及广告内容有夸大或虚假成分的不得采用。

（107）在教育设施或教育事业的广告中，对于入学、就业、资格认证等可能存在虚假和夸大的广告不得采用。

（108）对于占卜、灵异术、骨相、手相、面相的鉴定及其他类似的含有肯定迷信否定科学内容的广告不得采用。

（109）不得采用以调查私人性的秘密事项为业务的广告。

（110）不得采用有害善良风俗的商品和服务以及关于性具的广告。

（111）对于作为私下秘密使用的东西和家庭内部话题的商品、服务类广告，应注意慎重对待。

（112）对有关死亡、丧葬仪式以及丧葬业务类广告应慎重对待。

（113）在利用业余体育运动的团体以及选手的广告里，要与其关系团体取得联系，慎重处理。

（114）关于募集捐款类广告的播放，必须是明确募集者主体，其目的是用于公共福利并获得许可的广告。

（115）不得播放以个人扬名为目的的广告。

（116）不得播放擅自使用皇室的照片、文印以及其他与皇室有关系的物品的广告。

（117）有关求助广告的播放，必须明确求助事业者以及应从事业务的内容。

（118）电视购物、广播购物在遵守有关法律的同时，须进行真实而且通俗简明的表达，不得损害视听者的利益。

（119）关于沿途搭车旅行等特殊的广告，原则上以广播电视局的要求为准则。

第十五条　广告的表现标准

（120）广告播放的时间安排，应注意不能给视听者带来不快感。

（121）广告应使用通俗易懂和正确的语言和文字。

（122）不得有引起视听者错误的表达。

（123）应避免给视听者带来不快感情的表达。

（124）原则上不应有最大化的或与其类似的表达。

（125）广告不得否定新闻报道的事实。

（126）不得有容易和新闻混同的表达。特别是新闻报道节目前后的商业广告不得混同于报道节目的内容。

（127）引用统计数据、专业术语、文献等时，不得有超出事实的让人担心其科学性的表达。

第十六条　医疗、医药、化妆品等广告的播放标准

（128）播放医疗、医药非处方药品、滋补品、医疗用具、化妆品等所谓的健康食品等广告时，对于有可能触犯医疗法、医药事业法等法律规定的东西不得采用。

（129）对于招募接受医疗试验者的广告要慎重。

（130）有关医务的广告不得超出医疗法所规定的事项的范围。

（131）关于医药品、化妆品等的功效及其安全性的广告，不得有夸大化或类似的表达。

（132）对于医药品、化妆品等功效的表现，不得超出由法令所认可的范围。

（133）在医疗、医药品的广告中，不能有给视听者带来明显不安、恐怖，或过于乐观的感觉的内容。

（134）不得采用医师、药剂师、美容师等推荐医药品、非处方药品、医疗用具、化妆品的广告。

（135）对于以奖品名义提供的医药品广告，原则上不得采用。

（136）健康食品广告不得有关于医药品的效果、功能的表述。

第十七条　金融、不动产类广告的播放标准

（137）金融业的广告，在从业者的实际状况、服务内容等方面，不得有违反视听者利益的东西。

（138）对于消费者的金融电视广告（CM），不得有助长人们轻而易举地借贷的表述，特别是要充分考虑到对青少年的影响。

（139）对于不确定的而且是多数的人，许诺其食利致富，或以这种暗示

寻求融资的广告不得采用。

（140）对有投机性的商品或服务性广告要慎重地进行判断。

（141）对根据宅地建筑拆迁法、建筑业法进行登记以外的广告不得采用。

（142）对不动产的广告、不得有用于煽动投机的表现以及夸大或虚假的表述。

（143）对违反法令和不能确定权利关系的不动产等的广告不得采用。

第十八条　广告的时间标准

（144）商业广告的种类分为时间 CM 和体育运动 CM。

（收音机）

（145）时间 CM 不得超出以下限度。在新闻节目以及未满 5 分钟的节目的情况下，由各广播电视局自行设定。

5 分钟节目	1 分 00 秒
10 分钟节目	2 分 00 秒
15 分钟节目	2 分 30 秒
20 分钟节目	2 分 40 秒
25 分钟节目	2 分 50 秒
30 分钟节目	3 分 00 秒
30 分钟以上节目	10%

①节目内以广告为目的的语言、音乐、效果、广告宣传歌曲（包括只有歌曲的情况）、其他通知等都作为商业广告对待。

②共同提供、协作广告等，作为广告播出时间计算。

（146）包含 PT 的 1 类节目的秒数标准如下。

10 分钟节目	2 分 00 秒
15 分钟节目	2 分 40 秒
20 分钟节目	3 分 20 秒
25 分钟节目	3 分 40 秒
30 分钟节目	4 分 00 秒

上述以外的节目由各广播局自行规定。

（147）指南类节目的播放时间由各广播局自行规定。

（电视）

（148）一周内商业广告的总量必须控制在总播放时间的 18% 以内。

（149）最佳时间段以内的 CM（除去 SB 以外）的时间总量，不得超过以下限度。在其他时间段，以其时间量为标准。但是，对于体育节目以及特别传统风俗活动的节目的广告时间由各广播局自行规定。

5 分钟以内的节目	1 分 00 秒
10 分钟以内的节目	2 分 00 秒
20 分钟以内的节目	2 分 30 秒
30 分钟以内的节目	3 分 00 秒
40 分钟以内的节目	4 分 00 秒
50 分钟以内的节目	5 分 00 秒
60 分钟以内的节目	6 分 00 秒

60 分钟以上的节目以上述时间量为基准。

（注）所谓最佳时间段，是由广播局确定的从下午 6 点到晚上 11 点之间的连续 3 个小时 30 分钟。

①广告时间内含音声（语音、音乐、效果）、图像（技术性特殊效果）等的表现方法。

②除了演出上必要的情况以外，用于具有广告效果的背景、小道具、衣装、音声（语音、音乐）等的情况下均视为商业广告的一部分。

（150）字幕在节目中不得作为商业广告来使用。但是，在体育节目和特别的习惯风俗活动节目中可否作为商业广告来使用，由各广播局自行规定。

（151）体育节目的广告时间标准设定如下，但播放素材的声音标准可依据民间播放协会的技术标准来执行。

（152）指南类节目由各级广播局自行规定。

《日本商业广播电视协会播放标准》的内容广泛详尽，共有 18 章 144 条，涵盖了广播电视的各个方面，包括人权、法律和政治、儿童及青少年、家庭和社会、教育教养、报道的责任、宗教、表现方式上应注意的问题、暴力表现、犯罪的表现、性表现、视听者参与和奖品、广告的责任，广告的播放、广告的表现标准、医疗医药化妆品广告、金融及不动产广告、广告的播出时间的约束等。该标准作为全体商业广播电视机构共同制定的自主规章标准，具有很强的约束力。

体育节目的类 素材	音　声	
	时　间	音节数
5 秒	3.5 秒以内	21 音节
10 秒	8 秒以内	48 音节
15 秒	13 秒以内	78 音节
20 秒	18 秒以内	108 音节
30 秒	28 秒以内	168 音节
60 秒	58 秒以内	348 音节
其他节目由个广播局自行规定		

印 度
（India）

新闻评议会伦理准则*

引 言

"新闻业"这一词长久以来是从权力中生发而来的。新闻业的根本目标，是以公正、准确、毫无偏见以及得体的方式和语言就具有公共利益的事务来向民众提供新闻、观点和评论。今天的新闻业已不能满足于充当"第四等级"的角色，而应在社会整合与治理中发挥出更大作用。媒体具有如此大影响力，以至于它能对任何个体、机构或社会思想产生促进或抑制作用。具有如此巨大权力和力量的新闻媒体，不应罔顾其特权、职责和义务。

为此，媒体在享受上述特权的时候，需受命依照特定伦理准则来进行信息采集和传播活动。也就是，媒体在进行报道时，需确保新闻的真实性，需使用克制的、社会大众能接受的语言来保证新闻的客观和公正，需谨记自身可能给社会、给各类机构组织及相关个人造成的巨大影响。

对新闻自由的保护，不但需要抵制来自外部的干预，还需通过其他的渠道和措施来进行维护——建立促使媒体遵循行为准则的机制，比如"读者来信"制度、内部监察专员、由媒体同仁组成的新闻委员会以及专门司职监察媒体人、记者及新闻管理者的不当行为的媒体观察小组等。

印度新闻评议会以及世界各地类似实体的神圣使命，就是通过规制、建立

---

* Principles and Ethics of The Press Council of India，http：//presscouncil. nic. in/Content/62_ 1_ PrinciplesEthics. aspx，摘录于 2015 年 9 月 29 日。该规范由印度新闻评议会制定，修订于 2010 年。

起一套合理的行为准则来切实提高新闻媒体的运作水平。

行为准则背后的制裁力量是道德，其遵守的动力源自相关媒体人内心的良知。新闻评议会的公告和指导起着激发这种良知的作用，同时它所主张的基本原则引领着新闻工作者沿着正直、诚信的道路前行。汇编这样一份名为《新闻评议会伦理准则》的纲要，其目的是指导新闻工作者适应不同环境下的职业行为。

通过增强新闻媒体的专业伦理并提高其报道的公正性、准确性和平衡性，印度新闻评议会在维护公众对印度新闻媒体的信任和信心方面发挥了重要的作用。

2010 版的新闻伦理准则由 1996 版升级、演进而来，吸收了相关案例裁决和公告的基本精神，并涵盖到了日常新闻实践中几乎各个方面的情况。这个版本的伦理准则做出了巨大的努力，一方面把情境类似的问题进行了清晰的条目划分以便于快速查阅，另一方面为各个主题提供了具体、详尽的查阅指导。

我希望也确信，读者会发现这个 2010 版本的新闻伦理准则同之前的各版本一样，方便实用，信息详尽。

G. N. 雷伊法官

印度新闻评议会　主席

伦理准则

新闻业的根本目标在于以公平、准确、公正、严肃、得体的方式给大众提供有关公共利益的新闻、观点、评论和信息。为此，新闻媒体应以普遍认可的专业标准来要求自身。以下所阐明的一般标准以及针对不同情况而附加的指导方针，将对新闻记者的自我管理起到规范作用。

1. 准确性和公正性

（1）新闻应避免报道不确定的、无根据的、不雅的、有歧义的或是扭曲事实的内容。没有根据的谣言和推测不能被当成事实来报道，但与核心话题或报道对象相关的各个方面的内容都应客观地被报道出来。

（2）对于有着广泛公众影响力的金融机构因谣言而导致的信誉度受损，

报纸有责任进行积极应对。

（3）尽管新闻媒体有责任揭露社会生活中的不端行径，但此类报道必须基于强有力的事实和证据。

2. 正式出版前核查

（1）当有关公共利益的稿件包括针对个人的指责和评论时，除了消息来源的真实性，编辑还需谨慎地核实其内容的真实性和准确性。必要时，向相关人士或机构收集所需信息、评论和反馈意见。当事件信息量不足时，应在文后附加补充说明。

（2）对于重要的考试被取消或竞选中的选举人退出选举之类的新闻，必须经反复核查和确认后方可发表。

（3）任何一个包含基本新闻信息的文件，都需要保存至少六个月。

3. 避免诽谤性文字

（1）报纸不得刊登任何有损个人或集体名誉的言论，除非在反复核查后，有充足的证据来证实所刊登言论真实准确且将其发表对社会发展有益。

（2）当新闻内容无关公共利益时，真实性不能成为对公民个人进行贬损和毁谤性报道的抗辩理由。

（3）只有在极少数牵扯到公共利益的情况下，对已故人员的负面性评价才可得以发表，因为已死之人无法对评论做出任何反驳。

（4）新闻媒体有通过将有疑问的人物和事件呈现在公众面前的方式来为公共利益服务的责任、权利和自由，但同时也有保持克制和谨慎的义务，避免因为给他人贴上"骗子"、"杀人凶手"等污名化的标签而使其处于危险的境地。其根本原因在于，一个人有罪与否应建立在被证实的事实，而非被告知的不良品德之上。当新闻工作者热心于揭露事实真相时，一定不要逾越了道德伦理和公正评论的底线。

（5）新闻媒体不得以个人先前的不良行为为参考来评判他现在的行为。如果公共利益需要这些参考，媒体机构应向与其后续行为相关的权威部门进行发表前的咨询。

（6）当原告对致其声誉受损的报道进行质疑时，被告有责任证明相关报道真实有据或是出于公共利益的需要。

（7）报纸不得以"八卦"或"恶搞"的栏目名义去污蔑任何享有特殊保

护或豁免权益的人和实体。

（8）一家报纸发布了诽谤性新闻不意味着其他报社可以转载或重复相同的新闻或信息。即使多家媒体同时报道相关的类似信息也不能表明该信息的准确性。

（9）新闻媒体意识到自身对于社会的责任感是非常重要的，因为新闻媒体享有与公众直接沟通的特殊社会地位，所以应该借此让社会变得更美好，国家更富强，而不是纵容耸人听闻的谣言肆意传播。新闻媒体，尤其是规模较小的地方媒体也应学会清晰地区分"公共利益"和"公众感兴趣的事情"。即便有些小道传闻或流言蜚语可能使公众感兴趣，但只要它们并不具有公共价值或公共利益，那么新闻媒体就需要谨慎地避免将宝贵的新闻资源浪费在此类事情上。

（10）应避免插入与上下文毫无关系且可能损及他人或特定团体声誉的不合适声明。

（11）尽管报纸有报道政治活动的自由甚至责任，但此类报道不得有所倾斜。新闻自由并不意味着报纸可以出版虚假的、诽谤性的内容去污蔑政治领导或是损毁其政治生涯。

（12）新闻媒体须牢记：民主制度所珍视的言论自由和表达自由虽为第四权力所享有，但也需谨守相关责任和义务。报纸不得将自身视为伪造证据的工具，并利用伪造的证据来在报刊上进行虚假宣传。

（13）新闻媒体对行贿以影响新闻报道的不良现象进行的曝光应该受到表彰，并且这种揭发和曝光不会被视为诽谤。

（14）诉讼资格

在涉及个人指控或批评的案件中，只有享有诉讼权利的相关人士才能启动诉讼权或答复权。但是，组织、教派或团体的代表人有权针对直接批评其领导者的出版物启动诉讼权利。

（15）公共利益和公共实体

作为公共利益的监管者，新闻媒体有曝光公共机构中腐败堕落和违法乱纪行为的权利，但这些内容必须建立在证据确凿的基础上，在询问并核实了相关信息源且获取了各当事方的说法后才可发表。报纸评论应该避免尖酸刻薄的话语和讽刺性的行文风格。新闻媒体的目标是督促社会机构去改善他们的工作，而不是摧毁他们或是打击他们的公信力与员工的积极性。当然，媒体所承担的相应责任要求他们进行公正、平衡的报道，而不受任何无关因素的影响。

（16）媒体和政府是我们民主中非常重要的两个支柱，政府基于公共利益而成功运作的先决条件是媒体负有责任和保持警惕。

4. 新闻媒体对公务人员的行为进行评论的标准

（1）中央政府、地方政府和履行政府职能的其他实体和机构不得因媒体对其行为进行批评性报道而以诽谤的名义对之提起诉讼，除非他们确认该报道内容罔顾事实。但是，司职处罚藐视法庭行为的司法部和分别受印度宪法第105条和194条保护而享有特权的国会和立法机构不受此规则的辖制。

（2）中央和地方机构无权以诽谤的名义就批评其工作行为的文章或报道提起民事或刑事诉讼。

（3）在发表关于公职人员的调查行为的新闻、评论或消息时，不应带有助长犯罪或妨碍犯罪预防、犯罪侦查和罪状检控的倾向。调查机构也肩负着不向外界透露相关信息或纵容错误信息误导的相应责任。

（4）尽管没有法律授权国家或其官员查禁新闻媒体或对其进行事前限制，但1923年出台的《官方机密法》和其他具有法律效力的成文法律法规对新闻媒体具有同等的约束力。

（5）身负公职且因其履职行为而招致批评的人，不得作为对此批评进行申诉的意见听取对象。

5. 对公众人物的批评/音乐评论

演员或者歌手在公共场合的表演会自然地受到公众的评判，此类评判与艺术家的表演水准有直接联系，不能被视为诽谤。但是，评论家应该避免写出任何可能导致艺术家个人信誉受损的评论。

6. 隐私权

（1）新闻媒体不得侵犯他人的个人隐私，除非是出于更高的公共利益的需要，而非满足色情或病态的窥视欲望。但是，一旦相关信息成为公共事件，隐私权保护就不再有效，新闻媒体的相关评论也变得合法。对可能使女性蒙上污名的报道，应保持特别的谨慎。

注解：包括个人住址、家庭情况、宗教信仰、健康状况、性取向、个人生活乃至私生活在内的私人事务均属于"隐私"的范畴而受到保护，除非这些信息与公共利益相冲突。

（2）谨防身份指向性信息：当发表强奸、诱拐或绑架女性、性侵儿童的犯罪事件或发表涉及女性贞洁、生活作风以及女性隐私等问题的报道时，可能导致受害人身份泄露的姓名、照片以及其他与其身份相关的内容均不得发表。

（3）对于在性虐待、强制婚姻或非法结合的情况下所生的孩子，不得进行身份指认或拍照。

（4）要避免拍摄人们处于悲痛状况的画面。但是，记录事故或自然灾害中受害者的状态可能具有很大的公共利益。

7. 公众人物隐私权

（1）隐私权是神圣不可侵犯的人权。然而，隐私的范畴于不同的人和不同的情况是有区别的。作为公众的代表而受万众瞩目的公众人物无法享有和平常人一样的隐私权。公众人物的一举一动都事关公共利益（这里的"公共利益"不是"有利于公众"的意思），因此即便其私下的个人行为也有可能通过新闻媒体而被呈现在大众的面前。然而，对于公众人物的具有公共利益属性的言行举止，新闻媒体也负有相应责任以确保通过正当的渠道来获取，对信息做了充分核实且相关报道真实准确。新闻工作者不得采用监视装置来获取公众人物的与大众无关的信息。新闻工作者不得以纠缠不休的方式来获取公众人物的私人谈话信息，而公众人物也应尽量配合新闻媒体的工作，让他们能履行其职责，向公众告知其代表人物的所作所为。

（2）如果对于公众关注的事件中相关公众人物的采访、描述或争议报道是准确无误的，那就不应被视为侵犯了个人隐私。（对于公众人物来说，）公共和隐私的界限相对模糊，因此公众人物对外界评论应有充分的心理准备。

（3）报纸批评官员是被允许的，因为官员的行为举动关系着公共利益，批评他们并不是为了宣泄个人对公众人物的不满。

（4）公众人物的家人不应被媒体曝光，当涉及未成年人时更是如此。如果因为"公共利益"而需要采访未成年人，需事先征得其父母的同意。

（5）如果在公共平台自行曝光个人隐私，则应视为该人主动放弃其个人隐私权。

8. 录音访谈和电话交谈

（1）新闻媒体不得在未经他人知情或同意的情况下私自对谈话内容进行录音，除非此举是保护记者行为合法的重要证据或记者另有其他令人信服的理由。

（2）新闻媒体应在公开传播前，删除对话中出现的带有冒犯性的绰号。

9. 猜测、评论和事实

（1）报纸不得将猜测、推断或评论性的内容当作事实来传播或夸大。所有此类内容均应在准确核实后方可发表。

（2）卡通和漫画具有幽默风趣的描述风格，它们应被放置在特殊的新闻专栏并享有更大的自主空间。

10. 报纸应避免暗示有罪

（1）报纸应避免通过联想的方式暗示有罪。当被判决或被指控有罪的人的家人、亲戚或相关人士清白无辜且与事件毫无干系时，报纸就不应报道他们。

（2）在争议性事件中，报纸对争议的任何一方表明其反对或支持的态度都是有悖新闻业准则的。

11. 对立法进程的报道

报纸有如实报道国会和立法议会活动进程的职责。同时，报纸也不能因对任何民事或刑事庭审的进程性报道而受罚，除非该报道被证实是出于恶意。但是，对于国会、立法议会或国家机关不对外公开的活动或信息，报纸则不应加以报道。

12. a）批评司法行为的注意事项

（1）除了法庭不公开审讯或直接禁止旁听的案例之外，报纸均能以公正、准确、合理的方式报道未决诉讼。但报纸不得报道任何具有下列属性的内容：

－可能对正当司法程序造成即刻而现实的阻碍、延滞和损害的内容；

－具有当场连续述评或辩论性的内容，或者对处于审判期的问题进行猜测、思考和评论从而可能损害庭审效果的内容；

－对被指控刑事犯罪中受指控的被告进行个人性格分析的内容。

（2）在被指控人已经被逮捕且被起诉后，案件就已由法庭接管，此时报纸应非常谨慎，不得对调查性报道所搜集的材料进行发表或评论。报纸也不得披露被指控人的供词或对之进行评判。

（3）报纸可以出于公共利益的需要而对司法行为或法院判决进行合理的评价，但不得因不良的动机或出于个人偏见而对法官进行恶意诽谤，不得对法院或司法部门进行总体性诽谤，也不得以欠缺专业能力或廉正诚信为由对法官进行人身攻击。

（4）报纸应特别注意避免对与法官司法行为毫无干系的事物进行毫无根据、含沙射影的批评——即便这样的批评并不能严格地视为藐视法庭。

12. b) 关于法庭审理的新闻报道

在发表有关法院诉讼的新闻条目之前，记者和编辑应查阅相关记录以核实其真实性、准确性和可靠性。对法院诉讼进程提供错误事实或信息的相关人员需对其自身行为负责并可能入罪。

13. 更正

一旦发现报道有误，报纸应该第一时间以显著的方式进行更正，在情况严重的时候还需向公众致歉。

14. 答辩权

（1）对于因报道或评论受到责难的人以信件或便笺的形式寄给编辑部的回应、答复、情况说明或反驳意见，报纸应在第一时间免费地以全文或摘录的方式在显著的位置加以发表。如果编辑对该回应、答复、情况说明或反驳意见的真实性或准确性持有疑问，他/她有权在文后添加简短的编者按语以质疑相关内容的准确性。但是，只有当编辑的质疑是建立在确凿无疑的证据的基础上或编辑拥有其他佐证材料时，此种添加编者按进行质疑的行为才可取。此举属于只在少数情况下才能谨慎使用的特许权。

（2）但是，当相关答复、回应或反驳意见是遵照新闻评议会的要求而发表时，报纸编辑也可以附加类似的编者按语。

（3）进行意见反驳的权利不应以新闻发布会的方式来宣布，因为报道会议内容与否属于编辑自由决定的范畴。

（4）新闻自由包括读者知晓任何与公共利益相关的内容的权利。因此，编辑不得因为个人判定所发布的内容为既定事实就拒绝发表相关的回复或者反驳意见。属实与否应交由读者来进行判断，编辑不得理所当然地忽视读者的这一权利。

（5）新闻工作者要谨记，在任何调查中，检察官不是判决一个人是否有罪的首要标准，除非被指控的罪行有独立可靠的依据作为证明。因此，即使有所限制，媒体也要尽可能揭露事实，使公众能在完整且准确事实的舆论引导下拥有独立观点。民主社会里媒体所享有的新闻自由权利，可以自然而然地推导出读者对于任何具有公共重要性的问题的知情权。

15. 读者来信

（1）编辑在编辑有关争议性话题的开放性专栏时，并没有义务发表所有收到的相关信件。他有权筛选并发表部分信件的全部内容或主旨大意。然而，在行使这项权利时，他必须尽力避免所发表内容的片面性，而应对围绕争议性主题的正反观点进行平衡地呈现。

（2）在争议性问题的交流过程中，编辑有其自由裁量权来根据交流的态势决定什么时候关闭专栏。

16. 编辑的自由裁量权

（1）编辑在写评论的时候，享有充分的自由度和裁量权。编辑有权在不违反法律、不违背新闻规范的前提下自行选择评论的主题及合适的用语。报纸上的社论和观点，应使用严肃庄重、社会认可的语言来进行表达。

（2）新闻报道、报纸文章以及读者来信的内容选择取决于编辑。编辑有责任确保相关争议性事件中，各方的观点都得到了平等对待，人们能依此形成独立的观点。

（3）在对相关新闻报道或文章的真实性存疑的时候，编辑不应将其发表。编辑应该删除报道或文章中存疑的部分，并发表他/她确信真实且有益于公众的其余部分内容。

17. 避免淫秽、粗俗的报道

（1）报纸和新闻记者不得刊发任何淫秽的、粗俗的或者冒犯公众良好品味的内容。

（2）报纸不得刊登下流的广告，或通过描绘裸体女性以及摆出性挑逗姿态以引诱男性等之类内容的黄色广告。

（3）判断图片是否淫秽的检验方式有三种，分别是：

a. 它的内容是否淫秽下流？

b. 它是否是一件单纯的色情作品？

c. 它是否意在通过在青少年中传播并挑逗其性欲来赚钱？换句话说，它是否属于旨在谋求商业利益的不健康行为。其他的相关判定因素是该图片是否与杂志的主题相关，也就是说，该图片的出版是否出于艺术、绘画、医学或性行业改革等社会目标或公益主旨。

（4）照片和绘画属于艺术作品，艺术家享有艺术创作的自由。然而，它只能作为艺术品而由鉴赏家或内行来评价和欣赏，这样的作品也可能并不适合出现在报纸的页面上。

（5）全球化和自由化并不意味着媒体可以滥用新闻自由去降低新闻媒体的社会价值。新闻媒体担负着重要的社会责任，需引导其他行业和企业来提升商业素养。正是出于媒体的这一功能定位，它肩负着继承并发扬我们的传统文化和社会价值的重要责任。

（6）报纸上诸如"私人情感"之类回答个人问题的专栏，不得含有可能激起公愤或触碰公众道德底线的低俗内容。

（7）新闻媒体应尽力确保其报道遵守了社会的总体规范而非个别规范。媒体也有责任保护传统文化和道德标准，并利用其社会影响力来提升社会的精神文化素养。

（8）印度读者非常成熟并且有着良好的新闻鉴赏力。从长远来看，通过促进"所谓的自由放任"来照搬西方做法的行为，会背离报纸传播的初衷。

（9）报纸可以通过发表文章来披露公共场所的不道德行为，但对于所用到的文字和影像证据要有严格的把控。

18. 避免赞美或鼓励社会丑恶现象的报道

报纸不得允许其下专栏刊登赞美或鼓励诸如殉死、邪教庆典之类社会丑恶现象的内容。

19. 不美化暴力

对于恐怖袭击、社会矛盾和意外事故的图片报道：

当报道有关恐怖袭击或社会动乱的新闻时，新闻媒体要避免发表或播出血腥的场景或任何可能造成社会恐慌或激起公众狂热的图像。

报纸和新闻记者应该避免以在公众面前美化作恶者的行为、主张和死亡的方式来呈现暴力行为、武装抢劫和恐怖袭击活动。新闻媒体要避免发表美化罪犯及其犯罪行为的反社会性质的报道。

20. 报道社会争议和矛盾

（1）有关社会矛盾或宗教冲突的新闻、观点或评论应在对事实进行充分核实后方能发表。同时，发表时应采用谨慎、节制的呈现方式，应有助于营造和谐、友善、和平的社会环境。要避免那些耸人听闻、挑拨刺激和令人恐慌的头条新闻。不要以可能削弱民众对国家法律和社会秩序信心的方式来报道社会暴乱或恶意破坏行为。同时，媒体应避免以可能激发狂热情绪、加剧紧张态势或凸显特定社群及宗教团体之间紧张关系的方式来报道社区骚乱或意外事件。

（2）新闻记者和专栏作家有促进本国社会和谐发展的特殊职责。他们的作品不仅仅是自我情感的表达，在很大程度上还有助于塑造整个社会的情感和氛围。因此，对于新闻记者和专栏作家而言，谨慎而节制地进行表达至关重要。

（3）在类似于古吉拉特邦大屠杀这样的危机状况下，新闻媒体的角色是调解者而非教唆者，是问题的解决者而非麻烦的制造者。愿新闻媒体在目前的古吉拉特邦的危机中扮演促进社会和平、和谐发展的高尚角色。任何直接或间接阻碍这一发展趋势的行为都是反国家的行为。新闻媒体有着在所有层面努力促进民族团结与社会和谐的重大道德责任，并且应谨记其在独立之前的高尚地位。

（4）新闻媒体作为明日历史的记录者，无可争辩地对未来承担着以简明真实的方式来记录事件的职责。对事件的分析和对事件的评论是两个截然不同的新闻体裁，因此对二者的处理方式也应有着很大的区别。在危机状况下，新闻媒体简明扼要，未加修饰，怀着相应的关心与克制地报道事件真相在情理上是无悖于民主体制的。然而，评论性文章的作者要对自己所发表的文章承担责任。评论的作者要确保他/她的分析不仅没有受到个人爱好、偏见或观念的影响，而且是建立在准确的、经过核实的事实的基础上的。评论性文章不得有意挑起种姓、社区或种族之间的敌意和仇恨。

（5）尽管新闻媒体打破"公共围墙"、促进社会和谐与维护国家利益的角色和责任不可被削弱，但是公民对自由言论权的享有也是非常重要的。印度新闻媒体有必要对这两者进行判断和平衡。

21. 新闻标题不煽情、不挑衅，必须实事求是

在一般情况下，尤其是在事关社会争端或冲突的语境下：

a. 要避免煽动性的和耸人听闻的新闻标题；

b. 标题必须与正文内容相符；

c. 带有指控性陈述的标题应该交代指控的主体或信息来源，至少也应将此话语加上引号。

22. 种姓、宗教或社会关系

（1）一般情况下，应避免披露他人或特定社会阶层的种姓信息，尤其是在报道的上下文里含有贬低这一种姓的关联性内容的时候。

（2）报纸尽量不要使用"贱民"或"神的子民（指印度社会最底层的'贱民'）"这一类会招致部分人反感的词语。

（3）当被告或受害人的种姓与社会身份信息同犯罪事件毫无关系或对被告的身份鉴定和案情调查毫无帮助时，不应将其加以披露。

（4）报纸不得发表任何虚构文章来歪曲或描绘宗教人士或社会名流，致其处于不利境地。因为此举会冒犯那些尊重他们并视其为高尚品德象征的部分社会人士。

（5）以预言家或神灵之名进行商业逐利，是违背新闻道德准则和良好品味的令人憎恶的行为。

（6）报纸有责任确保行文的基调、精神和用语不带煽动性，不令人反感，不损害国家的团结统一，不违背宪法精神，不含有煽动破坏社会和谐的内容。报纸同样不得发表煽动国家巴尔干化（即分裂割据）的文章。

（7）记者的工作之一就是引起公众对社会弱势群体的关注。他们是社会弱势群体的守护人。

23. 国家利益至上

（1）作为一条自律原则，报纸应谨慎发表任何可能危及或损害国家和社会至高利益的新闻、评论或其他信息。依据印度宪法第 19 条第 2 款项对言论自由和表达自由所做出的合理限制，也不得侵犯他人的正当权益。

（2）出版错误的或不准确的地图是严重的犯规行为。此举会给国家领土的完整造成负面影响，一旦出现应即刻以显著的方式撤回并致歉。

24. 对外关系

媒体在引导社会舆论和促进与其他国家之间相互理解的过程中有着重要的作用。客观公正地报道才不会破坏友好的双边关系。

25. 报纸可以揭露外交豁免权的滥用行为

媒体应尽其所能地担当构建印度同其他国家之间展开友好合作和相互理解

的桥梁。同时，对滥用外交豁免权的行为进行揭露也是报纸的职责所系。

26. 调查性新闻的规范和标准

调查性新闻具有三个基本元素：

a. 调查性新闻由记者而非采访对象来完成；

b. 报道主题应该为读者感兴趣的社会热点话题；

c. 以循循善诱的方式将事件真相加以披露。

遵循第一项规范必然要求以下几点。

a. 调查性新闻的记者应该把报道基于自身经过调查并核实的信息，而非道听途说或从第三方获取的未经自身核实的间接或虚假的内容。

b. 调查性新闻报道中存在着信息公开和信息保密的矛盾，调查性新闻的记者应该将公共利益置于最高处，在报道中平衡好两者。

c. 调查性新闻的记者不应急于求成，不应在信息不完整且没有经过自身全面核实的情况下去进行报道。

d. 报道中应严格避免出现虚构的事实或主观猜测的内容。事实是至关重要的，在发表之前应反复核实。

e. 对于公正报道和事实的准确性，报纸应采用严格的标准。调查的发现应以客观公正、不夸大、不歪曲的方式报道出来。这样，才能在可能遭遇的诉讼中站稳脚跟。

f. 记者不得把自己视为诉讼案件的公诉人或法律顾问来介入正在调查的案件。记者的介入性调查必须是公正、准确、平衡的。对于所有已经审核过的核心信息，无论是正面的还是反面的，都应该一一清晰地加以陈述，不受任何片面推断或不公正评论的干扰。报道的口吻、基调以及用语应该严肃冷静、端庄得体，避免不必要的冒犯性的、刻薄的、嘲讽的或斥责性的内容，尤其是当对被评论对象的指控仍处于调查阶段的时候。新闻性调查的记者也不得俨然以法庭自居，对待审案件的嫌疑人自行做出有罪或无罪的判断。

g. 在包括调查取证、情况陈述和报告发布的所有环节，报纸都应遵循刑事法学的首要原则——除非对一个人的指控已由独立可靠的证据证实，否则此人应被视为无罪。

h. 他人的私生活，包括公众人物的私生活，都具有私有性。不得暴露或介入他人隐私或他人私生活，除非有明确证据证明他人不良行为及滥用其公共身份与公共权力的行为对公共利益造成了不利影响。

i. 虽然刑事诉讼法的规定在条文上并不适用于新闻记者的调查行为，但其基本原则可以作为他们进行公正的、合乎道德和良心的报道的指南。

j. 新闻媒体不应在官方做出权威发布之前发表任何信息的说法，有悖于调查新闻业的基本精神，甚至可能有悖于新闻业的宗旨。

27. 保护机密

如果所收到的信息来自秘密的消息来源，媒体应保守其机密性。记者可以不受新闻评议会要求透露消息来源的强迫。但如果在诉讼程序中记者自愿披露该消息来源以抗辩针对自身的诉讼，那么此举不得被视为违背新闻道德准则的行为。本规定授权报纸不披露其秘密消息来源，但不适用于以下情况：

a. 征得了消息来源的同意；

b. 编辑通过添加适当的注释的方式来声明，尽管此信息是"不宜公开报道的"，但由于涉及公共利益而特别加以公开。

28. 报纸不能唯利是图

（1）虽然报纸享有通过各种合法方式来保障或改善其财务状况的权利，但新闻媒体不得以有悖于高标准职业道德和良好品味的唯利是图的方式来进行商业竞争。

（2）在报纸中展开掠夺性的价格战或贸易竞争，相互诋毁对方的出版物并凭空指责对方有不公平的"交易"行为，是违背新闻道德准则的。对于是否存有不道德的商业行为的判断，需取决于具体案例的具体情况。

（3）编辑在记者任职期间向其收取保证金的行为是不道德的。

（4）新闻中心应坚持客观公正的原则，不得屈从于媒体主的其他商业利益。当媒体主的个人利益和媒体的公共义务发生冲突时，将二者进行明显的区分不仅是合乎情理的，更是必要的。

29. 欺诈行为

报纸、期刊或杂志通过关停其出版物来欺骗公众并获取订金，是管理层的不道德行为。如果出版物的关停难以避免，应该将刊物的订金返还给订户。

30. 渎职

通过报纸专栏而对他人进行敲诈勒索的行为严重践踏了新闻工作者的职业

规范。

31．职业竞争

报纸专栏不得被滥用于对商业对手的私人攻讦。

32．抄袭

（1）在未注明来源的情况下使用或仿冒他人的文章或观点，是违背新闻工作者道德准则的行为。

（2）侵犯版权的行为也是违背新闻工作者职业规范的。

33．未授权的新闻抄袭

（1）从其他报纸上抄录新闻信息并以原创的姿态发表在自己的报纸上的行为，严重违背了新闻工作者的职业道德标准。为了消除新闻抄袭的嫌疑，报纸在发表抄录性新闻时必须要交代报道来源。

（2）新闻特写和消息报道的地位是不一样的：在未经许可或未得到适当确认的情况下，不得抄录新闻特写的内容。

34．非法复制

新闻媒体不得以任何形式从禁书中复制或摘录冒犯性的内容。

35．不退还主动提供的材料

（1）报纸不一定要退还那些主动提供给报社以用于发表的材料。但是，当所提供的材料中有加盖印花的信封时，报社应尽力返还。

（2）当不给投稿人的稿件稿酬时，报社就应事先要制定好不支付酬劳的协定并加以遵守。

36．广告

（1）任何直接或间接地促进烟酒等麻醉性商品生产和销售的广告应一律禁止刊发。

（2）报纸不应刊登任何有伤害集体或社会阶层宗教情感倾向的广告。

（3）违反2002年修正的《药品和神奇疗法（异议性广告）法案》及其他成文法案的广告均应被禁止。

（4）报纸不应刊登任何违法或有悖公众礼仪、良好品味及新闻道德准则和行为规范的广告。

（5）新闻职业规范要求报纸上的广告必须与编辑内容明显区分开来。报纸在刊登广告时要注明所收金额。其背后的缘由是广告商需要向报纸缴纳广告费，但当广告费高于正常标准时，相当于广告商向报社提供了津贴。

（6）刊登既没有缴费，也没有经过广告商授权的虚假广告违背了新闻道德，尤其是当报社对此类广告有专门的规范办法的时候。

（7）有意在报纸的某些副本中漏刊某个广告是有悖新闻工作者道德基准的严重失职行为。

（8）对于所收到的广告是否合法得体，报社的广告部和编辑部之间要做好协调和交流。

（9）对于特定的广告，尤其是对那些内容淫秽或低俗的广告，编辑应坚持行使否决权。

（10）报纸在刊登征婚广告时，应附带内容如下的警示语：

"读者在采纳征婚广告的信息前，宜对广告内容进行适当的、详尽的调查。对于广告中所声称的征婚对象的身份、年龄、收入等内容，报社不担保其真实性或准确性。"

（11）编辑要对报纸上的一切信息负责，包括广告。如果编辑放弃了这一职责，必须提前加以明确的说明。

（12）报纸上刊登的电话交友类广告往往涉及邀约普通公众拨打特定号码来进行"娱乐"聊天，并且往往会玷污青少年的心智，助长不道德的社会风气。对于此类广告，新闻媒体应该予以拒绝。

（13）使用不雅语言、进行隐蔽性引诱的保健类分类广告是违反法律和道德的。报纸应该采用适当的机制来审查这类广告，以确保隐蔽引诱性的广告不被刊登。

（14）在我国所珍视的社会环境和传统价值中，避孕类的以及相关的品牌物件广告是不合乎伦理道德的。报纸具有教育民众如何预防艾滋病的神圣职责，并且应该对社会福利组织所发布的此类广告表现出接纳、支持的远见。

（15）相较于广受信赖的政府工作招聘广告，在刊登私人机构的招聘广告时应更加慎重。

（16）刊登教育机构的广告时，报纸应确保该广告含有该机构依据相关法律而被认可的声明。

（17）广告在塑造当今社会的价值观上起着非常重要的作用。随着越来越多的非常规事物开始被社会所宽容，广告可能会加速"公共认知"对非常规事物的接纳度，但其相应的代价则是需要考虑的核心问题。我们应该牢记于心的是，在全球化的浪潮中，我们不应抛弃为印度赢得独一无二地位的、为全球所认可的道德和伦理准则。

37．内部纠纷

1．管理者与编辑人员之间的关系

（1）无论一家报纸的建制采用何种命名方式，其编辑和记者团队同经理、执行人员以及行政人员之间总会存在着公认的区别。编辑人员和管理人员的职责和义务是不同的，尽管两者之间常被要求进行协调与合作以求高效地出版刊物，两者的功能和定位却应保持独立。

一旦报业业主制定了政策作为通用指南，那么无论是他自身还是他的任何代表人都不得插手其下编辑和记者团队的日常工作。

新闻自由最重要的是确保人们能自由获取关于所有话题、问题、事件和发展动态的准确而充分的信息。在履行编辑职责时，编辑是至高无上的，甚至超过了报业业主。

报业独立的最重要一点，是编辑能独立行事，不受任何内外因素的制约。除非编辑享有这一自由，否则他很难履行他对人民最基本的职责。他能为报纸上的一切内容而担负法律责任。

在报纸的运营中，报业的管理部门必须同编辑部门区分开来，且不得凌驾于编辑部门之上或干涉其日常事务。这一预防措施在报业业主兼任编辑的情况下同样适用。报纸业主不得因其商业利益和个人利益而操控或干预报纸运行，阻碍报纸履行其对于人民的义务。

这也是为什么报纸的管理者有责任挑选出专业过硬、品格正直、思想独立的人来担任编辑的原因。

归根结底，报纸的成功取决于管理层、编辑人员、记者以及所有忠实地为报社工作的人员之间的相互理解、合作和诚意。

如果包括编辑部门在内的不同部门之间的协调关系受到了品牌管理方的影响，且后者对新闻和评论的发布与否、文章的长度或内容细节、文章的措辞和发表的版面位置以及文章应不应该被加以凸显等因素施加了影响，那么这样的协调关系就实实在在地侵犯到了编辑人员的编辑自由。同时，无论编辑人员选取材料的自由以何种方式被影响，都无疑是对编辑自由的侵犯。

（2）报业业主在任何情况下都不应要求编辑人员为其私利而服务。要求编辑迎合报业业主的私利，不仅有损编辑的职责，还侵犯了他作为新闻方面的社会委托人的地位。在任何笃信新闻自由和新闻独立的国家，报业业主如果将编辑当作其代理人，试图利用他们来为自己谋取私利或者强迫他们按自己的意愿来进行报道，都是令人憎恶且应该受到谴责的。任何编辑和记者如果接受此类指令或屈尊去做了这些事情，那么将不仅使自身蒙羞，而且使新闻业蒙羞，有负于新闻这个职业。因为他们辜负了为公众提供公正、客观、全面的新闻和观点的社会信任。

2. 管理层与记者之间的工作关系

报业的管理者如果要求新闻记者承担行政类或商业类而非其新闻事务类的职责，那就是不道德的行为，且此举会侵犯记者的独立性，损毁管理者与记者之间正当的工作关系。

38. 占星预测

对占星预测和迷信活动的传播可能会扰乱读者的心绪甚至引起反感。大众化报刊的编辑人员如果致力于促进科学发展，反对迷信和宿命论，就应该避免出版占星预测方面的内容。对占星术感兴趣的读者可自行选择此方面的专门出版物来阅读。

39. 自然灾害报道

（1）有关自然灾害或传染病的传播状况的事实和数据，须经过全面核实其真实的信息来源后，方得以不煽情、不夸大的方式进行发布。

（2）社会管理机制的疏漏可能使得自然的或人为的危险演变成灾难。因此，这种灾害性的影响可以通过包括媒体在内的利益相关者以积极预防的方式减到最小。

（3）新闻媒体应该广泛宣传媒体行为规范的内容以及遵守规范可能带来的缓解灾情的益处，如此一来社会群体就会在灾难前、灾难中和灾难后遵从媒体的引导。民众应该知晓行动指南的详细内容。媒体应在灾难发生时和灾难之后对与妇女儿童等弱势群体相关的问题给予审慎处理。

（4）新闻媒体有必要同所有官方及非官方的组织保持全面合作。它们之间协调合作的水平和程度，决定着灾难预防和灾难应对的效度。

40. 媒体报道艾滋病病毒（HIV）与艾滋病（AIDS）的行为规范

应该做的事包括：

（1）媒体应告知并教育民众，而非警告或惊吓他们；

（2）保持客观、真实、敏感；

（3）持续跟进快速演化的病情；

（4）使用恰当的、不带污名化的用词和术语；

（5）确保标题是准确且平衡的；

（6）有责任感；描述事物的各个方面；使用艾滋病患者与艾滋病病毒携带者的话语来进行报道；

（7）消除关于艾滋病预防和传播的错误观念；

（8）揭露相关的奇迹化治疗的"神话"和关于感染预防的非科学性断言；

（9）在不淡化问题严重性的情况下，突出正面的、积极的报道；

（10）保护病毒感染者及其家庭和相关者的私密信息；

（11）确保所发表的照片不会泄露相关人员的私密信息；

（12）确保图片说明的准确性；

（13）报道时应保持性别敏感，避免模式化观念；

（14）从官方获取消息，因为失真报道会对抵抗疾病的士气造成不利影响，甚至可能加剧相关人员的羞耻感；

（15）记者有责任确保受访者知晓披露其个人信息可能导致的风险；

（16）在可能的情况下，应获得被报道者书面的知情同意书；

（17）通过联系热线服务电话和咨询中心的方式，对艾滋病病毒感染者自杀或遭受歧视的负面事件进行平衡的报道；

（18）加大新闻报道的力度，以探究疾病传播对经济、商业、政治和发展等问题所造成的影响；

（19）当有报道疑问时，可咨询当地的积极群体或国家艾滋病防治协会，或查询现有的术语使用指南；

（20）确保所提出的问题不是非常隐私性的或带有指责性的；

（21）以一种积极的方式报道艾滋病病毒感染者，将其视为单独的个体而非"受害者"。

不应做的事情包括：

（22）不要做煽情性的报道；

（23）不要对艾滋病病毒感染者进行价值判断并意图对之进行谴责；

（24）不要使用"祸害"一类的词语去形容病毒感染，或将艾滋病病毒携带者描述为艾滋病携带者、娼妓，吸毒者、艾滋病患者或艾滋病受害者；

（25）不要聚焦在艾滋病病毒感染者是如何感染病毒的这类无关紧要的事情上；

（26）即使是在当事人同意的情况下，也不要通过披露其姓名或公布其照片的方式来暴露未成年感染者的身份；

（27）不要使用隐藏式拍摄设备；

（28）避免对病患和濒死之人进行危言耸听的文字和图像报道，因为此举会传递一种绝望、无助和孤立的气息；

（29）不要使用颅骨、骷髅头、蛇或其他类似的视觉形象来制图；

（30）避免提及种姓、性别或性取向之类的信息；

（31）不要强化人们对于性取向少数派——包括女同性恋、男同性恋、双性恋者及变性者（LGBT）的模式化观念；

（32）不要将感染者描述成受害者、犯错者或被可怜的对象；

（33）不要助长与艾滋病病毒、性传播疾病、皮肤病、结核病以及其他机会性传染病相关的误导性广告的传播；

（34）不要泄露自愿接受检测的志愿者的私密信息。

41.（A）媒介审判

引言

媒体和司法是民主体制的两个主要支柱和天然盟友，它们相互扶助并共同迈向民主体制的成功这一目标。正当的法律程序所必要的相关措施应优先于言论自由。当公正审判和言论自由之间发生冲突时，应优先考虑公正审判，因为妨碍被告接受公平审判的任何妥协性行为都会造成巨大的伤害并损害到司法系统。因此，媒体人应当接受必要的培训，知晓法院运作和诉讼程序相关的基本知识。

（1）在法院判定被告者有罪之前，被告人拥有被推定为无罪的基本权利。

（2）媒体的报道不得引导公众相信某个被报道的对象具有共犯关系，因为这种行为会给警方的公正调查过程带来压力。

（3）基于小道消息而对官方机构针对犯罪行为展开的调查进行报道将可能使得真凶逍遥法外。

（4）日常性地大力报道犯罪事件或对未查明的犯罪证据进行评论并非明智之举。

（5）虽然媒体对处于调查阶段的刑事案件进行报道可能有助于调查的快速和公正，但如果披露了相关保密信息，则可能妨碍或损害调查。因此，不能对调查过程中的所有细节进行不受限制的披露。

（6）不应对受害者、目击证人、犯罪嫌疑人和被告人进行过度报道，因为此举会导致对其隐私权的侵犯。

（7）报纸和其他媒体不应暴露目击证人的身份，因为这样的暴露会将目击证人置于被告人及其同伙以及调查机构的压力之下，并可能导致他们因屈从于压力而做出不公正的证词。

（8）犯罪嫌疑人的照片不应被公开，因为此举可能会在依据刑事犯罪条例而进行的"列队认人"（Identification parades）环节造成问题。

（9）媒体不得自行审判或预言判决结果，因为此举会给法官、陪审团或目击证人施加不当的压力，也可能给诉讼的一方造成损害。

（10）对审判后或听证后的活动进行报道往往会包含审判决定等内容。但当诉讼结论和审判决定之间存在时间差的时候，必须避免意在影响即将公布的判决结果的评论行为，包括对诉讼结论的评论以及对相关证据或争辩意见的讨论。

（11）媒体如果已对初审进行了报道，那么最好应在可能的情况下进行跟踪报道，直到公布法院的最终判决结果。

（B）对"突击圈套"的报道指南

（1）如果报纸打算对突击圈套（Sting Operations，即警方卧底）进行报道，那么它需要从行动的记录者那里获取凭证。该行动的记录者也需要为行动的真实性和诚意提供保证。

（2）对于"突击圈套"各个行动阶段的情况必须进行实时记录。

（3）对于"突击圈套"的具体情况是否进行报道，由编辑在衡量其是否满足公共利益的需要和是否符合所有法律的要求后进行决定。

（4）印刷媒体在报道"突击圈套"的相关行动信息时，应充分考虑其潜在的读者，避免惊吓或冒犯到他们。

42. 图片新闻规范

图片或视觉呈现的新闻与单纯的文字新闻相比，会在读者和观众的脑海中创造一个更强大持久的印象，因此摄影记者和其他视觉新闻的生产者必须更为谨慎负责地履行其职责。他们必须确保新闻的高标准，所呈现的内容应符合公共利益且能保持公平、准确、公正、严肃和得体。

遵守下面的行为准则将有助于摄影记者和视觉新闻的生产者进行自我约束，保持高水准的职业操守和行为标准：

应该做到的事

（1）图像应该准确全面，并且在合适的语境下发表。

（2）所有的报道对象都应给予尊重。对于弱势群体应给予特别的关照，对于犯罪事件和悲剧事件的受害人应给予同情。只有当出于公共利益的需要而有必要加以公开时，才可介入他人的伤痛。

（3）在编辑视觉资料时，应确保其内容及语境的完整性。不得以添加或更改声音的方式来篡改图像资料从而误导受众或歪曲被报道者。

（4）在同报道对象打交道时，应尽量保持谦和自然的态度。

（5）尊重摄影定格瞬间的场景完整性。

（6）图片不应该反映任何淫秽、粗俗或冒犯公众品味的内容。

（7）努力确保公共事务在公开的环境下进行。维护所有新闻记者的访问权限。

（8）努力争取全面地、不受限制地接触采访对象；在时机和场合受限制时，提出替代性的建议。

（9）寻求多样性的观点并展示被忽视的意见。

（10）力求通过榜样和影响的作用来保持本准则所阐释的职业精神和职业水准。当遇到不明情况时，可向具有最高职业水准的人士寻求帮助。

不该做的事

（1）拍摄被报道对象时，不得有意改变或试图改变或影响原本事件。

（2）他人的隐私不应被介入或侵犯，除非是出于真正至高无上的公共利益而非病态窥视欲的需要。

（3）在报道恐怖袭击、公共骚乱或其他暴力行为时，不要展示血肉模糊的尸体或其他可能引起受众不适、导致恐怖氛围或激发社会及宗派激情的图像。

（4）不要被有意策划的场景所左右。

（5）不接受那些意在影响报道的人的礼物、馈赠或经济报酬。

（6）不要卷入损害到或可能损害到其职业独立性的政治行为、市民活动、商业往来或就业状况中去。

（7）禁止用金钱或物质奖励来换取消息来源或报道对象的信息或参与。

（8）新闻作品中不能有任何形式的偏见。

（9）不得故意破坏其他新闻记者所做出的努力。

印度尼西亚

（Indonesia）

新闻伦理准则 *

言论自由、表达自由以及新闻报道自由是受"建国五项原则"、1945 年宪法以及联合国人权宣言等所保护的人权。新闻自由是人民用以获取信息、满足基本需要以及提高生活质量的公共手段。在实行新闻自由的同时，印度尼西亚新闻工作者还需要关注国家利益、新闻工作者的社会责任、社会的多样性以及宗教规范。

在履行其职能、权利、义务以及发挥作用时，媒体须尊重每一个人的基本权利、行为专业并接受公共监督。

为了保障新闻自由以及满足公众获取正确信息的权利，印度尼西亚新闻工作者须将保障公众安全、坚持诚信敬业精神作为其道德基础和职业准则。印度尼西亚新闻工作者在此基础上制定其新闻伦理准则并予以遵循。

条款 1

印度尼西亚新闻工作者是独立的，所刊发的新闻须准确、平衡、不含恶意。

说明

a. 独立指新闻工作者凭着自己的良知报道事件和事实，不受包括新闻集

---

* Journalism Code of Ethics, https：//accountablejournalism.org/ethics – codes/indonesian – press – council – journalism – code – of – ethics，摘录于 2015 年 10 月 8 日。本新闻伦理准则由印度尼西亚的 29 个新闻工作者协会以及新闻集团共同起草，并于 2006 年 3 月 24 日经新闻委员会批准后正式生效。

团的所有者在内的各方势力的介入、干涉和胁迫。

b. 准确指新闻和事实一致。

c. 平衡指各方都得到了平等待遇。

d. 不含恶意指不是故意侮辱他人。

条款2

印度尼西亚新闻工作者要坚持用专业的方法来执行新闻任务。

说明

以下为专业的方法：

a. 确定新闻来源；

b. 尊重个人隐私权；

c. 不受贿赂；

d. 根据清楚的新闻来源进行新闻事实报道；

e. 刊发的图片、照片以及声音都需要附上信息的来源，并且以平衡的方式呈现；

f. 尊重图片、照片、声音等新闻提供者的惨痛经历；

g. 抵制抄袭，包括将他人的新闻作品称作自己的作品；

h. 在出于公共利益的需要而进行调查性报道时，考虑使用适当的调查方法。

条款3

印度尼西亚新闻工作者须核实信息以保证报道的平衡，不得将事实与偏见杂糅，在报道过程中采用无罪推定原则。

说明

a. 核实信息指对相关消息的真实性进行反复的检验和审查。

b. 平衡指为各方都提供均衡的新闻篇幅和报道时间。

c. 偏见是新闻工作者的个人主观判定，而新闻工作者对事实进行的解释属于解释性意见，需将此二者进行区别。

d. 无罪推定原则指的是任何人在未经法律判决有罪之前，应视为无罪。

条款4

印度尼西亚新闻工作者不得采写失实的、淫秽的、带有诽谤性质和嗜虐内容的新闻消息。

说明

a. 失实指新闻工作者之前了解的信息与真正的事实不符。

b. 诽谤指恶意捏造无根据的指责。

c. 嗜虐指残忍且没有同情心。

d. 淫秽指含有色情和挑逗意味的照片、图片、声音和文字。

e. 在播放档案图片和声音时，新闻工作者需标示图片和声音的摄录时间。

条款5

印度尼西亚的新闻工作者不得披露性剥削案中的受害者以及未成年罪犯的个人信息。

说明

a. 个人信息指能够使其他人查找到当事人的一切信息与资料。

b. 未成年人指未满 16 岁的未婚公民。

条款6

印度尼西亚新闻工作者不得滥用自己的工作职权，且不得受贿。

说明

a. 滥用工作职权指一切为谋取私利而在新闻发布之前利用新闻谋取私利的行为。

b. 贿赂指一切他人提供的，可能影响到新闻工作者独立性的，以金钱、物品或设备等形式体现的馈赠。

条款7

当新闻源不希望暴露自己的个人信息和住址时，印度尼西亚新闻工作者应秉持保护新闻源的准则而行使拒绝权，并且遵守双方达成的关于背景信息封锁以及其他不宜公开的信息的约定。

说明

a. 拒绝权是指出于保护新闻源以及其家庭的需要，拒绝透露新闻源个人信息及其行踪的权利。

b. 封锁是指应新闻源的要求而延迟发布或播报新闻。

c. 背景信息是指在不说明新闻源的条件下而发布的一切由新闻源所提供的信息。

d. 不公开信息是指由消息源提供的一切不能发表的信息和数据。

条款 8

印度尼西亚新闻工作者不得基于种族、民族、肤色、性别和语言歧视而采写新闻，并且不得践踏弱者、贫困人群、病人或身心残障者的尊严。

说明

a. 偏见指在清楚地了解一件事物之前就对其形成的负面推测。

b. 歧视指区别对待。

条款 9

在不涉及公共利益的前提下，印度尼西亚新闻工作者须尊重新闻源私人生活的权利。

说明

a. 尊重消息源的权利指对之持以谨慎与宽容的态度。

b. 私人生活是除去与公共利益相关的其他一切关于当事人及其家庭的事物。

条款 10

印度尼西亚新闻工作者在及时撤回、更正和修改新闻事件中的错误的同时，应同时附上对于读者、听众和观众的致歉声明。

说明

a. 及时，是指不管有没有受到外部的指责，都应该尽量做到快速。

b. 当错误关系新闻的实质时，需提供致歉声明。

条款 11

印度尼西亚新闻工作者拥有一定程度的答辩权和更正权。

说明

a. 答辩权指其尊严受到新闻报道伤害的当事方有权进行回应和反驳。

b. 更正权指无论该条信息是否与某公民相关，该公民都有权对媒体发布的错误信息进行指正。

c. 一定程度指该权利与新闻中需要更正的部分相匹配。

任何违反本新闻伦理准则的人员都要交由新闻委员会进行最终裁决，并且由新闻工作者联合会或者所涉新闻集团进行惩处。

印度尼西亚
（Indonesia）

新闻记者行业保护准则 *

　　言论自由权是一项不得废除且必须得到尊重的人权。印度尼西亚人民坚决地保护言论自由权，并庄严地将其列入 1945 年宪法。新闻自由是人民主权体现的一种形式，同时也是言论自由权重要的一部分。

　　记者是新闻自由的主要支柱。当记者在进行报道的时候，应当获得国家、社会以及新闻单位无条件的法律保护。这就是制定新闻记者行业保护准则的目的。

　　1. 本准则定义的保护是指对于记者的法律保护，而记者须将新闻伦理准则贯彻于为保障公众权利而取得信息的新闻职责之中。

　　2. 当记者在履行新闻职责的时候应当获得国家、社会以及新闻单位的法律保护。新闻职责指探寻、获取、存储、加工并通过大众媒体传播信息。

　　3. 记者履行新闻职责时受到保护，以免受暴力、逮捕、扣押等行为的伤害。记者履职时，任何一方都不得进行限制和威胁。

　　4. 保护记者的新闻作品免于各种形式的审查制度。

　　5. 当记者在危险或冲突地区执行特殊任务时，应被配备一套标准的求生工具、一封委派书和保险契约，以及委派单位所提供的相关知识和

　　＊　Standard for the Protection of the Profession of Journalists，http：//presscouncil. or. id/hukum/？id＝25，摘录于 2015 年 10 月 8 日。2009 年 4 月 25 日发布于雅加达。

技能。

6. 当在有武装冲突的地区执行新闻任务的时候，亮明记者身份且没有使用冲突各方身份的记者必须得到像中立群体一样的对待，并被保护免受威胁、囚禁、虐待、拷问、谋杀等形式的伤害。

7. 在涉及新闻作品的案件中，新闻单位由其负责人作为代表来出面。

8. 当案件涉及新闻作品时，只能向新闻单位的负责人质疑与新闻报道事实有关的内容。记者可以使用拒绝权来保护新闻来源。

9. 新闻单位的所有者与管理人员不得逼迫记者报道有悖于新闻伦理道德和现行法律的新闻。

韩 国
（Korea）

记者协会伦理准则及实务守则 *

第一部分　韩国记者伦理准则

记者有告知国民真相、满足国民知情权的义务。记者身为媒体的一线核心人物，肩负着实践公正报道任务的使命。记者也享有国民赋予媒体的信息报道和编辑的权力。通过自由的言论活动，记者为国家的民主化做出贡献，并为国家发展做出正确的舆论引导。同时，记者肩负着和平统一、民族和谐、民族认同的时代使命。如此重大的责任和使命使得记者这一职业比其他职业从业人员更需要具备职业道德。因此，韩国记者协会制定了如下伦理纲领和行为准则，协会成员在活动中需遵守和践行。

1. 捍卫新闻自由

坚决反对新闻业内外部的个人或集体以权力和金钱等威胁新闻自由的这种不当干涉和压力。

2. 公正报道

在报道新闻时尊重事实，只选择准确的信息，保持严格的客观性。

3. 维持尊严

在搜寻素材的过程中不能利用记者的身份获取不当的利益，拒绝利用新闻

---

* Korea Journalists' association code of ethics and practice rules, http：//www. journalist. or. kr/ news/section4. html? p_ num =4，摘录于 2015 年 10 月 13 日。该规范由韩国记者协会伦理委员会制定于 1994 年 3 月 29 日，修订于 2006 年 5 月 15 日。

来源提供的信息获得私利和好处。

4. 正当的信息收集

在收集信息的过程中要使用正当的方法，不得伪造记录和资料。

5. 正确使用信息

获得的信息只能使用在新闻报道中。

6. 保护隐私

拒绝报道损害个人名誉的、没有事实依据的新闻，保护报道对象的隐私。

7. 保护消息来源

不管在什么情况下都要保护消息来源。

8. 修正错误报道

坦率承认错误报道并迅速改正。

9. 禁止歧视

收集、报道的新闻不得有基于区域、层级、宗教、性别、阶层等的歧视性内容且不得引发冲突。

10. 限制广告

我们应当维护个人和所在组织的尊严，不从事销售和与广告相关的行为。

第二部分　韩国记者协会实务守则

该守则是由韩国记者协会出台的具体行动指南和行为准则，与韩国记者协会伦理委员会的伦理准则一起发挥作用，记者应当遵守。

1. 新闻自由

（1）协会成员不能屈服于任何来自于内部和外部的侵蚀新闻自由的压力，不能屈服于那些压制打击新闻自由的力量。

（2）如果有侵犯新闻自由的情况出现时，各成员应立即报告。

（3）各成员应当维护媒体所享有的信息获取自由、评论与批评的权利。

2. 新闻和报道

（1）记者的第一使命是客观地报道，会员应铭记于心。会员应当为了深入客观、真实地报道而竭尽全力。

（2）会员应当在收集、报道新闻时保持平等与公正。

（3）为了达到个人的目的而进行采集、报道活动是不可以的。

（4）会员不能在报道中使用不准确的、猜测性的信息。

（5）会员不能利用诡计或强迫的方法获得信息。

（6）会员不能人为更改收集到的记录和资料。

（7）会员一定要注意，无论是否故意，都不能损害他人的名誉。

（8）除非有关公共利益，否则会员要尽全力不侵害采访对象的隐私。

（9）会员通过匿名消息来源获得信息时，一定要保护匿名消息来源。

（10）会员发布了错误报道时，一定要承认自己的错误，可能的话要立刻进行更正。

（11）会员在处理涉及地域、阶层、宗教、性别、阶级等问题时，一定要慎重，注意不要诱发它们之间的矛盾，也不要造成歧视。

3. 维持品行

（1）会员不能从采访对象等那里接受任何奖品、优惠待遇、免费旅游、高尔夫接待等。

（2）会员在收集信息过程当中遭受非难责骂的情况下，要注意自己的言行。

（3）要确保新闻记者和新闻机构进行报道的目的不是为了个人或机构的私利。

（4）会员不能为了采访的便利而与他人进行合谋勾结。

（5）会员不得将收集来的新闻信息用来追求个人的或者特定集团的利益。

（6）会员不得强迫出版物或胁迫广告用以吹捧自己，也不得以报道的形式吹捧自己。

第三部分　新闻记者协会伦理委员会运营规则

1. 名称

委员会名称为韩国记者协会伦理委员会。

2. 目的

委员会目的是切实执行韩国记者协会伦理守则。

3. 构成

委员会是由会长唐年直委员长和会长从委员会成员中任命 15 名以内的委员构成的。

4. 机能

本委员会的机能如下：1）寻求记协伦理准则的实践方案。2）对违反伦理准则和实务守则的行为进行审议决议。

5. 运营

（1）定期举行会议，由委员长指定日期开会，并讨论可行的措施，包括讨论伦理准则的实施。（2）在有要审议的案件时，根据委员长或者三分之一以上的委员提议召开临时会议。（3）临时会议可以由书面会议代替。（4）记协伦理委员会为了审议案件可以制定内部规定。

6. 附则

（1）委员会对违反该伦理准则和实务守则的行为裁决之后的处罚由执行委员会执行。

（2）本守则没有规定的其他事项，应当按照通常的做法。

马来西亚
（Malaysia）

新闻评议会职业伦理规范*

前　言

新闻的基本目标，是通过新闻、观点、信息和意见等不同的表现形式为公众服务，从而启蒙公众、培养公众的宽容意识。在此方面，保护个人免受被公开报道和隐私侵犯的痛苦也很重要。

因此，马来西亚媒体有责任促进这一目的，并将通过遵循普遍认可的专业水准实现这一目的。媒体将改善和维护专业的正直性。

在这样做时，媒体应当在信息和观点的传播过程中保持公正的准则，并对国家安全、普世价值和职业目标保持应有的洞察力。鉴于专业的正直性取决于新闻的公信力，所以在任何情况下，新闻同僚之间应该致力履行建立在独立自愿、自我调节基础上的道德行为，这是很有必要的。

报道规则

1. 媒体的主要责任是正确地报道新闻、尊重公众获取公正、准确、真实、及时新闻的权利。

---

* Malaysian Press Institute Code of Ethics under Proposed Malaysia Media Council，http：//ethics. rjionline. net／，摘录于 2015 年 10 月 22 日。该规范由马来西亚新闻评议会制定。

2. 为了确保准确性，媒体应当检查事实和其他信息片断。即使已经出版，也应该尽可能仔细地检查事实。

3. 所有的新闻报道应当严格地同评论区分开来。分析、评论和其他意见都应该有所标记，不得与事实或背景相混淆。作为规范，任何个人观点没有署名不得出现在报道当中，从而使读者能够区分事实陈述和观点评论。

4. 所有未经证实的报道都应当注明，确保报道不是令人误解的和歪曲的。

5. 媒体应避开出版不准确的、毫无根据的、令人误解的或歪曲的材料。

6. 在不夸张和加工的情况下，可以报道谣言和未经证实的消息，但这样的报道应当进行解释注明。

7. 事实错误的虚假报道和不正确报道应当被更正。应当给那些想反驳报道观点的人以机会。更正和反驳应当以适当的形式及时发表，这样，他们才会引起接收到原始信息的人的注意。反驳并不总是以评论的形式出现。

编辑部评论

1. 编辑部评论应是一种基于记者自己信仰和信念的大胆表达。在利用报纸作为公共论坛进行表达时，记者应当维护其公共精神。

2. 记者，在他的信念中，应确保他/她编辑的报道以清晰而明确的方式呈现，不要将新闻报道与广告或广告材料相混淆。

3. 然而，本节并不会限制那些以个人名义进行写作的新闻工作者的表达自由权，如评论家和专栏作家。

关注隐私

1. 媒体不得干扰、报道或评论个人隐私，除了当该报道涉及公共利益时。然而，一旦成为一起涉及公共利益的事件，隐私权将不复存在。

2. 媒体在报道刑事案件时必须非常谨慎，在法庭定罪前必须假设被告是无罪的。不能公开、传播犯罪事件中的候审者或被指控的人的音像。在候审中的个人的身份不得以任何形式透露。

3. 在案件涉及自杀和自杀未遂，以及犯罪案件涉及强奸、绑架和性侵犯妇女和儿童，或者侮辱女性尊严、人格和权益时，这些受害者的名字、照片或其他能够辨识出他们身份的特征不得公开。

4. 记者还必须谨慎报道这些类型的犯罪案件，要考虑到当事人和相关人的感受。

5. 未成年犯罪嫌疑人的名字以及他们的照片，不得公开。

声像使用

1. 在适用情况下，上述规则适用于图片和其他视觉材料，动画和声音材料同样适用。

2. 图片和声音应当真实、准确。制作蒙太奇、通过电子手段修改照片或制定图片标题，在这些制作过程中，都不得误导或欺骗读者和观众。因此，任何人为的修改、操作都应被公开。

收集信息的方法

1. 记者和媒体应当只使用符合伦理规范的方法获取数据和信息、用于新闻报道和文章评论。

2. 除非用传统的方法无法获得信息，且对公众来说这一信息至关重要，否则，记者应当避免用卧底和其他秘密的收集信息方法。当使用非传统的信息收集方法时，在新闻报道中应当指出。

3. 除非这种隐性录音是为了保护新闻记者，或有其他令人信服的理由，或为了公共利益，否则，如果当事人不知晓或没有得到当事人的同意，公开任何人谈话的录音磁带等材料都是不道德的。

4. 媒体不应当使用处在悲伤或悲剧中的人的访谈或照片，这样做是以示同情。

5. 记者、媒体在采访儿童和没有经验的消息来源和人时，应当保持特别的敏感。

社群主义、 宗教、 性别和刻板印象

1. 媒体在发布涉及公共权利、极端主义、违反多元和多民族社会规范的

新闻和观点时应当保持巨大的谨慎。

2. 有关公共或宗教矛盾、争端或冲突的新闻、意见和评论，只有在适当和严格的事实验证后才予以公布，并且应当显示出谨慎和克制，以一种有利于形成社会、宗教的和谐、融洽和和平氛围的方式进行报道。

因此，从任何消息来源，包括官方消息来源获得的信息不能随意接受，必要时在新闻报道中将这些材料作为辅助材料。

3. 在所有情况下，应当避免使用那些引起轰动的、煽动性的和令人惊恐的标题。

4. 另一方面，标题中的断言应当标明来源或至少注明出处。

5. 如果以下细节不重要或易引起歧视，那么媒体不应强调种族、性别、国籍、职业、残疾、政治关系或宗教信仰等信息。

6. 媒体报道必须避免造成对民族、宗教、种族、性别、年龄、地理、性取向、残疾、外貌或社会地位的刻板印象。

消息来源和保密

1. 记者必须尽可能地辨识消息来源。公众有权利从可靠的消息来源那里获得尽可能多的信息。

2. 如果信息是从匿名消息来源那里获得，应当不公开匿名消息来源。新闻工作者不能被新闻评议会要求强迫公开这种消息来源。

3. 要求媒体不公开消息来源这项规则，不适用于以下情况：

a. 消息来源同意公开；

b. 当公开的事情涉及公共利益时，编辑用一个合适的备注阐明并将相关信息公布，即使它是不宜报道的。

抄 袭

1. 在报道新闻和呈现新闻时，媒体应始终公平地报道文章来源。

2. 使用别人的作品或思想而冒充是自己的这一行为，是违背新闻道德伦理的。

3. 因此，报纸、新闻服务、杂志、书籍、期刊和其他印刷材料、磁带和其他录音设备，以及数字和在线服务中的抄袭是禁止的。再版或引用已发表的材料时应当注明出处。

责任与专业规则

1. 媒体应对读者、听众、观众负责。

2. 媒体应尊重个人和公众人物，正如尊重其他基本人权一样。

3. 新闻记者不得接受现金或实物奖励。

4. 不接受来自非新闻编辑人员分配的任务。

5. 新闻工作者必须避免任何利益冲突，以服务于读者、观众和听众的利益，以及维护新闻界的荣誉。

6. 记者和媒体不应接受任何报酬、邀请、免费旅行或任何其他利益，因为这样会有损新闻业的信誉和诚信，也会破坏真实、公正和独立。如果接受是不可避免的，那需要在报道中披露出来。

7. 媒体和新闻记者不得利用任何未公开的、有关经济或国家机构的新闻信息来获得个人、组织或公司的私利。

8. 媒体应解释新闻和观点报道的伦理过程，并邀请公众对其职业操守进行对话。

9. 媒体应该接受（公众）对自己的抱怨和不满，以提高和保持高标准的专业水准。

10. 必须承认那些被曝光记者和媒体组织的不道德行为，并及时纠正。

11. 新闻记者有责任去保护职业和媒体机构免于受到环境影响。因此，媒体组织和各方不能强迫记者发布那些有违新闻伦理规范的新闻报道。

尼泊尔
（Nepal）

记者职业道德规范[*]

前　言

鉴于修订记者职业道德规范以使其适合各种形式的媒体，同时又与国际新闻操守、理念保持一致，是一种有利的举措。同时依据尼泊尔宪法 2063 (2007) 中维护自由和权利这一基本目标的条款，媒体对于国家和社会有更多的责任保护人们的知情权，而不是滥用权利，所有这些的实现都有赖于保护新闻自由从而以各种方式使新闻媒体和新闻记者负责任和更专业，从而形成健康发展的新闻业。在尼泊尔记者联合会的同意下，记者职业道德规范（2003）现在已得到及时的改正和修订，并根据新闻评议会法案 7（b）开始施行。

1. 标题、开头和延伸

（1）这份记者的职业道德规范被称为"记者职业道德规范"。

（2）这份记者职业道德规范将会被立即执行。

（3）这份记者职业道德规范将适用于所有在尼泊尔运营的新闻媒体和所有从事新闻工作的新闻记者。

2. 除非是特别解释，否则在这份记者职业道德规范里

（1）"新闻记者"是指在任何形式的传播媒体机构或生产、传播以新闻节目为主的机构工作，且从事涉及新闻工作的人，包括主编、编辑、编辑部成

---

[*]　the Press Council Nepal Code of Journalistic Ethics, https：//accountablejournalism. org/？/ethics－codes/Nepal－Conduct，摘录于 2015 年 11 月 20 日。2008 年尼泊尔新闻评议会发布、施行该规范。

员、通信记者、专栏作家、摄影记者、新闻摄影师、漫画家、节目制作人和经营者、服装员，以及与新闻信息采集、制作、编辑、传播相关的视觉或语言编辑。

（2）"媒体"包括了报纸、无线电广播和电视广播、新闻代理商和组织，以及网络新闻提供者、信息和观点服务提供者和新闻节目提供者。

（3）"评议会"是指尼泊尔新闻评议会。

3. 新闻记者和媒体机构应该履行以下的职责

（1）保护和促进新闻自由：言论自由作为公民、新闻记者和媒体的基本权利，应当一直坚守，并保护和促进该项权利。

（2）尊重人道主义、人权和国际关系；保护和促进民主、公正、平等、人道主义、和平，以及国际之间的相互理解和友爱；同时，尊重国际人权公约中规定的个人的人权、兴趣、原则、标准和实践。

（3）保护和满足知情权：一直积极地致力于保护人们知情的权利。

（4）告知准确、真实的信息：新闻记者应该告知准确、合理、均衡的、忠于事实的、客观的信息，应该引用来源并且陈述出是依据了哪些信息。

（5）编辑自由和责任：依据被普遍接受的编辑自由原则，新闻制作媒体、新闻出版媒体和新闻广播媒体的编辑对其生产、传播新闻内容负责。媒体应该保证自身的编辑独立。

（6）尊重隐私权：尊重个人的和职业性的秘密，除非它对公共利益有严重的影响。

（7）高水准的专业主义：忠实地培养高水准的专业主义，以便成为一个可靠的、有责任的、可信赖的、致力于遵守基本原则和规范的新闻记者。

（8）得体的行为：注意保持语言和工作方式的道德性、礼貌性和体面性，同时遵守自己职业行为的社会礼仪。

（9）快速纠正错误：收到任何出版和广播出现误差或错误的信息，尽快地纠正这个误差或错误，并且给任何伴随着证据的驳斥或回复一个合适的位置，用清晰的语言公布。

（10）社会责任：新闻记者和媒体应该通过传播信息和观点、从而帮助残疾人、需要帮助的人、欠缺行为能力的人、女人、儿童和来自于社会、民族及少数民族底层的人；应承担起给予他们特殊帮助的责任。

（11）尊重相互关系：记者和媒体之间的关系应该是职业的、健康的、受约束的、谦恭的、和睦的。媒体组织应该确保该组织内部的编辑自由。

4. 新闻记者和媒体机构应当采取如下行动

（1）不破坏国家完整：不出版、传播或发布任何可能会破坏多民族、多语言、多宗教、尼泊尔主权和领土完整的内容；不发布那些危害不同种族、部落或团体人民之间和谐关系的内容，包含任何诽谤污蔑话语或和正当公众行为与道德相违背的新闻或观点。

（2）不要对社会公正或友好带来负面影响：不发布、播报或生产、传播类似于歪曲的和挑衅的材料，这些可能会给社会公正或友好带来负面影响，并且与专业尊严相违背。

（3）不公开新闻的秘密消息来源：为了保证新闻的真实性和可靠性，消息来源应该在任何新闻报道中被显示出来。但是保护秘密来源是新闻记者的职责，除非得到匿名来源者的许可，否则匿名消息来源的姓名和身份都是不应该被暴露的。

（4）不能用新闻素材去满足个人利益：新闻媒体机构或记者不能用他们获取的信息去满足个人私利或其组织的利益，新闻记者获取的这些信息素材仅能向公众公布、传播，并用于公众消费。

（5）不歧视：不能在新闻或观点传播中基于种族、性别、宗教、地区、语言、肤色或其他形式进行歧视性传播。

（6）不做对受害者不利的事：不用语言、声音、照片、图形、图像或其他方式去发行、传播或生产、散布任何伤害受害者的新闻或观点。

（7）拒绝披露：未经当事人同意，不能通过任何新闻、图片或图像的形式去出版、传播，或生产、散布性犯罪案件中受害者的姓名、地址和身份及可以引起仇视或社会歧视的事件或背景信息。

（8）不提倡暴力、恐怖主义和犯罪：不能用诸如提倡破坏性活动、暴力、恐怖主义、犯罪的方式来传播任何新闻、观点、图片、调查、声音或情境。

（9）不发布或播报裸露的场景或以图片的方式来传播憎恨、恐惧和挑衅：不发布任何裸露或可怕的场景和图片，不用传播憎恨、恐惧或用挑衅的方式来描述大屠杀，不发布社会色情或做断章取义的事。

（10）在事件报道中不提及或不涉及人物姓名：在出版、传播关于某事的新闻时，不要公布与此事并没有密切联系的个人的名字，不能用破坏个人尊严或诽谤个人性格的方式进行报道。

（11）不扭曲事实：不要公布、传播或生产、散布那些人为加工过但没有解释说明的图片、声音和事实等此类新闻材料，因为这样会影响公众认知，给公众留下错误的印象，或者误导公众。

（12）不用新闻的方式呈现广告：既不能将广告以新闻的方式呈现，也不能通过一则广告去驳斥新闻；传播媒体一般不应该驳斥其他媒体出版或播报的新闻。

（13）不指出引用来源时不要使用他人的素材：已经被其他任何通讯社或媒体使用过的新闻或已出版、播报的素材，其他通讯社或媒体不应该在没有说明引用来源的情况下再次出版、播报或散布相同的内容。标注引用来源时一般应征得其原本所有人或机构的同意。

（14）与新闻来源的关系：记者和媒体不应该违背专业规范、标准，不应该和新闻来源有不正当关系，也不能由于个人或机构的既得利益去辱骂新闻媒体。

5. 申诉和申诉程序

（1）如果任何新闻工作者或媒体机构违背该职业道德规范而出版、广播或生产、散布的新闻材料使个人、团体或组织陷入困难之中，那么受影响的一方可以提出书面投诉，向相关媒体的编辑进行否认说明或解释说明。

（2）相关编辑和媒体的责任是对接收到的上述第1条中（投诉方的）解释、否认说明、反映等给予足够的重视并进行出版或播报。如果编辑认为（投诉方的）解释、否认说明或反映不适合出版播报的话，应告知与此相关的投诉方。

（3）如果相关媒体并没有出版、传播上述第1条中投诉方的解释说明、否认说明及反映，且投诉方对其答复不满意的话，投诉方可以将其解释说明、否定说明或反映问题的副本报告给尼泊尔新闻评议会。

（4）如果上述第1条中投诉方的解释说明、否定说明或反应报告以删减或歪曲的形式进行出版播报，或者受害方对出版、播报的内容不满意，或者受害方有希望新闻评议会解决争端的愿望，受害方可带上下列相关材料向新闻评议会进行投诉。

（a）一份已出版或播报的新闻报道的副本；

（b）一份因出版或播报的新闻而造成困境的描述，并加以证明；

（c）转寄给相关媒体的解释说明、否定说明和反应报告的副本；

（d）一份相关媒体编辑给的答复、否定或陈述的内容；

（e）一份与相关媒体编辑应所报道的内容进行的通信记录。

如果提出的问题正处于被处理，或是处在其他司法、半司法单位处理的过程之中，委员会将不受理此类投诉。

（5）新闻评议会接受了上述（3）中提出的申请之后，将会向拒绝投诉人的相关媒体发布一个通知，要求该媒体就拒绝的原因做进一步的文字说明。

（6）除了上述（3）中包括的各种情况，如果记者或媒体继续以直接或间接的形式发布对公共利益或相关人有负面影响的新闻报道，新闻评议会可以根据这一道德规范对此类记者和媒体自行采取行动。

（7）除了上述（1，2，3）中包括的各种情况外，在向新闻评议会投诉之后，新闻评议会将传票送至相关媒体之前，新闻评议会可以给相关新闻工作者或媒体发指令，要求其对有问题的新闻进行反驳，或要求其道歉，或要求其给予一个合理的答复。

（8）投诉某一记者或媒体发布的违背该道德规范的报道，其投诉期限是自该报道播出时算起的35天内，如果超过35天，该投诉不被受理。如果有适当的未能在规定时间内提出申诉的理由，那么评议会随时可以受理此申诉。

（9）当提出申诉时，申诉者应提供与投诉相关的文件，包括出版、播报或生产、传播的新闻材料中的问题。然而如果评议会认为原告可以不需要提供这样的材料，评议会需要自己可以查找相关资料并举行听证会。

（10）受害者可以在上述第（8）条规定的时间内，向新闻评议会提交可以证明新闻内容违反道德规范的事实证据。投诉提交上去，如果新闻评议会认为需要问询，那么评议会会向被投诉方发出传票，同时也会将受害者的投诉一起给被投诉方，并要求被投诉方在七天内带上证据进行答复或证明其清白。

（11）在上述条文中所提及的，被投诉人没有在规定的期限内提交回复的话，评议会一般应该在30天之内对此事做出决定。

（12）基于上述（11），在做出决定之前，如果评议会认为必要的话，会传唤原告和被告的代表，并在他们之间举行一个讨论会。

（13）如果原告和被告之间达成了妥协并一起进行了妥协的书面申请，则评议会可能执行此妥协并解决争端。

6. 决策的提供和执行

如果任何一方被认为从事了道德规范中禁止的事情，评议会将会做出决定并采取以下行动。

（1）评议会将责令相关媒体按评议会要求的形式、位置和时间对投诉的处理决议进行出版、播报或发布、散布。

（2）如果被指控的这一方不执行上述（1）中的指令，如果该媒体有经营许可证的话，那么评议会将建议该媒体的相关负责方中止该媒体的经营许可。

（3）即使已经依据上述（2）的要求，中止了媒体的经营，但如果被控方没有执行上述（1）中的行动，评议会在评估/评分时，会将该媒体排除在外。

（4）如果被控方不遵守上述条文（1）中的决定，即使根据上述条文（3）在评估过程中移除了相关媒体，那么在一定时期内，委员会或其他来源的福利基金将不允许提供给该媒体。

（5）如果被控方不执行上述（1）中的指令，即使在根据上述（4）所说切断了对其的基金援助之后，评议会将建议相关机构在一段时间内中断尼泊尔政府为其提供的设施支持。

如果评议会认为必要的话，可同时采取上述条文（4）和（5）中所提及的处罚行动。

（6）评议会将谴责那些未能执行评议会决议的记者和媒体，并通过媒体来发表、传播此事。

7. 道德规范不可分割的一部分

在该道德规范出台之后，由评议会签署的规范新闻工作者、媒体、通讯社等的所有指令，都视为记者职业道德规范不可分割的一部分。

8. 撤销

1998年的记者行为准则，特此废止。

巴基斯坦
（Pakistan）

报纸编辑委员会伦理规范 *

巴基斯坦报纸编辑委员会（CPNE）伦理规范的制定是为了使媒体的运作目的符合规范、职业操守和自由与责任理论，从而为公共利益服务，确保新闻与观点能畅通无阻地传递给那些期盼着诚实、准确、客观、公正报道的人们。该规范用以指导那些以各种形式，比如新闻、文章、社论、专题、漫画、插图、照片和广告等服务于公共利益的出版物。

1. 新闻媒体应努力坚持道德标准，并避免剽窃，避免出版诽谤或中伤他人的材料。

2. 新闻媒体应努力公开揭露所有必要的相关事实，并确保其传播信息的公正准确。

3. 新闻媒体应该避免有偏见的报道，避免公开未经证实的材料，避免评论和猜想被表达成既定事实。基于个人或极少数人行为而进行（总体性的）概括应被视为不道德的。

4. 新闻媒体应该尊重个人隐私，并避免侵入私人空间、家庭生活和住宅。

5. 避免谣言和未经证实的报道，若已发表应加以声明。

6. 包括图片在内的信息应该是真实准确的。

7. 新闻媒体应避免生产、印刷、出版或传播任何鼓励或煽动对个人或群

---

* CPNE Code of Ethics Pakistan，http：//cpne. webs. com/aboutcpne. htm，摘录于2015年12月6日。该规范由巴基斯坦报纸编辑委员会制定。

体基于人种、地区、社会地位、宗派、民族、种族、性别、残疾、疾病或年龄而进行歧视和仇恨的材料。

8. 新闻媒体不应将犯罪行为投射成英雄事迹，不应将罪犯描述成英雄。

9. 新闻媒体应避免印刷、出版或传播任何可能蔑视巴基斯坦及其人民，或倾向于破坏其作为独立国家的主权和完整性的材料。

10. 新闻媒体不应传播或出版任何违反巴基斯坦伊斯兰共和国宪法第 19 条的报道或观点。

11. 新闻媒体应迅速更正所有具有危害性的错误，确保更正和致歉明显地被获知，并在这个话题足够重要时，提供给批评或评论的人们以回应的权利。

12. 当报道医疗问题时，应注意避免进行可能引起读者毫无根据的恐惧或虚假希望的煽情。早期的研究发现不应被报道成最终的或接近最终的研究发现。

13. 对暴力或暴行的煽情应被避免。所有的报道都应准确，尤其是涉及法庭审理时。一个被指控的人不应在判决之前被报道成有罪。

14. 在报道儿童、青少年或妇女的性侵案时，不应公开他们的姓名和可辨识的照片。

15. 在简报和采访中所商定的保密协议必须被遵守。

16. 当公开民意调查的结论时，新闻媒体应指出调查的人数、调查进行的地点和调查赞助商的身份。

17. 应当避免接受任何形式的、可能引发利益冲突的经济或其他方面的特权和诱惑，因为它可能影响媒体人员职责的发挥，违背了信誉良好、独立和负责的媒体观念。

新加坡
（Singapore）

国家记者联盟的职业行为规范 *

1. 每个成员应该维持职业和行为上的高标准。

2. 任何成员都不应做使自己、所属联盟、所属报纸或其他新闻媒体和自身职业丧失信誉的事情。

3. 每个成员应维护诚实收集信息、传播信息的自由原则，以及进行公正的评论批评的权利。

4. 每个成员都应该意识到个人行为对于他所属报纸、所属媒体的责任。

5. 每个成员都应审慎地、正直地报道和解释新闻。

6. 每个成员都应通过诚实的手段去获得新闻、图片以及文件。

7. 每个成员都不应该因接受任何形式的贿赂而传播或隐瞒报道，也不能允许个人私利影响自己的正义感。

8. 每个成员应该尊重匿名消息来源提供的信息及其私人情况。

9. 每个成员都应牢记不要违反有关诽谤、蔑视法庭和版权等法律。

10. 每个成员都应一直遵守他们所在的同业互助会（的规范），并不应从同业成员那里获取不公正的竞争优势。

---

* Journalists' Code of Professional Conduct, https：//accountablejournalism. org/？/ethics - codes/Singapore - Journalists，摘录于 2015 年 12 月 8 日。

泰　国
（Thailand）

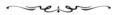

新闻评议会的职业道德规范*

　　泰国的新闻评议会以及国内独立媒体的出版商、编辑和记者认为：新闻媒体保持独立、自律是与民主传统相一致的，为了使媒体保持专业、负责和有责任感，应当建立职业道德规范。新闻评议会支持言论思想自由，认为公众应当在一个有独立媒体的社会中接受教育。与此同时，评议会还认为君主制机构应为国家的最高社会、政府机构。以下是泰国新闻评议会发布的1997职业道德规范。

第一章　常规

　　条例一　如下的指导方针都源于被称为"B. E. 2541（1998）新闻记者的道德规范"的文件。

　　条例二　这些行为规范将会在被公告的那一天开始执行。

　　条例三　在这份行为规范中，"news"一词指的是印刷文本、大标题、图片以及在报纸出现的带有图片的标题。"Newspapers"一词被泰国新闻评议会B. E. 2540（1997）所定义。

---

　　*　Code of Ethics for members of the Press Council of Thailand，http：//www. presscouncil. or. th/，摘录于2015年12月21日。该准则由泰国新闻评议会发布、实施。

第二章　报业的职业道德规范和指导方针

条例四　报业必须以真实性作为最高的守则。

条例五　报业在发布新闻时必须首先考虑到公共利益而不是个人利益。

条例六　报业必须对新闻中涉及的所有主体采取一视同仁的态度。

条例七　报业不能编造任何虚假的事情。

条例八　报业必须对自己所了解到的陈述采取中立的态度，偏倚的报道将可能导致报道涉及的当事人提起法律诉讼。

条例九　报业必须避免将自己的个人观点呈现在新闻报道中。

条例十　无论信息是从印刷文本还是从个人那里得到的，报业都必须注明原始出处。

条例十一　当涉及一些可能会破坏个体名誉的报道时，报业必须给涉及的主体陈述自己案情的机会。

条例十二　如果出现了犯错误的情况，报业必须尽可能地快速对这个问题给予更正。

条例十三　报业在报道新闻时不能揭露（匿名）消息来源。

条例十四　报业必须保护匿名消息来源，并考虑到如果消息来源的身份被揭露后，消息来源的人身安全是否会处于险境。

条例十五　当一个人或其照片在新闻报道中被提及时，报业必须顾及人道主义原则和个体的人格尊严。

条例十六　不能以将标题夸张化的方式来扭曲事实或新闻事件的真相。

条例十七　当呈现一些带有暴力或色情的图片时，报业必须运用他们自己的判断力来筛选。

条例十八　当在社论或分析中涉及任何主体时，报业都应该保持公正。

条例十九　报纸中的广告必须是以付费广告而不是新闻事件的方式呈现。

第三章　记者的职业道德规范

条例二十　记者不能做有损其所处职位和所在媒体正直性的事。

条例二十一 记者不能滥用职权，或利用其职位在某些方面获得私利。

条例二十二 禁止记者接受被采访者的贿赂或贵重礼品，因为这会影响新闻报道是否具有真实性。

第四章 报业必须以真实性作为最高的守则

条例二十三 记者在工作中传播准确和影响广泛的信息时，不能接受任何会影响到他们专业表现的特权或职位。

条例二十四 当在呈现新闻报道的时候，报社必须顾及普通大众的福利和利益。

条例二十五 报社必须以有尊严的方式去获取信息。

条例二十六 在发表观点或新闻分析时，报社不能有任何潜藏的动机。

条例二十七 报社应当考虑个人权益，同时也要将之与公众的知情权相权衡。

条例二十八 报社不能允许付费广告侵蚀到已制定的职业道德规范，应当顾及国家的习俗和价值观念。

条例二十九 报社必须避免付费广告故意向公众发布虚假信息的情况。

条例三十 报社不能用亵渎或淫秽的姿态去报道新闻。

越　南
（Vietnam）

记者协会伦理准则*

越南记者遵守下列职业道德的规定。

1. 绝对忠于越南共产党领导下的社会主义建设事业。

2. 始终忠于人民，全心全意为人民服务。

3. 在实践中保持诚实和公正，尊重事实。

4. 保持健康、纯正、专业性、非营利性，拒绝违法行为。

5. 遵守法律，履行公民的职责，承担社会责任。

6. 保护国家机密，保护秘密消息来源。

7. 尊重同行，团结协作，在新闻活动中要帮助同事。

8. 不断地学习，提高政治、文化、专业水平。

9. 保护和弘扬民族文化，选择性吸收其他文化。

---

* Vietnam Journalists Association，http：//www. vja. org. vn/vi/detail. php？ pid ＝4&catid ＝28&id ＝
103&dhname ＝QUY – DINH – VE – DAO – DUC – NGHE – NGHIEP – CUA – NGUOI – LAM –
BAO – VIET – NAM，摘录于2015 年1 月5 日。该规范由越南记者协会制定于2005 年8 月
13 日。

亚洲各国媒体伦理规范评析

~~~

新闻作为一种职业，各国、各地区的新闻工作者在具体实践过程中都需要遵守相应的伦理规范。本部分，收录了亚洲国家的24篇媒体伦理规范，涉及阿塞拜疆、不丹、中国、日本、印度、印度尼西亚、韩国、马来西亚、尼泊尔、巴基斯坦、新加坡、泰国、越南等13个亚洲国家。这些伦理规范往往以清晰的条目出现，或是规定媒体从业者的权利，或是规定媒体从业者的责任，或是一些抽象的形而上原则等。

一 亚洲媒体伦理规范中提及率较高的准则

在亚洲各国的24篇媒体伦理规范的文本中，有11条准则的提及率在50%以上（含50%），它们分别是准确、更正、避免利益冲突、保障言论自由、保护消息来源、保护隐私、独立、禁止歧视、最小伤害及信息采集手段正当。信息全球化时代，诸多针对新闻工作者的共通性规定，无疑进一步提高了"地球村"出现的可能性。下面将分别对其进行阐述。

表1 亚洲媒体伦理规范中的共通性规定

排 名	原 则	数 量	占 比
1	准确	21	87.50%
2	更正	17	70.83%

排　名	原　则	数　量	占　比
3	避免利益冲突	17	70.83%
4	保障言论自由	14	58.33%
5	保护消息来源	14	58.33%
6	保护隐私	13	54.17%
7	独立	13	54.17%
8	禁止歧视	13	54.17%
9	最小伤害	12	50.00%
10	信息采集手段正当	12	50.00%

（一）准确

准确是指新闻报道应当和事实本身相一致，即要求真实、全面与客观。在24篇媒体伦理规范中，提及准确性原则的有21篇，涉及了13个国家，且均将其置于文本的显著位置予以突出。这些媒体伦理规范提及保持准确的重要性，归纳起来，主要体现在以下三个方面：其一，于新闻而言，准确是新闻的生命，新闻信息必须符合事实。台湾《新闻记者信条》规定："新闻记述，正确第一。凡一字不真，一语失实，不问为有意之造谣夸大，或无意之失检致误，均无可恕。"于公众知情权而言，准确是公众知情权的保障。阿塞拜疆《新闻工作者行为的工会准则》规定："尊重事实，捍卫公众获知真相的权利是新闻工作者的第一职责。"其二，于新闻工作者而言，准确是新闻工作的基本要求。其三，于新闻业而言，保持准确是新闻业的使命。日本《新闻伦理纲领》规定："记者的使命就是不断地追求真相。"泰国《新闻评议会的职业道德规范》规定："报业必须以真实性作为最高的守则。"

各国媒体伦理规范在宏观层面的规定具有以下两个共同点。其一，记者、编辑等新闻工作者在报道新闻、发表观点、发布广告等过程中均应履行准确原则。其二，避免报道扭曲事实的内容。针对不确定的消息的处理，各国都进行了说明性规定。韩国《记者协会伦理准则及实务守则》规定："在报道新闻时尊重事实，只选择准确的信息，保持严格的客观性。"马来西亚《新闻评议会职业伦理规范》规定："在不夸张和加工的情况下，可以报道谣言和未经证实的消息，但这样的报道应当进行解释注明。"可见，对准确性的追求，各国是一致的。

在微观操作层面，部分国家未过多提及，个别国家规定较为细致，主要包括："避免虚假陈述"、"核实消息来源"、"彻底调查"、"发表前反复核实""发现错误及时更正"等。中国《新闻工作者职业道德准则》对采访、报道和反馈等各个环节进行了明确规定："1. 要通过合法途径和方式获取新闻素材，新闻采访要出示有效的新闻记者证。认真核实新闻信息来源，确保新闻要素及情节准确。2. 报道新闻不夸大不缩小不歪曲事实，不摆布采访报道对象，禁止虚构或制造新闻。3. 摘转其他媒体的报道要把好事实关，不刊播违反科学和生活常识的内容。4. 刊播了失实报道要勇于承担责任，及时更正致歉，消除不良影响。"不丹《新闻工作者伦理规范》规定："不在饮酒、吸毒或其他意识不清的情况下工作；防止在报道事件或个人时进行无实质意义的延伸。"

（二）更正

在认识、报道客观事实过程中，新闻工作者产生认知偏差，报道了失实新闻、发表了不恰当言论、刊登了不合适的照片等时，应予以更正、承认错误。本部分共有 17 篇媒体伦理规范涉及了更正准则，其内容大体如下。

其一，更正要及时迅速，14 篇规范有所提及。相应的词主要有"第一时间更正"（不丹《新闻工作者伦理规范》）、"迅速更正"（韩国《记者协会伦理准则及实务守则)》）、"及时更正"（中国《新闻工作者职业道德准则》）等。

其二，规定了受错误报道影响的当事方的答辩权（或答复权），即当事方有权进行回复和反驳，共有 10 篇规范有所提及。大多数规范规定了当事方可以使用答辩权的情形。印度尼西亚《新闻伦理准则》规定，"答辩权指其尊严受到新闻报道伤害的当事方有权进行回应和反驳。"巴基斯坦《报纸编辑委员会伦理规范》规定："在这个话题足够重要时，提供给批评或评论的人们以回应的权利。"日本《新闻伦理纲领》规定："如果个人和集体受到不公正的诽谤，应采取给当事人提供回应机会等措施来进行纠正。"中国香港《记者协会专业守则》规定，"在事件有一定的重要性时，应让受批评者有回应的权利。"台湾《电视道德规范》规定，"如损害名誉，应在大致相同之时段，给予可能受损害者申述及答辩机会。"

其三，要求更正方式显著。巴基斯坦《报纸编辑委员会伦理规范》规定：

"新闻媒体应迅速更正所有具有危害性的错误，确保更正和致歉明显地被获知。"台湾《报业道德规范》规定：新闻报导及评论错误，应尽速主动更正。

其四，要求必要时媒体应予以道歉。因报道失误对当事人名誉、利益，或是对公共利益损害造成损害的时候，要求媒体进行公开的道歉。不丹《新闻工作者伦理规范》规定："一旦发现报道有误，报纸应该第一时间以显著的方式进行更正，在情况严重的时候还需向公众致歉。"中国羊城晚报《杜绝新闻敲诈、防止虚假新闻工作守则》规定："因消息来源或采访问题导致新闻报道虚假失实，应在版面及时纠正或澄清，以消除影响，向受众及相关人士致歉。"

（三）避免利益冲突

避免利益冲突指新闻工作者不能利用职位或特权来寻求、接收或索要任何个人私利，这些陷入利益冲突的行为包括提前利用消息获利、有偿新闻、有偿不闻和新闻敲诈等。

新闻工作者在实践中会不可避免地受到各种利益的影响，例如个人利益、阶级利益、派别利益、地域利益等，一旦陷入利益冲突，就会影响报道的客观与公正，新闻工作者的专业职责、信誉也会受到影响。面对包括经济诱惑在内的各种利益，新闻工作者需洁身自好，以专业态度处理。马来西亚《新闻评议会职业伦理规范》特别规定，"如果接受是不可避免的，那需要在报道中披露出来。"台湾《报业道德规范》规定，"股票、房地产等理财或投资分析报导，不得扭曲，以谋求私利。"中国《新闻工作者职业道德准则》规定，"不利用职业之便谋取不正当利益，不利用新闻报道发泄私愤，不以任何名义索取、接受采访报道对象或利害关系人的财物或其他利益，不向采访报道对象提出工作以外的要求。"

（四）保障言论自由

言论自由作为一项基本人权，在 14 篇规范中有所涉及，它是公民知情权的实现前提。日本《新闻伦理纲领》规定，"如果媒体没有充分的言论表达自由，且没有高度的道德感和独立性，那这项权利（知情权）将无法实现。"在媒体伦理规范中，对言论自由的规定，主要有两方面，一是充分保障公民的言论自由，二是竭力维护记者、编辑等新闻工作者自身的表达自由和出版自由。如尼泊尔《记者职业道德规范》规定："保护和促进新闻自由：言论自由作为公民、新闻记者和媒体的基本权利，应当一直坚守，并保护和促进该项权利。"

绝对的言论自由会产生诸多弊端，为此，社会责任理论作为对自由主义媒体理论的修正，强调自由的前提是责任，这一观点被诸多国家所认可。就24篇规范而言，在谈及自由时，几乎都强调媒体也需要自律。日本《新闻伦理纲领》规定："在保证自由的同时，报纸必须认识到肩上的责任，不得损害公共利益。"新加坡《国家记者联盟的职业行为规范》规定："每个成员应维护诚实收集信息、传播信息的自由原则，以及进行公正的评论批评的权利。"

（五）保护消息来源

消息来源，也被称作消息源、新闻来源，它"是记者生命的血液"[①]。记者获知的信息多来自于消息来源，因此保护消息源免受报道所带来的可能性伤害，显得至关重要。保护匿名消息来源和保密协定内化是不少国家新闻工作者的职业标准。保护消息来源主要体现在两方面，一是不公开其个人信息及行踪，二是应新闻来源的要求而延迟发布或播报其提供的信息。

为保证可靠性和真实性，新闻报道应当标明消息来源，但是当消息来源不愿意曝光或是曝光会招致危险时，记者有责任予以保护，在调查性报道中尤应如此。"水门事件"记者伍德沃德和伯恩斯坦对线人"深喉"的长久保护堪称保护消息源的典范。印度尼西亚《新闻伦理准则》对其解释是"出于保护新闻源以及其家庭的需要，新闻工作者有拒绝透露新闻源个人信息及其行踪的权利"。

当然，在特殊情况下可以揭露匿名（秘密）消息来源。这些特殊情况包括：其一，消息来源同意公开；其二，法律要求公开；其三，涉及公共利益时需要公开。以上行为不应被视为违反道德。

（六）保护隐私

隐私权作为一项人权，理应受新闻工作者的尊重与保护，这在相应规范中也有提及，除非存在更为重要的公共利益。印度《新闻评议会伦理准则》将"个人住址、家庭情况、宗教信仰、健康状况、性取向、个人生活乃至私生活在内的私人事务"纳入"隐私"的范畴，其规定"一旦相关信息成为公共事件，隐私权保护就不再有效。"即隐私权具有相对性。除公共利益外，相对性还体现于"公众人物隐私"的保护，相较"个人隐私"，"公众人物隐私"的

---

① 麦尔文·曼切尔：《新闻报道与写作》，中国广播电视出版社，1981，第151页。

范畴较小，公众人物因其"公共利益属性"无法享有和常人同等程度的隐私权。相对而言，公共和私人的界限较为模糊。评论官员如因其活动牵涉到公众事件，则应该允许不属于个人隐私，对其合理的批判关系公共利益。

在伦理规范中，"保护隐私"侧重原则性的指导，具体的参考方法在一些规范中有提及。包括："不发布诽谤消息"、"谨防身份指向性信息"、"避免拍摄人们处于悲痛状况的画面"、"不披露犯罪嫌疑人或被指控者的亲朋好友的身份"、"不公开未成年犯罪嫌疑人的名字及照片"等。针对公众人物的隐私报道也有相应的注意事项。值得注意的是，公众人物的家人享有"个人隐私"保护。

（七）保持独立

为了保护新闻自由，必须保障媒体独立。保持独立是新闻工作者的应有权利。印度尼西亚《新闻伦理准则》规定，"新闻工作者是独立的。"不丹《新闻工作者伦理规范》规定，"不要参加任何可能危害自身正直性和独立性的活动。"

独立原则在媒体伦理规范中一般包括两方面内容：防止外部干涉和防止内部控制与干扰。一方面，规定要保护新闻工作者免受外界权力的不正当影响，例如广告商、权力集团等。印度尼西亚《新闻记者行业保护准则》规定："记者履行新闻职责时受到保护，以免受暴力、逮捕、扣押等行为的伤害。"另外，"保护记者的新闻作品免于各种形式的审查制度。"另一方面，规定新闻集团内部其他利益不得影响编辑独立。印度《新闻评议会伦理准则》用了1000多字的篇幅解释清楚"管理者与编辑人员之间的关系"，以及"管理层与记者之间的工作关系"，规定"报业的管理部门必须同编辑部门区分开来，且不得凌驾于编辑部门之上或干涉其日常事务，"不得要求记者承担行政类或商业类或非新闻事务类的职责。

（八）禁止歧视

平等地尊重每个公民的权利，防止进行歧视性报道、偏见性报道，要求报道主体不偏不倚，传播新闻和观点公正客观，这也是媒体伦理规范中经常出现的规定。媒体具有引导舆论的功能，同时也有诱导歧视的危险，新闻工作者可能对某一特征的群体或个人有歧视倾向却不自知。所以，规定"禁止歧视"的条文实在必要。媒体伦理规范中一般规定"不得基于种族、信仰、肤色、地区、语言背景、性别、性取向、外貌、年龄或社会地位等方面而进行歧视性、煽动性或偏见性报道"，本部分有 9 篇媒体伦理规范都有类似的列举性规定。

禁止歧视是尊重人权的表现。一些规范提出了避免歧视报道的可行性途径。在态度层面，泰国《新闻评议会的职业道德规范》规定新闻工作者应当采取"中立的态度"以及"一视同仁的态度"。在内容层面，巴基斯坦《报纸编辑委员会伦理规范》强调不能"基于个人或极少数人行为而进行（总体性的）概括"。马来西亚《新闻评议会职业伦理规范》规定"如果种族、性别、国籍等细节易引起歧视，那么媒体不应强调。"

（九）做到最小伤害

如果报道会对当事人或相关人士造成伤害，但为了公众利益不得不公开，例如在报道疾病、性侵、灾难等悲剧新闻时，那么媒体有责任将伤害降至最低，我们将这称为"最小伤害"原则。马来西亚《新闻评议会职业伦理规范》规定，"在案件涉及自杀和自杀未遂，以及犯罪案件涉及强奸、绑架和性侵犯妇女和儿童，或者侮辱女性尊严、人格和权益时，这些受害者的名字、照片或其他能够辨识出他们身份的特征不得公开。"不丹《新闻工作者伦理规范》规定："保护那些父母或家庭成员涉罪的孩子们的身份。"香港《新闻从业员专业操守守则》要求记者在拍摄意外事件时，"应顾及受害人及其家属的感受，尽量把对他们的心理影响及伤害减到最低"，以及"应考虑所发布的信息对说明新闻事件是否必要"。

（十）信息采集手段正当

新闻信息的查寻、搜集等是新闻传播流程中重要的环节。以怎样的态度和方式进行信息获取，是衡量媒体从业者道德素质的重要指标之一。关于信息搜集、获取过程，泰国《新闻评议会的职业道德规范》要求"有尊严"，中国《新闻工作者职业道德准则》要求"合法途径和方式"，新加坡《国家记者联盟的职业行为规范》要求"诚实的手段"，马来西亚《新闻评议会职业伦理规范》要求"符合伦理规范"。

在实际操作环节，当信息搜集与其他情形冲突时，应当如何处理？一些国家的媒体伦理规范中也有相应规定。其一，关于秘密采访，例如隐性录音、卧底等非诚实采访手段，通行的规定是：除非用传统的方法无法获得信息，且对公众来说这一信息是至关重要的，否则应当避免。马来西亚《新闻评议会职业伦理规范》规定，"当使用非传统的信息收集方法时，在新闻报道中应当指出。"其二，关于有偿线索，印度《新闻评议会伦理准则》规定："禁止用金钱或物质奖励来换取消息来源或报道对象的信息或参与。"其三，关于采访特殊对象及事件，马来西亚《新闻评议会职业伦理规范》规定："在采访儿童和没有经验的消息来源和人时，应当保持特别的敏感。"台湾《报业道德规范》规定："采访庆典、婚丧、会谈、工厂或社会团体新闻，应守秩序。"

最后，需要说明的是，上述十条媒体伦理准则，其相互之间并非完全独立，而会有包含关系、有交叉关系，这也反映出新闻活动的复杂性。这十条规定本质上都反映了下列指导性伦理思想：其一，追求真实，其二，保障知情权；其三，尊重人权；其四，公共利益至上。

二　亚洲媒体伦理规范中的差异性准则

基于国家制度、社会文化、历史发展等不同，这13个国家的24篇规范也有自身独特的以及值得借鉴的规定，有些规定是指导思想层面的，也有些是操作层面的，具体有如下几条。

（一）弘扬民族文化

媒体作为一种有影响力的传播工具，具有文化传承、交流等重要作用。有的国家在媒体伦理规范中强调媒体应当保护本国文化。日本《广播电视协会的广播电视节目播放标准》规定当引进外国作品时，"不得与时代、国情、传统、习惯等相违背"。越南《记者协会伦理准则》规定："保护和弘扬民族文化"，对待"其他文化"应"选择性吸收"。中国《新闻工作者职业道德准则》强调让民族文化"走出去"，由此"增进世界各国人民对中华文化的了解"。

（二）有国际视野与国际报道

全球化浪潮下，媒体的触角已越过国家分界线，成为国与国之间的交流工具，国家形象很大程度上通过媒体予以展现，印度《新闻评议会伦理准则》认为，"媒体在促进与其他国家之间相互理解的过程中有着重要的作用"。

关于国际报道和涉外报道，部分规范提出了一些要求。日本《广播电视协会的广播电视节目播放标准》规定，在报道国际新闻时，"应注意不得损害国家之间的友好关系"。台湾《电视道德规范》规定："应遵守平衡与善意原则。"中国《新闻工作者职业道德准则》运用较多篇幅强调"促进国际新闻同行的交流与合作。培养世界眼光和国际视野，积极搭建中国与世界交流沟通的桥梁。"具体的要求如下，"报道各国经济社会发展变化和优秀民族文化"，以及"积极参加有组织开展的与各国媒体和国际（区域）新闻组织的交流合作"。

（三）比较强调舆论引导

媒体具有开启民智、影响公众认知等重要作用。社会主义国家比较重视新闻的宣传作用，即强调媒体具有舆论引导的任务。中国《新闻工作者职业道德准则》规定："坚持正确舆论导向。要坚持团结稳定鼓劲、正面宣传为主，唱响主旋律，不断巩固和壮大积极健康向上的舆论。"中国《羊城晚报杜绝新闻敲诈、防止虚假新闻工作守则》规定："要严格按照上级统一新闻口径，营造良好、健康的新闻舆论环境。"越南《记者协会伦理准则》仅有 9 条简短规定，第 1 条就强调："绝对忠于越南共产党领导下的社会主义建设事业。"

（四）有针对网络媒体的规范

针对互联网的快速发展，新闻的发布者不再局限于报纸、广播、电视等，而更多的是网络媒体，在此背景之下，网络媒体的伦理规范应当是怎样的，成为大家关注的焦点。如何规范网络媒体的伦理准则，有两种方法，一种是规定旧有的伦理规范适用于网络媒体，不丹的《新闻工作者伦理规范》和尼泊尔的《记者职业道德规范》均在文中说明了其规范同样适用于网络媒体。另一种是改良旧有的伦理规范，或建立专门的互联网伦理规范。中国强调记者要善于利用新载体、新技术，规范中专门提及网络信息，即"记者不得直接采用网络信息写稿，网络信息只能作为调查采访的新闻线索，经核实无误后才能报道"。

（五）有针对特定问题的报道伦理规范

在媒体进行报道时，不可避免地会遇到自己不熟悉的专业性的领域，如何做才符合道德标准，这就涉及对特定问题的报道伦理规范。在印度《新闻评议会伦理准则》中，就专门有"媒体报道艾滋病病毒（HIV）与艾滋病（AIDS）的行为规范"，用了千余字告诉媒体从业者应该做什么、不应该做什么。如媒体从业者不应该"做煽情性的报道；对艾滋病病毒感染者进行价值判断并意图对之进行谴责；使用'祸害'一类的词语去形容病毒感染，或将艾滋病毒携带者描述为艾滋病携带者、娼妓、吸毒者、艾滋病患者或艾滋病受害者"等。同时，在该准则中，也专门就"媒体报道与媒介审判"进行了规范："媒体和司法是民主体制的两个主要支柱和天然盟友，它们相互扶助并共同迈向民主体制的成功这一目标。正当的法律程序所必要的相关措施应优先于言论自由。当公正审判和言论自由之间发生冲突时，应优先考虑公正审判，因为妨碍被告接受公平审判的任何妥协性行为都会造成巨大的伤害并损害到司法系统。"香港有《香港报业评议会处理自杀新闻守则》就报道手法、报道内容、新闻照片等方面做出细致规定，强调报道要尊重隐私、注重关于自杀的教育及预防，以降低其"模仿"和"传染"效应。

（六）对具体操作规范进行了更为详细的解释与说明

本部分的媒体伦理规范，一般国家进行了简单的概括性伦理规定，但也有国家详细地规定了哪些行为是允许或不允许的。印度 2010 版本的新闻伦理准则在形式上"把情景类似的问题进行了清晰地条目划分"，在内容上"为每个主题提供了具体、详尽的查阅指导"。该规范细致到连报纸上登的征婚广告的附带警示语都专门标注，"读者在采纳征婚广告的信息前，宜对广告内容进行适当的、详尽的调查。对于广告中所声称的征婚对象的身份、年龄、收入等内容，报社不担保其真实性或准确性"。实际上，具有可操作性、细节性的规定，可以给媒体从业者提供清晰的、明确的指导。

（七）伦理规范与现实问题相互呼应

伦理规范并不是固定不变的，而需要随着传播技术、社会环境的变化而修订，以适应新环境下媒体工作的需要。本部分收录了由印度新闻评议会发布的媒体伦理规范（2010 版），该版本由 1996 版升级、演进而来，它吸收了相关案例裁决和公告的基本精神，并涵盖到了日常新闻实践中几乎各个方面的情况。这个版本在修订中，努力做到以下目标：其一，把情境类似的问题进行了清晰地条目划分以便于快速查阅，其二，为各个主题提供了具体、详尽的查阅指导。也正是基于现实情境的不断修订，这份印度媒体伦理准则具有较强的现实针对性，同时也具有较强的指导性。可以说，与现实环境相呼应、对现实问题有关照的媒体伦理规范，才可以更好地指导新闻工作者并提高其报道的公正性、准确性和平衡性，从而维护公众对新闻媒体的信任和信心。

　　总的来说，本评析通过对亚洲各国媒体伦理规范的文本分析，总结出十条多数亚洲国家共通性的伦理准则，包括准确、更正、避免利益冲突、保障言论自由、保护消息来源、保护隐私、独立、禁止歧视、最小伤害和信息采集手段正当。另外，基于政治、经济、文化、历史等因素的差异，各国规范也折射出自身了的特色，笔者对于这些国家的区域性规则以及可借鉴性规则进行了整理与总结，以期为媒体工作者的实践工作提供指南。

大洋洲

全球媒体
伦理规范译评

澳大利亚
（Australia）

新闻一般准则的声明 [*]

准确性和清晰度

1. 保证新闻报道中的事实性材料和其他材料准确，不带歧义，新闻报道应当与其他类型材料区分开来，如与评论区分开。

2. 如果出版的内容有严重的错误或者是引起歧义的，媒体应该进行更正或提供其他有效的补救办法。

公平与平衡

3. 保证事实性新闻的报道是公平、全面的，作者不能基于失实报道或者没有关键事实的报道进行意见表达。

4. 如果新闻报道对某人不利，要确保在后续报道中为该人提供一个公平的机会进行辩护。这对于不违反《新闻一般准则的声明》第 3 条的准则来说，是合理的、必要的。

隐私和避免伤害

5. 避免侵犯个人合理的隐私期待，除非这样做是完全为了公共利益。

---

* Statement of General Principles，http：//www. presscouncil. org. au/statements – of – principles/。《新闻一般准则的声明》、《新闻隐私信条的声明》、《自杀报道的具体规范》、《采访病人的具体规范》这四个新闻自律信条，均来自澳大利亚新闻评议会网站（http://www. presscouncil. org. au/statements – of – principles），摘录于 2015 年 12 月 15 日。

6. 避免引起他人或极大地造成他人遭受实质性侵害、痛苦、偏见，或者给他人带来健康方面和安全方面的风险，除非完全是为了公共利益。

诚信与透明

7. 避免发布那些用欺骗性或不正当手段获取到的信息，除非完全是为了公共利益。

8. 应当避免利益冲突，或者揭露利益冲突所带来的影响，需要确保出版物不受此影响。

澳大利亚
（Australia）

新闻隐私信条的声明*

澳大利亚新闻评议会颁布了如下《新闻隐私信条的声明》。依据澳大利亚新闻评议会新闻一般准则，新闻评议会在处理个人投诉需要给出建议或者判决时，需要依据以下隐私信条。

隐私信条一　个人信息的采集

（一）收集新闻材料时，记者应该只在涉及公共利益时才可以探寻个人信息。此时，记者不应该过分侵犯个人隐私。在采集新闻的过程中，尊重其个人的尊严与敏感信息。

（二）根据评议会《新闻一般准则的声明》第 5 条，通过不公平或不诚实的手段获得的新闻是不能发表的，除非此信息涉及公共利益。

（三）一般来说，记者应该这样规范自己。然而，记者和摄影师可能有时需要偷偷行动来揭露犯罪、反社会的行为或其他涉及公共利益的问题。

（四）为公共利益，公众人物必然需要牺牲自己的隐私权。然而，公众人物并不是完全丧失自己的隐私权。只有与他们的公共职责和活动相关时，才允许侵犯官员的隐私权。

---

* Statement of Privacy Principles，http：//www. presscouncil. org. au/uploads/52321/ufiles/GEN-ERAL_ -_ PRIVACY_ PRINCIPLES_ -_ July_ 2014. pdf，摘录于 2015 年 12 月 15 日。

隐私信条二　个人信息的使用与泄露

（一）记者和摄影师收集的个人信息应该且仅用于收集时所预期的目的，提供个人信息的人应该有隐私的合理期待，并理解这些信息被收集的目的。

（二）一些个人信息，比如地址或其他易被识别的细节，也许会侵犯与新闻报道相关的个人或家庭的隐私或安全。在合法的实践层面，媒体机构应该仅仅披露新闻中所必需的信息，从而规避侵犯他人隐私的风险。

隐私信条三　个人信息的质量

媒体机构应采取合理的步骤来确保收集的个人信息是准确的，完整的和最新的。

隐私准则四　个人信息的安全

媒体机构应采取合理的步骤来确保个人信息受到保护，从而免于滥用、遗失或非法访问。

隐私信条五　匿名信息来源

给媒体机构提供信息的所有人都有寻求匿名的权利。不能透露匿名消息来源的身份，这是合法可行的，媒体机构应该确保（受众）无法从得到的信息获知透露匿名消息来源的身份。

隐私信条六　更正、公平和全面

（一）根据评议会《新闻一般准则的声明》第3条，人物是新闻报道或评论的主要焦点，出版物应确保文章的公平和平衡。如果做不到这点，媒体机构应该在出版物的相应位置提供一个合理、迅速的机会进行公平的回复。

（二）根据评议会《新闻一般准则的声明》第 2 条规定，媒体机构应该为自己发布的不准确的、会带来伤害的个人信息进行补救。媒体机构也应采取措施，纠正任何包含个人信息的记录，以免重复发布有伤害性的、不准确信息。

隐私信条七　敏感性个人信息的处理

（1）根据评议会《新闻一般准则的声明》第 8 条规定，媒体机构不能够对个人信息中的敏感内容无理由地强调、发表评论，除非这些信息与公共利益相关。

（二）受害人或失去亲人的人有权在任何时候拒绝或中止采访或拍摄，新闻工作者不能利用这些卷入有新闻价值事件中的人。

（三）除非法律或法院命令另有限制，法庭公开听证会的内容属于公共记录，媒体可以对其进行报道。此类报道必须公平和平衡。不能随便指名道姓地提到被告或罪犯的亲朋好友，除非提到这些人是为了保证后续法律诉讼程序报道的完整、公正、准确。

澳大利亚
（Australia）

采访病人的具体规范[*]

引 言

制定此规范的目的是方便媒体采访医院及护理机构的病人，同时也可以确保对这些病人及其家属健康、尊严、隐私的尊重，以及对于澳大利亚新闻《一般准则的声明》中关心准则的呼应。基于以上目的，该规范旨在：

防止医院对记者的不合理排斥；

提升记者和医院之间的合作方式；

防止记者对弱势患者的不当采访；

防止记者对其他病人和医院工作人员造成不必要的侵扰。

该规范适用于记者采访医院和其他护理机构的人员，本规范不适用于对于其他人员的采访。评议会的所有成员做出了具有法律效力的承诺，并遵守这些规范以及评议会的其他实践标准。

该规范是以评议会的一般原则和保密原则为基础的，即出版刊物需要按照以下合理的步骤：

避免侵犯个人对隐私的合理期待，除非这么做是完全为了公共利益；

避免引起他人或极大地造成他人遭受实质性侵害、痛苦、偏见，或者给他人带来健康方面和安全方面的风险，除非完全是为了公共利益；

避免发布那些用欺骗或不正当手段获取的信息，除非完全是为了公共利

---

* Specific Standards on Contacting Patients，http：//www.presscouncil.org.au/uploads/52321/ufiles/Contacting_ Patients_ -_ 23_ July_ 2014.pdf，摘录于 2015 年 12 月 15 日。

益。在采集新闻的过程中尊重人的尊严和敏感信息；

受害人或失去亲人的人有权在任何时候拒绝或中止采访或拍摄。并且不得对卷入报道事件的人进行人肉搜索。

规范的正文

一 病人知情与同意

（一）在进行任何涉及医院病人的采访时，新闻工作者应取得患者的知情与同意，除非有以下情况之一，则不需要病人的知情与同意。

1. 该采访活动是在医院外面，为了让病人同意采访而进行的最初的交流。

2. 负责人确认已经得到了患者的知情同意书。

3. 负责人批准的此类采访，即病人的身份不会在任何已发表的材料中被辨识出来的采访。

（二）新闻工作者对告知病人知情同意原则这一行为负责，这可能是很难达到的，除非医生或其他专家关于此事的建议已经记录在案。

二 访问病人的权限

（一）在对医院的病患护理区的病人进行采访之前，记者必须向有关负责人出示身份证明及采访许可证明。然而，如果采访活动是关系重要的公共利益，并且在媒体高级编辑层面都同意该采访，那么没有获得授权许可的采访是允许的。

（二）新闻工作者要对自己发出的要求负责。

1. 新闻工作者确保是从有资格授权的人那里获得进入医院采访的授权许可；

2. 而且，新闻工作者需要将自己的身份以及进入医院的采访目的完全地告诉给医院发放授权许可的负责人。

（三）在医院同意新闻工作者去采访病人时，新闻工作者需要确保病人所处的病患状态是能够被告知知情同意原则的。并且当采访病人时，新闻工作者必须解释希望从病人那里所获得的信息是什么以及获得病人的知情与同意。

三　中断对病人采访的情况

在以下情况下，记者应该立即停止采访：

（一）病人要求停止采访，或者授权负责人有正当的理由要求新闻工作者停止采访时；

（二）或者出现一种非常清楚的情况时，即病人没有清楚地意识到采访所包含的内容以及可能产生的后果。

澳大利亚
（Australia）

自杀报道的具体规范 *

引　言

这些标准是用来规范印刷媒介和网络媒体上关于自杀及与其相关议题的报道。这包括报道个人自杀或企图自杀这种事件，也包括与自杀相关问题的评论与其他材料，如自杀的发生率、原因和影响。新闻评议会的所有出版商成员已经对这些规范以及委员会的其他行业规范做出了具有法律约束力的承诺。

报道自杀的规范是建立在新闻评议会《新闻一般准则的声明》和《新闻隐私信条的声明》基础之上的，也就是说这些规范要求出版物采取以下合理措施：

避免侵犯个人对隐私的合理期待，除非这样做是完全为了公共利益；

避免引起他人或极大地造成他人遭受实质性侵害、痛苦、偏见，或者给他人带来健康方面和安全方面的风险，除非完全是为了公共利益；

只能为了公共利益搜集个人信息，不得过分地侵犯个人隐私，在采集新闻的过程中，尊重其个人的尊严与敏感信息；

受害人或失去亲人的人有权在任何时候拒绝或中止采访或拍摄，新闻工作者不能利用这些陷入有新闻价值事件中的人。

---

* Specific Standards on Coverage of Suicide，http：//www. presscouncil. org. au/uploads/52321/ufiles/SPECIFIC_ STANDARDS_ SUICIDE_ – _ July_ 2014. pdf，摘录于2015年12月15日。

规范正文

一　总报告和讨论

（一）关于自杀的总报告和说明将会对社会有很大的好处。例如，它可能会有利于社会利益。比如，它也许可以帮助提高公众理解（自杀的）原因和发出警示，对于考虑自杀的人有阻遏效果，给受影响的亲属和朋友带去安慰，或者进一步促进公共或私人行为，以防止自杀。

（二）新闻评议会并不阻止对此类自杀事件的报道，但需要严格符合下列规范。当报道被特别脆弱（因为他们的年龄或者精神健康）的受众所阅读或看到时，而且报道的自杀者是他们的同龄人或名人时，新闻工作者需要特别注意。

二　对个人的报道

（一）在决定是否要报道一个个人自杀的实例时，应当要考虑是否满足下列标准中的至少一项：

1. 这位自杀者的亲戚或好友对采访报道给出了清晰的知情与同意；

2. 报道自杀是符合明确的公共利益。

（二）在决定是否要报道死于自杀的人的身份时，应该要考虑是否满足下列标准中的至少一项：

1. 这位自杀者的亲戚或好友对采访报道给出了清晰的知情及同意；

2. 明确身份是为了公共利益。

三　报道自杀的方法和地点

自杀的方法和地点不应该被详细描写（例如，某个具体的药物或悬崖）除非明显公共利益大于造成进一步自杀的风险时，才可以这样做。这条规范对于那些考虑自杀却不知道方法和地点的人们有保护作用。

四　责任和平衡

新闻工作者不应该以耸人听闻的手法处理自杀报道，不应该美化或轻视自杀。新闻工作者不应该不当地指责自杀或与自杀有关联的人。但这一要求并不妨碍其负责任地描述或讨论自杀的影响，即使它们是对人们、组织或社会十分不利的。应该在恰当的地方指出其潜在的原因，如精神疾病这种原因。

五 敏感性和适度

报道自杀不应该过分突出，特别是用不必要的标题或图片来突出。特别要注意，不要给企图自杀过的人或相关人、已受自杀影响或试图自杀影响的人造成不必要的伤害。这要求在采访和报道新闻中具有特别的敏感性和适度性。

六 获取援助的来源

与自杀相关的出版材料应该与 24 小时应急服务中心的信息或其他部门的信息相符合。报道中的特殊信息也许根据报道的性质和周围的环境而有所不同。

新西兰
（New Zealand）

~~~~~~

新闻委员会的原则声明 *

前　言

作为一个成立于 1972 年的行业自律机构，新西兰新闻委员会致力于为公众提供一个解决有关报纸、杂志、网站出版物和其他数字媒体的投诉的独立论坛。新闻委员会也同样关心媒体自由的促进和媒体最高专业标准的维护。

在一个民主国家里，独立媒体起着至关重要的作用。这种角色功能的充分实现，有赖于媒体维持高水准的准确性、公正性、平衡性以及公信力的基本责任感。

在一个民主国家，没有什么比言论自由原则更为重要。言论自由和媒体自由是密不可分的。印刷媒体应谨慎小心地保护言论自由，（这么做的）原因不仅是为了出版商的利益，更是（为了）公共利益。在处理投诉时，新闻委员会更多地从言论自由和公共利益的角度来考量。

公共利益是指一些可能会在很大程度上影响公众（生活）的事物。因此，公众会对此类事物感兴趣，并关心事态如何，会对自己和他人有何影响。

一方面，猜测、意见和评论必须与事实区分开来；另一方面，进行猜测、

---

* The Press Council Statement of Principles, http：//www. presscouncil. org. nz/principles，摘录于 2015 年 5 月 3 日。本原则声明由新西兰新闻委员会发布。新西兰新闻委员会的约束范围涵盖到报纸、杂志以及网页的出版内容，包括视频和音频的传播内容，以及含有新闻内容的数字网站和博客。

发表意见和展开评论的权利必须得到维护。此原则并不妨碍媒体进行严谨的分析，也无损于出版物采取坦率立场或提出任何主张的权利。此外，新闻委员会也承认，博客、讽刺文学、漫画以及八卦类的出版物或文章的题材和传播目的在遭受投诉时应给予特殊的考虑。

新闻委员会认可《怀唐依条约》和《人权法案》的相关原则和精神，将之应用于涉及公共利益的新闻报道中。

编辑们需要对自己出版物上的内容负责，同时也肩负着维护新闻委员会所认可的新闻道德标准的职责。在处理相关申诉时，新闻委员会将寻求相关编辑与出版商的合作。新闻博客和数字媒体也需担负相应的职责。

当申诉人向新闻委员会提起申诉时，可能会援用到以下基本原则。但是，也不限于以下基本原则。

基本原则

1. 准确、公平与平衡

任何时候，出版物都应保证准确、公正与平衡，不得以故意捏造或遗漏的方式来误导读者。在具有争议性或分歧性的文章里，为保证观点的公正，必须呈现另一方的声音。

凡事也有例外，一些长期性的议题可能无法做到在每一期报道里都使各方的观点得到合理的呈现，此时若要对相关报道是否具有公正性和平衡性进行判断，依据的应该是前后一系列的而非某个单一的报道。

2. 隐私权

通常情况下，每个人都享有个人隐私权、空间隐私权及私人信息隐私权，这些权利应该得到媒体和出版商的尊重。然而，隐私权不应成为对涉及明显的公共利益的重大事件进行报道的障碍。

在披露嫌犯亲属的身份信息之前，媒体应抱持特别的谨慎，因为嫌犯亲属可能并不与所报道事件有关联。

采访报道那些遭受创伤与悲痛的人士时，需加以特殊的关心和爱护。

3. 儿童与青少年

如果要对儿童和青少年进行报道，则编辑必须证明报道比不报道具有更高的公共利益。

4. 评论和事实

应明确区分事实性信息和观点与评论。如果一篇文章在本质上属于评论或观点，则应该清晰地加以标示。观点和评论所依赖的事实材料必须是准确的。

5. 专栏、博客、评论及来信

无论是在报纸版面上还是在网络博客里，评论性的内容都必须得到明确的界定和区分，除非该观点可以很明确地被理解为作者的个人观点。尽管平衡是对事实陈述的基本要求，但评论性的内容不受此限。漫画一般被视为评论性的内容。

对于受公正均衡、公共利益等原则指导的编辑来说，处理读者来信意味着一种特权。编辑可以对读者来信进行缩减，但不得扭曲其本义。

6. 标题和说明

文章的标题、副标题和说明性文字应准确、公正地传达文章的主旨或某核心要素。

7. 歧视和多样性

当性别、宗教、少数群体、性取向、年龄、种族、外貌、身体或精神残疾等事项与公共利益发生关联时，对之进行讨论是合法的，媒体也可以对之进行报道和评论。但是，媒体在进行报道时，不应无端地强调以上事项。

8. 机密性

对于秘密消息来源，出版物有防止其身份泄露的重要义务。他们也有义务采取合理的措施来确保该消息来源所持有的信息是可靠的。消息来源和出版物都应谨慎小心，确认双方都认可"不公开"背后所意味着的风险。

9. 欺骗、隐瞒

通过欺骗、歪曲或不诚实的手段获取新闻或信息是不被允许的，除非该新闻或信息涉及重大公共利益而又无法通过任何其他手段获取。

10. 利益冲突

为了履行其社会监督职责，出版物必须保持独立，不对其新闻来源承担任何义务。出版物应避免任何可能使其独立性受损的情形。当一则报道受到了外界赞助，或接受了礼物和经济回报，则应明确声明这一点。

当报道的作者同报道主题之间关系的正当性需要被证明时，应声明这种关系。

11. 图片和图形

在挑选和处理图片和图形时，编辑应谨慎小心。任何可能误导读者的技术性操作都应被标示出来并加以解释。

在处理一些展现悲痛或可怕情形的图片时，应特别考虑其可能造成的影响。

12. 更正

通常情况下，若出版物乐于更正自身错误，则有利于提高其可信度并平息投诉。如出现重大错误，则应秉持严格的公正原则及时地予以纠正。有必要时，还应向受影响的人士道歉，并提供答复的机会。

大洋洲各国媒体伦理规范评析

~⌘~

大洋洲是位于南半球的一个大洲，主要由澳大利亚与太平洋各岛屿组成，其中绝大多数国家为岛国。大洋洲媒体比较发达的国家主要是澳大利亚和新西兰。在大洋洲部分，我们选取了5篇媒体伦理规范，其中澳大利亚有4篇、新西兰有1篇，其内容涉及媒体伦理规范的一般规范，以及特定报道领域的具体规范。

一 大洋洲媒体伦理规范的特点

第一，强调媒体报道应当准确、公平与平衡。

准确是新闻的生命，公平与平衡是新闻的价值取向。澳大利亚《新闻一般准则的声明》中在"准确性和清晰度"原则下，详细阐释："1. 保证新闻报道中的事实性材料和其他材料准确，不带歧义，新闻报道应当与其他类型材料区分开来，如与评论区分开。2. 如果出版的内容有严重的错误，或者是引起歧义的，媒体应该进行更正或提供其他有效的补救办法。"同时，在"公平与平衡"原则下，详细规定："1. 保证事实性新闻的报道是公平、全面的；作者不能基于失实报道或者没有关键事实的报道进行意见表达。2. 如果新闻报道对某人不利，要确保在后续报道中为该人提供一个公平的机会进行辩护。"新西兰《新闻委员会的原则声明》中规定："任何时候，出版物都应保证准确、公正与平衡，不得以故意捏造或遗漏的方式来误导读者。在一篇具有争议性或分歧性的文章里，为保证观点的公正，必须呈现另一方的声音。凡事也有例外，一些长期性的议题可能无法做到在每一期报道里都使各方的观点得到合理的呈现，此时若要对相关报道是否具有公正性和平衡性进行判断，依据的应该是前后一系列的而非某个单一的报道。"

第二，规定要避免利益冲突。

澳大利亚《新闻一般准则声明》中规定："应当避免利益冲突，或者揭露利益冲突所带来的影响，需要确保出版物不受此影响。"新西兰《新闻委员会的原则声明》中规定："为了履行其社会监督职责，出版物必须保持独立，不对其新闻来源承担任何义务。出版物应避免任何可能使其独立性受损的情形。当一则报道受到了外界赞助，或接受了礼物和经济回报，则应明确声明这一点。当报道的作者同报道主题之间关系的正当性需要被证明时，应声明这种关系。"两条准则要求媒体从业者规避利益冲突，旨在保障新闻机构的独立性。

第三，重视对隐私的保护。

澳大利亚就隐私问题专门颁布了《新闻隐私信条的声明》，对隐私保护做出了非常具体的、可操作化规范，其共有七部分，分别是个人信息的采集；个人信息的使用与泄漏；个人信息的质量；个人信息的安全；匿名消息来源；更正、公平和全面；敏感性个人信息的处理。新西兰《新闻委员会的原则声明》中用一段话阐述了隐私保护规范："通常情况下，每个人都享有个人隐私权、空间隐私权及私人信息隐私权，这些权利应该得到媒体和出版商的尊重。然而，隐私权不应成为对涉及明显的公共利益的重大事件进行报道的障碍。在披露嫌犯亲属的身份信息之前，媒体应抱持特别的谨慎，因为嫌犯亲属可能并不与所报道事件有关联。采访报道那些遭受创伤与悲痛的人士时，需加以特殊的关心和爱护。"

第四，以"是否符合公共利益"作为判断行为是否合乎道德的标准。

在考虑媒体报道行为是否得当、是否具有道德上的正当性时，其中最为重要的衡量标准是公共利益与个人权益之间的平衡。澳大利亚《新闻隐私信条声明》中有如下规定，"根据评议会《新闻一般准则的声明》第5条，通过不公平或不诚实的手段获得的新闻是不能发表的，除非此信息涉及公共利益；一般来说，记者应该这样规范自己。然而，记者和摄影师可能有时需要偷偷行动来揭露犯罪、反社会的行为，或其他涉及公共利益的问题；为公共利益，公众人物必然需要牺牲自己的隐私权。然而，公众人物并不是完全丧失自己的隐私权。只有与他们的公共职责和活动相关时，才允许侵犯官员的隐私权。"新西兰《新闻委员会的原则声明》也在伦理冲突时，规定了"公共利益"应当作为其行为指南："如果要对儿童和青少年进行报道，则编辑必须证明报道比不报道具有更高的公共利益"、"通过欺骗、歪曲或不诚实的手段获取新闻或信息是不被允许的，除非该新闻或信息涉及重大公共利益而又无法通过任何其他手段获取。"新西兰《新闻委员会的原则声明》解释了坚持"公共利益至上"的原因："公共利益是指一些可能会在很大程度上影响公众（生活）的事物。因此，公众会对此类事物感兴趣，并关心事态如何，对自己和他人有何影响。"

第五，针对特定领域进行了专门的伦理规范。

澳大利亚除了一般性伦理规范外，还有《新闻隐私信条的声明》、《采访病人的具体规范》、《自杀报道的具体规范》等三个媒体伦理规范。在每一个具体的伦理规范中，都在开篇讲述制定此规范的原因或目的，如表明制定《采访病人的具体规范》是为了"防止医院对记者的不合理排斥；提升记者和医院之间的合作方式；防止记者对弱势患者的不当采访；防止记者对其他病人和医院工作人员造成不必要的侵扰。"在正文部分，分门别类地规定了新闻从业者从采访、写作，到报道各环节中应当注意的事项、遵守的原则等。可以说，这些具有可操作性、细节性的规定，给媒体从业者提供了清晰的、明确的指导。

二　新闻自律组织是伦理规范的发布者与监督者

大洋洲这几则媒体伦理规范的发布主体都为新闻自律组织。澳大利亚《新闻一般准则的声明》、《新闻隐私信条的声明》、《自杀报道的具体规范》、《采访病人的具体规范》这四个新闻自律信条，均由澳大利亚新闻评议会发布；新西兰的伦理原则声明由新闻委员会发布。由于历史与体制原因，澳大利亚和新西兰的媒体在运行中非常强调独立性与自由，认为媒体在法律框架中享有新闻自由是民主制度必不可少的一种机制。在媒体实践中，与自由相伴的是责任与自律，即为了促使媒体在自由报道时承担起相应的社会责任，这些国家都建立起媒体自律组织，发布具体的媒体伦理规范，以从道德层面对媒体进行约束。

澳大利亚新闻委员会成立于 1976 年，建立之初，评议会由 6 名出版代表、6 名澳大利亚新闻记者协会代表、3 名公众代表以及 1 名任命三位公众代表的主席组成。[①] 新闻评议会目前每年接收 700 多项投诉，对投诉人完全追究的情况大约有四分之三，最后会要求新闻机构进行更正、道歉或采取其他形式的处罚措施。[②] 目前，澳大利亚新闻评议会共有 25 名成员，其中包括：1 名独立主席；2 名副主席；8 名与媒体组织无关的社会公众；10 名媒体机构提名人（包括所有报纸、杂志、媒体行业的主要员工工会）；4 名没有受媒体组织雇用的独立记者。主席由新闻评议会选定，通常是由法官或大学教授担任。公众代表和独立记者成员由主席提名并由评议会任命。出版机构的提名由同意且支持评议会，并受其投诉制度约束的媒体组织选出。所有成员都应以个人身份行事并投票，而不是作为任何组织或利益的代表。[③] 澳大利亚新闻评议会旨在促进媒体在实践中坚持良好标准、保障公众获得与公共利益相关的信息的权利、维护媒体表达的自由。新闻评议会是处理公众对澳大利亚报纸、杂志、相关数字媒体投诉的一个主要机构，其主要功能是"鼓励和支持媒体对读者的投诉与关注点进行解释；在适当情况下，不断对那些可能会有损与公共利益相关的信息传播、威胁公众知情权的挑战进行审查；就与言论自由、信息获取等相关的事情，新闻评议会可以向政府、公共咨询或其他论坛进行陈述呈现；对影响言论自由的公共政策进行研究和磋商，提高公众对这些问题的意识；通过讨论与协商等促进公众对新闻评议会作用和活动的了解，并鼓励公众对新闻评议会的考量进行反馈。"[④]

新西兰的媒体自律组织——新闻委员会成立于 1972 年，由媒体和工会代表组成。新闻委员会的主要目标是处理对报纸和其他出版物的投诉，以保护新西兰新闻出版业的自由，并保持新西兰出版业的专业标准。当人们对新闻出版

---

① 王铭丽：《澳大利亚新闻伦理研究》，中央民族大学硕士学位论文，2007 年。
② 澳大利亚新闻评议会，http://www.presscouncil.org.au/statements-of-principles，摘录于 2017 年 9 月 15 日。
③ 澳大利亚新闻评议会，http://www.presscouncil.org.au/who-we-are/，摘录于 2017 年 9 月 15 日。
④ 澳大利亚新闻评议会，http://www.presscouncil.org.au/what-we-do/，摘录于 2017 年 9 月 15 日。

产生异议时，他们可以通过新西兰新闻委员会官网上的投诉程序进行投诉。[①]新闻委员会由行业资助，对于公众投诉并不收取费用；新闻委员会之目的是促进表达自由与新闻自由。新西兰媒体伦理原则声明由新闻委员会发布，并监督媒体依媒体伦理原则行事。如果公众对新西兰的报纸、杂志、期刊（包括他们的网站）上的内容有异议，可以向新闻委员会投诉。公众也可以对已经是新闻委员会成员或准成员的广播公司的在线内容，包括以新闻评论为特征的博客等进行投诉。[②]

　　总的来说，从大洋洲这两国的媒体伦理规范，我们可以看到提升媒体伦理水平的路径：建立媒体自律组织、发布媒体伦理规范、鼓励公众对媒体的监督、媒体自律组织处理公众投诉并监督裁定决议的执行。这已经是新闻行业实行集体自律的一种有效机制，也是目前世界上许多国家使用的一种自律形式，具有一定的启发价值。新闻业的目标在于以公平、准确、公正、严肃、得体的方式为大众提供有关公共利益的新闻、观点、评论和信息，而只有遵守媒体伦理规范的媒体方有可能达到这一目标。

---

① 陈力丹、任馥荔.：《新西兰新闻传播业的历史与现状》，《新闻界》2013 年第 12 期，第 71~76 页。

② 新西兰新闻委员会，http：//www. presscouncil. org. nz/，摘录于 2017 年 9 月 15 日。

全球媒体伦理规范的共通准则和区域性准则

——基于 134 篇媒体伦理规范文本的分析

如今，新闻工作者的足迹遍布世界各地，区域性的新闻报道被推送到世界其他国家的读者面前，信息传播跨国、跨文化的特征日益突出。为避免在新闻报道采写过程中冒犯到采访对象以及违反被报道地区的新闻报道规范，了解各地的媒体伦理规范成为必要。随着新闻传播的全球化，不少学者从理论的角度探讨了建构全球媒体伦理的可能性，而从各国媒体伦理规范文本的角度切入，分析共识性条文，则将为建构全球媒体伦理的研究提供新的视角和现实参考。

基于此，本文围绕两个问题展开研究：其一，分析不同国家的媒体伦理规范在何种伦理准则上达成较高的共识，即探讨全球各国媒体伦理准则中的共通准则；其二，探讨哪些伦理准则凸显出地域、文化特征，即全球各国媒体伦理准则中的区域性准则。

为了达到这一研究目的，本研究对 2015 年 7 月至 2016 年 12 月期间收集、翻译的 79 个国家、地区的 134 篇媒体伦理规范进行内容分析，① 继而提取出每条规范对应的媒体伦理原则。通过数量统计获知全球媒体伦理规范中提及率比较高的伦理原则和具有特殊性的伦理原则。

研究发现，全球 134 篇媒体伦理规范当中，提及率排名前十的伦理原则分

---

① 全球 134 篇媒体伦理规范主要来自于专门的新闻伦理网站或各国的新闻自律组织网站，其内容涵盖世界各大洲主要国家、地区的媒体伦理规范。该研究中的 134 篇，除了有本书中不同国家的媒体伦理规范外，还包括由华中科技大学出版社出版的《全球主要国家媒体伦理规范》（双语版）一书中部分国家的媒体伦理规范。

别是保护消息来源、保护隐私、更正、准确、明确新闻界限、保障表达自由和新闻自由、避免利益冲突、正当方式获取信息、独立和禁止剽窃抄袭。下面具体对每一种伦理原则的规定进行分析。

表1 全球媒体伦理规范中的共通伦理原则

排　名	原　则	数　量	占　比
1	保护消息来源	93	69.40%
2	保护隐私	86	64.18%
3	更正	84	62.69%
4	准确	80	59.70%
5	明确新闻界限	76	56.72%
6	保障表达自由、新闻自由	76	56.72%
7	避免利益冲突	74	55.22%
8	正式方式获取信息	68	50.75%
9	独立	66	49.25%
10	禁止剽窃抄袭	62	46.27%

一　全球媒体伦理规范的共通准则①

（一）保护消息来源

消息来源是指向记者提供线索的机构或个人。保护消息来源是指不公开消息来源的信息，包括姓名、工作单位、住址等一切可能危及消息来源正常生活或安全的信息。在134篇媒体伦理规范中，有93篇提到了保护消息来源，提及率为69.40%。

提及保护消息来源的93篇规范中，规定对消息来源进行绝对性保护的规范有59篇，占比63.44%。绝对性保护是指一旦记者向消息来源做出承诺，无论在何种情况下，都不得向任何人透露消息来源的信息。如澳大利亚《媒体娱乐与艺术联盟道德规范》规定："如果接受了消息来源的匿名请求，在任何

---

① 在具体某一媒体规范介绍之后，会列举某些国家的伦理条文进行举例。选取这些国家的依据是其对于此规范的条文比较详细清晰，具有一定的代表性。

情况下都要予以尊重，不得泄露。"① 印度尼西亚《新闻记者行业保护准则》规定："记者可以使用拒绝权来保护新闻来源。"② 南非《广播公司编辑规范》规定："我们不应泄露秘密的信息来源。"③

此外，有些国家的伦理规范规定给予消息来源相对性保护，即列出了保护消息来源的例外情况，这些例外情况主要有：（1）当消息来源同意公开自己的身份时，保护消息来源原则失效。如不丹《新闻工作者伦理规范》规定："不披露消息的来源，除非是消息来源要求披露。"④ 挪威《媒体伦理规范》规定："不要透露在保密基础上提供信息的人的名字，除非相关人员明确表示同意。"⑤（2）当保护消息来源与公共利益发生冲突时，保护消息来源原则失效。加拿大《广播电视数字新闻联合会伦理规范》规定："新闻工作者会尽一切努力使信息公布于众。秘密消息来源只能在以下情况时公布：收集的重要信息明显地与公共利益相关时。"⑥ 马来西亚《新闻评议会职业伦理规范》规定："本规定要求媒体机构不公开秘密披露的事项，除非编辑澄清公开秘密消息来源的是基于公共利益。"⑦（3）当记者报道了虚假信息时，保护消息来源原则失效。如葡萄牙《新闻工作者伦理准则》规定："对新闻工作者来说，信息来源非常重要。即便在法庭上，他也绝不能泄露秘密信息来源，除非他报道了虚假信息。"⑧（4）当法庭要求公开消息来源时，记者要提供消息来源。如斯洛伐克《记者联合会伦理规范》规定："记者有义务对他/她的信息来源保守秘

---

① Media, Entertainment & Arts Alliance（MEAA）Journalist Code of Ethics, https：//account-ablejournalism. org/ethics – codes/Australia – Journalists – Code。

② Standard for the Protection of the Profession of Journalists, http：//presscouncil. or. id/hukum/? id = 25。

③ Editorial Code of the South African Broadcasting Corporation, https：//accountablejournal-ism. org/? /ethics – codes/South – Africa – SABC。

④ Code of Ethics for Journalists, https：//accountablejournalism. org/ethics – codes/bhutan – media – authority – code – of – ethics – for – journalists。

⑤ Code of Ethics of the Norwegian Press, http：//ethicnet. uta. fi/norway/code_ of_ ethics_ of_ the_ norwegian_ press。

⑥ Radio Television Digital News Association of Canada's Code of Journalistic Ethics, http：// www. cbsc. ca/codes/rtdna – code – of – journalistic – ethics – 2011/。

⑦ Malaysian Press Institute Code of Ethics under Proposed Malaysia Media Council, http：// ethics. rjionline. net/。

⑧ Journalists´Code of Ethics, http：//ethicnet. uta. fi/portugal/journalists039_ code_ of_ ethics。

密，直到线人或法院免除此责任。"① 乌克兰《记者伦理法规》规定："除非乌克兰的司法实践有所要求，否则记者不应披露他/她的信息来源。"② 拉脱维亚《媒体伦理准则》规定："在没有获得允许的情况下，记者没有权利曝光消息来源，除非这是法院要求。"③

从统计结果来看，保护消息来源的例外情况多与违背报道真实、消息来源自身公开、出于公共利益的需要、法庭审判的需要有关。可见，对消息来源保护的相对性并不等于公开消息来源的任意性。唯有出于公共利益的考量、为保证司法公正、报道真实时，才可以公开。特定情况与特定机构之外的其他因素不能强迫记者公开消息来源。

（二）保护隐私

西方文化历来重视个人隐私受保护的权利，这一点也体现在媒体伦理规范当中。在全球 134 篇媒体伦理规范中有 86 篇规范规定媒体（记者）应当尊重公民的隐私，但这些规范多采用相对保护的原则，即在以下两种情况下，可以公布隐私。其一是当个人隐私与公共利益相关时。在 86 篇规定保护隐私的规范中，有 63 篇（约 73%）媒体伦理规范规定了出于公共利益可以报道个人隐私，如西班牙《新闻职业道德准则》规定："只有出于捍卫公共利益的需要时，才能未经他人事先同意而介入或调查其私人生活。"④ 南苏丹《印刷媒体的道德规范》中规定："对于涉及个人私生活的消息和评论，印刷媒体应该特别地谨慎，牢记只有在涉及公共利益的事情上，才可以侵犯个人隐私。"⑤ 其二是当公众人物从事与公共利益相关的活动时。如亚美尼亚《埃里温新闻社准则》规定："对官员、公众人物、权力争夺者和公众感兴趣的人的隐私进行

---

① The Code of Ethics of the Slovak Syndicate of Journalists, http：//www. rjionline. org/MAS - Codes - Slovakia - Syndicate - of - Journalists#sthash. ymfxbA6x. dpuf。

② Code of Ethics of Ukrainian Journalists, http：//ethicnet. uta. fi/ukraine/code_ of_ ethics_ of_ ukrainian_ journalists。

③ Code of Ethics, http：//ethicnet. uta. fi/latvia/code_ of_ ethics。

④ Deontological Code for the Journalistic Profession, http：//ethicnet. uta. fi/spain/deontological_ code_ for_ the_ journalistic_ profession。

⑤ Code of Ethics of the Print Media in Southern Sudan, http：//www. article19. org/data/files/ pdfs/other/sudan - code - of - ethics - juba -. pdf。

报道，在有紧急社会需求的情况下可以视为是正当的。"① 澳大利亚《新闻隐私信条的声明》规定："为了公共利益，公众人物必然需要牺牲自己的隐私权。然而，公众人物并不是完全丧失自己的隐私权。只有与他们的公共职责和活动相关时，才允许报道官员的隐私。"②

媒体伦理规范关于隐私的规定有两个相同点：其一，原则上，不论是普通个人还是公众人物，都享有个人隐私不被侵犯的权利；其二，无论个人身份如何，一旦个人隐私与公共利益有关时，其隐私受保护的范围就要缩小。以相对保护的方式对隐私报道进行伦理规范，一方面可以防止记者恣意公开公民的个人隐私，另一方面，当公民以保护隐私的名义拒绝公开与公共利益相关的信息时，记者有了报道其隐私信息的伦理依据。

（三）更正

当媒体报道的信息有错误时，更正是保证新闻准确性的一种弥补方式。在全球 134 篇媒体伦理规范中，有 84 篇媒体伦理规范提及了更正原则，占所有规范的 62.69%。这些规范要求媒体在发现有误信息时，应当"迅速"、"及时"地更正，但在具体的操作上，不同的规范之间有些许差异。

首先，更正的内容不同。除了错误信息、失实信息需要更正外，有些国家规定误导性陈述、侮辱性内容也属于需要更正的对象。如希腊《职业新闻工作者的伦理规范》规定："以相似的呈现、合适的方式及时纠正那些不准确信息以及攻击个人荣誉和名声的错误报道。"③ 爱尔兰《报纸期刊实践准则》规定："当显著的不准确信息、误导性的陈述或者歪曲的报道或图片已经公布，应及时在突出位置更正。"④

其次，更正的具体措施也有不同。一些规范除了要求记者对失实信息进行更正外，还规定媒体要向读者致歉、给予当事人（被批评者）回应的权利，

---

① Code of the Yervan Press Club Member, http：//www. rjionline. org/MAS – Codes – Armenia – Yerevan – Press – Club。

② Statement of Privacy Principles, http：//www. presscouncil. org. au/uploads/52321/ufiles/GEN- ERAL_ – _ PRIVACY_ PRINCIPLES_ – _ July_ 2014. pdf。

③ Code of Ethics for Professional Journalists, http：//ethicnet. uta. fi/greece/code_ of_ ethics_ for _ professional_ jouRnalists。

④ Code of Practice for Newspapers and Periodicals, http：//ethicnet. uta. fi/ireland/code_ of_ practice_ for_ newspapers_ and_ periodicals。

甚至还规定了更正信息的版面位置、字号大小。如赞比亚《媒介委员会伦理规范》规定："记者应及时纠正任何有害的错误。当事情重大时，应确保被批评的人能有及时进行答复的权利，并且相关更正和致歉应以显著的方式加以发布。"① 南苏丹《印刷媒体的道德规范》规定："对于重大错误、误导性陈述或扭曲事件，媒体一旦意识到，就应在显著位置及时进行更正。在适当情况下，应发表道歉声明。"立陶宛《新闻工作者和出版商的伦理规范》规定："如果任何大众媒体上的信息中有明显的虚假事实，该信息应当被收回，或者立刻更正错误的和不准确的事实，信息发布者不应该有任何托词，其方式是在同一媒体的一个适当的地方、使用相同大小的字体、以相同的形式发表更正。"②

虽然各国媒体伦理规范在更正内容、更正方式、更正措施上有些许差异，但它们对新闻真实、准确的追求是一致的。

（四）准确

真实是新闻的生命，准确是真实的重要保障。在 134 篇媒体伦理规范中共有 80 篇规范提及了准确的原则，占总数的 59.70%。媒体伦理规范对于准确原则的规定大致分成三种类型。

其一，从记者、媒体的责任角度规定准确报道是其职责所在。如美国《新闻摄影协会伦理规范》规定："视觉摄影记者及从事视觉新闻制作的人有责任在他们的日常工作中坚持下列标准：在表现主题时要准确并且全面……"③ 尼泊尔《记者职业道德规范》规定："新闻记者和媒体机构应该履行以下的职责：……（4）告知准确、真实的信息：新闻记者应该告知准确、合理、均衡、忠于事实的客观的信息，应该引用了来源并且陈述出是依据了哪些信息。"

其二，从满足公众知情权的角度强调媒体报道要准确。如斯威士兰《全国记者协会道德规范》规定："记者应充分调查、反复核实，以向公众提供公正、准确、全面、平衡的信息。"④ 保加利亚《媒体伦理规范》规定："我们应

---

① Code of Ethics of the Media Council, http：//www. rjionline. org/MAS – Codes – Zambia – Council。

② Code of Ethics of Lithuanian Journalists and Publishers, http：//www. lzs. lt/lt/teises_ aktai/etikos_ kodeksas. html。

③ The National Press Photographers Association Code of Ethics, https：//nppa. org/code_ of_ ethics。

④ The Swaziland National Association of Journalists Code of Ethics, https：//accountablejournalism. org/ethics – codes/Swaziland – National – Association – Journalists。

该提供给公众准确和正确的信息,并杜绝故意压制和扭曲事实。"① 尼日利亚《记者伦理规范》规定:"公众有知情权。新闻业的终极目标是提供真实、准确、平衡和公正的报道,这也是赢得公众信任和信心的基础。"

其三,从微观上规定要准确使用材料。如不歪曲原材料(包括图片、视频、引语等),力图还原材料本身的意涵和语境。加拿大《记者协会新闻伦理信条》规定:"我们不用改变照片、视频和音像资料的方式误导大众。"② 奥地利《媒体伦理规范》规定:"引号中的引语应尽可能接近地反映原句大意,若仅仅描述原句大意则不能使用引号。"③ 智利《新闻工作者协会的伦理准则》规定:"在数字新闻环境下,如果有必需的话,应当保证(网页)链接、出处链接等的准确性。"④ 波兰《新闻伦理规范》规定:"信息应当是平衡和准确的,以至于受众可以区分事实、假设和八卦。应当在适合的语境中呈现信息内容……"⑤

如果更正可以被视为事后补救准确性的措施,那么媒体伦理规范要求媒体报道要确保准确可以被视为一种事前要求。在提及更正的84篇媒体伦理规范和提及准确的80篇媒体伦理规范中,有63篇媒体伦理规范既提到了准确,又提到了更正,足见准确在伦理规范中的重要位置。

(五) 明确新闻界限

在本研究中,明确新闻界限是指新闻事实与观点相区分、新闻报道与广告相区分。在全球134篇媒体伦理规范当中,有76篇媒体伦理规范提到了明确新闻界限,占总数的56.72%。

媒体伦理规范中明确新闻界限的目的是基于服务公众的考虑,使公众在获取新闻信息时不被广告、观点所误导。如西班牙《新闻职业道德准则》规定:

---

① Ethical Code of the Bulgarian Media, http://ethicnet. uta. fi/bulgaria/ethical_ code_ of_ the_ bulgarian_ media。

② Canadian Association of Journalists Principals for Ethical Journalism, https://accountablejournalism. org/? /ethics – codes/Canada – CAJ – Principles。

③ Code of Ethics for the Austrian Press, http://ethicnet. uta. fi/austria/code_ of_ ethics_ for_ the_ austrian_ press。

④ Code of Ethics of the Journalists Association of Chile, http://www. colegiodeperiodistas. cl/p/etica – periodistica. html。

⑤ The Code of Journalistic Ethics, http://ethicnet. uta. fi/poland/the_ code_ of_ journalistic_ ethics。

"为了使公众不引起错误或混淆，记者有义务对新闻信息和广告做出正式和严格的区分。"卢森堡《新闻伦理规范》规定："新闻行业要对个人观点、分析和事实信息做一个明确的区分，以免使受众混淆。"① 马来西亚《新闻评议会职业伦理规范》规定："所有的新闻报道应当严格地同评论区分开来。分析、评论和其他意见都应该有所标记，不得与事实或背景相混淆。作为规范，任何个人观点没有署名不得出现在报道当中。使读者能够区分事实陈述和观点评论。"

媒体伦理规范要求将新闻与广告相区分的另一个目的是体现媒体的专业性和独立性，特别是为了保证经济利益不会干涉新闻报道。如德国《新闻工作伦理准则》规定："媒体要对公众承担责任，这就要求出版内容不能被私人的、第三方商业利益或者记者个人的经济利益所影响，出版者和编辑必须抵抗这种影响，应当明确区分编辑内容和商业内容。"②

如何使新闻与广告相区分，媒体伦理规范中也有此方面的规定。如印度尼西亚《网络媒体新闻报道指南》规定："刊发任何实为广告或付费内容的新闻或各类文章时，均需标注'软广告'、'商业广告'、'广告'、'赞助内容'或其他词语以向受众告知这是一则广告。"③ 南非《独立报刊行为规范》规定："广告或宣传性内容应予以明确标记，以避免混淆材料的来源和性质。"④

如果不对新闻的界限进行规范，新闻工作者的某些行为会超出专业范畴，进而对新闻媒体的专业性、独立性带来威胁。媒体规范对此进行规定，既提前建起了"防火墙"，又彰显了自身专业性。

（六）保障表达自由、新闻自由等

在媒体伦理规范中，有 76 篇媒体伦理规范直接提及了言论自由、出版自由、表达自由或新闻自由，提及率为 56.72%。

媒体伦理规范中对表达自由、新闻自由等的定位，主要有以下几类表述。

---

① Code of Deontology, http：//ethicnet. uta. fi/luxembourg/code_ of_ deontology。
② German Press Code, https：//accountablejournalism. org/ethics – codes/Germany – Press – Council。
③ The Press Council of Indonesia Cyber Media News Coverage Guidelines, http：//presscouncil. or. id/hukum/。
④ Independent Newspapers´Code of Conduct, http：//www. rjionline. org/MAS – Codes – South – Africa – Independent – Newspapers。

其一，强调其是人类最基本的自由与权利，是其他权利的基石。如科特迪瓦《新闻工作者的权利与义务规范》规定："知情权、言论自由权和批评权是人类最基本的自由之一。"克罗地亚《新闻工作者荣誉准则》规定："无论个人的性别、种族、国籍、宗教信仰和政治倾向如何，信息权、自由表达和批评权是每个人最基本的权利。"印度尼西亚《新闻记者行业保护准则》规定："言论自由权是一项不得废除且必须得到尊重的人权。"日本《新闻伦理纲领》规定："公众的知情权是保证一个民主社会的普遍准则。如果媒体没有充分的言论表达自由，且没有高度的道德感和独立性，那这项权利将无法实现。"① 秘鲁《新闻评议会利马原则》规定："确认个人的言论自由和获取信息的权利是所有民主社会存在的基础，是社会进行、福利和其他个人权利实现的基础。"② 其二，强调其是民主制度、民主社会的一部分。如乌克兰《记者职业伦理规范》规定："在大众传媒工作中，言论自由是最重要的民主制度之一。"③ 肯尼亚《新闻行为准则》规定："公众的言论自由和知情权，是培养和维持一个民主社会的基础。"④ 挪威《媒体伦理规范》规定："言论自由、信息自由和新闻自由是民主的基本元素。"拉脱维亚《媒体伦理准则》规定："言论自由和媒体自由是民主制的基石。一个自由独立的报纸、广播、电视是社会民主发展的重要保证。"

媒体伦理规范对表达自由、新闻自由内涵的描述，可以概括为三个方面：其一，收集（获取）信息的自由，主要是指自由接触信息来源，如科特迪瓦《新闻工作者的权利与义务规范》规定："自由接触消息来源、自由调查所有对公众生活有影响的事实。"⑤ 马耳他《新闻伦理准则》规定："媒体应该自

---

① The Canon of Journalism, http：//www. pressnet. or. jp/english/about/canon/。

② The Lima Principles of the Press Council of Peru, https：//accountablejournalism. org/？/ethics – codes/Peru – Lima – Principles。

③ The Code of Professional Ethnics of Ukrainian Journalist, http：//ethicnet. uta. fi/ukraine/the_ code_ of_ professional_ ethnics_ of_ ukrainian_ journalist。

④ Code of Conduct and Practice of Journalism, https：//accountablejournalism. org/？/ethics – codes/Kenya – Journalism。

⑤ Rights and Duties of the Ivoirian Journalist, https：//accountablejournalism. org/？/ethics – codes/Ivory – Coast – Journalist。

由获取信息，甚至是官方文件（除了特殊情况，如与国家安全相关）。"① 其二，强调表达言论的自由，即媒体、记者、个人有权发表观点、批评，如白俄罗斯《新闻工作者伦理守则》规定："新闻自由包括可以讨论、批评当局政府、公民和民间私营机构的自由。"② 其三，强调发布、传播信息的自由，如刚果《新闻工作者伦理规范》规定："媒体始终自由地收集、处理和传播新闻、意见及评论。"③

至于如何实现新闻自由，有 47 篇媒体伦理规范做出了相关规定，包括捍卫新闻自由和抵制外来压力。尼泊尔《记者职业道德规范》规定："新闻记者和媒体机构应该履行以下的职责：保护和促进新闻自由：言论自由作为公民、新闻记者和媒体的基本权利，应当一直坚守，并保护和促进该项权利。"不丹《新闻工作者伦理规范》规定："笃信新闻自由是保障公众知情权的最重要的权利，要捍卫这种自由权利不受来自内部和外部的干涉和影响。"④ 秘鲁《新闻评议会利马原则》从限制政府行为的角度保障新闻自由："政府有义务保障和尊重新闻传播和媒体自由。为了促进个人的信息权利，必须保障新闻工作者获得信息的条件和设施，并保障新闻工作中的传播的权利。官员的干预应当受到制裁。"印度尼西亚《新闻记者行业保护准则》通过规定为记者提供法律保护来保障新闻自由："记者是新闻自由的主要支柱。当记者在进行报道的时候，应当获得国家、社会以及新闻单位无条件的法律保护。"

表达自由、新闻自由固然重要，但这并不意味着可以滥用自由，不意味着追求自由可以违背法律、道德，危及国家安全等，即表达自由（新闻自由）是有限制的、相对的自由。如爱沙尼亚《报业伦理规范》规定："只要在法律限制的范畴之内运行，那么自由的新闻出版机构和其他媒体就不会在采集和发表信息的时候被限制或阻碍。"⑤ 匈牙利《新闻工作者协会道德准则》规定：

---

① Malta Press Club Code of Ethics, http：//www. rjionline. org/MAS – Codes – Malta – Press – Club。

② Journalists Ethics Code, http：//ethicnet. uta. fi/belarus/journalists_ ethics_ code。

③ Code of Ethics of the Congolese Journalist, http：//www. rjionline. org/MAS – Codes – Congo – Code。

④ The Press Council Nepal Code of Journalistic Ethics, https：//accountablejournalism. org/? / ethics – codes/Nepal – Conduct。

⑤ The Code of Ethics for the Estonian Press, http：//www. asn. org. ee/english/code _ of _ ethics. html。

"实行新闻自由不得违反公共道德。"① 波斯尼亚和黑塞哥维那《独立媒体委员会广播规范》规定："广播公司在自由获取和传播信息时须遵从《欧洲人权宣言》中设定的限制规范。该宣言第十条规定，行使表达自由权利时，既然带有责任和义务，须受法律所规定的程序、条件、限制或惩罚的约束；并受在民主社会中为了国家安全、领土完整或公共安全的利益……的约束。"②

（七）避免利益冲突

避免利益冲突是指新闻工作者在履行专业角色时，应当避免陷入各种利益冲突中，从而影响报道的公正立场。在134篇媒体伦理规范中，有74篇规范提及该方面的规定，提及率为55.22%。这些规范中的利益冲突主要是指经济利益冲突和记者在其他机构兼职与媒体工作的冲突，对此方面的禁止性规定主要有以下三类。

其一，规定记者或媒体不得接受奖金、礼品、旅游等馈赠。如捷克《记者伦理准则》规定，记者"拒绝任何可能对新闻活动产生不利影响的馈赠，尤其是当这些馈赠对于信息的发表或隐匿能产生影响的时候"。③南非《独立报刊行为规范》规定："新闻工作者在没有请示编辑的情况下，不得接受礼物、赠品或其他服务；在任何情况下，如果接受这些馈赠意味着要向其提供者承担一定义务的话，决不可接受。"瑞典《广播电视新闻伦理规范》规定记者"不接受任务、邀请、礼物、免费旅行或其他任何好处"。④除了要求记者拒绝"接受"经济利益外，有的媒体规范还禁止记者"索取"贿赂，如尼日利亚《记者伦理规范》规定："记者不应索贿或接受贿赂，并依此发布或隐瞒信息。"⑤斯洛文尼亚《记者法则》规定："索取或接受外购订单方的贿赂并发

---

① Ethical Code of the National Association of Hungarian Journalists, http://ethicnet. uta. fi/hungary/ethical_ code_ of_ the_ national_ association_ of_ hungarian_ journalists。

② Bosnian Broadcasting Code, http://rjionline. org/MAS – Codes – Bosnia – Herzegovina – Broadcasting#sthash. Lx3wFOMu. dpuf。

③ Journalists' Code of Ethics, http://ethicnet. uta. fi/czech_ republic/journalists_ code_ of_ ethics。

④ Code of Ethics for the Press, Radio and Television, http://ethicnet. uta. fi/sweden/code_ of_ ethics_ for_ the_ press_ radio_ and_ television。

⑤ Code of Ethics for Nigerian Journalists, https://accountablejournalism. org/? /ethics – codes/Nigeria – Journalists。

布为其牟利的信息是严重违反本伦理准则的行为。"①

其二,规定记者不得利用自己的职位和掌握的信息购买股票、证券等、以换取个人的经济利益。如加拿大《亚伯达省媒体委员会业务守则》规定:"记者不得利用他们比公众提前收到的经济信息来谋求私利。"② 德国《新闻工作伦理准则》规定:"记者和出版商不应发表任何旨在增长其自身及其家庭成员或者其他亲人的财富的金融证券类报道,也不应购买他们在两周前刚报道过或者在接下来的两周内将要进行报道的金融证券——无论是以自己直接购买还是通过代理间接购买的方式进行。"

其三,规定记者不得在政府机构、公共机构、企业中任职,不得卷入政治活动。如克罗地亚《新闻工作者荣誉准则》规定:"新闻工作者不能接受免费旅游或其他便利,如接受兼职、在政治机构中任职、在州政府或公共机构中任职。因为这些行为会降低新闻工作者的可信度和专业度。"③ 斯洛文尼亚《记者法则》规定记者要"区分新闻活动与政治活动","如果一个记者在政党或者政府机构中担任了要职,那么他(她)应该将自己的职业活动和政治活动做一个明显的区分。为了新闻业的声誉和信誉,在上述情况下,当记者活跃地参与政治时,他(她)应该停止其新闻职业活动,以尽可能地避免双重身份导致的忠诚度和可信度问题。"

综上,从规范新闻记者的职业行为和约束新闻记者担任其他社会角色两方面入手避免记者陷入利益冲突,目的是使记者避免因经济利益的诱惑或驱使、因身兼的其他社会角色而做出违背新闻职业道德和新闻专业操守、损及报道客观性的行为。

(八)正当方式获取信息

正当方式获取信息是指记者在收集信息的过程中,应当使用合乎法律、道德规范的手段获得信息,如采用诚实、公开、恰当的方式获取信息。在全球各国媒体伦理规范中,有 68 篇媒体伦理规范有类似的规定,提及率为 50.75%。

---

① Code of Journalists of the Republic of Slovenia, http://www.rjionline.org/MAS – Codes – Slovenia – Journalists#sthash.sXeBQEAQ.dpuf。

② Code of Practice The Alberta Press Council, https://accountablejournalism.org/?/ethics – codes/Canada – Alberta。

③ Honour Codex of Croatian Journalists, http://rjionline.org/MAS – Codes – Croatia – CJA#sthash.jDWdKJ1z.dpuf。

如白俄罗斯《新闻工作者伦理守则》规定："获得信息应合乎法律和伦理规范。"加纳《新闻工作者协会伦理规范》规定："新闻工作者只能通过光明正大的方法获取信息、图片和证据。"奥地利《媒体伦理规范》规定："在获取口头或书面证据时，不得采取不公平或不恰当的方式。"这些不公平或不恰当的方式包括"歪曲事实、施加压力、威胁恐吓、制造紧张以及在常规状况下使用窃听手段"。

当然，媒体伦理规范要求记者使用正当手段收集信息的同时也列出了例外情况。有 26 篇列出了使用非常规手段收集信息的情况：当使用其他手段无法获得信息且该信息与公共利益有关时。如肯尼亚《新闻行为准则》规定："只有在公共利益需要，且其他方式无法奏效的情况下，才能合理使用隐蔽手段来获取信息。此处的公共利益需要，包括侦查和揭露犯罪行为、反社会行为以及其他恶行，保护公众健康和安全，防止工作被特定的行为或陈述所误导。"阿塞拜疆《新闻工作者的伦理专业准则》规定："在别无他法获得信息时，新闻工作者可以运用特殊的设备（如隐性相机、隐形麦克风或其他隐形工具）或者隐性方法（如虚构身份等）去获得信息，当然这个信息对于公众是有重要性的。"①

收集信息是记者新闻采写过程中重要的环节，能否收集到信息，以及能否收集到可靠、关键的信息，关系新闻工作的质量，但这并不意味着记者可以不择手段地去收集信息。当事件与公共利益有关且无法从其他渠道获知信息时，媒体可以使用隐性的采访手法，这实际上划定了使用非常规采访手段的底线，也为媒体的采访手段是否恰当提供了评判依据。

（九）独立

所谓独立，即对外可以免受外部力量的控制、干涉，以及不依附于任何政治、经济力量，与它们保持一定的距离，对内可以自主决定自己的思想和行动。② 关于独立的规范有 66 篇，提及率为 49.25%。保持独立的规定可以分为独立于媒体集团外部的干扰和独立于媒体集团内部的影响。

---

① Code of Professional Ethics for Journalists，http：//www. rjionline. org/MAS - Codes - Azerbaijan - Journalists。
② 参见牛津词典对 independent 的释义。https：//en. oxforddictionaries. com/definition/independent

　　独立于媒体集团外部的干扰包括：（1）规定媒体不依附于政党、基金会等利益集团，如白俄罗斯《新闻工作者伦理守则》规定："新闻工作者不应该成为私人或利益集团的喉舌。"南非《广播公司编辑规范》规定："我们不忠实于任何利益集团，仅对公众的知情权负责。"（2）规定媒体不受外部政治、经济力量的干涉和命令，如马来西亚《全国记者协会道德规范》规定："记者要明确自己和同事才是对专业问题有决定权的人，要排除来自政府或其他人的各种干扰。"① （3）规定媒体与外部的政治、经济力量保持距离，如斯威士兰《全国记者协会道德规范》要求，"新闻工作者应同活动家、政府以及其他组织、机构和企业保持一个合适的距离"。

　　独立于媒体集团内部的影响包括：（1）规定媒体经营管理上的独立，新闻工作与广告、发行彼此独立，如印度《新闻评议会伦理准则》规定："编辑人员和管理人员的职责和义务是不同的，尽管两者之间常被要求进行协调与合作以求高效地出版刊物，两者的功能和定位却应保持独立。"② 日本《报纸贩卖纲领》规定："为了保证言论自由权，所有参与报纸销售的人员有义务使自己分管的业务保持独立。"③ （2）规定记者在媒体集团内部享有独立，遵循自己的良知和职业规范，当编辑、媒体管理者的要求与职业规范、记者的信念相违背时，记者可以拒绝编辑的要求。如乌克兰《记者职业伦理规范》规定："如果编辑大幅度改变了信息内容、与记者确信的事实相冲突或是有违反职业道德的情况，那么记者有权拒绝编辑交给他的信息传播任务。"立陶宛《新闻工作者和出版商的伦理规范》规定："如果某一任务是违背国家法律、新闻伦理及新闻工作者的信念的，新闻工作者应拒绝执行公共信息的组织者和/或上级的这一任务。"印度尼西亚《新闻伦理准则》规定："印尼新闻工作者是独立的，所刊发的新闻须准确、平衡、不含恶意。"其中的独立是指新闻工作者凭着自己的良知报道事件和事实，不受包括新闻集团的所有者在内的各方势力的介入、干涉和胁迫。④

---

① NUJ Code of Ethics, http：//www. nujm. org/nuj/about. php。
② Principles and Ethics of The Press Council of India, http：//presscouncil. nic. in/Content/62_ 1_ PrinciplesEthics. aspx。
③ Newspaper Sales Code, http：//www. pressnet. or. jp/english/about/canon/#canon1。
④ Journalism Code of Ethics, http：//presscouncil. or. id/hukum/? id =51。

（十）禁止剽窃、抄袭

新闻报道是作者智力劳动的结晶，是表达其思想的一种形式，享有著作权的保护，因此剽窃和抄袭不仅是新闻业中的不端行为，还是对他人作品著作权的侵犯。共有 62 篇规范规定不得剽窃、抄袭，提及率为 46.27%，其中有 19 篇媒体伦理规范规定新闻工作者必须尊重版权（著作权、知识产权），如波兰《新闻工作者协会伦理规范》规定："版权保护是一项重要的伦理规范。公开的和隐蔽的、内部的和外部的剽窃都是不被允许的，是违反本规范的做法。"① 加拿大《广播电视数字新闻联合会伦理规范》规定："剽窃都是不可取的。新闻工作者要尊重他人的知识产权，包括音像材料的知识产权。"

媒体伦理规范对剽窃、抄袭的行为持否定态度，不仅体现在认为这些行为不可实施，还体现在其对剽窃、抄袭行为的定性上。媒体伦理规范对剽窃、抄袭行为的定性可以概括为：职业不端行为、不道德的行为以及违法的行为。如葡萄牙《新闻工作者伦理准则》规定："没有依据的谴责和剽窃视为严重的职业行为不端。"希腊《职业新闻工作者的伦理规范》规定："任何剽窃行为都是严重的、违背专业的行为。"② 马耳他《新闻工作者伦理准则》认为，"当用别人的材料当成自己的发表，并且不承认这是其他人的作品时"，这一情形是"违反道德的行为"。③ 斯威士兰《全国记者协会道德规范》规定："记者不应剽窃，因为此举既不道德也非法。"阿塞拜疆《新闻工作者行为的工会准则》规定："新闻工作者应该将以下视作严重的职业违法行为：抄袭。"④

在避免剽窃、抄袭的主要对策上，媒体伦理规范提出应当交代引用的出处。如中国《新闻工作者职业道德准则》规定："尊重他人的著作权益，引用

---

① Media Ethic Charter of the Polish Journalists Association, http：//rjionline. org/MAS – Codes – Poland – PJA#sthash. uxW30VPN. dpuf。

② Code of Ethics for Professional Journalists, http：//ethicnet. uta. fi/greece/code_ of_ ethics_ for_ professional_ jouRnalists。

③ Code of Journalistic Ethics, http：//igm. org. mt/resources/code – of – journalistic – ethics/。

④ Journalists´Trade Union Code of Journalistic Conduct, http：//www. rjionline. org/MAS – Codes – Azerbaijan – Trade – Union。

他人的作品要注明出处，反对抄袭和剽窃行为。"① 印度《新闻评议会伦理准则》规定："为了消除新闻抄袭的嫌疑，报纸在发表抄录性新闻时必须要交代报道来源。"突尼斯《记者协会道德规范》中规定："新闻工作者必须在引用别人文章时注明作者姓名，不得抄袭。"② 肯尼亚《新闻行为准则》规定："在报道中直接引用他人的话语时应明确地予以注明。通常来说，如果以他人作品作为灵感来源，那么最后的成品必须与原创作品完全不同。"

新闻记者不可能到达所有的新闻现场，因而引用他人的报道是必然的。避免抄袭、剽窃同时又可以让信息快速传播的解决之策是交代引用的出处。伦理规范对此进行的特别规定，既规范了媒体间的相互援引行为，又不至于挫伤媒体生产原创内容的积极性。

二　全球媒体伦理规范的区域性准则

除了多数国家提及的共通准则，还有个别伦理准则只是在较少的国家被提及，但这些准则具有一定的参考价值和启发意义，主要有以下几类。

（一）遵循良心条款

"良心条款"（consciousness clause）是指充分肯定新闻工作者拥有良心自由的权利的条款，即承认记者有拒绝发表违背其良心、信仰的观点的权利。在具体的条款规定上，良心条款给予了记者信仰上的尊重和行动上的保护。刚果《新闻工作者伦理规范》规定："根据'良心信条'，新闻工作者不能被迫做出与他（她）信念、名誉、荣誉以及道德礼仪相违背的职业行为或意见表达。"当有外在力量（包括媒体单位、编辑）要求记者从事违背其信念、职业道德或违背所在媒体单位方针的行为时，记者可以启动良心条款以获得保护。西班牙《新闻职业道德准则》规定："当记者所倚靠的媒体侵犯了他（她）的职业尊严或大幅度地修改了编辑政策时，记者有权提请启动良心条款。"科特迪瓦《新闻工作者的权利与义务规范》规定："在与'道德条款'相冲突的情况下，

① 《中国新闻工作者职业道德准则》，http：//www.gov.cn/jrzg/2009 - 11/27/content_1474781.htm。
② Association of Tunisian Journalists Code of Ethics，http：//www.rjionline.org/MAS - Codes - Tunisia - Ethics。

新闻工作者可以不遵守他公司规定的契约。"

　　良心是伦理学中的普遍概念，它的正面意义表现为"廉耻、正义、向善、正直等"。① 从字面意义上看，良心条款是关于保护记者践行"廉耻、正义、向善、正直"的条款；从更深的层次上看，良心条款是对良心自由这一人权的承认，即"个人形成自己特有的良心判断，并根据良心判断行事的自由"。② 这一条款还是对信仰自由、表达自由的保护。它认定记者具有自主判断是非善恶的内在道德，并保护记者依据自身判断独立行事不受他者干涉的权利。

　　"良心条款"所带来的启发意义在于，自律组织与记者是命运与共的关系，伦理规范不应当被狭隘地视为一次自律准则的示众，不应当被视为只是交代媒体、记者拥有的权利和义务的列表、一张使用"不得……"句式的禁令清单，而应当体现记者作为一个独立、理性、道德的个体被赋予的认可和信任。伦理准则应当预见到记者在行使职责时可能会遇到的干扰、风险，依据独立理性人的特性而灵活地提出处理的原则，以保护新闻工作。

（二）建立良好的同行关系

　　媒体伦理规范对同行关系做出规定，旨在建立起健康、和谐的行业竞争与合作的关系。其中，描述同行关系的肯定性条款多用"尊重"、"团结"、"公平竞争"等词汇，强调行业内部间的交流、向同行提供援助等。如马拉维《媒介委员会伦理准则和行为规范》规定："记者应培养同行间的关系，当误解出现时，应该鼓励行业内部间的交流……"③ 智利《新闻工作者协会的伦理准则》规定："记者必须向那些由于其专业报道而遭受迫害或侵犯的同行提供援助。"阿塞拜疆《新闻工作者的伦理专业准则》规定："当媒体同行被不公正地袭击或批评时，新闻工作者应该支持媒体同事……"而描述同行关系的否定性条款多强调不得危害他人工作、不得剽窃同行作品、不得做有损于同事名誉与利益的事情。如立陶宛《新闻工作者和出版商的伦理规范》规定："新

---

① 李肃东：《中西良心论比较——兼论良知说的当代重振》，《学习与探索》，1993 年第 3 期，第 66 页。
② 陈斯彬：《论良心自由作为现代宪政的基石——一种康德主义的进路》，《清华法学》，2012 年第 4 期，第 37 页。
③ The Media Council of Malawi Code of Ethics and Professional Conduct, http://www.mediawise.org.uk/malawi/。

闻工作者和公共信息的组织者不得妨碍同事搜集信息，除非这些活动违背了法律和伦理。"美国《新闻摄影协会伦理规范》规定："不能蓄意破坏其他新闻工作者的努力。"几内亚《记者协会道德准则》规定："禁止人身攻击；不得敲诈记者同行。"科特迪瓦《新闻工作者的权利与义务规范》规定："不以低工资申请可能使同事被解雇的工作职位。"

建立良好的同行关系，有利于媒体内部的新闻生产顺利进行。一篇新闻报道的出版，离不开文字记者、摄影记者、编辑和印刷工人的合作，同一媒体的新闻从业者之间建立起良好的同行关系，有助于形成各守其职、各尽其责的工作氛围，保证新闻生产、发行的正常运转。建立良好的同行关系，还有利于整个新闻行业的繁荣。新闻从业者与新闻行业之间有着一荣俱荣、一损俱损的利益关系，新闻从业者之间相互团结、彼此支持，有助于媒体行业的良性竞争与共赢；不同媒体、不同新闻从业者之间一旦互相诋毁与伤害，无异于是对媒体自身和新闻业的内耗。

（三）保护民族文化

媒体伦理规范中保护民族文化的规定主要有两个方面，其一是在规范中提出要保护本民族的语言、文字。如希腊《职业新闻工作者的伦理规范》规定："为了保护希腊语，要避免过度使用外语单词和术语。"匈牙利《新闻工作者协会道德准则》规定："保护匈牙利语言以及居住在匈牙利的少数民族的母语的美感和清晰度，是新闻工作者的道德义务。"乌克兰《记者职业伦理规范》规定："记者应不断提升自己的专业水平，强化自己的主要武器——文字；在使用乌克兰语和乌克兰境内的其他语言时，应严格遵循其本质规范，积极而坚决地反对不尊重国家语言的行为，防止乌克兰语言丧失在社会生活中的作用和意义。"其二是在规范中强调新闻工作者要保护本民族的传统、历史等文化遗产。如拉脱维亚《媒体伦理准则》规定："一个尊重国家价值的拉脱维亚新闻工作者，应该同样尊重拉脱维亚的历史、文化、国家形象、独立和自由。"希腊《职业新闻工作者的伦理规范》规定："要创造性地保护我们国家的传统和我们的文化遗产安全。"

信息和经济的全球化促使各民族文化的同质化程度增高，在此背景下，保护本民族的文化显得尤为重要，而媒体在传承文化方面有着重要作用。基于此，个别国家在媒体伦理规范中对保护民族文化进行规定确有必要，如此方可使本民族文化与传统在多元的文化中生存、传承。

三 总结与讨论

媒体伦理规范作为媒体自律的一种手段和依据，一般由各个国家、地区的传媒行业自律组织制定，目的是规范媒体实践活动、为自律组织处理媒体伦理问题提供指导。它往往集新闻业的共识理念与本土特色规定于一体。尽管每个国家的媒体制度、文化习俗、国情国策存在差异，但是在一些基本的新闻伦理原则上，各国媒体伦理规范具有一定的共通之处，这为建构全球基本媒体伦理准则提供了现实可能性。

在这些基本的新闻伦理准则里，准确、更正、明确新闻界限等准则以刚性规定的姿态出现在伦理规范中，没有留下商量、妥协的余地，这是因为：真实是新闻的生命，新闻作为一种信息，要消除受众的不确定性，因而它必须是真实准确的，一旦有误，要立即更正；受众通过大众媒体的新闻传播活动获取信息，而这些信息往往会成为他们决策、行动的参考，从维护公众利益的角度看，新闻也应当准确。新闻传播活动是大众媒体的职业活动，明确新闻界限实则对新闻记者提出了明确职业身份、各司其职的要求，传播新闻是记者与其他岗位、其他职业的区别所在，职业的高墙不应被轻易打破。

相反，保护消息来源、保护隐私、正当方式获取信息的伦理准则是柔性规定，即这些准则在原则上要坚持，但又有一定的弹性空间：当这些伦理准则与公共利益发生冲突时，媒体应以公共利益优先，即优先满足公众的知情权，特别是告知与他们利益相关的信息。柔性规定中的公共利益优先实质上是功利主义原则的体现，目的是追求社会的最大幸福，这与伦理学的终极目标——善是相一致的。

此外我们发现，一部伦理规范中的各个伦理准则看似孤立，其实是相互联系的。比如，避免利益冲突、新闻与广告相区分、保护消息来源等，其目的都是为了保持媒体独立性，从而避免外在力量干涉；而准确、更正等原则都是为了保证真实性。分析得出的十条通用准则，在更高层次上可以归纳为"真实"、"独立"、"自由"等媒体伦理价值。

虽然全球各国媒体伦理规范之间有共通的伦理准则和伦理价值，但也有与国情相关的特殊条款，如良心条款、同行关系和民族文化条款等，对这些条款的关注，有助于反思我们在制定媒体伦理规范时疏忽的细节和有待完善的理念。

本书对全球 134 篇媒体伦理规范进行文本分析，探讨全球媒体伦理的共通准则与地域性准则。未来的研究可以围绕某一准则、基于某国国情，进行更为详细细致的研究；此外，还可以继续搜集其他国家、地区的媒体伦理规范，不断扩充研究文本，以便更全面准确地展示全球媒体伦理规范的画像①。

---

① 作者：牛静，刘丹。本文刊发于《新闻记者》，2017 年第 10 期。

图书在版编目（CIP）数据

全球媒体伦理规范译评／牛静编著；杜俊伟校译
. -- 北京：社会科学文献出版社，2018.1
ISBN 978 - 7 - 5201 - 1414 - 1

Ⅰ.①全… Ⅱ.①牛… ②杜… Ⅲ.①传播媒介 - 伦
理学 - 研究 Ⅳ.①G206.2 - 05

中国版本图书馆 CIP 数据核字（2017）第 233128 号

全球媒体伦理规范译评

编　著／牛　静
校　译／杜俊伟

出 版 人／谢寿光
项目统筹／陈　颖
责任编辑／陈　颖　王丽丽　王　煦

出　　版／社会科学文献出版社·皮书出版分社（010）59367127
　　　　　　地址：北京市北三环中路甲 29 号院华龙大厦　邮编：100029
　　　　　　网址：www. ssap. com. cn
发　　行／市场营销中心（010）59367081　59367018
印　　装／三河市东方印刷有限公司

规　　格／开本：787mm × 1092mm　1/16
　　　　　　印　张：33.25　字　数：552 千字
版　　次／2018 年 1 月第 1 版　2018 年 1 月第 1 次印刷
书　　号／ISBN 978 - 7 - 5201 - 1414 - 1
定　　价／198.00 元

本书如有印装质量问题，请与读者服务中心（010 -59367028）联系